大学生健康教育

DAXUESHENG
DJIANKANG JIAOYU

(第四版)

主　编：陈天翔
副主编：陈君程　景志明
编　者（按姓氏笔画排序）：
冯　庆　叶　兵　刘承飞　张永华　张量智
李吉松　陈　念　陈民程　林　黎　费晓莉
景志明　温　雅　蒋恩霏　郭雪花

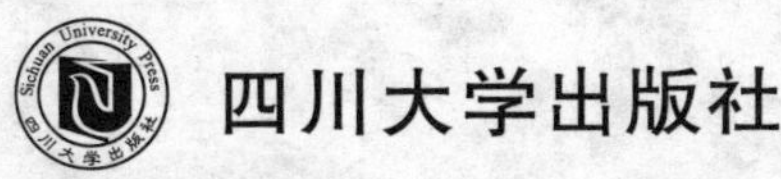
四川大学出版社

责任编辑:朱辅华
特约编辑:罗丽娅　许　奕
责任校对:唐一丹
封面设计:李金兰
责任印制:王　炜

图书在版编目(CIP)数据

大学生健康教育 / 陈天翔主编. —4 版. —成都: 四川大学出版社, 2009.7
ISBN 978-7-5614-4463-4
Ⅰ. 大… Ⅱ. 陈… Ⅲ. 大学生-健康教育-高等学校-教材 Ⅳ. G479

中国版本图书馆 CIP 数据核字 (2009) 第 123025 号

书名　**大学生健康教育 (第四版)**

主　　编　陈天翔
出　　版　四川大学出版社
地　　址　成都市一环路南一段 24 号 (610065)
发　　行　四川大学出版社
书　　号　ISBN 978-7-5614-4463-4
印　　刷　郫县犀浦印刷厂
成品尺寸　185 mm×260 mm
印　　张　17.25
字　　数　415 千字
版　　次　2009 年 8 月第 4 版
印　　次　2017 年 6 月第 14 次印刷
印　　数　49 701～55 700 册
定　　价　35.00 元

版权所有◆侵权必究

◆读者邮购本书,请与本社发行科联系。电话:(028)85408408/(028)85401670/(028)85408023　邮政编码:610065
◆本社图书如有印装质量问题,请寄回出版社调换。
◆网址:http://www.scupress.net

再版前言

近三十年来，在党和政府的领导下，我们的国家发生了巨大的变化。经济高速腾飞，物质生活、精神文化生活丰富多彩，一年比一年好。十三亿人民告别了穷困的生活，穿着变得多姿多彩，居住条件不断改善，城市高楼林立，汽车有如超市里的人群拥塞，每天餐桌上鸡、鸭、鱼、肉等各种佳肴，美酒轮番上阵。旧中国人民的菜色面孔消失了，社会面貌跨进了一个新时代。人们享受着各种科学进步带来的成果，在勤奋工作之后，尽情享受着生活。

尽管如此，在这种繁荣美好的背后，在我们的身边，高血压病、冠心病等心脑血管疾病的患者日益增多，发病年龄有年轻化的趋势，猝死病例也时有发生；糖尿病的发病率不断上升，发病年龄也有年轻化的趋势；癌症的发病情况也同样如此；意外事故死亡率也在上升。我国人民的预期平均寿命多年来在72岁、73岁徘徊，和发达国家相比，我们的差距还很大。新中国建立之初，人民的健康水平提高很快，而现在却相对较慢了。这是为什么呢？

在编者看来，尽管客观环境在迅速变化，许多人的生活方式却没有科学地、相应地改变。很多早逝始于无知啊！

以人为本，是党和政府的执政理念；健康是人权的重要组成部分。对全民进行必要的健康教育，势在必行。党和政府就环境保护、饮食卫生等，制定了相关法律，以普及保健知识，保护人民的健康。如在一些行业中强调从业人员学习“心肺复苏术”，才予办理合格证。

大学生是这个系统工程中的重要环节。因为大学生这个群体，在未来的社会中是骨干，有的人甚至会参与政策的制定和实施，战略地位非常重要。因此，让大学生懂得科学的生活方式，懂得环境保护的重要性是非常必要的。

健康对于每个人来说都是珍贵的。健康需要我们去争取。

根据近年来医学的发展，编者对本书作了些修订，供大学生健康教育的教学使用。希望本书对大学生有些帮助。

由于编者水平有限，不足之处仍难避免。望读者不吝指正。

陈天翔

2009 年 4 月于成都

目　录

绪 论

健康是最宝贵的财富。健康不是一切，但没有健康就没有一切。

什么是健康？随着社会的进步、科学技术的发展，人们对健康的理解发生了很大的变化。1948 年，联合国世界卫生组织提出了健康的新概念：“Health is state of complete physical，mental and social well-being and not merely the absence of disease or infirmity.” 意思就是：健康不仅是没有疾病和不虚弱，而且还包括精神方面和社会适应的完美状态。数十年来，这一概念已经得到多数人的认同。尽管一般人难以达到这种完美状态，但是我们还是应该在这几个方面努力，使自己的健康达到一个新的水平。

20 世纪 30 年代兴起的第一次卫生革命，使一些工业化比较早的国家开始注意改善环境卫生条件，如建立自来水厂，对传染病患者采用消毒、隔离的措施，并逐步应用疫苗接种人群。消炎、抗菌药物相继问世，使许多危害性大的感染性疾病尤其是传染病逐步被控制。这些国家的死亡率不断下降，人民的平均寿命逐渐延长，从 30 多岁延长到 70 多岁，有力地促进了人类的健康。到了 20 世纪 50 年代，这些国家的政府继续加大医疗保健的投入，医学科学迅猛地发展，冠状动脉搭桥术、器官移植等都成为现实。然而，死亡率却不再下降，徘徊在 9.3‰～9.7‰。问题出在哪里？医学家们研究了疾病谱、死亡谱，发现因传染病死亡的人数仅占死亡人数的 1%，而因心脑血管疾病、恶性肿瘤、意外事故等原因死亡的人数在死亡谱上名列前三位。由此可见，影响健康的因素十分复杂，涉及遗传因素、自然与社会环境、经济文化水平和人们的生活方式，以及卫生保健设施等多方面的问题，只靠增加经费和发展医疗技术，不可能使一个民族健康长寿。最先通过调查证明生活习惯影响健康的是美国保健学家毕洛克（Belloc）和布瑞斯洛（Breslow）。他们对 6 928 个样本随访观察了五年半之久，大量事实证明长寿与六种良好的生活习惯有关：①每日三餐定时、定量，不吃零食；②每周做三次和缓的运动；③每晚睡眠 7 小时～8 小时；④不吸烟；⑤保持正常体重；⑥饮酒不过量。有这六种良好生活习惯的人的平均寿命，比只有三种或更少良好生活习惯的同龄人长 53%。由此看出，养成良好的生活习惯对于健康是多么重要。

加拿大和美国是较早以政府力量推动改变不良生活方式以促进人民健康的国家。自 1972 年起，美国政府多次采取措施加强健康教育和健康促进工作。1979 年美国卫生福利部发表了《健康的人民——卫生总监关于健康促进和防治疾病的报告》，划时代地提出了“第二次公共卫生革命”的口号：“预防的时代已经到来。”

预防疾病的关键是有关部门构建一个安全、健康的社会环境，并依靠每个人的自觉行动，养成文明、科学的生活习惯。这包括：“①不吸烟；②不酗酒；③节制饮食，减少脂肪、盐和糖的摄入量；④适当地锻炼身体；⑤定期做健康检查，以便早期发现高血压、肿瘤等重要疾病；⑥遵守交通规则，系好安全带。”

报告估计，美国1976年死亡人数中，50%与不良生活方式有关；20%与环境因素有关；20%与生物学因素有关；10%是医疗条件不良所造成的。

现在由于社会的进步，科学的发展，健康教育正被越来越多的国家和人民所接受。健康教育在提高人民的健康水平和生活质量方面发挥了巨大作用。

中华人民共和国成立时，全国经济条件差，自然、社会环境也不好。但是，中国共产党和中央人民政府把保护、促进人民健康的事作为大事来抓，从强国富民的高度来考虑，明确提出卫生工作要“预防为主”、“面向工农兵”、“团结中西医”、“卫生工作与群众运动相结合”，并号召人民“动员起来，讲究卫生”、“发展体育运动，增强人民体质”……全中国从城市到农村，轰轰烈烈地开展爱国卫生运动，消除旧社会遗留下来的臭水沟、垃圾山，人民的生活环境很快变得舒适、干净，这对于预防疾病、促进健康起了积极的作用。其实，中国共产党在革命根据地井冈山时就是这样做的，只是在新中国成立后，将全民卫生意识提到了更高层次，在范围和规模上达到了空前的水平。例如，在北方茫茫草原上消灭鼠疫，在南方水网地带消灭血吸虫病等，既有科学保健意义，又有经济效益，对人民健康水平的提高产生了巨大作用。斑疹伤寒、血吸虫病、天花、霍乱、鼠疫、性传播疾病等先后被控制或消灭。婴儿死亡率由新中国成立前的200‰降到31.4‰，接近发达国家水平；人民的预期寿命由新中国成立前的35岁延长至73岁。

一个世纪以来，世界各地开展第一次和第二次公共卫生革命的经验充分证明，广泛开展健康教育是一切预防工作成功的重要保证。

21世纪是一个大健康的时代，人类将追求心理、生理、社会适应的完全健康，中国正面临着第二次卫生革命的战略转折。生活水平迅速提高的中国人民，在尽情享受现代文明成果的时候，“文明病”（即生活方式病）却日益流行，原发性高血压、冠状动脉粥样硬化性心脏病（冠心病）、糖尿病、肥胖症、肿瘤等疾病正严重地威胁着我们的健康。

1992年世界卫生组织总结当前世界预防医学的最新成果，提出了“维多利亚宣言”——健康的四大基石：合理膳食、适量运动、戒烟戒酒、心理平衡。实践证明，它能使高血压减少55%，脑卒中（中风）减少50%，肿瘤减少1/3，人的平均寿命延长10岁以上，而且花钱少，效果非常好。

大学生正处于青春期后期。由于目前生理的性成熟提前，社会的性成熟推后，即生理上成熟了，而性知识、性道德缺乏，使大学生在体内性激素的刺激下，常感到困惑不解和茫然。加之课程多、进度快，使学习紧张，恋爱、择偶、婚姻又不得不推迟到大学毕业后去考虑，这要求我们引导和帮助大学生正确地对待有关问题。

大学生是一个高智商的群体，他们大多数来自独生子女家庭，情商较低，意志力较薄弱。要发展他们的情商，增强意志力及自我认知、自我控制、自我激励和社交能力，使心理素质得到全面完善，才能更好地发挥其潜能为人类的进步做更多的工作。大学生有知识的优势，通过健康教育，了解自我保健的知识是比较容易的。

传染病近年来又重新逼近我们。人口的增长，人群的迁移，人们生活习惯的改变，都市化的发展，生态系统和气候的变化，微生物自身的演变，不健全的公共卫生监测和预防系统，以及现代贸易和旅游，都是造成传染病传播的原因。近年来，新的传染病——严重急性呼吸综合征（SARS）、禽流感等的出现，使人们惊恐不安。目前各种新的以及曾经控制了的传染病都出现了流行的趋势。以艾滋病为例，自从我国 1985 年发现第一例患者，至今人类免疫缺陷病毒（HIV，俗称艾滋病病毒）感染者，以最保守的估计也在 100 万以上。HIV 主要通过性接触和血液途径传播，我国将很快面临出现大量 HIV 感染者和艾滋病患者的情况，这已不是危言耸听。原有的传染病死灰复燃的情况也很严重。如结核病，目前我国患者人数已达 600 万，每年因此病死亡者达 26 万人；再如病毒性肝炎，目前已发现有七种类型，我国仅乙肝病毒携带者就达 1.2 亿人，每年因肝炎对症治疗所花医疗费高达 500 多亿元人民币，每年因病毒性肝炎引发原发性肝癌的死亡人数达 13 万。

常见病仍不可避免地给人们带来痛苦并且影响工作、劳动和学习。如何正确采取措施来预防处理，是至关重要的。对于各种媒体传播的医药信息，需辨其真伪。最好的保健医生是自己，要防止药物的滥用。

祖国医学是我国人民长期与疾病作斗争，维护、促进健康的结晶，至今仍然闪烁着夺目的光辉。它论证了人与自然和社会的密切关系，指出了人是一个统一的整体，阐明了健康与疾病的辩证关系。它有独特的理论基础和丰富的防治方略，今天它仍在不断地发展。作为中国当代的知识分子，应该珍视这份宝贵的遗产，也应该对它有所了解，并让它为我们服务。

我国有 13 亿人口，每一万人中的大学生数与发达国家相比，差距颇大，甚至不及某些发展中国家。虽然改革开放后我国教育有很大的发展，但高等教育的发展与发达国家相比仍然存在差距。进入 21 世纪，知识经济已见端倪，要实现祖国的现代化，必须发展经济，提高人民的生活水平和生活质量。今天的大学生是各条战线亟须的高素质人才，有一部分将进入国家各级政府的领导层。他们除了具备专业基础知识外，还应该对影响健康的各种因素有所了解。从这层意义上讲，对大学生进行健康教育，不仅对大学生自身保健有重要作用，而且对国家、民族具有深远的影响，其重要性是带有战略意义的。

20 世纪 90 年代初，国家教委对于在高等学校开展健康教育提出了明确的要求，并颁布了《大学生健康教育基本要求（试行）》。要求各高等学校把健康教育列入教学计划，学校有关部门，包括宣传部、学生工作部、德育教研室、教务处、共青团及学生会，都应从育人的高度，关心和参与大学生健康教育课的开设。这样，才能使大学生健康教育在内容、形式、方法和效果评价方面有一个共同的标准和依据。

具有中国特色的大学生健康教育模式和体系将会逐渐成形，增进大学生身心健康、提高民族素质的目的一定要达到，且相信一定能达到。

第一章　生物因素与健康

第一节　遗传与疾病

遗传是大家熟悉的生命现象。子女和双亲不论在形态、结构或生理功能等方面都是十分相似的，生物学上将这种现象称为遗传。决定遗传的物质是基因，它存在于细胞核的染色体内，实质上它是由一种叫做脱氧核糖核酸（DNA）的化学物质组成的密码序列。人体每个细胞内有成千上万个基因，每一个基因决定了一种遗传性状。如果基因的密码序列在某种条件下发生突变，就可能造成畸形或疾病，并且代代相传。越来越多的证据表明，遗传性疾病是影响健康的重要机体内部因素之一，有时甚至是决定性的因素，可以这样讲，除了意外伤害，所有疾病都与遗传基因有一定程度的关系。

国内统计资料表明，冠状动脉粥样硬化性心脏病（简称冠心病）患者的父亲是因冠心病死亡的概率比一般人要多 2 倍。现代研究认为，冠心病患者的肝细胞中没有适当的可使他们的身体摆脱过多的低密度脂蛋白的受体，而低密度脂蛋白增多是冠心病的主要危险因素之一。溃疡性结肠炎在家族中的发生率为 10%～15%，比一般人群（4%～7%）高，在有血缘关系的亲属中的发生率又比无血缘关系的亲属高。其他如糖尿病、原发性高血压、消化性溃疡、类风湿关节炎等的家系调查结果均显示它们有明显的家族倾向。这些疾病是个体的遗传因素与环境因素共同作用而发生的，即具有个体的遗传易感性。大学生了解遗传与疾病的基本知识，对健康是有益的。

一、致病基因的遗传方式

人类疾病的遗传方式，一般是通过家系调查、绘出家谱图，然后经过分析而确定的。人体每个体细胞中都有 23 对（46 条）染色体。其中 22 对在男性和女性都是一样的，称为常染色体。另一对是决定性别的，称为性染色体。染色体的组成在女性为 44＋XX，男性为 44＋XY。与遗传性疾病有关的基因存在于常染色体上的，称为常染色体遗传。遗传性疾病的致病基因位于性染色体上的，称为性连锁遗传。目前已知人类致病基因的遗传方式主要有以下几种：

（一）显性遗传与隐性遗传

凡是显性基因控制的性状或疾病，其传递方式称为显性遗传；隐性基因控制的性状或疾病，其传递方式称为隐性遗传。例如人的耳有的有耳垂，受显性基因（A）控制；有的无耳垂，由隐性基因（a）控制。基因型 AA 或 Aa 的个体都是有耳垂的，属于显性遗传；基因型 aa 的个体是无耳垂的，属隐性遗传。

有耳垂的纯合子个体与无耳垂的个体婚配后，所生子女都将是有耳垂的杂合子。有耳垂的杂合子个体与无耳垂的个体婚配后，所生子女中 1/2 是有耳垂的杂合子，1/2 是无耳垂的。有耳垂的杂合子个体与有耳垂的杂合子个体婚配后，所生子女中 3/4 是有耳垂的，1/4 是无耳垂的。

在临床分析遗传性疾病时，亲代之一如果患显性遗传性疾病且为杂合子，所生子女中大约有 1/2 将是患病的个体，而且每生一个孩子都有 1/2 的可能性会患病。

在分析隐性遗传性疾病时，往往是双亲无病，所生子女中却出现患病个体。患病个体在全部子女中只占 1/4，一旦出现患病子女，以后每生一个孩子都有 1/4 的可能性会发病。

以上所讲的两种婚配方式和子女患病率是临床上常常遇到的情况。对显性遗传性疾病患者来说，亲代之一往往是杂合的发病者，子女中发病者占 1/2。对隐性遗传性疾病来说，双亲往往是杂合子，表现型是正常的，子女中发病者约占 1/4。

（二）性连锁遗传

一些致病基因位于 X 染色体上，Y 染色体由于短小，没有相应的等位基因，因此，这些基因随着 X 染色体而传递。这种遗传方式就叫性连锁遗传或 X 连锁遗传。

男性的细胞中只有一条 X 染色体，所以只有成对的等位基因中的一个基因，叫做半合子。

1. 性连锁隐性遗传

红绿色盲是性连锁遗传的典型实例。患者不能正确区分红色和绿色，红绿色盲的致病基因（b）是隐性的。女性的细胞中有两条 X 染色体，如果她只有一个致病基因，她只能是致病基因携带者而不发病，必须在纯合子隐性（bb）状态下才能发病。因此，按理论推算，红绿色盲的基因频率应该与男性发病率相等。我国男性的红绿色盲发病率近 7%，致病基因的频率也近于 0.07。依此计算，女性纯合子发病频率应为 $(0.07)^2=0.0049$，即 0.49%。实际上，我国女性红绿色盲的发病率为 0.5%。这里可以看出，红绿色盲的男女发病率有显著差异，这是因为这种病是性连锁隐性遗传的缘故。

男性红绿色盲患者与正常女性婚配，子代中男性都正常，女性都由她父亲传来一个致病基因，所以都是致病基因携带者。男性的致病基因只能随 X 染色体传给女儿，不能传给儿子，此现象称为交叉遗传。

女性致病基因携带者与正常男性婚配后，子代男性将有 1/2 发病，女性则都不发病，但是将有 1/2 是致病基因携带者。男性患者的致病基因是从他母亲传来的，也叫做交叉遗传。

女性致病基因携带者如果与男性红绿色盲患者婚配，子代中，男性将有 1/2 发病，女性中有 1/2 为致病基因携带者，1/2 将会发病。

2. 性连锁显性遗传

性连锁显性遗传指只要 X 染色体上有此致病基因（女性为杂合子，男性为半合子）即可出现病理性状。若母亲为杂合子而父亲正常，则子女患病的概率为 50%；若母亲正常而父亲为半合子，则女儿全为患者，儿子均正常。故总的来看，性连锁显性遗传疾病以女性患者为多。但人类性连锁显性遗传疾病不多，常见的如抗维生素 D 性佝偻病和高甲硫氨酸血症等。

（三）染色体异常

染色体上按一定顺序排列着一定数量的基因。如果由于某种内部或外界原因破坏了染色体的完整性，就会引起疾病，这称之为染色体病。染色体异常也叫染色体畸变，包括染色体数目异常和染色体结构改变。

1. 常染色体数目异常

因常染色体数目异常所致疾病以唐氏综合征（先天愚型）最常见。这是一种最常见的常染色体疾病，群体中的发病率为 0.125%～0.167%。患儿呈特殊的呆滞面容：眼裂小，眼间距宽，眼裂上倾，鼻根低平，颌小，腭狭，口常半开，舌常伸出口外。患儿生长迟缓，体力和智力发育均有障碍，坐、立、走都很晚，智力低下，只会说“爸”、“妈”等单音节语言，缺少抽象思维能力。

染色体分析表明，患儿的核型往往为47,+21，比正常者多了一条 21 号染色体，此核型也叫 21 号三体型。这是由于在卵子发育过程中，减数分裂时第 21 号染色体未发生分离，形成染色体异常的卵子，当其受精后所形成。随着母亲年龄的增长，40 岁以上的母亲生出先天愚型儿的危险率比 20 岁～30 岁的母亲要高 10 倍以上。

2. 性染色体数目异常

（1）先天性睾丸发育不全综合征：又称原发性小睾丸症，本病大部分是由于在卵子发育过程中，减数分裂时性染色体 XX 未分离，形成了染色体异常的卵子（XX），当其和 Y 型精子受精后所形成。随着母亲年龄的增长，生出本病患者的危险率也大为增加。

本病发病率占男性的 0.125%～0.143%。患者在儿童期无任何症状，到青春期才出现临床症状。外观男性，体形高大，少部分有男性乳房发育，睾丸小且发育不全，精曲小管（曲细精管）呈玻璃样变，不能产生精子，无生育能力。患者体毛稀少，男性第二性征发育不良，约 25%的患者有中等程度的智力障碍。

（2）先天性卵巢发育不全综合征：又称先天性性腺发育不全或 Turner 综合征，本病比较少见，约占女性的 0.029%。外观女性，体形矮小，面容呆板，阔胸，乳房不发育，肘外翻。35%的患者有心血管畸形，主要是主动脉狭窄。患者原发闭经，性腺呈条索状，其中只有卵巢基质而无卵泡。外生殖器幼稚，女性第二性征缺乏，无生育能力。

本病大部分是由于在精子发育过程中，性染色体 XY 未分离，形成了染色体异常的精子（XY 型和 O 型），当其和卵子受精后所形成。这样形成的受精卵成活率低，大部分死于胚胎发育早期，所以本病的发生率大为降低。

3. 染色体结构改变

在一些内、外诱因作用下，染色体可以从其长轴上断裂下一个片段，称为断裂。这是造成染色体结构改变的基本原因。依断裂下来的片段的重接方式，可形成以下几种畸变。

缺失：一条染色体断裂的片段未与断端相接，结果造成缺失。

重复：一条染色体断裂的片段接到同源染色体相应部位，结果使后者发生重复。

倒位：一条染色体断裂的片段倒转位置后，再接到断端上，结果就形成倒位。

易位：两条非同源染色体同时发生断裂，片段交换位置后相接，结果形成易位。

染色体结构改变所引起的疾病，如慢性粒细胞白血病，其第22号染色体之一的长臂发生断裂、断片大多数易位于第9号染色体的长臂上。

（四）多基因遗传

如果说质量性状受一对基因所决定，它们的遗传是单基因遗传，数量性状的遗传基因就要复杂得多。瑞典遗传学家尼尔孙·度尔提出了多基因假说来说明数量性状的遗传。多基因假说的主要论点是：①数量性状的遗传基因不止一对，而是两对以上；②这些基因之间没有显性和隐性的区别；③这些基因对遗传的影响较小，但是有积累的作用。

多基因遗传的特点是：①当亲代的两个极端类型杂交后，子$_1$代都是中间类型，但是，有一定变异范围；②当两个中间类型的子$_1$代杂交后，子$_2$代大部分仍然是中间类型，但是将分离出一些极端类型，子$_2$代的变异范围比子$_1$代广泛，且都受环境因素的影响；③群体中随机杂交结果，子代中变异范围广泛，但大多数是中间型，极端类型很少。

临床上常常遇到一些畸形或疾病，它们的发病率并不低，大多超过1%（1%～10%），所以可算作常见病，且常表现出家族遗传倾向。过去，临床医生常常说这些病的发病有遗传因素或属于某种体质和素质。近年来医学研究表明，这些病就是多基因遗传性疾病。

临床上常见的多基因遗传畸形有唇裂、先天性幽门狭窄、先天性髋关节脱位、先天性畸形足、脊椎裂和无脑畸形、先天性心脏病等。常见的多基因遗传疾病有哮喘、精神分裂症、强直性脊柱炎、冠状动脉病、原发性高血压、糖尿病等。

多基因遗传性疾病的发病受遗传因素和环境因素的双重影响，其中遗传因素所产生的影响程度叫做遗传度。概括地说，一种多基因遗传性疾病受环境因素影响越大，遗传度越低；相反，环境因素影响越小，遗传度就越高。

二、遗传与肿瘤

（一）基因突变与肿瘤

基因突变是染色体的某一点上发生基因结构的改变，所以也叫点突变，是由DNA碱基对的置换、增添或缺失而引起的。基因突变普遍存在于自然界中，从病毒、细菌到人类，都在不断地发生基因突变，这可以涉及个体的每个性状。近年来，关于肿瘤的发生，有人提出一种“二步论”的假说。根据这个假说，一个正常细胞经过两次以上的突变，就会恶变成恶性细胞。以后，这个恶性细胞在一定的条件下形成增殖优势，就将形成肿瘤。一些肿瘤，例如结肠癌存在着遗传的和非遗传的类型：遗传的类型中，由于从亲代生殖细胞得到一个显性突变基因，所以子代个体每个细胞都有一个这样的致病基因，结果形成家族性多发性结肠息肉症。在这个基础上，任何息肉细胞只要再发生一次体细胞突变，就可以变成恶性细胞，一旦具有增殖优势就会形成结肠癌。体细胞突变的频率虽不高，但是却随时都可能发生，且每个息肉细胞都有可能发生体细胞突变。因此，遗传型的结肠癌发病较早（35岁左右发病），而且是多发的。与此相反，非遗传类型中，只有在连续两次体细胞突变的基础上，才能形成恶性细胞。由于体细胞突变的频率较低，必须在漫长的过程中才有可能遇到这种机会。因此，非遗传型结肠癌发病较晚（60 岁左右），而且是单发的。根据“二步论”假说，一种遗传型的肿瘤往往是发病早而且是多发的，非遗传型的肿瘤则发病晚而且是单发的。这种现象用体细胞突变可以做出较好解释。

（二）染色体畸变与肿瘤的发生

由染色体畸变（染色体数目与结构变化）引起的遗传性疾病患者中，其肿瘤发生率较正常人高得多。例如唐氏综合征患儿发生白血病者比正常人群小儿患白血病者多 30 倍左右。对肿瘤患者进行染色体检查，往往可以发现肿瘤细胞有明显的染色体异常，染色体数目多在二倍体到四倍体之间。癌性积液中也可见到多倍体细胞，有时细胞内染色体数高达 1000 个，说明恶性变的细胞会表现出染色体异常。因此，有人提出，异常染色体可作为恶性变信号。

三、遗传性疾病的防治

过去，遗传性疾病被称为不治之症。随着分子生物学和医学的迅速发展，遗传性疾病的防治方法日益增多。近 20 年来，逐步建立起来的产前诊断技术，如妊娠 4 个月～6 个月使用羊膜腔穿刺术，检查羊水成分，可以查出胎儿染色体畸变和先天性酶缺陷等遗传性疾病。由于新的生化测定方法不断建立，目前已能查出胎儿 80％～90％遗传性代谢疾病。这样就可以把严重的遗传性疾病消灭在胎儿时期，对患有可治性遗传性疾病的胎儿，也可进行早期治疗。遗传性代谢缺陷病目前已有 33 种以上疗效较肯定的治疗手段，如针对患者所缺乏的酶，采用调整营养等方法，使之恢复健康。酶缺乏引起代谢产物不足者，可补充该产物或其衍生物，如对丙种球蛋白缺乏症患者可补充丙种球蛋白，对血友病患者可补充抗血友病球蛋白等。

近年来，随着遗传工程的发展，指出了从根本上纠正突变的基因或畸变的染色体，从而达到完全治愈遗传性疾病的可能。遗传工程或称基因工程，是指把一种生物细胞中的基因（DNA 片段）分离提取出来，在体外进行复制，然后通过载体将复制出来的基因导入另一种生物细胞中，使之与后者的 DNA 结合在一起，这样来改变一个细胞的遗传结构，经过转录和翻译，子代细胞中就将出现新的遗传性状。近来，已开始应用人工合成的基因进行遗传工程实验，并且在改造遗传性状上更为有效。遗传工程为动植物育种及人类遗传性疾病的诊断与治疗提供了新的可能。

第二节　病原微生物及寄生虫

一、病原微生物

人们借助光学显微镜或电子显微镜才能观察到的微小生物称为微生物。绝大多数微生物对人类和动植物是有益的，而且是必需的。但是某些微生物对人类的危害很大，是影响人类健康最常见的生物学因素之一。当它侵入人体后，能在人体的某一部位中寄生、繁殖，使人患病。这些致病性微生物称为病原微生物，简称病原体。传染性疾病就是由各种病原微生物所引起的。

病原微生物种类很多，归纳起来有以下几类：细菌、病毒、立克次体、支原体、真菌（霉菌）、螺旋体等。由细菌引起的疾病，称为细菌感染性疾病；由病毒引起的疾病，称为病毒感染性疾病。

（一）细　菌

细菌是感染性疾病中最普遍的致病因素，如细菌性痢疾（菌痢）、伤寒病、流行性脑脊髓膜炎（流脑）、肺炎等都是细菌性疾病。

1. 细菌的基本特性

细菌是体积微小而且能独立进行新陈代谢和生长繁殖的单细胞生物，属于原生生物中的原核细胞。细菌的基本结构大体与植物细胞相似，包括细胞壁、细胞膜、细胞质和细胞核。某些细菌还有荚膜、鞭毛和芽孢。通过染色，除可观察细菌的形态外，还可鉴别细菌的种类。最有意义的是革兰染色法，用此法可将细菌分为革兰阳性和革兰阴性两大类，可供选择药物时参考。如大多数革兰阳性菌对青霉素敏感，而革兰阴性菌对青霉素不敏感（脑膜炎双球菌等除外）；多数革兰阳性菌的致病物质为外毒素，而多数革兰阴性菌的致病物质为内毒素。此外，抗酸性染色法可作为抗酸杆菌（结核分枝杆菌、麻风分枝杆菌）与非抗酸杆菌的鉴别。

细菌的繁殖是简单无性二分裂法，即在适宜环境中吸取养料便可开始繁殖，一个细菌分裂成为两个子代细菌。大部分细菌的繁殖速度很快，20 分钟～30 分钟就分裂一次。致病细菌生长繁殖的最适温度为 37 ℃，高温能使微生物蛋白质凝固变性，故高温能杀灭所有的病原微生物，医疗上常用高温进行灭菌消毒。有些细菌如结核分枝杆菌在有氧条件下才能生长繁殖，有些细菌（如厌氧菌）则完全缺乏氧化酶系统，如破伤风梭菌在有氧条件下不能生长繁殖，所以深部创伤需注射破伤风抗毒素。环境条件改变，能对在短时间内繁殖多代的细菌发生巨大影响，细菌为了适应外界环境变化进行一系列内部新陈代谢的调整而发生变异。在临床上，对某种细菌感染性疾病，使用一定浓度的某种抗生素，开始细菌对其是敏感的，一段时间后变得“不敏感”了，即该细菌产生了抗药性。细菌的毒力也可发生变异，例如目前广泛用于预防结核病的卡介苗就是将对人有毒的牛型结核分枝杆菌经过培养处理后制成的无毒或弱毒活菌苗，为失去致病性的变异菌种，将这种变异了的牛型结核分枝杆菌接种于人体，可使人体产生对结核分枝杆菌的抵抗力。

2. 细菌的致病作用与感染

细菌广泛存在于自然界，在土壤、水、空气、食物、用具、人体体表以及与外界相通的腔道中，均有细菌存在，仅少数对人体有致病作用。凡能引起人类疾病的，称为病原菌。细菌的致病作用取决于细菌的毒力、侵入的数量及其侵入门户。

（1）细菌的毒力。①毒素：分为外毒素和内毒素。外毒素是活菌产生的一种毒性蛋白质，毒力较强，可选择性地作用于某些器官和组织，引起特殊病变。内毒素是死菌细胞壁溶出的一种毒性脂多糖，能引起发热反应、糖代谢紊乱、血管舒缩功能紊乱、弥散性血管内凝血（DIC）和机体的特异性免疫反应。②侵袭物质：包括表面物质和毒性酶。表面物质能阻止吞噬细胞的干扰，毒性酶能攻击、破坏机体组织。

（2）细菌侵入的数量。一般是侵入的细菌数量大，引起传染的可能性亦大，病情也较严重。

（3）细菌的侵入门户。病原菌必须侵入机体的适当部位，方能引起疾病。例如，破伤风梭菌芽孢进入深部创口，可能引起破伤风；若经口吞入，则不引起疾病。

病原菌可经呼吸道、消化道、皮肤或黏膜创口等侵入人体。病原菌侵入机体，能克服机体的防御功能，在一定部位生长繁殖，并引起病理、生理改变的，称为感染。如表现有临床症状则称为感染性疾病。如病原菌长期潜伏在人体的某一部位等待时机，当人体抵抗力降低时，才大量繁殖并使人得病，称为潜伏性感染。人体有一定免疫力，或侵入的病原菌不多，毒力较弱，感染后对人体的损害较轻，不出现或出现不明显的临床症状，称为隐性感染。由于新的抗生素不断出现，细菌感染引起的各种疾病，现在已基本能得到有效的治疗。

（二）病　毒

目前已知的80%的传染性疾病是由病毒引起的，如流行性感冒、病毒性肝炎等。病毒性疾病传染性强，传播广，且死亡率较高，部分传染性疾病目前还缺乏确切的防治药物。

1. 病毒的基本特征

病毒是目前已知的最小的病原微生物，其特点如下：

（1）体积微小，一般通过光学显微镜看不见，需借助电子显微镜才能观察到，能通过细菌滤器。

（2）结构简单，无完整的细胞结构，病原体主要由蛋白质构成的外壳（衣壳）和核酸组成。核酸是病毒的核心，是其生命中枢。一种病毒只含有一种类型的核酸，RNA或DNA是病毒增殖、遗传、变异及感染的物质基础。单纯的病毒核酸即可感染宿主细胞，而繁殖出下一代完整的病毒。病毒衣壳有保护核酸不受核酸酶破坏的作用，从而增强病毒的感染力。病毒表面的衣壳吸附于易感动物细胞表面的受体，使病毒能穿入细胞引起感染。衣壳蛋白质具有病毒抗原的特异性决定簇，能引起机体的免疫反应，产生相应的抗体。

（3）病毒缺乏生活细胞所具备的细胞器和核糖体、线粒体等，以及代谢必需的酶系统和能量，其增殖是由宿主细胞供应原料、能量和生物合成的场所，在病毒核酸控制下合成病毒的核酸与蛋白质等成分，然后在宿主细胞的细胞质或细胞核内组合，形成成熟的有感染性的病原体，再以各种方式释出细胞，感染其他细胞。因此病毒是只有在活细胞内生长繁殖的非细胞形态的微生物。

2. 病毒的致病作用与感染

病毒进入易感细胞后，可能作为异物，产生机械性刺激。更多的是改变宿主细胞的某些结构，或干扰宿主细胞的主要代谢，以至引起组织、器官的损伤和功能障碍。此外，病毒感染后引起死亡的细胞可产生毒性物质如致热原等，也是致病因素之一。在病毒感染中，隐性感染所占的比例较大，而显性感染多为急性发作，其中少数也转为潜伏感染。例如单纯疱疹病毒和腺病毒的感染，可以不出现症状，或在症状消失后，病毒仍继续存在于体内，当人体抵抗力降低时，病毒则重新繁殖而使疾病复发，表现为显性感染。某些病毒也可长期在细胞内大量繁殖而不发病，称为慢性病毒感染。其特点为潜伏期长，病程为亚急性或慢性。例如乙型肝炎，不少转为慢性活动性或迁延性，乙肝表面抗原（HBsAg）持续阳性而不转阴；

有些是先天性感染，例如怀孕母亲感染乙型肝炎病毒，在分娩前后可传染给胎儿或新生儿，以致其成为长期的乙型肝炎病毒携带者。

在病毒性感染过程中，病毒释放或因损伤细胞而释出的毒性物质，可引起炎性反应。病毒性感染的炎性细胞主要为单核细胞，包括巨噬细胞、浆细胞与淋巴细胞，偶尔可发生暂时性的中性粒细胞浸润。这些与急性细菌性感染不同，在细菌性感染的急性期，患者多表现为白细胞总数和中性粒细胞增多；而在病毒性感染的急性期，患者一般表现为白细胞总数减少，淋巴细胞增多，中性粒细胞减少。

（三）其他病原微生物

1. 立克次体

立克次体是介于细菌和病毒之间的病原微生物。它有严格的细胞内寄生性，天然寄生在一些节肢动物体内（如虱、蚤、蜱、螨等），并通过这些节肢动物进行传播。立克次体是引起斑疹伤寒等传染性疾病的病原体，为纪念因研究斑疹伤寒受到感染而牺牲的立克次医生而命名。

立克次体侵入人体后，常在小血管内皮细胞及单核吞噬细胞中繁殖，引起细胞肿胀、增生、坏死，微循环障碍及血栓形成，并引起血管周围的炎性细胞浸润。若在实质器官如肝、脾、肾、脑等血管内皮细胞中繁殖，可导致这些细胞发生肿胀、增生、代谢障碍、坏死及间质性炎症。因此，患立克次体病时往往有发热、皮疹、实质器官损害及其他中毒症状。

2. 衣原体

衣原体归属于广义的细菌范畴，是一类专性活细胞内寄生、有独特发育周期、能通过细菌滤器的原核细胞型微生物，包括沙眼衣原体、鹦鹉热衣原体、肺炎衣原体等，可致沙眼、鹦鹉热、衣原体肺炎等。

3. 支原体

支原体是一群介于细菌和病毒之间，目前所知能独立生活的最小微生物，它们没有细胞壁，呈高度多形性。在人工培养基中能生长繁殖，形成细胞小集落。支原体对热抵抗力低，一般于 45 ℃经 15 分钟～30 分钟，或 55 ℃经 5 分钟～15 分钟即可死亡；对苯酚（石碳酸）、甲酚皂溶液（来苏尔）等化学消毒剂比细菌敏感；对表面活性物质，脂溶剂（如肥皂）极为敏感。

人类支原体疾病中，仅肺炎支原体已肯定为人类原发性非典型肺炎的病原体。它通过呼吸道传播，多发生于儿童和青年，秋、冬季较多见。此病占非细菌性肺炎的 1/3 以上。人类经肺炎支原体感染后，血清中可出现具有保护性的抗表面抗原的抗体，但免疫力并不持久，有时仍可再次感染。

4. 螺旋体

螺旋体是一群细长、柔软、弯曲呈螺旋状，运动活泼的单细胞微生物。螺旋体在自然界及动物体内广泛存在，种类很多。对人致病的有引起回归热的回归热螺旋体，引起梅毒的苍白密螺旋体，引起雅司病的雅司螺旋体，引起钩端螺旋体病的钩端螺旋体等。其中钩端螺旋体病在我国绝大多数地区都有发现。鼠、家畜以及青蛙都是钩端螺旋体的自然寄主，也是主要传染源。本病主要发生在夏、秋季节，尤其是江河水泛滥、多雨的日子里。钩端螺旋体的致病作用，主要是由于内毒素和外毒素样物质产生纤维蛋白溶解酶等毒性酶的作用所造成的。该病原体由皮肤经血流散布到全身各器官并进行繁殖，可引起败血症。早期应用青霉素治疗有效。病后可获得对同型病株的持久免疫力。

5. 真　菌

真菌（霉菌）在自然界分布极广，某些真菌经常寄生于健康人体内，当人体受某些因素影响而免疫力降低时，往往可发生严重的真菌病，称之为内源性真菌病。真菌感染受机体生理状态的影响，例如，当患恶性肿瘤以及其他全身消耗性疾病时，机体的抵抗力降低，就较易发生继发性真菌病。另一方面，如果大量使用抗生素，且用药时间长，或用免疫抑制剂，使机体抗病能力降低，也可抑制一些正常菌群生长，形成菌群失调，从而使真菌有机会大量繁殖致病。

皮肤丝状菌又称皮肤癣菌，主要侵犯皮肤、毛发和指甲，一般不侵犯皮下等深部组织或器官。

在花生和谷类作物中寄生的黄曲霉菌产生的黄曲霉素，有明显的致癌作用。

对真菌感染尚无特异预防方法，主要注意公共卫生和个人卫生。制霉菌素、克霉唑等对皮肤等浅表部位的真菌感染有较好疗效，伊曲康唑等用于深部和全身性真菌感染。

二、寄生虫

人体寄生虫可分为蠕虫和原虫两大类。蠕虫是多细胞动物，个体较大，一般肉眼可见。原虫是单细胞动物，需借助显微镜才能见到，如引起疟疾的疟原虫。蠕虫和原虫寄生于人体的器官和组织，引起寄生虫病。我国不同地区的普查发现，中国人体内已发现有 60 多种寄生虫在肆虐，感染人数高达 6.4 亿。随着各种传染性疾病的发病率下降，寄生虫病仍严重地危害着人们的健康。

（一）寄生虫的生活史

寄生虫发展到感染阶段后，才能侵入人体继续发育，如蛔虫感染性卵就是蛔虫的感染阶段。它的侵入方式，有的是随着被感染的手指和饮食等，经口感染；有的则是由于媒介昆虫的叮咬，经皮肤感染；还有的是通过直接或间接接触皮肤或黏膜而感染的。大多数人体寄生虫都是经口感染的，如蛔虫。严重的寄生虫病多是经皮肤侵入的，如钩虫。侵入人体后的寄生虫大多数种类需循一定的途径移行，才能到达寄生部位而发育、繁殖。在寄生部位生活的寄生虫，有的可不断繁殖而产生新个体（原虫），有的可不断产生出虫卵和幼虫（蠕虫）。后者需通过一定的途径才能离开人体，排出体外。组织内或血液中的寄生虫，大多数经过蚊虫等吸血而离开人体，但血吸虫虫卵是从粪便中排出，并殖吸虫卵从痰中排出。凡是肠道寄生虫都是经肠道随粪便被排出体外的。

（二）寄生虫的致病作用

1. 机械作用

寄生虫对人体的机械损害是由寄生于器官、组织或细胞里引起的，可造成机械阻塞管道，破坏和压迫组织，尤其是虫体较大、数量较多时，这种危害更为严重。例如，蛔虫钻入胆管引起阻塞。

2. 毒性作用

寄生虫对人的毒性作用是由寄生虫的代谢产物、分泌物或死后分解产物所引起的，能使人产生炎症、毒性反应或变态反应，尤其是组织内寄生虫，这种作用更显著。例如寄生于红细胞的疟原虫，它的代谢产物可使机体产生周期性高热等全身反应。

3. 夺取营养

寄生虫在生长发育过程中，必须有各种营养作为生长要素，这些物质都必须由寄主来供应，人体的营养物质就被寄生虫剥夺去，从而对人体产生不良影响。如寄生的钩虫吸取血液，使人产生贫血；寄生的蛔虫夺取半消化物质，引起人体营养不良。

目前，对寄生虫病的诊治已经积累了很多经验。好的文明卫生习惯，加强自我防护是预防寄生虫病的首要环节。

第三节 免疫功能

人们早就发现，在传染性疾病流行过程中得病而幸免于死的人，以后会对该病获得抵抗力。当这种传染性疾病再流行时，他可以安然无恙。对人体免疫功能的探讨，是从研究机体对传染性疾病的抵抗力开始的。机体的免疫功能体现在对抗原性异物的识别和消除。当受到抗原性异物刺激时，机体可通过多种方式对其进行消除。抗原性异物可包括：无致病性异物，如对特殊体质个体可引起变态反应的花粉、某些食物和药物；病原微生物及其毒性产物（毒素和酶）。

在不断与病原微生物的接触过程中，机体的免疫功能可限制病原体的入侵、孳生繁殖和扩散。从病原体入侵人体所造成的后果来看，传染过程可有两种倾向。其一，当人体具有强大的防御免疫能力时，病原体被消灭和排出体外，或造成隐性感染。相反，当人体防御功能降低或免疫功能失常，则病原体可在体内生长、繁殖扩散，对人体造成损害而引起疾病发作。因此，由于人体免疫功能的存在，被传染后不一定都患病，故传染性疾病只是传染过程的一种表现。

人体抵抗微生物的能力，有的是天生具有的，即在种系发育进化过程中形成的，经遗传而获得，称之为先天性免疫。因其并非专门针对某一种病原微生物，故又称为非特异性免疫。个体生活过程中，因受病原微生物感染或接种疫苗而获得免疫能力称为获得性免疫。这种免疫一般仅针对所感染的病原微生物或该疫苗所能预防的疾病，故又称特异性免疫。通常所提的免疫，均指特异性免疫。

一、非特异性免疫

非特异性免疫受遗传因素的控制，具有相对稳定性。在抗感染的过程中，非特异性免疫首先发挥作用，随着特异性免疫形成，两者相互配合，扩大作用。由此可见，非特异性免疫是特异性免疫的基础。增强非特异性免疫是提高整体免疫力的一个重要方面。

非特异性免疫由机体的组织结构和生理功能所体现，如机体的各种屏障结构、吞噬细胞及体液中的抗微生物物质等。

（一）屏障结构

1. 皮肤和黏膜屏障

正常完整的皮肤与黏膜有机械阻挡并排除微生物的作用。此外，它们还能分泌多种杀菌物质，如泪液、乳汁、汗腺分泌的乳酸，以及鼻和气管等分泌液中的溶菌酶、胃酸和肠道分泌液中的多种蛋白水解酶等都有杀死某些微生物的作用。在正常人的上呼吸道、消化道和泌尿生殖道的黏膜上寄生有众多的细菌，与人之间保持着相对平衡状态而生存的这些细菌，总称为正常菌群，它们可以阻止或限制外来微生物或毒力较强微生物的定居和繁殖，对机体起着有益的作用。临床上长期大量使用广谱抗生素，可导致正常菌群失调而引起菌群失调症。

2. 血脑、胎盘的内部屏障

血－脑屏障主要由毛细血管内皮细胞、基膜、神经胶质膜构成。这些组织结构致密，细菌及其他大分子物质不易通过，能保护中枢神经系统。小儿由于血－脑屏障尚未发育完善，容易发生脑部感染。胎儿的屏障由母体子宫内膜的基蜕膜和胎儿的绒毛膜滋养层细胞共同构成。此屏障不妨碍母胎之间的物质交换，但能阻止母体内可能存在的微生物的穿过从而保护胎儿免受感染。在妊娠前 3 个月内，此屏障尚不完善，若孕妇在妊娠早期受风疹病毒、巨细胞病毒或柯萨奇病毒等感染，可致胎儿畸形、流产或死胎。

（二）吞噬细胞

吞噬细胞分为中性粒细胞和单核吞噬细胞两大类。因其细胞膜上有免疫球蛋白 G 的 Fc 片段受体和补体 C3 的受体（抗体及补体均可起到调理作用），细胞内又含有能发挥杀菌作用的溶酶体，故被称为专职性吞噬细胞。

在感染的急性期，渗出的炎性细胞以中性粒细胞占绝对优势，当感染时间长或形成慢性炎症时，巨噬细胞（大单核细胞）取代中性粒细胞。巨噬细胞不仅吞噬病原微生物，还可清除炎症部位的中性粒细胞残骸，有助于组织的修复。吞噬细胞在体内的吞噬过程：①吞噬细胞黏附于炎症部位的血管内壁；②穿过内皮细胞间隙进入组织，趋向微生物入侵局部；③识别和吞入微生物，吞噬细胞内形成吞噬小体和吞噬溶酶体，细胞发生脱颗粒；④杀灭和消化微生物。

（三）抗菌物质

已经知道，正常人体的体液和组织中有多种具有抗菌作用的物质，包括补体、溶菌酶、乙型溶素、吞噬细胞杀菌素、白细胞素、血小板素、正铁血红素、乳素、精素等。这些物质对不同细菌可分别表现出抑菌或杀菌的作用。但它们在体内的确切作用，尚不十分清楚。

二、特异性免疫

特异性免疫是个体在生活过程中与病原微生物等抗原物质接触后所产生的免疫应答，是出生后形成的，具有特异性。特异性免疫包括以 T 细胞介导为主的细胞免疫和以 B 细胞介导为主的体液免疫。

（一）细胞免疫

参与细胞免疫的淋巴细胞为 T 细胞。当致敏的 T 细胞与相应抗原再次接触后，除直接杀伤带有抗原的靶细胞外，还能释放各种可溶性细胞免疫介质，即淋巴因子。细胞免疫现象发挥效应的机制，归根到底要靠 T 细胞分泌的淋巴因子直接作用于靶细胞或作用于巨噬细胞、淋巴细胞等而间接发挥作用。细胞介导的免疫反应对某些细胞内寄生的细菌（如结核分枝杆菌、伤寒沙门菌）、病毒、真菌以及原虫等所引起的感染有重要作用。

（二）体液免疫

体液免疫即主要由 B 细胞介导的免疫应答，参与体液免疫的淋巴细胞为致敏的 B 细胞。B 细胞受抗原刺激后转化为浆细胞，合成免疫球蛋白，即抗体。免疫球蛋白（Ig）分为五大类，即免疫球蛋白 G、A、M、D 和 E（IgG、IgA、IgM、IgD 和 IgE）。

IgG 是人体含量最高的抗体，占人体血清抗体的 80%，其中一半在血清内，一半在组织内。IgG 是体内最主要的抗体，是唯一能通过胎盘的抗体，因其具有抗细菌、抗病毒、抗毒素等特性，对防治各种传染性疾病具有重要价值。IgG 的主要作用在于中和细菌毒素以及与病原微生物结合以利吞噬。临床上用以防治一些传染性疾病的胎盘球蛋白、丙种球蛋白、抗病毒血清等主要含 IgG。

在感染过程的初期，病原微生物量较少，此时免疫球蛋白不易测得。随着病原体的繁殖或复制，免疫刺激增强，故一般发病第二周始能测出。再次接触同一病原微生物时，常可深化免疫反应，产生大量抗体（主要为 IgG）。

抗原与抗体相互作用可产生有利于人体的抗感染免疫，对疾病产生一定的抵抗力，但在一定条件下亦可转化为对人体不利的变态反应，亦称过敏反应或超敏反应。这是机体受同一抗原物质再次刺激后引起的一种组织损伤或生理功能紊乱的特异性免疫反应，其实质是异常的或病理的免疫反应，出现于少数反应性特殊的人中。引起变态反应的抗原称为变态反应原，简称为变应原，又称过敏原。

（三）预防接种与人工免疫

特异性免疫的获得可由患病、隐性感染或预防接种等方式获得。用预防接种等人工方法增强机体抗病能力，称为人工免疫。

人工自动免疫是接种疫苗、菌苗、类毒素、瘤苗等免疫原后，使机体自身产生特异性免疫力。这种免疫力出现较慢，一般在接种后 1 周～4 周才产生，但维持时间长，可达半年至数年。用细菌制成的生物制品，称为菌苗；用病毒制成的生物制品，称为疫苗。习惯上将这两种制剂统称为疫苗。例如用化学或物理方法将细菌、病毒等杀死后制成的死疫苗，或减毒或无毒病原体制成的活疫苗，常用于传染性疾病的预防。

人工被动免疫是接种含有特殊抗体的免疫血清或淋巴因子等免疫物质，使机体立即获得免疫力。免疫血清所含抗体，因非机体自身产生，故免疫作用出现快，但维持时间短（2 周～3 周）。例如常用的白喉、破伤风抗毒素、丙种球蛋白、胸腺素、转移因子等，主要用于治疗和紧急预防，要足量早用，越早用效果越好。

人类有完整的免疫系统，它的功能详见表1－1。

表1－1　人体免疫功能

免疫功能	抗原的主要来源	正常表现	异常表现	
			过高	过低
免疫防御	外源	抗拒或消灭各类感染及异物	传染性超敏反应及其他超敏反应	防御缺陷综合征
自身稳定	内源、外源	维持自身相对稳定		自身免疫病
免疫监视	内源、外源	防止癌变或持续性感染	自身免疫病	癌变或持续性感染

人体免疫系统对人体具有保护作用，但一旦发生异常，会给人体带来很大的麻烦。

第二章 心理因素与健康

健康是幸福的源泉，是事业的基石，是反映生活质量的重要指标，是生命中最值得珍惜的部分。

然而，什么是健康？人们一般并不深究。只要不是疾病缠身，似乎也没有深究的必要。但需要说明的是，一个人是否健康，决不能只根据是否患有躯体疾病作为评价的标准。对健康最有权威性的阐述，要算世界卫生组织（WHO）1948 年给“健康”一词所下的定义，即：“健康不只是不患病或身体不虚弱，而是躯体、心理和社会适应都处于完美状态。”这是一个理想化的概念，几乎没有人能达到这样高的健康标准，可是却为人们的追求树立了一个高标准的目标。其中特别引人注目的是，健康要达到躯体、心理和社会适应三个完美状态。这个标准改变了人们，特别是医学界长期存在的只重视躯体健康，而忽视心理健康和社会适应能力的片面观念。这种片面观念在医学界根深蒂固，危害甚大。最常见的表现形式是：在医疗工作中只管治疗躯体疾病，而不顾疾病给患者带来的心灵上的痛苦和引起的社会后果；只重视药物和物理治疗，而忽视了心理治疗和社会环境因素的影响；在疾病康复过程中，只注意躯体康复，而忽视心理康复；在预防医学中，只重视生理卫生而不关心心理卫生。这些年来，在医学界广泛讨论医学模式的转变，批判陈旧的生物医学模式（即只从生物学角度认识疾病的发生发展），宣讲生物—心理—社会医学模式（即从生物、心理和社会三方面去认识疾病和健康的规律）。随着医学的进步和卫生事业的发展，人类许多躯体疾病得到了有效控制和治疗，人的平均寿命延长了，人们对健康的认识和要求也相应的提高了。人们不只是希望活得长久，而更看重提高生活质量，也就是生活得愉快、幸福。如果达到前面提到的三个完美状态，健康的理想也就实现了。

我国正处在改革开放的时代，这是一个欣欣向荣、发展迅速的时代。这个时代带来了无限的生机活力，也增大了人们的压力。市场经济的建立使人们有了更多的选择，也就增添了选择的烦恼和思虑。人们的生活节奏加快了，人们的心理负荷在增加，一些精神疾病的患病率明显上升。社会的发展要求人们具有更高的身心健康水平。

大学生是经过高考，并经德、智、体全方位优选的人才，又经过校内集体生活的锻炼，本应是最健康的群体之一。但由于大学生处在青春期后期，要面对繁重的学习任务，紧张的测验、考试及毕业分配双向选择的激烈竞争，他们的身心处在一个不稳定的发展阶段。又由于大学生的健康教育未得到重视，尤其心理上自我保健能力差，心理卫生问题明显较成人严重。大学生应该通过健康教育，学会增强自我保健意识和能力，才能正确对待学习和生活中所遇到的种种迷惘，逐步适应，以保持积极饱满的情绪，精神焕发地完成艰巨的学业，并不断增强各自的身心健康水平。当然，人们的身体健康和心理健康通常是相辅相成和互相影响的，是一个整体。

第一节　心理卫生

任何人都可能发火，这不难。但要做到为正当的目的，以适当的方式，对适当的对象，适时适度地发火，这可不易。

亚里士多德《尼可马亥伦理学》

人的命运是否由智商决定？显然不完全是。你也许曾对这样的事例困惑不解：智商很高的人生活并不如意，而智商平平者却获得了极大成功。通向幸福与成功的捷径在哪里？决定一个人是成为社会栋梁还是庸碌之辈的关键因素是什么？

显然，单凭学校那些“标准”课程是无法回答这些问题的。其实，所有这些问题的答案都与一个至关重要的因素有关，那就是人们自我管理和调节人际关系的能力，即情感智商。

一、情感智商

美国佛罗里达州某所中学的物理教师戴维·波罗格卢托被自己的尖子学生刺伤。事情经过是这样的：

贾森是该校高二年级优等生，一心要学医，而且一般医学院根本不在他眼里，他想的只是哈佛大学。但在一次物理测验中，物理老师只给他打了 80 分。贾森认为这个 B 等分数将会断送自己的前程，于是拿起一把餐刀就去了学校。在实验室里，他与老师发生争执，将老师刺伤，贾森随后被制服。

在参考了由四名心理学家和精神病学家组成的专家组的鉴定意见后，法官裁定：贾森当时处于暂时性精神紊乱状态，不负刑事责任。贾森声称，这个分数使他想自杀，他去找老师是想告诉他，自己为什么自杀。但物理老师则认为，贾森对这个 B 等分数耿耿于怀，是蓄意报复杀人。

贾森后来转学至一所私立学校，两年后以最优秀分数毕业，常规课程他得的都是 A 等。同时，贾森还修读了足够的高级课程，得分超过 A+。贾森以最高荣誉毕业。

如此聪明的学生怎会如此不理智？不仅仅是不理智，简直是彻头彻尾的愚蠢！答案其实很简单：学业优秀与情绪控制相关甚少。顶尖聪明的人被激情与冲动的狂风巨浪打翻人生航船，高智商（IQ）者在个人生活中一筹莫展的事例并不少见。

尽管 IQ 测试、SAT 学习能力倾向测验现在美国颇为流行，但这些测试其实很难预测人生的成功与否。IQ 至多只能解释成功因素的 20%，其余 80%则归于其他因素。有观察家指出：“我们在社会阶梯上的最终位置，绝大多数取决于非 IQ 因素，如生活阶层、机遇等。”

这些其他因素中的关键因素是：情感智商——自我激励、百折不挠；控制冲动、延迟享受；调节情绪，不让焦虑烦恼干扰理性思维；善解人意、充满希望。对 IQ 的研究已有近百年，但情感智商（简称情商，即 EQ）却是一个很新的概念，尚未有人能确切断定它的差异将如何影响人生历程。不过，现有的资料证实其强有力的作用，某些时候甚至比 IQ 更重要。有人认为 IQ 是不可能改变的，经验和教育对它的作用都不大，但对人生至关重要的情感智商却完全能够从儿童时学得并不断得到提高。

二、情感智商与命运

那些学历、机遇、潜力大致差不多的人为什么命运迥异？这很难用IQ来解释。在一项对95名20世纪40年代的哈佛毕业生从毕业到中年的追踪研究中发现，那些大学里考试成绩最高者，与成绩低一些的相比，在以后的收入、成就、行业地位等方面并不见得有更大的成功。他们在生活满意度、友情、家庭以及爱情上也不见得更理想。

同时研究的对照组中有450个被测试者来自距哈佛几个街区，当时是马塞诸塞州萨默维尔市有名的“肮脏贫民窟”的移民家庭，其中2/3的人靠社会救济生活。这一组里有1/3的人IQ低于90。同样，IQ与他们今后的工作或人生也无甚相关。比如IQ低于80的人中有7%失业达10年甚至更长，而IQ高于100的人里面也有7%的人有此命运。人在47岁以后，IQ与社会经济地位确实有所相关，但对儿童、青少年来说，应付挫折、控制情绪以及与人相处的能力对未来人生的影响更为重大。另一项追踪研究的对象是81名伊利诺伊州1981届的第一、二名优秀高中毕业生。他们的学业一流，进入大学后仍是佼佼者，但到接近30岁时，却只达到同龄人的平均水平。中学毕业10年后，只有1/4的人处于自己所在专业领域同龄人中的最高地位，其余大多数人则远非理想。

追踪这些优秀学生的研究者之一，波士顿大学教育学教授卡伦·阿诺德（Karen Arnold）解释说：“我想他们属于‘尽职者’这一类型，即懂得如何在现有教育体系中取得成功。不过优秀生也需和我们大家一样努力，知道某人是毕业生致辞代表，你可确知他或她的学业成绩出类拔萃，但你却无从得知他们应对今后人生沉浮、世事兴衰的能力如何。”

这就是问题所在：学业优良并不能预测人生的机遇，高IQ却不能保证事业成功、发达或人生幸福。我们的学校和传统教育只看重学业能力，而忽视了情感智商的一系列特质（有些甚至可称为人格特质），殊不知正是这些特质极大地主宰了我们的命运。情感生活也像数学或阅读一样，要求特有的能力，不同的人其操作的技能是有高有低的。为什么有的人生活和事业一帆风顺，而另一些人虽有同等的智力，却交华盖运，处处碰壁，这就是情感智商高低的不同结果。情感智商可说是一种“中介能力”，决定了我们怎样才能充分而又完美地发挥我们所拥有的各种能力，包括我们的天赋、智力。

通向成功的道路有很多，可谓“条条大路通罗马”，各个领域，各种能力都有用武之地。在我们这个日益重视知识的社会，技术技能自然是不可少的。大量资料显示，情感智商高者，即能清醒了解并把握自己的情感，能敏锐感受并有效反馈他人情绪变化的人，在生活的各个层面，无论在爱情、亲情，甚至在领悟组织机构中主宰个人沉浮的不成文游戏规则等方方面面，都占尽优势。能充分发展情感智商的人，其生活更有效率，更易获得满足，更能运用自己的智能获取丰硕的成果。反之，不能驾驭自己情感的人，内心的激烈冲突削弱了他们本应集中于工作的理性思考能力。

三、情感智商的五个主要方面

（一）了解自我

自我觉知即当某种情绪刚一出现时便能察觉，它是情感智商的核心。自我觉知意即“既觉知到自我的情绪，又意识到自我对此情绪的看法”，是对自我内在状态不作反应也不加评价的注意。这种觉知也不是宁静泰然的，你会对自己谈出所感知的自我情绪：“我不应当有此感觉”，“我在努力使自己高兴起来”；而且，在极为烦恼焦躁时，脑子里一闪而过地命令自己“别去想了”。

尽管意识到飞逝的情绪与按意图去改变情绪之间有逻辑上的分歧，但从实际意义上讲，这两者总是如影随形，察觉到自己恶劣的情绪，就要想排除恶劣情绪。当然，察觉与试图控制情绪冲动的反应是有差异的，或是约束、控制、不推波助澜，或是干脆任其宣泄。尽管人们在注意和处理自己的情绪上风格各异，但归纳起来可分为以下三种类型：

（1）自我觉知型。自己的情绪一出现便能察觉，因而其情绪生活精致、复杂，对自己情绪的清晰认知甚至构成了其人格特质。他们拥有积极的人生观，心理健康，自制自主，随心所欲却不逾矩。一旦情绪低落，决不辗转反侧，缠绵其中，而是努力跳出重围，吹散乌云。总而言之，自我觉知型能有效地管理自己的情绪，心脑健康。

（2）沉溺型。总是被卷入自己情绪的狂潮中，无力自拔，听凭情绪的主宰；情绪多变，反复无常，而又不自知，沉溺其中不知所以然；一任自我沉溺于恶劣情绪中，无力也无能摆脱；常常处于情绪失控状态中，自感被压倒击溃。

（3）认可型。对自我的感受了解得一清二楚，但接受认可自己的情绪，并不打算去改变。认可型还可分为两种亚型：乐天知命型，总是高高兴兴，自然不愿意也没必要去改变；悲观绝望型，虽然清晰地认识到自我的情绪状态，而且明知是不良情绪，但采取“不抵抗主义”，无论自己有多么烦恼悲伤，就是无所作为。抑郁症患者是这一类人的典型，束手待毙于自己的绝望痛苦中。

（二）管理自我、控制自我的情绪，使之适时、适地、适度

这种能力建立在自我觉知的基础上。知道如何进行自我安慰，具有有效摆脱焦虑、沮丧、愤怒、烦恼等因失败而产生的消极情绪的能力。如果这一能力低下将使人总是陷于痛苦情绪的漩涡中。反之，这一能力强者则可从人生的挫折和失败中迅速跳出，重整旗鼓，迎头赶上。

自制力作为一种美德为人们所赞颂。所谓自制力，是人体抗衡打击所引起的情绪风暴，使自己免于沦为“激情的奴隶”的能力，其核心意思是保持平衡，而不是压制情感。因为每种情感都有其作用与意义，没有情感的生活味同嚼蜡，与丰富的人生格格不入。不过正如亚里士多德所说，情感应适时、适度并与周围情况相适应。若情感太平淡，生活就会枯燥无味；若情感失控、走极端、偏执，就成了病态，如长期抑郁、过分焦虑、怒火冲天以及躁狂等都属病态现象。

抑制不愉快的情绪是保持情感健康的关键。某一情绪过分强烈或长期对某些事物耿耿于怀都是走极端的表现，有害于我们平静的生活。当然，我们不应只保持某一情绪，永远快乐的人生不仅不可能，而且不免过于平淡。人生的痛苦也能促使人们去追求富有创造性和精神乐趣的生活。痛苦还能磨炼人的灵魂。

起伏波动的情绪使人生绚丽多彩，但需要保持其平衡。在情绪问题上，将积极情绪与消极情绪保持在适当的比例，决定了生活的快乐与否。我们时时刻刻都得调整好自己的情绪，

尤其是闲暇时，我们所做的事情主要就是调节好我们的心情。无论是读小说，看电影，还是参加活动或与朋友相聚，目的都是使自己心情愉快。自我愉悦的技巧是生活的基本技巧之一。

（三）自我激励

自我激励是指服从于某目标而调动、指挥情绪的能力。要想集中注意力、把握自我、发挥创造性，这一能力必不可少。让我们换个角度，来看看积极动机在人们成就中起到什么作用，它是如何激发起人的热情、进取心和自信等的。研究人员通过对奥运会参赛运动员、世界一流音乐家及国际象棋特级大师的研究，发现他们的共同特点就是具有鞭策自己进行艰苦训练的能力。无论从事哪行哪业，要想不断进步，出类拔萃，就必须从童年开始进行严格的训练。我国参加1992年奥运会的跳水队队员有的是在年仅4岁时，就开始接受严格的训练。虽然到大赛时，他们才12岁，但其训练量已相当于美国跳水队那些20岁出头的运动员了。又如20世纪最优秀的小提琴大师都是在5岁左右开始练琴的。国际象棋世界冠军学棋的平均年龄大约为7岁，而那些国内冠军学棋的时间则平均要晚3年。训练开始早，时间上就先胜一筹。

在竞争激烈的同一领域中，就职者的智力相差无几，成就却各有高低，其原因大概在于成功者从小就经受过长期艰苦工作的磨砺。能否做到坚韧不拔，这取决于个人情感特质，其中最重要的一点就是在遇到挫折时，依然能热情满腔，继续努力。

撇开个人的天赋能力不说，人生成功与否，其动机有着举足轻重的作用。这可以从美籍亚裔学生的杰出表现上得到印证。多年的研究结果显示，美籍亚裔儿童的智商平均分比美国白种人孩子不过高2分~3分。然而，在许多美籍亚裔人从事的法律、医疗等职业中，他们显示出的才华却远远高出他们的实际智商。作为整体来看，美籍日裔的表现相当于110分的平均智商，而美籍华裔的表现竟相当于120分。其原因似乎在于亚裔儿童自上学起就比白种人孩子更用功。斯坦福大学心理学家桑福德·多伦布什曾对1万多名高中生进行过研究，发现美籍亚裔学生用于做家庭作业的时间比其他学生多40%。他说："大部分美国父亲对孩子的弱点坦然接受，对其优点则多加强调；而对亚裔学生而言，功课没学好，那就晚上多学习，如果这还不行，那清晨再早点起床学习。亚裔人坚信：一分耕耘，一分收获；只要努力，就能学好。"简而言之，亚裔的文化伦理使他们有较强的动机、热情及毅力，即具有情感优势。

情感对我们的影响是无所不在的，它涉及我们能力的方方面面，如思维、计划、接受追求长远目标的培训、处理问题能力，以及如何增强这些能力。情感决定着我们智能的发挥程度，决定着我们的成就。热情、愉快，甚至适度的焦虑情绪都能激励我们进取，鞭策我们努力完成工作。从这个意义上讲，情感智商是统揽全局的能力，深深地影响着其他的能力。

任何方面的成功都必须有情绪的自我控制——延迟满足，压抑冲动。能够自我激励，积极热情地投入，才能保证取得杰出的成就。具备这种能力的人，无论从事什么行业都更有效率，更富有成效。

（四）识别他人情绪

移情，是在情感的自我觉知基础上发展起来的又一种能力，是最基本的人际关系能力。移情即“感人之所感”，并同时能“知人之所感”，是既能分享他人情感，对他人的处境感同身受，又能客观理解、分析他人情感的能力。不能识别他人的情绪是情感智商的重大缺陷，也是人生的悲哀。

情感智商可从移情中去探索。移情于他人，即将心比心，感受他人的痛苦、危险，将推动人们行动起来去为他人提供帮助。青春期时，人的移情能力已达到高级阶段，能够理解的不仅仅是眼前的痛苦，还能认识到某人长期痛苦的根源。道德判断与道德行为的很多方面都有移情的成分。“因为他人受到伤害，我们自己也感到受了伤害，理智与同情使之产生了要去帮助他人的自然情感”。旁观者对他人的移情越是强烈，挺身而出的可能性就越大。

（五）处理人际关系

人际关系艺术就是调控自己与他人情绪反应的技巧。

听一位记者朋友谈及这样一个故事：他有一次到某地出差，天气闷热，加之旅途的疲惫使他加快步伐去招待所。走到一个拐弯口，听到一片喧闹声，原来是为路人擦鞋的人与顾客发生了争执，叫骂声一阵阵传来，围观的人越聚越多。“臭小子，你不就是个擦鞋的，神气什么？没擦干净今天就不给钱，你敢怎么着？”随着这些话语，一个穿着入时的年轻人走出人群，满脸不屑，扬长而去。围观的群众渐渐散去，只留下一个约摸十五六岁的男孩，手中捏着擦鞋布和一个沾满灰尘的鞋刷，泪水在他眼眶里打转。这时，一位老人走近了那位男孩，拍拍他的肩膀，微笑着指着自己的鞋说：“小兄弟，你看我这鞋能给它擦擦不？我听说你擦鞋特别认真，价格还便宜，特地找你来了。我们这些经常在外面跑的人，鞋特别容易脏，幸亏有了你们这些人，才使我们的仪表能整洁些，不耽误正事儿。”男孩迟疑地接下鞋。“你今年多大了，小兄弟？”

“十五。”

“这么小就出来做事，挺不容易的，现在外面社会挺复杂，各式各样的人都有，刚才的事你一定受委屈了吧？”

听到这，男孩的眼泪扑簌簌地掉下来。老人问及其家中情况，得知男孩家在附近贫困的山区，父亲卧病在床，只靠母亲一人维持生计，家中还有两个妹妹，无奈只能出来挣钱，以擦鞋为生。老人一面仔细地听着，一面同情的应着：“哦！原来如此。”

鞋擦好后，老人说：“谢谢，你给了我一双全市最亮的鞋。”当老人掏钱给男孩时，男孩说什么也不要。老人把钱塞进男孩的兜里，说：“别跟我客气，我就住在前面的招待所，以后我来这里擦鞋，你给我优惠些就行。”

碰巧，这位老人和记者同住一屋。更令人惊讶的是，第二天，那位男孩居然等在招待所门外准备帮老人擦鞋。老人把他请进屋与他交谈，于是一段有些不可思议的友谊在两个完全迥异的人之间滋长起来。临别前，老人对记者说了一段令记者终生难忘的话：“要与别人建立和谐的关系、纯真的友谊其实很简单，多从对方的角度去考虑他的所作所为，了解、分析他的感受，给予他情感上最渴望的东西，便足够了。”

老人一句话道破人际关系艺术的关键——了解他人的情感，同时左右他人的情感。

决定一个人人际关系优劣的因素是哪些呢？心理学家研究表明：在人际互动中，能从他人的语言、声音、体态、手势、行为中分辨出他人的感受与情绪，并能分析出产生这些情绪的原因，同时能调节自己的情绪与行为来感染、改变对方的感受与情绪的人，是主动控制的一方，往往也是能获得和谐关系的一方。若能有效处理与他人的关系，就能赢得社会竞争的优势。否则，将导致社会生活处处碰壁，人际关系时时坍塌。就算是智商超常、绝顶聪明的人，若缺乏这些技能，也将在人际关系中栽跟斗，被看作是傲慢无理、令人生厌、麻木不仁的人。良好的处理人际关系的能力可强化一个人受社会欢迎的程度以及领导权威、人际互助的效能等。擅长处理人际关系者，凭借与他人的和谐关系即可事事顺利。

四、心理健康的标准

按照生物—心理—社会医学模式，健康的概念应是指个体躯体健康、心理健康、社会适应良好。心理因素除受躯体健康影响外，又与社会学、伦理学、行为科学的研究内容互相渗透，所以心理健康标准比较难以精确界定。为此，国内外学者提出了大同小异的各种标准。我国学者王登峰等根据各方面的研究结果，提出了心理健康的几条指标：

（一）了解自我，悦纳自我

一个心理健康的人能体验到自己的存在价值，既能了解自己，又能接受自己，具有自知之明。即对自己的能力、性格、情绪和优缺点都能做出恰当、客观的评价，不会对自己提出苛刻的期望与要求；对自己的生活目标和理想也制定得切合实际，因而对自己总是满意的；同时，努力发展自身的潜能，即使对自己无法补救的缺陷，也能安然处之。一个心理不健康的人则缺乏自知之明，总是对自己不满意，并且由于所定的目标和理想不切实际，主观和客观的距离相差太远而自责、自怨、自卑；总是要求自己十全十美，而自己却又无法做到完美无缺，于是就总是和自己过不去，结果是使自己的心理状态永远无法平衡，也无法摆脱自己将会面临的心理危机。

（二）接受他人，善与人处

心理健康的人乐于与人交往，不仅能接受自我，也能接受他人，能认可别人存在的作用和重要性。他能为他人所理解，为他人和集体所接受，能与他人相互沟通和交往，人际关系和谐，在生活的小集体中能与他人融为一体。在与人相处时，其积极的态度（如同情、友善、信任、尊敬等）总是多于消极的态度（如猜疑、嫉妒、畏惧、敌视等），因而在社会生活中有较强的适应能力和较充足的安全感。一个心理不健康的人，总是自别于集体，与周围的环境和人们格格不入。

（三）热爱生活，乐于工作

心理健康的人珍惜和热爱生活，积极投身于生活，在生活中尽情享受人生的乐趣。他们在工作中尽可能地发挥自己的个性和聪明才智，并从工作成果中获得满足和激励。他们把工作看作乐趣而不是负担，能克服各种困难，使自己的行为更有效率、工作更有成效。

心理健康的人能够面对现实，接受现实，并能够主动地适应现实，进而改造现实，而不是逃避现实。他对周围的事物和环境能做出客观的认识和评价，并能与现实环境保持良好的接触，既有高于现实的理想，又不会沉湎于不切实际的幻想与奢望。他对自己的能力有充分的信心，对生活、学习、工作中的各种困难和挑战都能妥善处理。心理不健康的人往往以幻想代替现实，不敢面对现实，没有足够的勇气去接受现实的挑战，总是抱怨自己"生不逢时"或责备社会环境对自己不公而怨天尤人，因而无法适应现实环境。

（四）能协调与控制情绪，心境良好

对于心理健康的人，愉快、乐观、开朗、满意等积极情绪状态总是占据优势，虽然也会有悲、忧、愁、怒等消极的情绪体验，但一般不会长久。他能适当地表达和控制自己的情绪，喜不狂、忧不绝、胜不骄、败不馁、谦虚不卑、自尊自重，在社会交往中不妄自尊大也不畏缩恐惧，对于无法得到的东西不过于贪求，争取在社会规范允许的范围内满足自己的各种需求。他对于自己能得到的一切感到满意，所以心情总是开朗乐观的。

（五）人格和谐完整

人格和谐完整是指人的整体精神面貌完整、协调、和谐的平衡发展和表现。心理健康的人，其人格结构包括气质、能力、性格、理想、信念、动机、兴趣、人生观等各方面。他思考问题的方式是适中和合理的，待人接物的态度是恰当灵活的，对外界刺激不会有偏颇的情绪和行为反应，能够与社会的步调合拍，也能与集体融为一体。

（六）智力正常

智力正常是人正常生活的最基本的心理条件，是心理健康的重要标准。智力是人的观察力、记忆力、想象力、思考力和操作能力的综合。

（七）心理行为符合年龄特征

在人的生命发展的不同年龄阶段，都有相对应的不同心理行为表现，从而形成不同年龄阶段独特的心理行为模式。心理健康的人应具有与同年龄段大多数人相符合的心理行为特征。如果一个人的心理行为经常严重偏离自己的年龄特征，一般都是心理不健康的表现。

著名心理学家马斯洛（Maslow）和密特尔曼（Mittelman）也曾提出心理是否健康的10条标准：

（1）是否有充分的安全感。

（2）是否对自己有较充分的了解，能否恰当地评价自己的行为。

（3）自己的生活理想和目标是否切合实际。

（4）能否与周围环境事物保持良好的接触。

（5）能否保持自身人格的完整与和谐。

（6）是否具备从经验中学习的能力。

（7）能否保持适当和良好的人际关系。

（8）能否适度地表达和控制自己的情绪。

(9) 能否在集体允许的前提下，适度地发挥自己的个性。

(10) 能否在社会规范的范围内，适当地满足个人的基本要求。

两种心理健康的评价标准大同小异。将心理健康标准与情感智商的五个方面进行比较，可以发现二者也是大体相同的。总而言之，情感智商（EQ）高的人，也就是心理健康、社会适应能力强的人。EQ 教育已成为 20 世纪心理学最重要的研究成果。

众所周知，IQ 代表智商，它历来是确定人生成就的权威测量标准。但在突飞猛进的高科技时代，IQ 的权威性已经被彻底动摇，被一种全新的人生成就测量标准取而代之，它就是 EQ——情感智商。

第二节　情绪与健康

一、情绪的定义

情绪是人们对客观事物是否满足自己的需要而产生的一种体验。需要是情绪产生的基础和源泉。如果需要得到满足，人就产生肯定性质的体验（如快乐、满意、振奋等积极的情绪），反之就产生否定性质的体验（如忧虑、悲伤、惊恐、愤怒、痛苦等消极的情绪）。

情绪是反映心理状态的窗口，是认知与行为的中介、人格的核心。

二、情绪的主要特征

（一）情绪的种类

1. 原始情绪

原始情绪包括快乐、悲哀、愤怒、恐惧等。快乐是指欲望、需要和目的达到后，解除了紧张所产生的情绪体验。快乐的程度可以分为满意、愉快、异常欢乐和狂喜等。

悲哀是指人所热爱的事物丧失或所盼望的东西幻灭后释放紧张所产生的情绪体验。悲哀的程度可分为遗憾、失望、难过、悲伤和哀痛等。

愤怒是指人由于愿望一再受挫而产生的一种高度紧张的情绪。愤怒的程度可分为轻微不满、生气、愠怒、激愤、大怒和暴怒等。

恐惧是指人企图摆脱、逃避某种情景而又苦于无能为力的紧张情绪。恐惧的程度可分为不安、担心、害怕和恐怖等。

2. 与感觉刺激有关的情绪

这种情绪有愉快的或不愉快的，指向积极目标或消极目标的，如疼痛、厌恶、舒畅等。

3. 与自我评价有关的情绪

这主要决定于一个人对自己行为与各种行为标准之间关系的知觉，包括成功与失败、骄傲与羞耻、内疚与悔恨等。

4. 与别人有关的情绪

这种情绪是由自己与别人的关系引起的并指向别人，包括爱与恨。

（二）情绪的主要特征

1. 情绪的心理要素

任何情绪均由以下三个基本要素构成：其一，内心的情绪体验色彩，如喜、怒、忧、思、悲、恐、惊等；其二，外在的情绪表现，如面部表情、言语和体态；其三，情绪引起的生理变化，即情绪产生常伴有内脏功能的明显变化。

2. 情绪的两极性

情绪的两极性表现在：一是因需要的满足程度不同而表现出强度不同的肯定（如愉快、欣喜等）和否定（如不满、敌视等）的对立。二是积极的和消极的情绪对立，前者如欢欣、热爱等，使人精神焕发，成为生活、学习的动力；后者如失意、沮丧等，使人萎靡不振，降低生命的活力。三是在紧张和轻松、激动和平静、愉快和不快等方面都存在较广泛的对立，从而使情绪呈现出纷繁复杂的表现形式。对立情绪之间具有相互转化的灵活性，如破涕为笑、转忧为喜、由爱变恨等。

3. 情绪的感染性和弥散性

人的情绪主要是在社会交往及需要中产生的，在这个过程中情绪会互相感染。另外，一个人的情绪会发生泛化，具有弥散性的特点，即当人处于或喜或忧的状态时，往往会以同样的情绪看待一切事物。

4. 情绪的社会历史性

人的需求从内容到满足的程度都随时代而变，从而使与之相联系的情绪具有时代性、阶段性和迁移性的特征。

（三）情绪引起的机体变化和表现

1. 内脏功能的变化

人在发怒或震惊时，呼吸快而短促，心搏和脉搏也会加快，血压升高，血糖增高，血液含氧量增加。突然震惊有时还会导致呼吸暂时中断。

2. 腺体和内分泌的变化

人在激烈紧张的情绪状态中（如愤怒时），机体去甲肾上腺素的分泌增加，引起血糖、血压升高和肌肉紧张度增高，胃肠蠕动加快，使机体处于应激状态。又如人在焦虑、抑郁状态时，机体出现外周血管收缩、血糖下降、肌肉松弛、消化腺分泌减少、胃肠蠕动减弱、消化功能下降。

3. 面部表情和姿态变化

哭泣时，眼部肌肉收缩；悲哀时，眼、嘴下垂；愤怒时，眼圆睁、嘴张大；盛怒时，横眉瞪眼、紧握拳头、肌肉紧张；羞愧时，面红耳赤；震惊时，面色苍白等。

4. 言语的声调变化

情绪时常可通过语音的高、低、强、弱，语调的轻、重、缓、急的变化反映出来。如同样是说出“什么?”二字，但人在欢乐、疑惑、惊奇、愤怒、轻蔑等情况下其音调是不相同的，表达的意思也很不同。正因为这样，人可以通过语言的音调去了解对方的心情和领会对方的弦外之音。

三、情绪对身心健康的作用

（一）情绪的意义

情绪是内在精神世界的外部表现，是观察他人真实态度的窗口，它能自动地把一个人对外在世界的印象和体验反映出来。因何而喜、因何而忧、为何而急、为何而怒，这些能反映出一个人的思想品质。情绪也能反映出一个人的志向、一个人的胸怀和度量。情绪还能反映出一个人的意志和性格，也是衡量个人积极性的特征指标。因此，情绪是认识和洞察人们内心的有效途径，同时也标志着个性成熟的程度。

任何一种情绪的产生都有其生理、心理的价值，都是个体对内外刺激的一种反映，即使像焦虑、恐惧、抑郁等不良情绪，同样有其存在的意义。这种情绪是一种信号，是一种防御、调整和自我保护的机制。既满足个体的需要又符合社会的利益的情绪就是正常的、健康的情绪。

（二）情绪与疾病

范进闻中举捷报，喜而达狂；牛皋气死金兀术，自己大笑而亡。这些古典文学里的典型例子说明了过度昂扬、紧张的情绪反应可以致病，甚至致死。过分低沉压抑的情绪也会损害健康，但对其机制尚未完全明了。

内脏受情绪影响最明显的是心血管系统和消化系统的器官。人在恐惧或悲痛时胃黏膜变得苍白，胃酸分泌减少，可引起消化不良；而焦虑、愤怒时胃黏膜充血，胃酸分泌增多，常可致胃溃疡。人在惊慌时会感到紧张，心搏加快；激动时心搏加快，血压上升，交感神经系统处于兴奋状态，如果这种情绪持续时间太长，常可导致心、脑血管疾病加重，甚至导致死亡。

（三）情绪与社会行为障碍

大学生处于情绪体验丰富而强烈的时期，易兴奋、易冲动，情绪和理智的矛盾突出，故行为障碍的发生率较高，学生逃学、自杀、出走等均与情绪有关。多数的自杀念头或行为产生于忧郁情绪，因为忧郁情绪的弥散、泛化作用使得当事人“一叶蔽目，不见泰山”，完全被绝望、痛苦所笼罩。许多重大恶性案件常有浓厚的情感受挫的背景和情绪爆发性犯罪的特点。

（四）情绪的适应

讲究心理卫生不仅应重视已经达到致病程度的情绪，更应当注意还属于正常范围内的焦虑、害怕、紧张、忧郁等情绪。正常的或轻微异常的情绪几乎人人都体验过，虽然没有给人们带来多大的危害，但还是不同程度地阻碍了人们潜能的发挥，影响了我们的生活、工作、学习和健康。

情绪可以影响和调节人们的认知和行为。心境良好时，对人、对事的感知显得光明美好，学习、工作思路开阔，思维灵活，效率较高，而且事事乐于付诸行动。反之，情绪低落时，抑郁、悲观使人变得萎靡不振，缺乏行动的欲望，思维迟缓，效率低下，容易犯错误，容易在人际关系上发生矛盾。

四、健康情绪的培养

（一）健康情绪的标志

情绪健康的人，当遭遇挫折时，能控制其情绪的外在表达，直至在适当的时间和地点，才以社会所允许的方式宣泄出来。他们既知道如何控制情绪，又知道控制的适当程度，其情绪的表达或控制既符合社会的要求，又合乎自身的需要，他们能先对引发情绪的情境做出客观的衡量，再做适当的反应。

情绪成熟者，一般说来愉快情绪多于不愉快情绪。只有愉快情绪而没有不愉快情绪不但是不可能的，同时也是不利于全面发展的。但情绪健康者所出现的不快情绪，一般是次数较少、时间较短、程度较轻的，并有一定的原因和对象，且涉及的范围有限，不至牵连到无关的人和事，因而对人对己的损害都能降至最低限度。反之，情绪不健康者，则常将其不良情绪的反应目标扩大，涉及一些无辜的人和物，而且程度重、时间长。

（二）培养健康情绪的要求

重视情绪的早期塑造。情绪的发展取决于遗传和环境影响之间的相互作用。情绪由简单到复杂、由低级到高级的发展主要依赖于在社会环境中的学习。早年情绪状况将直接影响其后的情绪和行为。

重视各年龄阶段情绪发展的特殊性。在人的一生中，情绪始终处于动态发展变化之中，不同年龄阶段的情绪有其特殊性。因此，要充分地考虑到各年龄阶段的情绪发展特点，发展健康的情绪，避免不良的情绪。

重视重大生活事件对情绪的影响。某些突发性重大事件会给人的生理、心理带来严重危机。因此，应及时采取恰当的应付方式以缓冲情绪带来的刺激，最大限度地减少其不良影响。

重视创造健康的社会心理氛围。健康的社会心理气氛是情绪健康的良好基础。某些不良的情绪刺激是社会生活环境导致的。另外社会应创造有助于人们陶冶情操、训练情感、宣泄情绪的有效途径，如心理咨询。

重视情绪的自我调节。情绪是可以通过学习进行自我调节的，包括陶冶思想品德、调整认识过程、适度宣泄、放松训练等一系列方法。

（三）情绪的自我调节

大学生要主动培养健康的情绪，学会自我调节，保持良好的情绪。

不要对自己过分苛求。有些人把自己的目标定得过高，根本无能力达到，为此，终日郁郁寡欢；有的人做事要求十全十美，往往因为小小的瑕疵而自责。如能把自己的目标和要求定在自己的能力范围内，那就会心情舒畅了。

对他人期望不要过高。许多人把希望寄托在他人身上，若对方满足不了自己的要求，便大失所望，怨天尤人。其实每个人能力大小各有不同，都有自己的优点和缺点，又何必对别人苛求呢?

疏导自己的愤怒情绪。当你勃然大怒时，会干出很多蠢事来，与其事后懊悔不如事前自制，把愤怒平息下去。

偶尔也要妥协。要心胸开阔，对人处事从大处、从全局出发，只要大前提不受影响，小事则不必斤斤计较，以减少自己的烦恼。

暂时回避。在遇到挫折时，应该暂时将烦恼忘掉，去做些喜欢做的事，如运动、看电影、听音乐等。

找人倾吐烦恼。如果把内心里的烦恼、痛苦倾诉给你的挚友、师长，心情就会顿感舒畅。

为别人做些事。帮助别人不单可以使自己忘却烦恼，而且还可以确定自己存在的价值，获得珍贵的友谊。

第三节　心理障碍

一、心理障碍的含义

心理障碍这一概念常有不同的含义。我们这里讨论的心理障碍的含义是指心理疾病和轻度的心理失调。

心理障碍出现在正常人身上大多数是因为身心疲乏、紧张不安、心理矛盾冲突、遇到突如其来的问题或面临难以协调的矛盾等，时间较短，程度较轻微，随情境的改变而消失或减缓。如表现在心理疾病患者身上，则时间长，程度较重，与所处情境关系不大。这些都是心理不健康的表现。心理障碍的表现形式多种多样，表现在心理活动的各方面。

二、心理障碍的分类

心理障碍可分为：感知和记忆障碍、思维障碍、情感障碍、意识和智能障碍、人格障碍、性心理障碍等。

（一）感知障碍

感知包括感觉和知觉两个过程。感觉是外界刺激及躯体内部刺激作用于感觉器官而引起的，反映出事物的个别属性，如形状、颜色等。知觉以感觉为基础，反映的是整体事物在头脑中的印象。如听歌，感觉到的是各种高低不同的声音，知觉到的是整个曲子的旋律。

1. 感觉障碍

感觉过敏：指对外界一般刺激的感受性增高，超出常人的范围。

感觉减退：指对外界刺激的感受性降低，严重时对外界刺激不产生任何感觉（即感觉消失）。

感觉倒错：对外界刺激产生与常人不同性质或相反的异常感觉，如对凉的刺激产生热感。

体感异常：躯体内部产生各种不舒适的或难以忍受的异常感觉，且往往难以表达。特点是不能明确指出体内不适的部位，或不能以一般的生理解剖知识予以解释。

2. 知觉障碍

错觉：指对客观事物的一种错误感知，如杯弓蛇影、草木皆兵。正常人在光线暗淡、情绪紧张、自我暗示等状态下，也会发生错觉，但多能自行纠正。

幻觉：指在没有相应刺激作用于感觉器官时出现的虚幻的知觉体验。幻觉可分为幻听、幻视、幻嗅、幻味、幻触以及本体幻觉等种类，其中幻听最常见。

3. 记忆障碍

记忆是人类在感知和思维基础上建立起来的人脑对既往感知过的事物的反映。记忆包括识记、保存、认识（再认）和回忆（再现）四个基本过程。

记忆减退：指记忆能力的普遍降低。

遗忘：指对过去经历过的重大事件或某一段时间内的经历出现回忆丧失。遗忘可分为逆行性遗忘（指对疾病或受伤前的一段时间所发生的事不能回忆）、顺行性遗忘（指对之后发生的事不能回忆）及进行性遗忘（指记忆的损害呈进行性加重）。

（二）思维障碍

思维是人脑对客观事物从感性认识到理性认识的过程，是在感知过程的基础上对客观事物进行分析、综合、比较、抽象和概括的心理反应过程。正常人的思维有如下几个特征：目的性、连贯性、实践性、逻辑性。

1. 思维内容障碍

妄想是思维内容障碍的一种，是在病理基础上产生的歪曲的信念。其特点是没有事实根据，与患者的文化知识和处境不相符合，患者坚信不疑，不能通过摆事实讲道理来说服和纠正。妄想可分为：

关系妄想：患者把周围环境中与自己无关的人和事与自己联系起来，而内容又大多对自己不利。

被害妄想：坚信自己或家人遭受打击和迫害。在被害妄想状态下，患者可以拒食、自杀以及出现攻击、报复行为。

影响妄想：坚信自己的思想或行为受到某些人或某种神秘力量的影响、干扰和操纵。

嫉妒妄想：患者肯定地认为自己的配偶对自己不忠，有不正当行为，因而对配偶进行跟踪、监视等。

夸大妄想：坚信自己才华横溢、举世无双，是最富有、最聪明、最伟大的人。

发明妄想：坚信自己在某方面已做出了非凡的发明创造。

钟情妄想：坚信自己被某异性所爱恋，并为此做相应的反应。

罪恶妄想：毫无根据地坚信自己犯了严重的错误或不可饶恕的罪行，处于非常悔恨、自责、自罪之中。

疑病妄想：坚信自己患了某种不治之症，虽然经医生反复检查并不存在，但仍坚信不疑。

2. 思维过程障碍

思维过程障碍由抽象和概括过程障碍、联想过程障碍及思维逻辑障碍三部分组成。

(1) 抽象和概括过程障碍：表现为形成和掌握概念的能力受到损害，具体表现为抽象概括过程水平的下降和抽象概括过程的歪曲两方面。

(2) 联想过程障碍又可分为联想过度、联想贫乏、联想错乱三种情况。

联想过度：表现为联想速度异常地加快。

联想贫乏：表现为联想速度异常地缓慢，联想内容贫乏。

联想错乱：较轻者表现为思维松弛，严重者为思维破裂、思想内容缺乏逻辑性的联系。

(3) 思维逻辑障碍分为逻辑倒错性思维、象征性思维及语词新作三种。

逻辑倒错性思维：表现为推理无逻辑依据，使人无法理解。

象征性思维：把具体的事物与抽象的概念混为一谈。

语词新作：生造一些只有自己理解的新词、新字。

（三）情感障碍

情感是人们在现实生活中对事物采取的某种态度并产生相应的内在体验。情感反应的强烈程度、持续时间的长短和是否与所处的环境相一致，是判断情感活动正常与否的三条根据。常见的主要情感障碍有以下四种：

(1) 情感高涨与低落：前者表现为情感活动显著增强，表现出与环境不相称的欣喜、激昂，有夸大色彩；后者表现为情绪低沉、抑郁悲观、唉声叹气，严重者出现自责、自罪，甚至有自杀企图和行为。

(2) 焦虑与恐惧：前者在缺乏任何客观根据的情况下出现内心不安，感到大祸临头，惶惶不可终日，紧张、失眠、食欲减退及胃肠功能紊乱；后者是害怕常人不怕的事物，或害怕程度超过一般人的反应强度，自知这种恐惧完全不必要、不正常，但不能自控，而为此痛苦不安。

(3) 情感迟钝与淡漠：对平时能引起情感反应的刺激表现平淡，并缺乏相应的内心体验。严重时，对人对事失去兴趣，声调平淡，面部表情淡漠。

(4) 情感倒错：情感体验与外界的刺激性质不相符合，对悲哀之事体验出喜悦的情感，反之对高兴之事却感到痛苦、悲伤。

（四）意识和智能障碍

1. 意识障碍

这里的意识障碍是指人对周围环境及自我状态的认识。它有以下几个特点：一是同环境失去接触，对周围事物感知不清；二是定向障碍，不能确认当前所处的时间、地点以及环境中的人物；三是思维失去连贯性；四是回忆困难。

常见的意识障碍有：昏迷状态、昏睡状态、混浊状态、意识模糊、谵妄状态、梦样状态、意识蒙眬等。

2. 智能障碍

智能包括抽象智能、机械智能、社会智能。智能障碍是指由大脑发育不全或大脑受到器质性损害所造成的智能缺损。

（五）人格障碍

人格障碍又称病态人格，指不伴有精神症状的人格适应缺陷。其行为倾向的发展没有明确的起讫时间，发展缓慢，一旦形成就比较恒定而不易改变。患者一般来说意识清醒，认识能力完整，但存在情感与行为活动的明显障碍。

患者行为动机和目的不明确，认识与行为脱节，不能从失败中吸取教训，对人缺乏感情，没有责任感，缺乏后悔之心等。紊乱不定的心理特点、难以相处和人际关系差是各类人格障碍的主要特征。

1. 人格障碍的类型

人格障碍可分悖德型、偏执型、循环型、分裂型、强迫型、爆发型、癔症型、衰弱型。

悖德型：表现为情绪不稳，常为一时冲动所左右，以自我为中心，不顾别人的痛苦和社会的损失，容易进行各种违法乱纪的活动。

偏执型：表现为非常敏感、多疑、主观、固执、心胸狭隘、报复心强，常怀疑别人的用心。

循环型：表现为情绪波动很大，或兴奋或抑郁。

分裂型：表现为过分内向、孤僻，言行怪异，沉溺于幻想中，退缩、敏感、羞怯。

强迫型：表现为过分认真，过于注意细节和追求完美，过于自我克制、墨守成规、谨小慎微，常有不安全感。

爆发型：表现为常因轻微精神刺激而突然爆发非常强烈的愤怒情绪和冲动行为，且自己不能控制，常做出破坏和伤人等攻击行为。

癔症型：表现为过分做作、情绪不稳、反应过强和戏剧性表现，暗示性和依赖性强，高度以自我为中心，情感不成熟。

衰弱型：表现为缺乏信心和主动精神，被动服从别人，精力不足，易疲劳，常为小事伤感，缺乏生活乐趣。

2. A 型性格与 B 型性格

具有 A 型性格的人动作快，缺乏耐心，易激动，好争强，雄心勃勃，讲究效率，追求完美，时间观念很强，日程安排得满满的，整天忙碌。其说话坦率，言不择辞，往往出口无心，易得罪人，又习惯指手画脚，给人咄咄逼人的感觉。

具有 B 型性格的人与 A 型性格的人正好相反，表现为竞争性低，进取心和主动性不强，节奏缓慢，反应平静，无紧迫感，处事耐心，宽容厚道，喜欢娱乐却无好胜之心，没有敌意，不具攻击性，知足常乐。

（六）性心理障碍

性心理障碍是指心理性性功能障碍、性别识别障碍、性欲倒错和其他性心理障碍。

性功能障碍是性交过程中的一个或几个环节发生障碍，以致不能圆满地完成性交。

有资料表明有性功能障碍者约占总人口的 1/10，通过治疗有 80%左右的患者可痊愈。性功能障碍的基础是性反应环节的抑制和障碍。最常见和较严重的性功能障碍有：男性的阳痿和早泄，女性的阴冷和阴道痉挛。

第四节 大学生常见的心理障碍

一、适应障碍

当环境发生变化时，个体会产生一系列生理和心理的反应去适应环境。如果环境变化非常强烈，而个体又缺乏必要的心理调适能力，就会出现所谓的适应障碍，表现为情绪紊乱、行为退缩、学习和工作效率明显降低、躯体不适等。对于刚刚进入大学的学生来说，他们的学习和生活环境以及个人和社会对他们的期望都发生了很大的变化，而他们又缺乏必要的心理准备，这就使不少大学新生出现适应障碍。

（一）大学生适应障碍的表现

大学新生适应障碍的典型表现主要有：

(1) 情绪低落、抑郁。他们会觉得生活没有意义，无精打采，甚至想到死亡或实施自杀行为。

(2) 感到孤独和失落。在一个陌生的环境里，新的人际关系还没有建立起来，他们很容易觉得孤独，这就使他们往往具有异常强烈的思乡想家情绪。同时，理想和现实的差距，以及无法具有像中学时那样的优越地位，都使他们觉得失落。

(3) 自尊和自卑的矛盾冲突。适应的过程也是一个重新评价自我的过程。在评价自我的过程中，他们会出现一些偏差，从而导致自卑。但内心里又有很强的自尊心，于是经常处于矛盾和冲突之中。

(4) 轻度神经衰弱。表现为感情的控制力降低，容易因一点小事而引起强烈的情绪反应，对机体内的感受或外界刺激过于敏感，头昏脑涨，入睡困难，多梦易惊醒等。另外还可出现心悸、心慌、胸闷等，同时伴有食欲不振、腹泻、便秘、尿频、月经不调等症状。

“大学新生适应不良”的案例：

小悦第一次坐在咨询室时，双手紧抓着放在并拢的腿上的书包，眼神迟疑。她告诉我她心情很坏。她家在内地，十年寒窗，终于考上了梦寐以求的S大学，接到大学录取通知书时，她几乎喜极而泣。

然而，当她步入大学后，她的生活变得一团糟。在她寝室的8个同学中，有6个是上海人。她觉得她们是另一个世界的人：说着日语一样的上海话，知识丰富，活跃兴奋，变着花样玩儿。在她们面前，她自己就像一个10岁不到的孩子。而老师在课堂上又讲着一些莫名其妙又深不可测的东西。上课时，她喜欢坐在僻静的角落里，许多人在一起时，她从不找别人说话，也没有人理她。到食堂去买饭，有那么多人排着队，她就只好看到什么就买什么，连价钱和菜名都搞不清楚，所以买的东西常常是又贵又难吃。

她生活在苦恼中。苦恼着自己处处不如别人，苦恼着进入了一个“太好”的环境，苦恼着学不好的功课，苦恼着自己幼稚的思想……

这段时间，她常想到死亡。她说她的生命中除了痛苦还是痛苦。她从没想过要轻易结束自己的生命，因为她的生命根本不属于她的，而是属于爱她的人。假如她能死得无牵无挂，死了不会有任何人因她而痛苦，她可能早就去死了。她觉得人活着真没意思，“特别是当你的理想实现了，而你又发现它根本没什么意思时”。

她说她找不到自己。“我到哪儿去了？我该怎么在众多天之骄子的夹缝中生存？我的价值、我存在的意义究竟是什么？”

她告诉我：“只有我一个人，孤零零的，似乎被整个世界遗忘了。我害怕，我害怕自己要疯掉了。”

（资料来源：徐光兴. 学校心理咨询优秀案例集. 上海：上海教育出版社，2000年，71-72.）

（二）大学生适应障碍的原因

1. 文化环境的变化

大学生远离家乡到异地求学，首先面临着文化环境的变化。不同的区域有不同的文化特点、风俗习惯，有不同的语言和行为方式，这一切都使大学生需要一段时间去适应。我国幅员辽阔，不同区域的文化差异明显，城乡差别也非常大，一些从偏远乡村来的学生更容易体验到文化环境的差异，也就更容易出现适应障碍。

2. 生活环境的改变

个人生活环境包括生活方式、生活习惯和生活范围等方面。在生活方式上，中学生大多住在家里，有独立的空间，饮食起居不用自己操心。因此，不少学生有较强的依赖心理，独立生活能力较差。一些新生进入大学时是“爸爸扛被子，妈妈提箱子，爷爷送票子，奶奶爬上车子跟到学校挂帐子”。进入大学之后，必须过集体生活，住的是集体宿舍，吃的是食堂的饭菜，凡事需要自己拿主意，这使那些缺乏独立生活能力的学生感到不知所措，容易产生一种失败感和无助感。在生活习惯上，饮食、气候、语言等各方面的差异，都可能导致他们出现适应不良。在生活范围上，中学生生活领域较窄，基本上是从家门到校门，而大学生活的天地更为广阔，自由度也比中学时大，使一些学生一时难以适应。

3. 学习环境的变化

和中学相比，大学的学习目标、学习内容和学习方法都发生了巨大的变化，如果不能适应，就容易导致学习成绩滑坡。在中学时，学习目标非常明确，就是为了考上大学而奋斗。进入大学后，原有目标实现了，相当一部分人未能及时确立新的目标，这使他们陷入“无目标、无方向”的苦恼之中。在学习内容上，大学学习的内容多、范围广、层次深，有些内容还具有探索性和创造性，这也使一些学生无所适从。在学习方法上，中学以老师课堂讲授为主，各个教学环节老师安排得很具体，督促检查也很严格，学生较为被动，对老师的依赖性强。而大学强调自主学习和创造性学习，老师对学生的指导没有中学那么具体，许多内容需要学生课后自学，如果再沿用中学的学习方法，就会感到不适应。

4. 人际关系的变化

中学生的人际交往对象较少，内容和方式都较为单纯，同学之间文化背景接近，语言一致，容易彼此认同。他们可以只和自己喜欢的人交往，对自己不喜欢的或者是不想与之交往的人就可以不交往。同时，中学生有父母、老师的照顾和升学的压力，对友谊的渴望不那么强烈，也较缺乏交往经验。到了大学，面对来自五湖四海的同学，彼此之间差异较大，增加了交往的难度。大学生远离亲人，交往的需要比中学生更为强烈，但由于交往难度增大，又缺乏交往经验，使得一些大学生难于与同学和老师建立恰当的交往关系，甚至发生人际冲突。

二、人格障碍

人格障碍是一种人格异常，由于其人格的异常而妨碍其人际关系，给本人带来痛苦，甚至给社会造成危害。患者一般于早年有不同于大多数儿童的迹象，至青春期前后，畸形人格开始明显。其人格明显偏离正常，而且人格特点之间互不协调。在大学生中，真正的人格障碍并不太多，但有不少人存在不良的人格倾向，他们是人格障碍的易感人群，需要引起重视。

（一）常见人格障碍及诊断标准

1. 强迫型人格障碍

强迫型人格障碍的主要特征是强烈的自制心和自我束缚。根据《中国精神疾病分类方案与诊断标准》，强迫型人格的症状表现如下：

（1）做任何事情都要求完美无缺、按部就班、有条不紊，因而有时反而影响工作的效率。

（2）不合理地坚持别人也要严格按照他的方式做事，否则心里很不痛快，对别人做事很不放心。

（3）犹豫不决，常推迟或避免做出决定。

（4）常有不安全感，穷思竭虑，反复考虑计划是否得当，反复核对、检查，唯恐疏忽遗漏和出现差错。

（5）拘泥细节，甚至生活小节也要“程序化”，不遵照一定的规矩就感到不安或要重做。

（6）完成一件工作之后常缺乏愉快和满足的体验，相反容易悔恨和内疚。

（7）对自己要求严格，过分沉溺于职责义务与道德规范，无业余爱好，拘谨、吝啬，缺少友谊。

患者状况至少要符合以上项目中的三项，方可诊断为强迫型人格障碍。

2. 偏执型人格障碍

偏执型人格障碍的主要特点是极度的感觉过敏和毫无根据的猜疑。根据《中国精神疾病分类方案与诊断标准》，偏执型人格的症状表现如下：

（1）广泛猜疑，常将他人无意的、非恶意的甚至是友好的行为误解为敌意或歧视，或无足够根据，怀疑会被人利用或伤害，因此过分警惕与防卫。

（2）将周围事物解释为不符合实际情况的“阴谋”，并可成为超价观念。

（3）易产生病态嫉妒。

（4）过分自负，若有挫折或失败则归咎于他人，总认为自己正确。

（5）好嫉恨别人，对他人的过错不能宽容。

（6）脱离实际地好争辩与敌对，固执地追求个人不够合理的“权利”或利益。

（7）忽视或不相信与其信念不相符合的客观证据，因而很难以说理或用事实来改变患者的想法。

患者状况至少要符合以上项目中的三项，方可诊断为偏执型人格障碍。

3. 分裂型人格障碍

分裂型人格障碍患者行为怪僻而偏执，为人孤独而隐退，缺乏温情，无法与别人建立亲密关系。根据《中国精神疾病分类方案与诊断标准》，分裂型人格的症状表现如下：

（1）有离奇或与文化背景不相称的信念，如相信透视力、心灵感应、特异功能和第六感官等。

（2）有奇怪的、反常的或特殊的行为或外貌，如服饰奇特，不修边幅，行为不合时宜，习惯或目的不明确。

（3）言语怪异，如离题、用词不妥、繁简失当、表达意见不清，并非文化程度或智能障碍等因素所引起。

（4）不寻常的知觉体验，如有一过性的错觉、幻觉。

（5）对人冷淡，对亲属也不例外，缺少温暖体贴。

（6）表情淡漠，缺乏深刻或生动的情感体验。

（7）多单独活动，主动与人交往仅限于生活或工作中必需的接触，除一级亲属外无亲密友人。

患者状况至少要符合以上项目中的三项，方可诊断为分裂型人格障碍。

4. 戏剧型人格障碍

戏剧型人格障碍（癔症型人格障碍）的典型特征是心理发育不成熟，特别是情感不成熟，多见于女性，尤其是青年女性。随着年龄的增长，心理的成熟，这类患者的人格障碍会减轻。根据《中国精神疾病分类方案与诊断标准》，戏剧型人格的症状表现如下：

（1）表情夸张像演戏一样，装腔作势，情感体验肤浅。

（2）暗示性高，易受他人的影响。

（3）以自我为中心，强求别人符合他的需要或服从他的意志，不如意就给别人难堪或产生强烈不满。

（4）经常渴望得到表扬或同情，感情易波动。

（5）寻求刺激，过多地参加各种社交活动。

（6）需要别人经常注意，为了引起注意，不惜哗众取宠，危言耸听，或在外貌和行为方面表现得过分吸引他人。

（7）情感反应强烈易变，完全按照个人的情感来判断好坏。

（8）说话夸大其词，掺杂幻想情节，缺乏真实细节，难以核对。

患者状况至少要符合以上项目中的三项，方可诊断为戏剧型人格障碍。

5. 回避型人格障碍

回避型人格障碍的主要特征是行为退缩，心理自卑，面对挑战多采取回避态度或无能应付。与分裂型人格障碍患者不同的是，回避型人格障碍患者并不安于或欣赏自己的孤独，不与人来往并非出于自己的心愿，而是被迫的心理防御。例如，有一位父亲，将他的两个孩子自出生之日起就锁在房中，不让孩子接触外面的世界，原因是认为外面坏人太多，结果毁掉了两个孩子。这位父亲就有可能有回避型人格障碍。根据美国《精神障碍的诊断与统计手册》（DSM－Ⅲ），回避型人格的症状表现如下：

（1）很容易因他人的批评或不赞同而受到伤害。

（2）除了至亲之外，没有好朋友或知心人（或仅有一个）。

（3）除非确信受欢迎，一般总是不愿卷入他人事务之中。

（4）对需要人际交往的社会活动或工作总是尽量逃避。

（5）在社交场合总是缄默不语，怕惹人笑话，怕回答不出问题。

（6）害怕在别人面前露出窘态。

（7）在做那些普通的但不在自己常规事务之中的事时，总是夸大其潜在的困难、危险或可能的冒险。

只要满足上述项目中的四项，就可诊断为回避型人格。

6. 自恋型人格障碍

自恋型人格障碍的主要特征是过分地关心自我、以自我为中心和自夸自尊。根据美国《精神障碍的诊断与统计手册》（DSM－Ⅲ），自恋型人格的症状表现如下：

（1）对批评的反应是愤怒、羞愧或感到耻辱（尽管不一定当即表现出来）。

（2）喜欢指使他人，要他人为自己服务。

（3）过分自高自大，对自己的才能夸大其词，希望受人特别关注。

（4）坚信他关注的问题是世上独有的，仅能被某些特殊的人物所了解。

（5）对无限的成功、权力、光荣、美丽或理想爱情有过分的幻想。

（6）认为自己应享有他人没有的特权。

（7）渴望持久的关注与赞美。

（8）缺乏同情心。

（9）有很强的嫉妒心。

只有出现上述特征中的五项，方可诊断为自恋型人格障碍。

7. 依赖型人格障碍

依赖型人格障碍的主要特征是在自立、自主和自信方面未发展成熟，极度地依赖他人。根据美国《精神障碍的诊断与统计手册》（DSM－Ⅲ），依赖型人格的症状表现如下：

（1）在没有从他人那儿得到大量的建议和保证之前，对日常事务不能做出决定。

（2）让别人为自己做大多数的重要决定，如在何处生活，该选择什么职业。

（3）明知他人错了，也随声附和，因为害怕遭人遗弃。

（4）很难单独开展计划或做事。

（5）为讨好他人甘愿做低下的或自己不愿做的事。

（6）独处时有不适和无助感，或竭尽全力逃避孤独。

（7）当亲密的关系终止时感到无助或崩溃。

（8）经常被遭人遗弃的念头所折磨。

（9）很容易因未得到赞许或遭到批评而受到伤害。

只要满足上述特征中的五项，就可诊断为依赖型人格。

8. 边缘型人格障碍

边缘型人格障碍的主要特征是心境变化反复无常，行为极不稳定，许多行为犹如精神疾病急性发作状态，处于精神疾病的边缘，因此称之为边缘型或临界型。根据美国《精神障碍的诊断与统计手册》(DSM-Ⅲ)，边缘型人格的症状表现如下：

(1) 人际关系紧张、不稳定，经常在过分理想化和过度贬低这两极中变换。

(2) 在至少两个具有潜在自伤可能的活动中表现出冲动，例如花钱、性、服药、莽撞驾车等。

(3) 情绪不稳定，一会儿平静，一会儿抑郁，一会儿愤怒或焦虑。这几种情绪状态的变换短则几小时，长则不过几天。

(4) 不适当的、强烈的愤怒或对愤怒缺乏控制。

(5) 反复出现自杀的威胁言语、姿态和行为，或自残行为。

(6) 显著和持久的认同障碍，如在自我意象、性对象选择、长期目标或职业选择、喜欢的朋友类型以及价值观等五方面中至少表现出两方面的认同障碍。

(7) 持久的空虚与无聊感。

(8) 为逃避真实或想象中的被遗弃而做出狂乱的努力。

只要满足上述特征中的五项，就可诊断为边缘型人格障碍。

除了上述人格障碍之外，还有反社会型人格障碍、被动攻击型人格障碍等。反社会型人格障碍表现为时常做出不符合社会要求的行为，经常违法乱纪，行为冲动，妨碍公众的正常工作、生活，不负责任，对他人冷酷、仇视，缺乏羞耻心、焦虑感和自责感，不能从挫折和惩罚中吸取教训。被动攻击型人格障碍是指以被动的方式表现其强烈的攻击倾向，外表唯唯诺诺，内心却充满攻击性，如不听指挥、拖延时间、暗地破坏等。

三、神经症

神经症是指没有任何可证实的器质性基础的精神障碍，患者对自己所患的疾病有相当的自知力，无持久的精神病性症状，通常不会把自己的病态体验与客观现实相混淆，其行为一般保持在社会规范所能容许的范围内，其人格没有瓦解，本人常强烈要求治疗。

神经症与精神病最大的区别在于，具有前一种情况者总是感到不能控制自认为应该加以控制的心理活动或行为，处于一种无力自拔的自相矛盾的痛苦的心理状态中，而精神病患者对自己所患的疾病多无自知力，不主动求医或拒绝治疗，其社会功能也往往严重受损。

神经症主要包括：焦虑症、强迫症、恐惧症、疑病症。

四、性心理障碍

性心理障碍指的是一个人对性的观念、情感反应、态度和行为超出了其所处的社会文化环境所能容纳的范围，即性心理和性行为的反常，亦通常所说的性变态。它的主要特点是其性欲唤起、性发泄对象和性欲满足的方式异于常态。性变态者对于正常的性生活通常没有要求甚至心怀恐惧，其行为常带有强迫性、反复性，受惩罚后也会感到悔恨，但又难以自控而往往重犯。

性变态最常见的有露阴癖、恋物癖、窥阴癖、同性恋、易性癖、施虐癖与受虐癖等。

青年人的性变态行为常常容易与流氓滋扰活动、偷窃行为相混淆，应注意区别，以采取正确的处理方式。大学生自身应该掌握科学的性知识，正确对待性欲，健康地与异性交往。对性变态的原因学术界有不同的观点和看法。有人强调性变态与遗传、内分泌等生物因素有关；有人强调性心理变态源于儿童早期的性体验与创伤；有人认为性变态是在不良的环境中学习而来的。

五、精神分裂症

精神分裂症是以个体思维、情感、行为的障碍，精神活动与环境不协调为主要特征的一类精神疾病。此病特征可概括为：脱离现实、难以理解、意识清楚、智能完好。它是精神疾病中患病率最高的一种。本病在高校大学生因病退学、休学的原因中占第一位。还有重要的一点是，此病患者自杀或杀人、伤人，特别是在其发病期中，常有发生，且其自杀是事前无准备的，这点与抑郁症不同。因此，加强对精神分裂症的早期诊断是十分重要的。

（一）临床表现与诊断

临床上常见的精神分裂症类型有以下几种：

1. 单纯型

此型一般在青少年时缓慢起病，表现为孤僻、活动减少，情感淡漠、寡言独处，生活懒散，学习兴趣减低、成绩下降，对周围任何事物均不关心，行为退缩日益加重。身体检查及理化检验一般无阳性发现。

2. 青春型

此型多在青春期急性发病，常表现为喜怒无常，表情做作，言语增多、内容荒诞离奇，行为幼稚、愚蠢、奇特，本能活动亢进，常有裸体行为，幻觉生动、妄想零乱。本病虽可自行缓解，但易复发。

3. 紧张型

此型大多数起病于青壮年或中年，起病急，主要表现为单独或交替发生的紧张性兴奋和紧张性木僵。

4. 偏执型

此型以中年发病多见，起病缓慢，妄想突出，尤以关系妄想、被害妄想多见，并有泛化的趋向。幻想中以言语性幻听最常见，其行为孤僻离群。由于部分患者在发病数年后仍能有较好的工作能力，且并不暴露自己的病态表现，故不易被人发现。

（二）病因和发病机制

1. 遗传因素

通过系统的家谱调查，现已发现精神分裂症患者亲族中的患病率比一般家庭要高得多，亲族中已发病的人与对象的血缘关系愈近，其患病的概率愈大，如父母双方均为精神分裂症患者，其子女的发病率为35%～68%。对患精神分裂症的孪生子女的研究也证明，单卵孪生子的同病率比双卵孪生子一般高4倍～6倍，这都提示遗传因素在精神分裂症中具有重要的作用。

2. 内分泌因素

本病多在青春期（性成熟期）发生，在妇女绝经期复发率高，提示内分泌因素在本病的发生中具有一定作用。

3. 病前个性因素

有研究表明，有50％～60％的精神分裂症患者在患病前已有孤僻、内向、敏感、好幻想等分裂性人格表现，在其亲属中也可发现有类似个性的人。

4. 感染因素

有研究报告，精神分裂症可能与孕期母体受病毒感染或胎儿出生时的产科并发症有关，亦可能与个体后天感染了某种慢性传播疾病毒或潜伏性神经病毒有关。

5. 社会因素

调查表明，精神分裂症的患病率与其人群所处的社会阶层呈负相关，与其经济和受教育程度呈反比。这提示精神分裂症与经济困难、生活条件差、心理应激较多有一定的关系。

（三）诊断标准与鉴别

1989年中华医学会神经精神科分会制定的操作性诊断标准如下：

1. 症状学标准

至少应具备下述症状中的两项：①思维联想和逻辑障碍；②妄想；③情感障碍；④幻听；⑤行为障碍；⑥被控制体验；⑦被洞悉感；⑧思维中断或思想被夺。

2. 严重程度标准

有下述情况之一：①丧失工作、家务或学习能力；②生活不能自理；③不能与他人进行有效的交流；④自知力不全或丧失。

3. 病程标准

符合症状学标准和至少两条严重程度标准的，精神病期至少一个月以上，全部病程至少三个月以上。

4. 排除标准

可排除下列疾病：①情感性精神障碍；②脑器质性精神障碍；③躯体疾病伴发精神障碍；④反应性精神障碍；⑤偏执性精神病；⑥分裂情感性精神病。

符合上述四条标准可确诊为本病，如不符合病程标准，可暂时诊断为“精神分裂样精神病”。

精神分裂症需要与下列疾病鉴别：

（1）神经衰弱。早期精神分裂症患者也常出现失眠、易疲劳、工作能力下降等类似神经衰弱的表现，但神经衰弱者的自知力是完整的，可加以鉴别。

（2）强迫性神经症。早期精神分裂症患者也常出现强迫症状，但其强迫状况内容离奇，且无摆脱强迫症状的愿望。

（3）反应性精神病。反应性精神病患者一般主动述说自己的不幸遭遇，情感反应鲜明强烈，但随精神刺激的解除而逐渐减轻和消失。精神分裂症患者则不会主动暴露其内在体验并缺乏相应的情感反应。

（4）病态人格。精神分裂症患者病前病后的精神表现有比较明显的质的变化，而病态人格者是个性在发展的过程中缓慢偏离正常。

（四）治疗和预防

精神分裂症的治疗目前主要以药物治疗为主，以减少精神不良刺激、支持性心理治疗和改善家庭与社会环境为辅。

1. 药物治疗

在精神分裂症发病的急性期，可使用抗精神病药物氯丙嗪、奋乃静或氯氮平。一般来说，服药后 4 周~6 周，精神症状可被控制。经验表明，加大药物剂量并不能提高疗效，反而会增加药物的不良反应。症状得到控制后仍要继续进行一个月左右的药物治疗，以巩固疗效。在上述基础上，再以能保持最佳恢复状况的最小剂量给予不少于两年的维持治疗。

2. 心理治疗和家庭心理卫生教育

国内外的调查资料均表明，家庭成员对患者的不正确的态度和生活中的各种不良刺激均可使精神分裂症的病情加重或复发，其预后与家庭的照顾关系最大。对患者家庭的心理卫生教育和对患者本人进行支持性的心理治疗和社交技能方面的训练，以改善患者在家庭和周围环境中的人际关系，可以明显地降低其复发率。

3. 预　防

(1) 开展遗传咨询，对已处于婚育年龄的精神分裂症患者，在症状消失以前，应建议其避免结婚和生育，特别是当双方都患过精神分裂症时尤其应该如此。

(2) 开展社区精神卫生宣传，早发现、早治疗。精神分裂症的发生和复发多与周围环境中的不良精神刺激有一定的关系，因此，营造一个友爱的人文环境是非常重要的。对于曾经出现过精神症状的人，尤其应注意加以关心和爱护，避免给予不良的精神刺激。

六、抑郁症

抑郁症是常见的心理障碍，其临床表现可以多种多样，有些还以躯体不适为主诉，导致误诊。误诊后果极为严重：自杀。最终死于自杀的抑郁症患者不低于 15%。如能及时诊断，充分治疗，绝大多数患者均可完全缓解，预后良好。

关于发病机制，学说很多。多数学者认为：由于遗传方面的缺陷导致大脑内儿茶酚胺类的神经递质的功能相对或绝对不足。

该病临床表现多样，大体可归为五类。

(1) 情绪低落：日常生活兴趣显著减退甚至丧失；无望感，感到前途灰暗，看不到光明；无助感，觉得孤立无援，无力自拔，任何人也救不了和帮不上忙；积极性和动机丧失，感到没有精力，似乎生命之泉已经枯竭，什么都不想干，力不从心，记忆力减退，丧失思考能力；失去自尊和自信，自我评价降低，认为自己什么也不懂，什么也不能做，是个十足的废物；一切都没有意义，往往有死的念头，甚至有死的计划和行动。可以概括为：对过去悔恨，对现在失去信心，对将来失去希望。

(2) 常见的伴发精神病症状：焦虑；犹豫不决；注意力不集中，记忆力减退；疲乏，特点是晚上减轻，早晨加重。

(3) 本能需要障碍：失眠，90%的患者有此表现；食欲下降，味同嚼蜡；性功能障碍。

(4) 躯体症状：胃肠道可有恶心、呕吐、腹胀、腹泻、腹部疼痛和便秘；心血管系统有胸闷不适等；泌尿系统常有尿频、尿痛等。

(5) 其他：还可能出现其他精神症状，有的根本无任何症状，首先是自杀，经治疗后才明白是抑郁症。

关于自杀，抑郁症患者在自杀者中占的比例很大。WHO 的研究显示，全世界每天自杀者中，约 50%为抑郁症患者。此类患者的自杀绝大多数都表现为"可以理解的"，有计划、有步骤地进行，大约有 1/6 的患者留下遗书，内容是对自己的责备、对生者的歉意、对事后的安排……

在排除了其他疾病之后，根据上述一些要点，诊断该病并不困难，治疗以药物治疗为主。近 20 年来药物治疗有很大的进展，如氟西汀（fluoxetine）等，但必须在专科医师指导下进行，并辅以心理学治疗。但是要注意：不要催促患者振作起来，让患者去度假，让患者做出重大决定，对患者的妄想表示怀疑……应该告诉患者接受患病的事实，强调预后良好，告诉患者治疗的计划和安排以及可能出现的不良反应。让患者合作，绝大多数患者是能治愈的。抑郁症在成功人士中，在高智商群体中发病率高，所以要引起注意。

七、心身疾病

心身疾病又称心理生理疾病，是一类发病、发展和防治都与心理社会因素密切相关的躯体疾病。心理因素是心身疾病相对重要的发病因素，但不是唯一因素。因此，有人认为，心身疾病是由生理、心理、行为、社会、环境、文化等多种因素相互作用后而发生的一类疾病。从心身医学的观点来看，心身疾病的发生发展过程为：情绪（精神）因素功能障碍到细胞疾病组织结构改变。

（一）心身疾病的特征

美国 Kaplan 在其主编的《精神疾病百科全书》中对心身疾病的特征概括如下：

(1) 患者具有环境刺激导致的心理因素，这种心理因素在时间上与其躯体疾病的发生或加剧有联系。

(2) 在患者躯体上可以检查出器质性的疾病或发生病理生理反应，如呕吐、偏头痛等。

(3) 疾病的开始不是由躯体的病变引起的，但症状往往首先以躯体形式表现出来。

(4) 心身疾病通常发生在自主神经支配的系统或器官。

（二）心身疾病的范围

心身疾病应以明确的躯体疾病为基础，但躯体病变是心理因素与躯体因素相互作用的结果。有的学者认为，神经症等心因性疾病虽然具有明显的心理因素，但缺乏躯体疾病的病理基础和心身相关的过程，所以不属于心身疾病。

近年来随着对心身疾病研究的不断深入，对心身疾病的范围界定也有了新的认识，越来越多的躯体疾病被认为与心理社会因素有关。下列疾病都可以归入心身疾病的范畴：

心血管系统疾病：原发性高血压、冠状动脉粥样硬化性心脏病（冠心病）、心肌梗死、心律失常、心动过缓或心动过速。

呼吸系统疾病：支气管哮喘、过度换气综合征等。

消化系统疾病：消化性溃疡、溃疡性结肠炎、神经性厌食、习惯性便秘、神经性呕吐、食管痉挛等。

内分泌系统疾病：糖尿病、甲状腺功能亢进症（甲亢）、肥胖症、更年期综合征等。

泌尿生殖系统疾病：阳痿、月经失调、经前紧张综合征、神经性多尿症等。

皮肤系统疾病：神经性皮炎、瘙痒症、慢性荨麻疹、斑秃、过敏性皮炎等。

神经系统疾病：偏头痛、痛觉过敏、植物性神经功能失调等。

另外，恶性肿瘤也与心理社会因素密切相关。

（三）心身疾病的心理因素

按照心身医学的观点，任何疾病都存在着心理社会因素，即所谓“病由心生”。其中最重要的心理因素包括情绪因素和人格因素。

1. 情绪因素

古代《黄帝内经》有“怒伤肝”、“喜伤心”、“思伤脾”、“忧伤肾”的论述，从这可以看出情绪对身体的重要影响。临床观察发现，过分强烈或过久的负性情绪，会通过下丘脑－垂体－内分泌、自主神经、神经介质和免疫系统这样的途径，最终可能导致心身疾病。

2. 人格因素

不健康的人格是导致心身疾病的重要条件。人格特征与几种重要的心身疾病的关系可见表2－1。

表2－1　人格特征与心身疾病的关系

疾　病	人格特征
高血压	好高骛远、压抑愤怒、听话
冠心病	竞争力强、时间紧迫感强、急躁、充满敌意
偏头痛	力求尽善尽美、死板、好嫉妒、好争斗
溃疡病	依赖性强、敌意被压抑、受不了挫折、雄心大、有干劲
结肠炎	听话、强迫性、抑郁、矛盾、吝啬
哮　喘	过分依赖他人、幼稚、渴望被照顾、对人对己在感情上模棱两可、以自我为中心
荨麻疹	渴求感情、自罪、自我惩罚
背　痛	性的矛盾、被压抑的愿望失去控制
肿　瘤	神经质、压抑愤怒、抑郁、紧张

（资料来源：陈仲庚．变态心理学．1984．）

（四）心身疾病的预防

心身疾病的发生是心理社会因素和生物因素综合作用的结果，因而心身疾病的预防也应同时兼顾这两方面。但一般来说，在心身疾病的预防工作中，用心理学方法来预防不良心理因素的发生起更重要的作用。

1. 培养健全的人格

人格具有稳定性，其形成和发展是一个长期的过程；但同时它也具有可塑性，可以进行培养。培养健全的人格应注意以下几点：

（1）人格的核心是在人生早期形成的。

（2）家庭是人格形成的摇篮。

（3）人格类型是可以改变的，剧烈的生活事件（家庭情况的急剧变化，社会的重大变革，个人生活经历的转折等）常可引起人格类型的急剧改变。

2. 锻炼应对能力

丰富自己的生活经历，提高自身适应环境的能力，包括应付紧急事件的能力。

学会缓解心理压力的技巧，如自制能力、自我安慰能力和自我解脱能力等。广泛的兴趣爱好可以帮助缓解应激引起的焦虑与抑郁。在现实生活中，应尽量回避激烈竞争和过度紧张，要学会“一张一弛”，学会运用各种方法进行自我放松，以维护心身健康。

采取积极的认知方式，提高对挫折的承受能力。

3. 建立良好的人际关系

人际关系的恶化往往成为心身疾病的一个发病因素，而良好的人际关系则有助于减轻心身障碍。亲朋好友是重要的社会支持力量，这种力量能帮助缓解紧张的情绪，预防心身疾病的发生。

第五节 应激与心身健康

一、应 激

应激，是指意外的紧张情况或对人有切身利害关系的严重生活事件所引起的情绪状态。如与亲友的生离死别、严重疾病、失恋、受辱等，都可以导致应激状态出现。应激状态是机体适应特殊环境的一种心理和生理的特殊反应。导致应激的刺激或情境事件称为应激源。

（一）应激的定义

心身医学的先驱之一汉斯·塞里博士将“应激”定义为：“身体对任何刺激的非特异性反应。”机体对外界事物不同刺激的感受，如对炎热、寒冷、疼痛、失血、喜悦、悲伤、恐惧等将做出不同的反应，如果刺激过度，则产生应激。

我们无法逃避应激。每天，我们都会遇到许多精神刺激，即使是在睡眠时，我们也可能进入紧张的梦境。应激是日常生活的基本内容，也是在学习、科学研究、艺术创作等领域获得成功的驱动力量。

（二）愉快的应激和不悦的应激

在竞赛夺冠、喜结良缘、爱子出世、金榜题名、商务赢利等情境中，应激可表现为极度喜悦和激动。和志同道合者谈论人生、未来，一起学习工作，一起晤谈研讨，在感到愉快的同时也会出现应激。这种愉快的应激是不会带来严重后果的，对人的影响也是短暂的。

然而，意外的恐惧、过度的体力消耗、羞辱不堪的刁难、毁灭性的业务损失、生理上的严重损伤、亲人的逝世等，给人们带来的压力是巨大的，将引起身体的强烈反应。

虽然以上两种应激的反应是截然不同的，个体的情绪反应因应激源不同而有所差异，但无论哪种情绪反应，机体的腺体反应及生理变化都是类似的。

（三）应激反应

在原始社会时代，应激反应有其实用意义。当居住在洞穴里的人们听到骇人的声音时，他们的腺体分泌增加，体内化学物质释放能量增多，促使他们奋力反抗或逃跑以保护自己。

（四）普遍适应综合征

假如你驾驶汽车驶近亮着红灯的十字路口，突然一辆汽车急驶转到你车前，你猛踩刹车以避免一场交通事故，在刺耳的刹车声中，你怒气冲冲地跳出汽车，冲向那个司机大发雷霆并奚落他一阵。这时你的恐惧、愤怒两种高度应激情绪引起了一系列的生理变化，也是汉斯·塞里称之为“全身适应综合征”（人们对具有威胁情景的反应）的三个应激阶段。

警告反应阶段：开始接触应激源时，机体内部分泌激素的同时伴有相应的中枢神经系统的变化，以加强自身的力量，若试图逃避或接受刺激，这时机体的抗拒能力尚小，是一个危险阶段。

抗拒阶段：警告反应所表现出的机体征兆已消失，如果继续接触应激源，则可逐步适应。抗拒力增加并超过正常水平，机体发生特异性反应以应付应激源的影响。受伤后白细胞集聚在损伤组织间隙就属此例。

衰竭阶段：若长期处于应激状态，则适应能量逐渐被消耗，有害反应蔓延全身。

（五）应激产生的心理压力

社会的进步、科技的发展、文化的普及、经济的繁荣，虽然给人类带来了众多利益，也带来了不少的社会心理压力：

(1) 社会的高速发展迎来工作、生活的快节奏，需要紧张迅速、提高效率才能适应和应付。

(2) 现代科技日新月异，知识爆炸性地剧增和知识创新的必要性，迫使人们不断地接受新的教育，学习新的知识。

(3) 社会竞争加剧，人们渴望事业成功，以求超过别人，击败对手，有利于自己的生存和发展。

快节奏必然会使人们因紧张而产生种种心理压力。不过，一个人要想快乐地生活也需要一定的紧张度。拼命地奋斗使人不自在，无聊地偷生同样使人不自在，因此获得幸福感所需要的紧张度因人而异。

二、产生应激的因素

（一）社会类型演变与紧张的刺激

社会类型是根据人类的基本生存方式演变的。存在决定意识，人类心理受社会文化的制约。不同社会类型的生产水平和社会关系、经济状况和分配原则、阶层差别和社会制度、风俗习惯、生活方式和文化环境均有差异，人们所面临的社会心理紧张刺激亦不相同。现代社会的工业化、城市化所带来的问题也是综合性的，诸如生活节奏加快、劳动力重新组合、家庭结构的变化、老龄化人口增多、激烈的竞争、价值观与生活方式剧变、心理超负荷、交通拥挤和事故增多、环境污染、住宅狭窄等是以前所没有的。这一系列变化对人们的刺激，使人们不可避免地出现应激，甚至导致心身损害与障碍。

（二）人口密度与过分拥挤的刺激

现代社会的不断城市化引起人口密度剧增，人们心理上处于“超负荷”状态。物理环境和社会环境两方面的过量刺激猛烈冲击人们的心灵，使人们应接不暇，备受重压，疲于奔命；而城市中自然资源的不断丧失、高层建筑和坚固设施等“非人格化环境”的盲目膨胀，使人们的思想负担和工作压力加重。一些人由此产生紧张情绪并采取对抗和逃避两种消极方式去应付环境变化。对抗就使一些人的破坏性和攻击性增强从而使越轨性行为增加；逃避就是以自我为中心，实行自我封闭，出现冷漠的人际关系。

环境长期过分拥挤，也使心理变态患者人数及死亡率日益增加。有资料表明：大量焦虑紧张、颓废的人和精神分裂症患者等都出现在人口密集地区，特别是住房拥挤的家庭中。

（三）噪声与空气污染的刺激

噪声：噪声常出现在人为的环境中，干扰人们的学习、工作、娱乐和休息。噪声可引起急躁、厌烦等不愉快的应激情绪。长期受噪声干扰会使人出现头痛、头晕、耳鸣、恶心、呕吐、失眠或嗜睡、乏力、恐惧等，严重者会出现精神病性症状。

空气污染：工业发达地区产生的污染物质较多，如工厂排出的废气、废水、废物等直接或间接地对人们造成危害。SO_2 为大气主要污染物，全世界每年排出 1.5 亿吨 SO_2 到大气中去。污染物质能直接或间接地引起人体的身心损害，如肿瘤等。

（四）学习环境的刺激

课堂提问与精神紧张：有一些同学面临课堂提问或口试时，表现出精神紧张、激动、思维中断或遗忘学习内容，甚至表现出面色苍白、手心出汗和口吃等现象。为什么会这样呢？主要还是因为心理紧张导致神经系统对客观环境产生应激的缘故。例如，学生在新的环境，与教师、同学都还很陌生，当教师提问时可以引起精神紧张；有的学生自尊心很强而又“胸无成竹”，容易紧张；有的害羞和畏缩，遇到提问或口试也可以引起精神紧张。

精神紧张虽是一种心理活动，但它能引起交感神经兴奋、心搏加快、血压上升、汗腺分泌增加和四肢无力等生理变化。由于紧张的刺激干扰了其提取大脑中贮存的信息，结果造成遗忘，表现为瞠目结舌、不知所答。

不要把课堂提问或口试看得过于严重，它可以提高同学们的思维敏捷性，只要你尽力而为，即使答不好，你还可以总结经验。若是怕因为答不好，老师、同学会产生什么看法，那样就会使情绪更加紧张。

考试与精神紧张：大学生在学习期间，需要经常参加各类测验和考试，考前的心理状态、精神是否紧张关系到考试成绩的好坏。

有的同学由于平时不努力，功课落下较多，考前容易产生焦虑急躁情绪，复习功课时各种杂念纷至沓来，注意力不能集中。如同一个参加赛跑的运动员，在临赛前过分急躁、激动、出汗、紧张，那么这个运动员是不会赛出好成绩的。

有的同学由于某种原因对某几门课程缺乏信心，在考前产生沮丧、绝望的紧张心理状态。有的同学自尊心过强，唯恐考不好丢面子，被人讥笑和看不起，给自己施加压力，造成精神紧张。

树立对待考试的正确态度，克服紧张急躁情绪，去掉不必要的自卑或自尊心理，以平静的心情进行学习，不搞疲劳战术，注意合理休息和劳逸结合，这样就可以消除考前紧张的精神状态。

三、怎样消除紧张

（一）学习与休息

人每天都要学习、工作，也需要充足的休息，否则身体会因过度的紧张而患病或衰竭。

大学生每天从早到晚地学习，大脑处于连续的活动中，精神始终保持高度紧张状态。时间一久就要疲劳，这时就有必要使神经系统松弛一下，使全身各系统恢复正常功能活动，这就是休息。休息可以达到松弛神经、协调内脏功能活动、活动肌肉关节和消除紧张状态的目的，有益于继续学习。

休息有静态、动态和松弛三种。走出教室，站在校园内观赏四周景致，或纵目远眺，遥望白云蓝天，是静态的休息。打球、做操、散步是动态的休息。听听音乐、唱唱歌曲是松弛的休息。大学生最好采取动态的或松弛的休息来消除疲劳和紧张状态。

（二）音乐是强身剂

喜欢音乐是人类的天性，音乐是人们日常生活必不可少的精神食粮。在课余或一天紧张的学习之后欣赏一下音乐，不仅是一种享受，而且还可以调节情绪，消除大脑疲劳，恢复精力和体力。

音乐不仅可以使人轻松，消除紧张及疲劳，松弛神经系统，还可以通过心理作用达到治疗目的。神经衰弱的同学经常欣赏轻音乐，有益于调整神经功能，缓和焦虑、忧郁的情绪，促进睡眠，改善症状。

轻音乐优美动听的旋律对神经能起到安抚的作用。而打击乐或太强太刺激的摇滚音乐则容易使人精神兴奋紧张，达不到松弛神经、休息大脑和消除紧张情绪的目的。只有使精神放松到心旷神怡，才能消除紧张，达到松弛、休息的目的。

（三）舞会的魅力

舞蹈是青年人最喜欢的一种娱乐活动，参加周末舞会也是大学生消除紧张的最佳方式之一。

在悦耳的旋律、和谐的舞曲下，优美、轻松而有节奏的舞姿，不仅能使你消除一周以来的疲劳、松弛紧张的神经，而且还使你心情舒畅、增进健康、加强友谊等。

参加舞会虽有上述优点，是人们对音乐、艺术、美和运动的享受，但举止动作要文雅有风度，同时还要注意个人的体力，不宜搞得筋疲力尽，这样就失去了参加舞会的意义。

（四）郊游有益于健康

大学生每天大部分时间是在学习，长时间的学习和紧张生活使人身心疲劳。郊游是一种极好的休息方式，能使你精神松弛、心情愉快、消除紧张。

三五位同学到城市远、近郊的名胜古迹或去海滨游玩，观赏巍峨庙宇、苍松古柏、瀑布河流，唱着轻快的抒情歌曲，闲谈幽默诙谐的笑话，能令人心情舒畅、心旷神怡，对神经系统有极好的调节作用，能充分解除紧张学习造成的大脑疲劳。

第六节　人际关系

一、人际关系的概述

（一）什么是人际关系

一个人生下来先和父母相处，逐渐与同学、老师相处并参与社会交往，在这些交往活动中，必然发生人与人之间的一定的心理联系，这就是人际关系。人际关系是社会关系的一种。

人与人之间彼此寻求满意的直接关系，这是人在日常生活以及各种社会活动中不可缺少的。

（二）人际关系的要素

任何人际关系都离不开认识、情感和行为三个要素。

认识是人际关系的前提条件。人际关系是在人与人的交往过程中，通过相互的感知、识别、理解而建立的一定关系。人际关系总是从人对人的认识开始的。若彼此根本不认识、毫无所知，就不可能建立人际关系。

情感是人际关系的主要调节因素。人际关系在心理上总是存在满意或不满意、喜爱与厌恶等情感状态。如知己、同志、战友，以及情侣等，假如没有情感因素的参与、调节，其关系是不可想象的。调节人际关系的情感因素，包括从直觉印象引起的一般情感到理智感、道德感等高水平的情感，有不同的水平和强度。其调节作用的一般趋势是：发展水平越高，调节作用越大。

行为是人际关系的交往手段。在人际关系中，不论是认识因素还是情感因素，都要通过行为表现出来。行为指言语、举止、作风、表情、手势等一切表现个性的外部动作，是建立和发展人际关系的重要手段。在人际关系中凡是彼此能够觉察到的一切行为活动，都会对人际关系起调节的作用。

认识、情感、行为是人际关系中三个不可缺少的因素，它们是相互联系的。至于这三个因素的具体内容与表现，以及人们对它评价的态度，则是很复杂的。

（三）人际关系的不同水平

建立在共同的社会目标和一定行为规范基础上的人际关系，由于思想基础较牢固，人际关系显示出合作、友爱的气氛，所以比较稳定、持久。

建立在个人需求、好恶、爱恨基础上的人际关系，由于思想基础薄弱，所以人际关系显示出脆弱、肤浅、表面、波动等特点。

有共同奋斗目标，有远大理想、高尚情操并严守纪律的高水平的人际关系，是能经受各种严峻挫折考验的，也是我们所提倡建立的良好的人际关系。

二、人际关系的心理调适

（一）人际交往的四种基本态度

1. 我不好—你好，我不行—你行

这是一种心理自卑者与他人交往的态度。其特点是交往的一方深感自己是无能和愚笨的，无论做什么都不行，而似乎所有的人都比自己各方面强得多。

2. 我好—你不好，我行—你不行

持这种态度者，总认为自己对别人好，而别人对自己不好，为此愤愤不平；把人际交往中的失败与挫折归结为他人不好；或者自己充满了优越感，而把交往的对方当作缺乏头脑的笨蛋。这种人似乎充满自信，其实是虚弱的，他们的心理防御倾向往往比较突出。

3. 我不好—你也不好，我不行—你也不行

交往者自认低能，同时也认为别人并不比自己优秀多少；他们既不相信自己，也不崇拜他人；他们既不会去爱人，也拒绝别人的爱。这种人常陷入可悲的局面，他们带着灰白的面孔，无论走到哪里都带来生活的低潮，而且常常得不到他人的怜悯。

4. 我好—你也好，我行—你也行

这是一种健康的心理状态。它的特点是充分体会到自己拥有一种强大的理性思考能力，并对生活的价值有着恰当的理解，将爱自己与爱他人、相信自己与相信他人相统一。虽然并非十全十美，但他们能客观地彼此接纳对方，正视现实，并努力去改变他们能改变的事物。他们具有善于发现自己、他人和世界光明面的能力。

（二）人际交往的心理障碍

这里所述的是影响人际交往正常进行的不良心理因素。有些人在人际交往中并非不遵守交往规范，也不是不懂得交往技巧，而是不敢交往、不愿交往、不能交往，这属于心理障碍。

(1) 恐惧心理：表现为与人交往时（尤其在大庭广众之下）会不由自主地感到紧张、害怕，以致手足无措、语无伦次，严重的甚至害怕见人，这种现象被称为"社交恐惧症"、"人际恐惧症"。也有人表现为对异性的恐惧，又称为异性恐惧症。

(2) 自卑心理：表现为在人际交往中想象成功的体验少，想象失败的体验多，缺乏自信，总认为自己不行，缺乏交往的勇气和信心。

(3) 孤僻心理：一种是孤芳自赏，自命清高，不愿与人为伍；另一种是属于某种怪癖，使别人无法接纳，从而影响了人际交往。

(4) 害羞心理：表现为人际交往中过多地约束自己的言行，以致无法充分地表达自己的思想感情，阻碍了人际关系的正常发展。

(5) 封闭心理：表现为把自己的真实思想、情感、欲望掩盖起来，试图与世隔绝。严重者，对任何人都不信任，怀有很深的戒备心理，隔断了人与人、心与心的交往。

(6) 自傲心理：表现为不切实际地高估自己，在他人面前盛气凌人，自以为是，常使交往对方感到难堪、紧张、窘迫，影响彼此交往。

(7) 嫉妒心理：表现为对他人的长处、成绩心怀不满，抱以嫉恨，言语上冷嘲热讽，甚至采取不道德的行为。

(8) 逆反心理：表现为对交往方的言行的一种不加分析的反抗、批判、抵制心理，从而使交往变得困难。

(9) 猜疑心理：表现为对他人言行的敏感、多疑、不信任，故容易引起心理隔阂。

(10) 敌意心理：是一种比较严重的人际交往障碍，表现为讨厌他人、仇视他人，把人与人之间的正常关系视为尔虞我诈；总认为别人在寻找机会暗算他，从而逃避与他人交往，甚至视交往为攻击行为。

(11) 干涉心理：表现为专爱打听、传播或干预别人的私事、秘密，从而引起别人不满，产生厌恶情绪，影响彼此的交往关系。

引起以上人际交往中心理障碍的主要原因是：以往生活中受挫折；受错误的思想观念影响；个性缺陷，严重时可有人格障碍；缺乏人际交往的经验，尤其是成功的经验。

人际关系严重失调或经常失调的人，往往有可能存在个性缺陷、认识错误或心理障碍。因此，对于人际关系适应不良的状况应做具体分析，分清哪些是正常的，哪些是异常的。对于异常类型，要分清哪些属于思想问题，哪些属于心理问题，哪些是两者皆有。只有分辨清楚，才能对症下药。对经常出现人际交往障碍者，最好找医生咨询一下。

（三）人际关系的调适

改善人际关系，增进人际交往，不仅对心理健康影响重大，也是一个人生存和发展的必要条件。针对人际交往障碍，应该从以下几方面去维护和发展良好的人际关系。

（1）调整认识结构。认识是刺激与反应的中介。对人际关系有一种积极的、全面的、善意的认识是良好交往的基础。把人际关系视为尔虞我诈或虚伪、演戏、冷漠、不可信等的观点会影响人际关系的建立与发展。只有加强思想修养，发展集体观念，学会全面、辩证地认识问题才能增进人际交往。

（2）改善个性品质。个性缺陷是导致人际交往心理障碍的背景因素，甚至是本质因素。因此，应培养热情、开朗、真诚、善良、宽容、尊重人、理解人、富有责任心、自强自立、乐于助人等一系列良好的个性品质。

（3）学习交往技能。处理人际关系是一种能力、一种技术，可以通过学习和训练来培养、提高。比如，适度地、真诚地赞赏对方，善于倾听意见，设身处地为他人着想，宽以待人，增加主动性，勇于承认并改正错误，求大同存小异等，都是人际交往中有用的技术。

（4）掌握调节方法。运用心理科学及其他学科的理论和技术可以克服、矫正人际交往中的恐惧、紧张、焦虑、抑郁、自卑等一系列心理障碍。

处理好人际关系不仅可以减少人际关系中的矛盾、障碍，更重要的是可以充分发挥人际交往的积极功能，实现人的全面发展和提高。

第七节　心理咨询

一、心理咨询的概况

（一）心理咨询的含义

咨询（counsel）一词含有商讨、会谈、征求意见、寻求帮助、顾问、参谋、劝告、指导等含义。“咨者，谋也”就是给别人出谋划策。如果涉及心理问题，就称之为心理咨询。美国心理咨询权威李斯曼说：“心理咨询就是通过人际关系达到帮助、教育与增长的目的。”“咨询是一种人际关系，在这种关系中咨询人员提供一定的心理气氛或条件，使咨询对象发生变化，做出选择，解决自己的问题，并形成一个有责任感的独立个性，从而成为更好的人和更好的社会成员。”这说明，通过咨询可以给予来访者以帮助和教育，并使之有所增进。这个定义还说明了咨询是一个过程，往往需要多次交谈。

心理咨询与心理治疗是难以完全分开的。因此从某种意义上也可以说，心理咨询就是一种特殊的心理治疗方式。心理咨询对于保护人的心理健康有着重要的意义。

（二）心理咨询的内容及范围

1. 心理咨询的意义和必要性

心身障碍威胁人体健康。心身障碍可以涉及人体的每一个器官，严重影响和威胁着人体的健康。由于心理、社会因素的影响，人群中心身疾病患病率不断增高。北京朝阳医院的调查资料表明：73％的门诊患者和 60％的住院患者均受到明显的心理、社会因素的影响。心血管疾病、脑卒中（中风）、恶性肿瘤已成为引起我国人口死亡的三大疾病，而这些疾病的发生或多或少均与心理健康有关。因此，开展心理咨询是重视身心健康、预防疾病的重要措施。

各种躯体疾病患者受到心理问题的困扰。临床各种躯体疾病患者也存在着或多或少的心理问题或精神症状。例如情绪的焦虑、紧张等不仅影响疾病的治疗，甚至影响疾病的预后。因此迫切需要通过心理咨询给予患者适当的指导与处理，帮助他们早日解除心理问题，提高医疗质量和治疗效果。

存在的大量神经症患者。神经症是各医院中的常见病，尤其在大学生中患病率较高。开展心理咨询，帮助大学生分析病因，对其进行心理指导和心理治疗，给予适当药物，常能取得明显疗效。

宣传生理卫生知识，解除性心理障碍。由于国内性知识的普及程度还不高，不少性心理障碍（如同性恋、露阴癖、窥阴癖、异装癖）者、性功能障碍（如阳痿、早泄、性感缺乏）者受旧观念的影响对疾病羞于启齿，或感到就医无门。开展心理咨询为他们提供了解除“心病”的场所。

心理咨询门诊易被患者接受。在高校医院（卫生科）或综合性医院设立心理咨询门诊是易被存在各种心理问题的来访者接受的。它不同于精神疾病专科医院的门诊咨询，来访者易被误认为患有精神疾病，所以不会给来访者造成思想负担和精神压力。因此，任何有心理问题的大学生（无论有病无病）都乐意通过心理咨询获得心理方面的指导和帮助。

2. 心理咨询的范围

心理咨询是对各类心身疾病进行病因分析和心理社会因素的探讨，明确诊断，估计预后，研究治疗方案，帮助患者摆脱心理困扰，以促使患者早日恢复身心健康。

对有各种情感障碍（如抑郁、焦虑、恐惧、紧张、悲观等）者，心理咨询可以帮助他们分析原因、指导对策、消除危机（如自杀的意念和行为）、解除疑虑，使其恢复社会适应能力，树立正确的生活态度和信念。

对各种不可控制的思维、意向、行为、动作进行耐心的解释，给予患者帮助以及进行诊断和治疗。

对有某些精神疾病患者进行早期诊断和治疗咨询，以及在精神病康复期给予心理指导，可促使其更好地适应社会与生活，并且可以巩固疗效，预防复发。

对患慢性躯体疾病久治不愈，对生活、治病丧失信心者，给予其心理上的指导和帮助，使其树立起与疾病作斗争的信心和勇气，以战胜疾病，早日康复。

要关心、诊断和指导性心理异常者。对性功能障碍者宣传生理卫生知识、性知识，帮助、指导和矫正、调适其性功能。

对在工作、恋爱、婚姻、家庭、计划生育等方面遇到问题者，进行生物医学、社会因素及心理医学方面答疑，给予指导、帮助。

指导大学生合理用脑、努力学习，帮助其提高学习效率，克服某些学习中的障碍（如注意力分散、记忆力减退等）。

介绍不同年龄阶段的心理卫生知识。对用脑卫生、睡眠与饮食卫生、青春期教育、人际关系和社会环境适应等进行心理学方面的指导。对不良行为，如吸烟、酗酒等给予具体的戒除方法的指导。

对各种处于疾病康复期的患者进行心理指导，以帮助其恢复心身健康。对伤残人员进行心理指导和答疑，使他们坚定生活的信念和增强其与伤残作斗争的勇气。

开展某些心理测验工作，如智力测验、人格测验等。

二、大学生心理咨询

大学生在学习或生活中遇到挫折，难以自己应付时，或者出现了各种心理矛盾和困扰（如注意力分散、记忆力下降、学习或睡眠障碍等）时，都应及早主动地去心理咨询门诊进行咨询，以获得心理咨询医生的帮助，及早摆脱各种心理困扰，以健康的心身、充沛的精力去学习和生活。

心理咨询要经过分析、综合、诊断、预测、劝导等过程。为使咨询取得满意的效果，来访者要与咨询医生密切配合，要把咨询医生当作自己完全可以信赖的师长、亲人、朋友。

在咨询中必须充分地诉说自身的痛苦、积怨或愤怒，在咨询医生的诱导下，有的通过畅叙就会减轻疾病（是一种宣泄、疏导和治疗），畅叙也便于咨询医生发现来访者隐藏的心理冲突的症结。此外，咨询医生定将严格遵守咨询工作原则——严守秘密。这样来访者可以无所顾忌地向咨询医生陈述自己的隐私，获得开导、指导及帮助。

心理咨询如果在一两次内未获得满意的成效时，切忌急躁，应树立信心。根据心理咨询渐进性的特点，由浅入深，循序渐进，由量到质可逐步取得成效。

在消除和克服心理障碍后，由于社会环境的影响，心理障碍有时可能出现反复。因此，要争取各方面（如老师、同学、家长等）的支持、帮助，并主动接受咨询医生的随访，以巩固疗效，减少反复。

在相同的条件下，不同的人会产生不同的反应，甚至产生严重的后果，这是由个体的遗传基因不同所致，因为外因主要通过内因起作用。严重心理障碍或心理疾病（如精神疾病、神经症）必须有物质基础的缺陷，所以有的问题不是单纯的心理治疗能解决的，要请有经验的医师给以适当的药物治疗，方能奏效。自杀者中大多是精神分裂症、抑郁症患者（约占90％以上），这种情况应该事先请医师治疗，不能夸大心理治疗的作用，否则后果严重。

第三章　环境与健康

第一节　自然环境与健康

良好的自然环境、社会环境，促进人类的健康；恶劣的自然环境、社会环境，则有害于人类的健康。过去由于历史原因，指导思想急功近利，在社会发展的进程中，犯了不少错误，造成了现在面临的大量环境问题。生态破坏形势严峻：水土流失面广、量大；土地荒漠化速度加快；土壤酸化、盐渍化问题严重，耕地减少；河流断流日趋严重；湖泊退化，愈演愈烈；地下水位下降；冰川后退，雪线上升；湿地破坏加剧，水生生态系统结构和功能退化；海洋生态功能衰退；森林生态功能衰退；草地资源退化；珍稀野生动植物面临灭绝威胁；农村生态环境污染严重；矿产资源开发、交通工程建设等加剧生态破坏……我们既使用了祖先留给我们的资源，也预支了子孙应拥有的资源。社会环境问题也不少：人口问题突出，贫富悬殊加大，以及教育、医疗等方面的问题。

党中央提出科学发展观，就是要在发展过程中充分考虑环境、资源和社会诸多问题的平衡，以保证社会、经济持续高速发展。

一、人和环境

地球上的一切生物都生活在地球表层。这个地球表层是生物圈，它大约包括了 11 km 深的地壳和海洋，以及 15 km 以内的大气层。生物圈内有空气、水、日光、土壤和岩石，为生命活动提供了一切必要的物质条件。环境是一个大范畴，包括了一切客观存在的，与人类生存有关的自然和社会条件。

1. 生物因素

生物圈中各种生物都相互依存、相互制约。自然界千姿百态的植物以及众多的动物为人类的生存、发展提供了丰富宝贵的资源，当然，某些生物也危害了人类的健康。

2. 化学因素

生物圈内空气、水、土壤等自然条件都由比较稳定的化学成分构成，这也是保证人类正常活动所必需的条件。自然的变化或人为的破坏可能使空气、水、土壤及食物发生危害人类健康的变化。

3. 物理因素

充足的阳光和适宜的气候是人类生存的必要条件。生活和生产环境中气温、气流、气压等发生变化，放射、电离辐射、噪声等都可能危害健康。

人和环境是不可分割的对立统一的整体，古有“天人合一”的思想，这是符合客观规律的。有人对人体各组织成分做了全面分析测定，发现组成人体的60多种元素的含量与地壳及海水中这些元素的分布有明显的相关性。人类与其他生物一样，通过新陈代谢与环境不断地进行物质和能量的交换，实现人和环境的统一。环境既是人类生长、发育所需要的物质与能量的来源，又是一切感觉、反射活动的资源，也是生物代谢产物和废弃物的净化场所。人类和生物的活动也在逐渐地改变自然环境，有些活动破坏了自然循环的状态。

4. 生态系统

地球的生物圈是一个复杂的系统，生物与非生物环境之间、生物群落之间是一个相互依存的完整体系。尽管人类的智慧使自己具备了驾驭和利用自然环境的能力，但作为地球生态系统的一个组成部分，人类是不可能脱离自然环境而存在的，必须与整个体系的其他环节保持着动态平衡，才可求得自身的存在和发展。如人类通过食物链从植物和动物中获得营养物质和能量，植物从土壤、水中吸取自身需要的物质，从大气中吸收二氧化碳并利用太阳能将无机物转化为有机物，不仅供给自身需要，也是大部分动物的食物和能量来源。当植物、动物个体死亡后，在众多微生物及低等原生物的参与下，尸体分解为无机物释放到环境中，又被新的植物吸收利用。这个物质、能量和信息的连续流动系统叫做生态系统。

5. 生态平衡

生态系统中的任一环节的存在和发展，都是以其他环节的存在和发展为前提的。生态系统各个环节的质和量相对稳定和相互适应的状态称为生态平衡。这种生态系统的相对平衡现象大至整个生物圈，小至一个局部范围都是存在的。任何一个环节异常改变的后果必将首先导致与之关联最密切的某些环节发生变化，进而引起其他环节甚至整个系统的障碍。例如，从大系统来讲，地球大气中的CO_2主要被绿色植物的光合作用所利用并转化为O_2。大量砍伐林木使地表森林面积大幅度减少，同时又大量消耗石油、煤炭等能源，使CO_2的量大幅度上升，地表大气中CO_2浓度逐年增高。CO_2吸收太阳辐射热的能力很强，假如大气中CO_2浓度较目前增加两倍，则地球平均气温将增高3.6℃，这将会造成地球生物圈内众多生物和非生物发生重大改变，其后果将直接或间接地影响到人类。从局部来讲，如被人们亲切地誉为中华民族母亲河的黄河，几千年来孕育了中华民族灿烂的古老文明；滚滚不尽的黄河水，哺育了一代又一代的炎黄子孙。然而，就是这条伟大的母亲河，在1972年之后的26年中，竟出现了20年的断流史。如今的黄河，断流时间在不断提前，次数不断增加，长度不断延伸。年断流时间也由过去的36天增加到226天。断流的河道已从入海口延伸到了河南开封，长达683公里。持续的断流和干旱给沿黄河两岸的农业生产和人们的生活造成了严重的影响。黄河断流，严重地破坏了黄河下游的生态环境。河床大面积沙化，风沙危害加重，使河道萎缩，给防汛带来了严重的威胁。断流也使下游丰富的水产资源濒临灭绝，一些野生植物及鸟类遭受到不同程度的威胁。河流的严重污染直接导致河内水产、河水及灌溉土壤的组成变化，也使与河流有关的畜牧、农耕、渔产养殖以及生活卫生条件受到损害。

由此可见，保护环境，维护生态系统的动态平衡，是保证人类生存和发展，关系整个人类命运的大事。

二、环境污染

环境污染是指由于自然或人为的原因使污染物进入自然环境，使环境组成发生重大变化，使环境质量恶化，扰乱和破坏生态系统，影响生物的正常生活条件，对人类健康造成直接的、间接的或潜在的有害影响。在目前的情况下，由于工业的发展及其他一些因素，我们生存的环境受到了极为严重的破坏和污染，面临生态危机。

三、环境污染物的种类和来源

进入环境并引起环境污染或环境破坏的物质叫做环境污染物。环境污染物可以是气体、液体、固体、气溶胶、生物体、放射线辐射电子等。被污染的对象一般为空气、水、土壤和生物体。污染物的种类很多，美国国家职业安全卫生研究所于 1993 年列出造成环境污染的化学物质达 35 073 种。环境污染的属性，除化学性以外，还有物理性的，如噪声、放射线、电离辐射、微波辐射；生物性的，如细菌、病毒、寄生虫等。环境污染物的来源一般分为生产性、生活性和其他污染三类。

（一）生产性污染

工业生产所排放的废气、废水、废渣（工业“三废”），如未经处理或处理不当即大量排放到环境中去，就可能造成空气、水、土壤、生物等环境的污染。工业“三废”中常见的有害物质及其污染来源见表 3－1。

表 3－1　工业“三废”中的主要有害物质及其来源

“三废”	有害物质	污染来源
废气	煤烟及粉尘 有毒粉尘：铅、砷、锰、氟、镉、磷等 有害气体：二氧化硫、氢氧化物、一氧化碳、硫化氢等	火力发电站、工业锅炉、交通工具、水泥厂、粮食加工厂 金属冶炼及加工工业、磷肥制作等 煤燃烧，化工、印染、合成纤维工业
废水	化学毒物：酸、氰、铅、汞、铬、砷、氯及其化合物，有机磷、苯及其硝基化合物，酸、碱等 有机质：油脂、有机悬浮物、细菌及其他病原体	化工、冶金、印染、采矿、造纸工业 皮革、屠宰、生物制品、食品加工、制糖、石油化工及医院废水等
废渣	无机废渣：矿石、炉渣、纸灰屑，含无机毒物的金属矿渣、化工生产废渣等 有机废渣：食品加工厂的废渣，动植物尸体，动物内脏、皮、毛、骨等	采矿、冶炼、化工、锅炉等 生物制品、屠宰、食品加工、皮革工业等

（二）生活性污染

人们生活所产生的粪便、垃圾、污水及废煤气等生活性污染物的卫生处理不当或处理不及时，必然会污染空气、水、土壤，并可孳生蚊蝇，传播疾病，这类污染被称为生活性污染。此外，现代生活中的化学纤维制品及塑料制品，各类化学洗涤剂、化妆品、化学涂料中含有的有害物质，大量的废电池，以及香烟烟雾的散布也是生活性污染的来源。随着人口的增长和消费水平的不断提高，生活垃圾大幅度增多，地球上的垃圾每年成倍增加。这类污染多为有机体，含有大量的病原微生物和寄生虫卵。此外，医院污水也含有致病微生物。

（三）其他污染

交通运输工具如汽车、火车、飞机、轮船等在行驶中排除的大量碳氢化合物、废油、烟尘、二氧化硫等污染环境，并可产生噪声影响人们的生活。南美的最大城市圣保罗，由于大量工业及数量超过450万辆的汽车每年排放的废气，使它成为世界上环境污染最严重的城市之一。随着邮电通讯设备的迅猛发展，电磁波通讯设备所产生的微波和其他电磁辐射波，医用和军用的原子能和放射性同位素机构所排放的放射性废弃物和飘尘，自然灾害如地震、火山爆发等所释放的大量烟尘、废气等都可使环境受到程度不同的污染，造成不良后果。

四、环境污染对人体健康的影响

环境构成及状态的任何异常改变，都会不同程度地影响人体正常生理活动，轻则致病、致残，重则危及生命、累及子孙。小范围环境污染造成个人或部分群体受害，大范畴则波及所有动、植物。20世纪80年代上海市及其周边地区30多万人发生了甲型病毒性肝炎的暴发流行，部分患者死亡，震惊国内外，经检查这是由水体污染致毛蚶带病毒所造成的。1986年4月26日，前苏联切尔诺贝利核电站发生严重事故，核电站周围30公里范围内的13.5万居民被迫撤离家园，当时200多人发生急性放射性疾病，死亡30多人，散落到各地的放射物造成的危害和恐惧震惊世界。工业生产和生活所排放的二氧化碳，以及交通运输排放的废气，促使大气中的臭氧层大量消耗，现仍继续减少。太阳辐射中许多短波射线将会穿过大气层到达地面，对农作物、海洋生物以及人类必将产生深远的影响。而且，由于二氧化碳在大气中的浓度不断增高，影响地球吸收太阳辐射及对周围宇宙空间释放热量，即产生“温室效应”，这将对地球上的一切生物产生重大影响。森林资源的过分砍伐和破坏，水资源的污染和破坏，以及人口的急剧增加，使罗布泊湖消失，沙漠化面积逐年扩大，全国许多城市饮水资源缺乏，黄河断流。长江、珠江等中华民族赖以生存的资源也无法避免严重的污染，给人民的生活和健康带来了多少痛苦！由于水、空气、土壤和生物受到严重的各类污染，给人类的健康造成了重大威胁，致癌物质、致残物质、致畸物质、致病生物都在向我们进攻。

五、防治环境污染的措施

（一）治理工业“三废”

工业“三废”是环境污染的主要来源，治理“三废”是防止环境污染的重要措施。为此，应在工业企业设计和生产过程中采取有效措施，力求不排放或少排放“三废”。对于不得不排放的“三废”，在排放前要进行适当的净化处理，使其达到国家排放标准的要求。治理“三废”的基本措施主要包括如下几个方面：

（1）工业企业合理布局：这是保护环境、防止污染危害的一项战略性措施。在选择厂址时，排放有毒废气、废水的企业应与居民区保持一定距离。居民区内不准建立污染环境的工厂，已建立的要改造，少数危害严重的要迁移。一切新建、扩建、改建的企业，要将防治“三废”污染的项目和主体工程同时设计、同时施工、同时投产。

(2) 改革工艺、综合利用：这是治理“三废”的根本性措施。厂矿企业要一业为主，多种经营，大搞综合利用，将生产过程中排放的“三废”回收利用，变废为宝。如从造纸厂排出的废液中可以回收大量烧碱、脂肪酸和木质素等，石油工厂排出的硫化氢和二氧化硫可回收利用制成硫酸等。

(3) 净化处理：对于暂时还没有适当方法进行综合利用的“三废”，为了避免排放后污染环境，应采取经济有效的方法加以净化。常用的净化方法有物理方法（如筛滤、沉淀、浮选等）、化学方法（如加混凝剂、氧化剂、还原剂或与某些化合物反应形成其他化合物等）以及生物方法。近年来利用微生物学方法处理废水的技术发展很快。自然界存在着大量微生物，它们具有氧化分解有机物的巨大能力，利用微生物处理工业废水比用化学法要经济得多，是一种有前途的方法。应用它可以去除废水中的有机污染物质，特别是用来处理酚、氰化物等已取得很好的效果。工业企业所排出的“三废”多系成分复杂的混合体，单一的净化方法常常达不到彻底净化的目的，实际工作中往往把几种方法结合起来，才能达到较好的效果。

（二）预防农业污染

(1) 合理使用农药、减少农药残留。农药是消灭害虫的有效药物，广泛地应用于防治农、林的病虫草害，对农业增产起重要作用。但是滥施、乱用农药也造成了环境污染，危害人民健康。特别是一些有机磷农药（如六六六、DDT、乐果、DDVP）和含铅、砷、汞等重金属制剂的农药，残留时间长、危害大。应当推广高效低毒的农药，限制使用某些毒性大、残留期长的农药。施用农药要严格按照规定控制使用范围，执行一定间隔期，控制用量，以减少农药在作物上的残留量。致癌性的农药则应绝对禁止生产和使用。

要提倡综合防治，即将化学农药、生物防治（利用害虫天敌和天然代谢产物）和物理防治方法（如电离辐射使雄性绝育）等结合起来，联合或交替使用，既能减少化学农药的用量，又能更有效地防治病虫害。

(2) 加强污水灌溉农田的卫生管理：利用城市污水灌溉农田，既解决了城市污水的处理问题，又为农业生产提供了不可缺少的水肥。但如果用未经处理的含毒工业废水灌田，则可能破坏土壤、污染环境（特别是污染地下水），因此要求在引灌前进行预先处理，使水质达到灌溉标准后使用。

此外，还应防止农药污染食品，防止食品霉变。已经发现某些霉菌毒素（如黄曲霉毒素）具有致癌性，所以防止食品霉变有重要意义。

（三）预防生活性污染

垃圾是生活中经常性排放的固体废弃物，其中往往含有许多有用的物质，可以回收综合利用。例如：垃圾中的有机物质是很好的有机肥料，粪便中含有氮、磷、钾等肥料，目前仍然是我国农业生产中的重要肥源。但是粪便中含有各种寄生虫卵和病原微生物，因此必须经过无害化处理才能施用。

值得特别强调的是医院污水及垃圾的妥善处理。医疗机构排放的污水、垃圾常被许多病原微生物污染，对此应当经过严格的消毒处理才能排放。有些医疗机构还可能产生一些放射性废弃物，需要经过特殊处理。

在搞好环境卫生防护的工作中，卫生防疫部门和医疗预防机构也起着重要作用。根据现行卫生标准，应经常开展卫生监测，组织现场调查及实验研究，以阐明环境污染对人体健康的影响，提高疾病的防治水平。根据研究成果及防治工作经验，制订并经常修订适合我国国情的卫生标准是卫生部门的任务。

环境问题目前已经是非常严重、迫在眉睫的大事，世界各国都在积极行动，《京都议定书》就是一个世界性的宣言，要求各国政府采取有效措施，制止环境继续恶化。我国政府已经将保护环境列为基本国策，立法并成立专门环保机构来着手解决环境污染问题。但是，首先要让全国人民都明白环境与健康的关系，然后政府和人民都努力，力争为子孙后代留下一块绿色的神州大地。

第二节　社会环境与健康

一、社会制度

社会制度与人民的健康密切相关，健康是基本的人权。领导国家的政府是不是把人民的健康作为国富民强的大事来考虑是有决定意义的。以新中国成立前来讲，统治者骄奢淫逸，而人民贫困潦倒，战乱不止，人民生活在水深火热之中，有谁来关心人民的健康？新中国成立后，政府把人民的健康作为政治上的大事来抓，发展经济，改善人民生活条件，并大力号召、组织人民“动员起来，讲究卫生”、“开展体育运动，增强人民体质”。在经济并不富裕的情况下，全国人民健康水平有了极大的提高，为世界所瞩目，这充分说明了我国社会主义制度的优越性。

二、经济条件

除了社会制度对人群健康起着决定性的作用，经济状况对人群健康的影响也是很重要的。卫生保健事业需要经济的支持。当代著名经济学家西奥多·W·舒尔茨认为，健康投资可增加健康存量。具体地说，即人们的生病时间减少和寿命延长，有利于经济增长和社会发展。经验表明，健康投资的效应也会增加劳动者本人的收入。

（一）实现初级卫生保健的宏伟目标

人人享有卫生保健，必须以经济作为保证，增加对卫生的投入，认真贯彻预防为主的卫生医疗方针；重温毛泽东“一切为了人民健康”的教导，切实增强全体人民的身体素质。如在党中央的号召下我国南方成功地消灭了钉螺，阻止了血吸虫病的蔓延。现在，若能引起足够的重视，拨给一定的经费，采取治疗与预防并举、长期坚持，控制以至消灭一些地方病也是指日可待的。

（二）实现合理营养膳食的改进目标

按照我国的营养卫生标准，合理营养膳食结构的原则如下：

我国平均每人每日膳食中热能供给量应为 10.0 MJ（2.4×10^6 kcal），蛋白质为 70 g。

谷类食物热能比达到 60%，动物性食物热能比达到 14%。

动物性食物与豆类蛋白质的质量应占蛋白质总摄入量的 30%～40%。

适量油脂，脂肪热能比为 25%～30%。

上述营养卫生标准，如果没有经济的支持，是不可能实现的。总之，经济条件对健康的影响是非常大的。

三、文化教育水平

当代著名经济学家西奥多·W·舒尔茨主张“把教育当作对人的投资，把教育所带来的成果当作一种资本”。他认为，在经济发展中，教育比其他实物投资带来更为丰盛的收益，它既可促进国民收入增长，又可使劳动者本人收入增加，增加的幅度分别达到 33%和 70%。教育为个人带来的收益一直超过其他投资所带来的收益。

（一）提高文化素质，增强自我保健知识和能力

教育和文化素质也可反映在健康水平方面。文化教育良好者，可以运用卫生保健科学知识进行自我保健，预防疾病，促进健康。反之，教育文化素质较低的人群，缺乏足够的科学保健知识，不能充分地运用医疗卫生服务条件，甚至做出有害身心健康和破坏社会公德的行为。这是因为低下的文化素质决定着落后的生活习惯和生产观念。例如，有不少的人受惰性和文化素质的影响，其不良的卫生生活习惯和生活方式难以改变，至今未养成勤洗衣被、勤洗澡、勤剪指甲以及饭前便后洗手的良好习惯，口痰随地吐，果皮随地丢的恶习很难改变。有的山区生产方式是“春播夏锄秋碾场，冬天靠墙晒太阳”。有的地方种粮为饱肚，养牛为耕田，养猪为过年，养羊为御寒，养鸡为换盐。当他们的生活或生产遇到困难和患病时，总是讲迷信、求鬼神。他们虽穷，但用在送礼、迷信活动、红白喜事上却很大方。某县统计，1985 年平均每户农民用于敬祖、祭神、请巫婆鬼师、办丧事的现金支出人均达 50 元。

父母受教育的程度与婴儿死亡率有密切关系，父母文化水平愈低，婴儿死亡率愈高，初生婴儿低体重者所占比例也愈高。某些疾病，特别是结核、呼吸道感染等传染性疾病的病死率与受教育程度也有重要关系。教育传播了关于预防疾病和讲究环境卫生、饮食卫生的知识。受过教育的人，其预防疾病的能力比没有受过教育的文盲、半文盲强，其饮食起居、卫生习惯和行为也比未受过教育的人科学合理，这对受教育者本人身体的健康是大有益处的。

提高人民文化教育水平，普及卫生医疗科学知识，培养良好的习惯，改革不良陋习和落后的风俗，也是提高人民健康水平的重要工作内容之一。

（二）提高教育文化素质会产生显著的人口效益

提高教育文化素质对人口效益的影响主要表现在：第一，妇女受更多的教育是降低生育率的重要因素之一。第二，教育能推迟生育年龄，受过教育的妇女往往懂得更多，并掌握更

新的避孕方法，并易于接受计划生育。目前，我国边远地区和广大贫困地区仍然存在近亲结婚和遗传性疾病患者生育的现象。根据国际卫生组织调查，近亲结婚的后代其先天性和遗传性疾病的发病率要比随机婚配者的后代高150倍。贫困地区有残疾人家庭户比全国其他地区多3.87个百分点，贫困地区残疾人口占全国残疾人总数的27.02%，比贫困地区调查人口占全国调查人口比例高2.75个百分点。依据1987年全国残疾人抽样调查结果推算，我国贫困地区大约有1 359万残疾人。由此可见，贫困地区残疾人问题严重，特别是智力残疾和听力语言残疾，这主要是由近亲结婚和遗传性疾病患者生育所致。受过教育的人由于具有一定的优生优育知识和起码的法律观念，其近亲结婚率和遗传性疾病患者生育率都比未受过教育的人低，他们对下一代的哺育和培养也更具科学性，这就可避免或减少先天和后天残疾的发生。此外，发展教育，特别是贫困地区教育，提高贫困地区人口文化素质，尤其是提高女性人口文化素质，可以减少或避免某些残疾的发生。

总之，教育与人口数量的增长呈负相关关系。另一方面，教育与婴儿死亡率也有密切关系。根据联合国研究的结论：母亲多受一年教育，婴儿死亡率平均减少3.4%。

第四章　生活方式与健康

生活方式是一个内容相当广泛的概念，包括人们的衣、食、住、行、劳动工作、休息娱乐、社会交往、待人接物等物质生活和精神生活的价值观、道德观、审美观等。这些方式还可以理解为在一定的历史时期与社会条件下，各个民族、阶级和社会群体的生活模式。在经济高速发展、城市化进程日益加快的今天，人们生活、工作的脚步越来越匆忙，负担越来越沉重，“亚健康”、“城市病”等越来越多。如膳食不平衡，家务、交通、劳动的机械化和社会化使人们的运动量减少，学业、职业竞争引起各种心理压力，以及由此导致一部分人对成瘾物质（烟、酒、毒品等）的滥用。加上人口老龄化进程的加快，使得慢性非传染性疾病，如高血压、冠心病、脑卒中、糖尿病等的患者人数大幅上升。我国的疾病谱、死因谱正在发生变化，高血压、心脑血管疾病、肿瘤、糖尿病、骨质疏松、慢性阻塞性肺病（COPD）等引起的死亡比例不断增加，已成为我国居民最重要的死因。我国 15 岁以上死亡人口中，因慢性疾病死亡的人数是传染性疾病的 4.5 倍。而这些表面上看来多发生于中老年时期的慢性疾病实际上其病理变化常常起始于青少年时期。

因此，从青少年时期开始就应该改变不良的行为习惯，树立科学、文明、健康的生活方式。这里我们可以参考 1992 年世界卫生组织提出的“健康四大基石”(即合理膳食，适量运动，戒烟限酒，心理平衡)，从营养、运动、烟酒、心理等方面来采取有利于促进健康的生活方式。

第一节　营养与健康

一、营养学基础知识

（一）营　养

营养指人体不断从外界摄取食物，经过消化、吸收、代谢和利用食物中身体需要的物质(养分或养料）来维持生命活动的全过程。它是一种全面的生理过程，而不是专指某一种养分。

（二）营养素

食物中的养分科学上称为营养素。它们是维持生命的物质基础，没有这些营养素，生命便无法维持。人体需要的营养素约有 50 种，归纳起来分六大类，即蛋白质、脂类、糖类

（碳水化合物）、矿物质、维生素和水。近年来发现膳食纤维也是维持人体健康必不可少的物质，可算是第七类营养素。这些营养素在体内的功能各不相同，概括起来可分为三方面：

（1）供给能量以满足人体生理活动和体力活动对能量的需要。

（2）作为构建和修补身体组织的材料。

（3）在体内物质代谢中起调节作用。

（三）合理营养

合理营养的含义是，由食物中摄取的各种营养素与身体对这些营养素的需要达到平衡，既不缺乏，也不过多。缺乏某些营养素会引起营养缺乏病，如缺钙引起佝偻病，缺铁引起贫血等。某些营养素如脂肪和糖类物质摄入过多会导致肥胖症、糖尿病、心血管疾病等“富贵病”。营养缺乏和营养过剩引起的病态统称为营养不良，都是营养不合理的后果，对健康都是十分有害的。

由于没有一种食物能供给我们身体所需的全部营养素，所以在安排膳食时要尽量采用多样化的食物，根据各种食物中不同的营养成分恰当地调配膳食来全面满足身体对各种营养素的需要。合理营养还包括合理的用膳习惯和合理的烹调方法。一日三餐应定时定量。一般来说，三餐食物量的分配不应相差很多，午餐可适当多一些。不吃早餐和暴饮暴食都是不合理的进食方式。合理的烹调方法不但可使食物味美可口，促进消化吸收，还可起到消毒、杀菌的作用，但应注意尽量减少烹调过程中营养素的损失。例如，淘米时过度搓洗，高温油炸食品，新鲜蔬菜切碎后长时间用水浸泡和长时间熬煮等都会导致营养素损失。在我国，迫切需要普及营养知识，使人民群众知道如何获得合理营养以增进健康。

（四）营养素供给量

营养素供给量简称供给量。它是衡量群体营养素摄取量是否合理的标准。在制订供给量时，98%的人的需要都能得到满足，在此基础上添加了安全量后的数量称为供给量。显然，供给量大于生理需要量。但是，在制订能量的供给量时不添加安全量，为的是避免一部分人能量摄入过多而导致肥胖。因此，能量的供给量就是其平均需要量。制订供给量时不仅考虑了个体差异，还参照了饮食习惯和食物的生产供应情况。供给量不是一成不变的，随着营养科学的发展，生活水平的提高，营养学家们将根据需要和可能及时加以修订。我国现在使用的标准是中国营养学会在1988年修订的“推荐的每日膳食中营养素供给量”。供给量标准主要用于评价群体膳食质量，对于个人可作为参考。

二、能　量

（一）能量的定义

在营养学中，能量指的是人体维持生命活动所需要的热能。人体所需要的热能都来自产热的营养素，即蛋白质、脂肪和糖类物质。国际上通常以焦耳（J）为热能的计量单位，同时也仍然使用卡（cal）为计量单位。1 J=0.239 cal，1 cal=4.184 J。在实际应用中，通常使用千焦（kJ）和千卡（kcal）。人体从食物获得能量，用于各种生命活动，如内脏活动、肌肉收缩、维持体温以及生长发育等。

（二）能量的需要量

人体对能量的需要与消耗相等。人体消耗的能量用于以下几方面：基础代谢、体力活动和食物的特殊动力作用。对于生长发育中的儿童和青少年，还包括生长发育和身体各种组织增长、更新所需要的能量。

1. 基础代谢

基础代谢是维持生命最基本活动的代谢状态，即身体完全松弛，无体力、脑力负担，无胃肠消化活动，清醒静卧于室温为 18 ℃～20 ℃舒适条件下的代谢状态。基础代谢消耗的能量是维持生命活动最起码的能量需要。基础代谢消耗能量的数量受许多因素（如体型、性别、年龄和生理状态等）的影响。一般来说，男性的基础代谢比女性高，儿童和青少年比成年人高，寒冷气候下比温热气候下高。

2. 体力活动

人体能量消耗的主要部分是体力活动的消耗。体力活动消耗能量的数量与劳动强度、劳动时间、劳动姿势及熟练程度有关。

3. 食物的特殊动力作用

人体由于摄入食物而引起能量代谢额外增高的现象叫做食物的特殊动力作用，因为食物在消化、转运、代谢及储存的过程中需要消耗能量。各种营养素的特殊动力作用强弱不同，蛋白质最强，其次是糖类物质，脂肪最弱。一般混合膳食的特殊动力作用所消耗的能量约为每日消耗能量总数的 10%。

4. 生长发育

儿童和青少年的生长发育需要能量来建立新组织。每增加 1 g 新组织需消耗约 20 kJ 能量。同样，孕妇体内胎儿的生长发育和自身子宫的增生也需要消耗相应的能量。能量摄入必须和生长速度相适应，否则生长便会减慢甚至停止。

（三）能量的供给量

中国营养学会将 18 岁～44 岁男性的体力活动强度分为五级，按体力活动强度的差异提出了不同的能量供给量标准。极轻劳动：以坐着为主的工作，如办公室工作、组装和修理收音机与钟表等工作，业余有一定的文体活动；轻劳动：以站着为主的工作，有少量走动，如一般实验室操作，教师讲课等；中等劳动：如学生的活动和汽车司机的工作；重劳动：如炼钢工人、农民的劳动；极重劳动：如非机械化的装卸、伐木、采矿等。女性仅分四级（无极重体力活动一级）。儿童、青少年和孕妇、哺乳期妇女的能量供给量应相应地增多。中年以后，基础代谢率降低，体力活动减少，能量供给量应适当减少以免肥胖。

（四）能量的食物来源

食物中的糖类、脂肪和蛋白质是人体的能量来源。这三种营养素每克供给人体的能量分别为 16.7 kJ、37.6 kJ 和 16.7 kJ。这三种蕴藏能量的物质普遍存在于各类食物中。动物性食物含有较多的脂肪和蛋白质。植物性食物中的油料作物的籽仁含有丰富的脂肪。谷类则以糖类为主。大豆除含脂肪外还含有丰富的蛋白质。坚果，如花生、核桃等与大豆近似。蔬菜中含能量很少。

糖类、脂肪和蛋白质这三种供给能量的营养素在代谢中可以互相转化，但彼此不能完全替代，因为它们在人体内还各自有独特的生理功能。它们在膳食中应保持恰当的比例。根据中国人的膳食习惯，在摄入的总能量中，糖类提供的能量应占60%～70%，脂肪提供的能量应占20%～25%，蛋白质提供的能量应占10%～15%。

三、营养素对人体的主要作用

食物之所以能维持生命活动是因其含有人体所需的营养素，这些营养素可以从食物中吸取，它们是维持人体生命、正常的生长发育，保证工作、学习和健康的必要条件。

（一）蛋白质——生命的基础

在人体各个器官、组织和体液内，蛋白质都是必不可少的成分。成年人体重的16.3%是蛋白质。蛋白质是生命存在的形式，没有蛋白质就没有生命，它是一切生命的物质基础。恩格斯曾指出，生命是蛋白质的运动形式。这不仅是因为蛋白质是构成机体组织器官的基本成分，更重要的是蛋白质本身不断地进行合成与分解。这种合成、分解的对立统一过程推动生命活动，调节机体正常生理功能，保证机体的生长、发育、繁殖、遗传及修补损伤的组织。根据现代生物学的观点，蛋白质和核酸是生命的主要物质基础。如果长时间蛋白质摄入不足，正常代谢和生长发育便会无法进行，轻者发生疾病，重者甚至可以导致死亡。

1. 蛋白质的化学组成

蛋白质主要由碳、氢、氧、氮四种元素组成。蛋白质元素组成的最大特点是含有氮。有些蛋白质还含有硫、磷、铁等其他元素。上述这些元素按一定结构组成氨基酸。氨基酸是蛋白质的组成单位。虽然在生物界发现的氨基酸类物质已有几百种，但参与蛋白质构成的氨基酸，根据遗传密码表的数据，仅有20种。其他氨基酸皆可看成是这20种氨基酸的衍生物。蛋白质的分子大小可相差几千倍，但它们含氮的百分比却相当恒定，每100 g各种蛋白质中的氮含量都约为16 g。

2. 必需氨基酸和非必需氨基酸

食物中的蛋白质必须经过胃肠消化，分解成氨基酸才能被人体吸收利用，人体对蛋白质的需要实际上就是对氨基酸的需要。吸收后的氨基酸只有在数量和种类上都能满足人体需要时，身体才能利用它们合成自身的蛋白质。

参与蛋白质构成的20种氨基酸在营养学中一般分为两类，即必需氨基酸和非必需氨基酸。

必需氨基酸是指人体需要，但自身不能合成，或合成量不能满足机体需要，必须由食物蛋白质供给，否则就不能维持机体氮平衡的氨基酸。通常认为人体必需氨基酸有八种，它们是赖氨酸、甲硫氨酸（蛋氨酸）、亮氨酸、异亮氨酸、缬氨酸、苯丙氨酸、苏氨酸和色氨酸。对婴儿来讲，组氨酸属于必需氨基酸；也有资料证明，对成年人组氨酸亦属必需氨基酸。

非必需氨基酸，这个名称不准确，只是相对于必需氨基酸而言，并不是说机体不需要这些氨基酸，它们也为机体所需要，并且必须以某种形式提供；其特点是机体自身能合成，或可由其他氨基酸转化而来，且一般食物蛋白质中含量丰富，一般不会出现供给匮乏的情形。非必需氨基酸包括甘氨酸、丙氨酸、丝氨酸、半胱氨酸、天冬氨酸、门冬酰胺、酪氨酸、精氨酸、脯氨酸。此外，胱氨酸和羟脯氨酸也可算作非必需氨基酸。在体外，半胱氨酸不稳定，分子间极易缩合，产物为胱氨酸。羟脯氨酸可看成是脯氨酸的衍生物，它大量存在于胶原蛋白中。有些非必需氨基酸如胱氨酸和酪氨酸，如果供给充裕还可以减少必需氨基酸中甲硫氨酸和苯丙氨酸的需要量。

3. 限制氨基酸

在食物蛋白质的氨基酸构成中，按照人体的需要若其比例关系相对含量不足，则会限制其他氨基酸利用的那些氨基酸，这称为限制氨基酸。显然，限制氨基酸必出现于必需氨基酸之中。在限制氨基酸中缺乏量最甚者，称为第一限制氨基酸。限制氨基酸会严重影响机体对食物蛋白质的利用程度，决定了食物蛋白质的营养价值。这是因为只要有任何一种必需氨基酸供给不足，其他氨基酸供给再丰富，机体的蛋白质合成也会因缺乏材料而受阻。表 4－1 为人体必需氨基酸需要量模式。

表 4－1 人体必需氨基酸需要量模式 [单位：mg/(kg・d)]

氨基酸	婴儿平均（范围）	学前儿童（2 岁～5 岁）	学龄儿童（10 岁～12 岁）	成年人
组氨酸	26（18～36）	(19)	(19)	16
异亮氨酸	46（41～53）	28	28	13
亮氨酸	93（83～107）	66	44	19
赖氨酸	66（53～76）	58	44	16
甲硫氨酸＋亮氨酸	42（29～60）	25	22	17
苯丙氨酸＋酪氨酸	72（68～118）	63	22	19
苏氨酸	43（40～45）	34	28	9
色氨酸	17（16～17）	11	(9)	5
缬氨酸	55（44～77）	35	25	13
总计	460（408～588）	339	241	127
减去组氨酸	434（390～552）	320	222	111

（引自：WHO technical reportseries. 747，1985）

食物中最主要的限制氨基酸为赖氨酸和甲硫氨酸。大多数植物蛋白质中赖氨酸含量不足，大豆、花生、牛奶和肉类蛋白质中甲硫氨酸相对不足。通常，赖氨酸是谷类蛋白质的第一限制氨基酸，而甲硫氨酸则是大多数非谷类植物蛋白质的第一限制氨基酸。此外，小麦、大麦、燕麦和大米还缺乏苏氨酸，玉米还缺乏色氨酸。

4. 蛋白质的分类

营养学上根据食物蛋白质所含氨基酸的种类和数量将食物蛋白质分为三类：

(1) 完全蛋白质。这是一类优质蛋白质，所含的必需氨基酸种类齐全、数量充足，彼此比例适当。这一类蛋白质不但可以维持人体健康，还可以促进生长发育。奶、蛋、鱼、肉中的蛋白质都属于完全蛋白质。

(2) 半完全蛋白质。这类蛋白质所含氨基酸虽然种类齐全，但其中某些氨基酸的数量不能满足人体的需要。它们可以维持生命，但不能促进生长发育。例如，小麦中的麦胶蛋白便是半完全蛋白质，含赖氨酸很少。

(3) 不完全蛋白质。这类蛋白质不能提供人体所需的全部必需氨基酸，单纯靠它们既不能促进生长发育，也不能维持生命。例如肉皮中的胶原蛋白便是不完全蛋白质。

5. 蛋白质的生理功能

蛋白质在体内的多种生理功能可归纳为以下三方面：

(1) 构成机体和修补组织。蛋白质是构成细胞、组织和器官的主要材料。婴幼儿、儿童和青少年的生长发育都离不开蛋白质。即使是成年人的身体组织也在不断地通过分解和合成进行更新。例如，小肠黏膜细胞每 1 天～2 天即更新一次，血液红细胞每 120 天更新一次，头发和指甲也在不断推陈出新。身体受伤后的修复也需要依靠蛋白质的补充。

(2) 构成体内重要的化学物质，调节身体功能。体内新陈代谢过程中起催化作用的酶，调节生长、代谢的各种激素，以及有免疫功能的抗体都是由蛋白质构成的。此外，蛋白质对维持体内酸碱平衡和水分的正常分布也都有重要作用。

(3) 供给能量。虽然蛋白质的主要功能不是供给能量，但当食物中蛋白质的氨基酸组成和比例不符合人体的需要，或摄入蛋白质过多，超过身体合成蛋白质的需要时，多余的食物蛋白质就会被当作能量来源而被氧化分解，释放出热能。此外，在正常代谢过程中，陈旧破损的组织和细胞中的蛋白质也会分解释放出能量。每克蛋白质可产生 16.7 kJ (4 kcal) 热能，人体每天所需的能量有 10%～15%由蛋白质提供。

6. 蛋白质的互补作用

不同食物蛋白质的氨基酸构成不同，限制氨基酸不同。如果将不同的食物适当混合食用，它们之间的相对不足和相对丰富可相互一定程度地补偿，从而拉近与人体必需氨基酸需要量模式的距离，使食物蛋白质的营养价值得到一定程度的提高，这种现象称为蛋白质的互补作用。

例如，豆腐（大豆蛋白质）和面筋（小麦蛋白质）在单独食用时，其生物价（BV，储留的氮与吸收的氮之比）分别为 65 和 67，而当将两者以 42∶58 的比例混合食用时，其 BV 可提升至 77。这是由于小麦蛋白质缺乏赖氨酸而甲硫氨酸却较丰富，而大豆蛋白质的赖氨酸含量丰富而甲硫氨酸相对不足。两种蛋白质混合食用后，实现了蛋白质互补，因而使总的蛋白质营养价值得到提高。

实际上，多种食物混吃以提高食物蛋白质营养价值的办法，在我国的饮食习惯中早已有之，其中的道理，近代营养学揭示了出来。在现代营养学认识的基础上，人们更应明确地反对偏食，提倡合理膳食，均衡营养。

根据同样的道理，在科学地分析和计算的基础上，向食品中添加限制氨基酸成品，以提高食品蛋白质营养价值的方法，已取得巨大成功，这方面的工作涉及食品的营养强化问题，不再深述。

7. 蛋白质的供给量和来源

(1) 蛋白质的供给量。蛋白质的供给量与膳食蛋白质的质量有关。如果蛋白质主要来自奶、蛋等食品，则成年人不分男女均为 0.75 g/ (kg·d)。中国膳食以植物性食物为主，蛋白质质量较差，供给量需要定为 1.0 g/(kg·d) ～1.2 g/(kg·d)。蛋白质供给量也可用占总能量摄入的百分比来表示。在能量摄入得到满足的情况下，由蛋白质提供的能量在成年人应占总能量的 10%～12%，生长发育中的青少年则应占 14%。

(2) 蛋白质的来源。膳食中蛋白质的来源不外是植物性食物和动物性食物。动物性食物蛋白质含量高、质量好，如奶、蛋、鱼、瘦肉等。植物性食物主要是谷类和豆类。大豆含有丰富的优质蛋白质。谷类是我们的主食，蛋白质含量居中（约 10%），是我国人民膳食蛋白质的主要来源。蔬菜、水果等食品蛋白质含量很低，在蛋白质营养中作用很小。

（二）脂肪——美味的来源

脂类也称脂质，是生物体内不溶于水而溶于有机溶剂的一大类化合物。它包括两类物质，一类是脂肪，又名中性脂肪，是由一分子甘油和三分子脂肪酸组成的三酰甘油（甘油三酯）；另一类是类脂，它与脂肪化学结构不同，但理化性质相似。在营养学上较重要的类脂有磷脂、糖脂、胆固醇、脂蛋白等。由于脂类中大部分是脂肪，类脂只占 5%并且常与脂肪同时存在，因而营养学上常把脂类通称为脂肪。

1. 脂肪酸

脂肪酸是由碳、氢、氧三种元素组成的一类化合物，是中性脂肪、磷脂和糖脂的主要成分。根据脂肪酸分子结构中碳链的长度分为短链脂肪酸（碳链中碳原子为少于 6 个），中链脂肪酸（碳链中碳原子为 6 个～12 个）和长链脂肪酸（碳链中碳原子超过 12 个）三类。一般食物所含的脂肪酸大多是长链脂肪酸。根据碳链中碳原子间双键的数目又可将脂肪酸分为单不饱和脂肪酸（含 1 个双键），多不饱和脂肪酸（含 1 个以上双键）和饱和脂肪酸（不含双键）三类。富含不饱和脂肪酸的脂肪在室温下呈液态，大多为植物油，如花生油、玉米油、豆油、菜籽油等。以饱和脂肪酸为主的脂肪在室温下呈固态，多为动物脂肪，如牛油、羊油、猪油等。但也有例外，如深海鱼油虽然是动物脂肪，但它富含多不饱和脂肪酸，如二十碳五烯酸（EPA）和二十二碳六烯酸（DHA），因而在室温下呈液态。

2. 必需脂肪酸

自然界存在的脂肪酸有 40 多种，有几种脂肪酸人体自身不能合成，必须由食物供给，称之为必需脂肪酸。以往认为亚油酸、亚麻酸和花生四烯酸这三种多不饱和脂肪酸都是必需脂肪酸。近年来的研究证明只有亚油酸和 α-亚麻酸是必需脂肪酸，而花生四烯酸则可利用亚油酸由人体自身合成。近年来发现，花生四烯酸系统中的 ω-3 脂肪酸对健康有益，深海鱼类及核桃亚麻油中富含。

必须脂肪酸的生理功能主要有：①是细胞膜的重要成分，缺乏时发生皮炎，对儿童还会影响其生长发育；②是合成磷脂和前列腺素的原料，还与精细胞的生成有关；③促进胆固醇的代谢，防止胆固醇在肝脏和血管壁上沉积；④对放射线引起的皮肤损伤有保护作用。

3. 胆固醇

胆固醇是类脂的一种。它在人体内的重要生理功能包括：①是细胞膜的组成成分，细胞吸收养分、排出代谢废物都由细胞膜控制；②是合成胆汁酸和维生素 D_3 的原料，前者可帮助脂肪消化吸收，后者可预防儿童佝偻病；③是合成类固醇激素的原料，特别是性激素和肾上腺皮质激素。这些激素对人体的健康和人类的繁衍都是不可缺少的。

人体胆固醇来自膳食和体内合成。体内合成量受膳食胆固醇水平影响，膳食胆固醇摄入过多时体内合成量减少，摄入过少时体内合成量增多。胆固醇在肝脏内经过分解代谢随粪便排出。正常情况下，胆固醇在血液中维持在一个恰当的水平。当脂质代谢发生异常或膳食胆固醇摄入量超过身体调节能力时，血液中的胆固醇浓度就会升高并逐渐在血管内壁上沉积而引起血管腔狭窄和心血管疾病。这时，除进行药物治疗外还应限制富含胆固醇食物的摄入。但在脂质代谢正常的情况下无需过分限制，因为胆固醇也是人体不可缺少的营养物质。

4. 鱼油中的 EPA 和 DHA

EPA 和 DHA 都是多不饱和脂肪酸。近年来它们之所以引起人们重视是因为人们发现，居住在北极圈内的爱斯基摩人的膳食虽然以鱼、肉为主，脂肪和胆固醇摄入量都很高，但冠心病、糖尿病的发生率和死亡率都远低于其他地区的人群。研究发现，鱼油中富含 EPA 和 DHA，它们有降低胆固醇、增加高密度脂蛋白的作用，而高密度脂蛋白是一种能移去血管壁上积存的胆固醇，疏通血管的物质。它们还有抑制血小板聚集、降低血液黏稠度和扩张血管等作用。动物实验还发现 DHA 可促进脑的发育，据此推测对儿童的生长发育很可能也有好处。有些植物油中富含亚麻酸，亚麻酸在体内可以转变成 EPA 和 DHA ，与深海鱼油所含的 EPA 和 DHA 有同样的生物效用。

5. 磷脂酰胆碱

细胞膜的养护与健康有直接关系。细胞膜主要由磷脂酰胆碱（卵磷脂）、蛋白质构成。血液中含足够的磷脂酰胆碱、蛋白质，不仅能较快修复被自由基损伤的细胞膜，而且能提高细胞的活力，提高新生细胞的质量，显著改善各细胞的功能。富含磷脂酰胆碱的食物主要有蛋黄、动物脑浆和肝脏、小麦胚芽和植物油。

6. 脂肪的生理功能

概括起来，脂肪有以下几方面生理功能：

（1）储能供能。1 g 脂肪在体内分解成二氧化碳和水并产生约 38 kJ（约 9 kcal）能量，比 1 g 蛋白质或 1 g 糖类物质高一倍多。

（2）构成一些重要生理物质。磷脂、糖脂和胆固醇构成细胞膜的类脂层，胆固醇又是合成胆汁酸、维生素 D_3 和类固醇激素的原料。

（3）维持体温和保护内脏。皮下脂肪可防止体温过多向外散失，也可阻止外界热能传导到体内，有维持正常体温的作用。内脏周围的脂肪垫有缓冲外力的冲击而起保护内脏的作用。

（4）提供必需脂肪酸。膳食脂肪提供的必须脂肪酸能参与构成组织细胞，尤其对线粒体膜和细胞膜的构成特别重要。

（5）促进脂溶性维生素的消化、吸收和转运。脂溶性维生素多伴随脂类而存在，如鱼肝油和奶油富含维生素 A、D，许多植物油富含维生素 E。

（6）增加饱感。脂肪在胃肠内停留时间长，所以有增加饱感的作用。

（7）其他。胆固醇是体内合成维生素 D、胆汁酸、肾上腺皮质激素和性激素的原料。此外，磷脂和胆固醇与神经兴奋的传导也有密切关系。

7. 脂肪的供给量和来源

（1）脂肪的供给量。脂肪无供给量标准。不同地区由于经济发展水平和饮食习惯的差异，脂肪的实际摄入量有很大差异。我国营养学会建议膳食脂肪供给量不宜超过总能量的30%，其中饱和、单不饱和、多不饱和脂肪酸的比例应为1∶1∶1。亚油酸提供的能量达到总能量的1%～2%即可满足人体对必需脂肪酸的需要。

(2) 脂肪的来源。脂肪的主要来源是烹调用油和食物本身所含的油脂。表4－2是几种食物中的脂肪含量。从表4－2中的数字可见，果仁脂肪含量最高，各种肉类居中，米、面、蔬菜、水果中含量很少。

表4－2　几种常用食物每100 g的脂肪含量　（单位：g）

食物名称	脂肪含量	食物名称	脂肪含量
猪肉（肥）	90.4	芝麻	39.6
猪肉（肥瘦）	37.4	葵瓜子仁	53.4
牛肉（肥瘦）	13.4	松子仁	70.6
羊肉（肥瘦）	14.1	大枣（干）	0.4
鸡肉	9.4	栗子（干）	1.7
牛奶粉（全脂）	21.2	南瓜子（炒）	46.1
鸡蛋	10.0	西瓜子（炒）	44.8
大豆（黄豆）	16.0	水果	0.1～0.5
花生仁	44.3	蔬菜	0.1～0.5
核桃仁	58.8	米、面	0.8～1.5

8. 脂肪营养价值的评定

营养学上根据以下四项指标评价一种脂肪的营养价值：

(1) 消化率。一种脂肪的消化率与它的熔点有关，含不饱和脂肪酸越多，熔点越低，越容易消化。因此，植物油的消化率一般可达到100%。动物脂肪如牛油、羊油，含饱和脂肪酸多，熔点都在40 ℃以上，消化率较低，为80%～90%。

(2) 必需脂肪酸含量。植物油中亚油酸和亚麻酸含量比较高，营养价值比动物脂肪高。

(3) 脂溶性维生素含量。动物的贮存脂肪几乎不含维生素，但肝脏富含维生素A和D，奶和蛋类的脂肪也富含维生素A和D。植物油富含维生素E。这些脂溶性维生素是维持人体健康所必需的。

(4) 脂肪稳定性。稳定性的大小与不饱和脂肪酸和维生素E的含量有关。不饱和脂肪酸在有氧条件下会生成过氧化物。油脂氧化后不仅营养价值降低，而且还会生成一些致突变物。而油脂中含有的维生素E有抗氧化作用，是天然的抗氧化剂，可以防止脂肪酸败。

（三）糖类物质——能量的供给者

糖类物质是由碳、氢、氧三种元素组成的一类宏量营养素，其中氢和氧的比例与水分子中氢和氧的比例相同，因而又被称为碳水化合物。

1. 糖类物质分类

糖类物质是生物界三大基础能量物质之一，也是肌肉活动的主要能量来源。糖类物质在天然食物中分布极广，也可通过化学合成生产，并在食物中添加。但是这种分类无法区别糖类物质在功能、代谢和营养学特征上的异同。糖类物质因其分子结构大小和在水中的溶解度不同可分为如下三类（表 4－3）。

表 4－3 膳食中主要的糖类物质

分类	亚组	组成
单糖	单糖	葡萄糖、半乳糖、核糖
寡糖（聚合度为 2～9）	双糖	蔗糖、乳糖、麦芽糖
	异麦芽低聚寡糖	麦芽糊精
	其他寡糖	棉籽糖、低聚果糖
多糖（聚合度≥10）	淀粉	直链淀粉、支链淀粉、变性淀粉
	非淀粉多糖	纤维素、半纤维素、果胶

（引自 FAO/WHO，1998）

2. 糖类物质的功能

（1）供能、储能。糖类物质是人体最主要、最经济的能量来源。它在体内可迅速氧化，及时提供能量。1 g 糖类物质可产生 16.7 kJ（4 kcal）能量。脑组织、心肌和骨骼肌的活动需要靠糖类物质提供能量。

（2）构成一些重要生理物质。糖类物质是细胞膜的糖蛋白、神经组织的糖脂以及传递遗传信息的脱氧核糖核酸（DNA）的重要组成成分。

（3）调节脂肪代谢，具有抑制酮体生成的作用。脂肪代谢过程中必须有糖类物质存在，才能完全氧化而不产生酮体。酮体是酸性物质，血液中酮体浓度过高会发生酸中毒。

（4）糖原有保肝解毒作用。肝内糖原储备充足时，肝细胞对某些有毒的化学物质和各种致病微生物产生的毒素才有较强的解毒能力。

（5）节约蛋白质。糖类物质的摄入充足时，人体首先使用它作为能量来源，从而避免将宝贵的蛋白质用来提供能量。

（6）改善感官品质。食糖是食品烹调加工不可缺少的原料。

3. 糖类物质的供给量和食物来源

（1）糖类物质的供给量。膳食中由糖类物质供给的能量以占摄入总能量的 60%～70%为宜。

（2）糖类物质的来源。谷类、薯类、豆类富含淀粉，是糖类物质的主要来源。食糖（白糖、红糖、砂糖）几乎 100%是糖类物质。蔬菜、水果除含少量果糖外还含纤维素和果胶。

（四）矿物质

矿物质也是构成人体组织和维持正常生理活动的重要物质。人体组织几乎含有自然界存在的所有元素，其中碳、氢、氧、氮四种元素主要组成蛋白质、脂肪和糖类物质等有机物，其余各种元素大部分以无机化合物形式在体内起作用，统称为矿物质或无机盐。也有一些元素是体内有机化合物（如酶、激素、血红蛋白）的组成成分。这些矿物质根据它们在人体内含量的多寡分为常量元素（又称宏量元素）和微量元素。在体内的含量大于体重0.01%的元素称为常量元素，它们包括钙、磷、钾、钠、镁、氯、硫7种，都是人体必需的元素。含量小于体重0.01%的元素称为微量元素，种类很多，目前人们认为必需的微量元素有14种，它们是锌、铜、铁、铬、钴、锰、钼、锡、钒、碘、硒、氟、镍、硅。微量元素在体内含量虽小，却有很重要的生理功能。

矿物质与其他营养素一样，并不是“多多益善”。每种矿物质发挥其生理功能都要求它在体内达到一定的含量范围，小于这一范围可能出现缺乏症状，大于这一范围则可能引起中毒。因此，一定要很好地掌握矿物质的摄入量。

矿物质是构成人体骨骼、牙齿等硬组织的主要材料，以离子形式溶解在体液中，维持人体水分的正常分布、体液的酸碱平衡和神经肌肉的正常兴奋性；是一些酶的组成成分和激活剂。

由于新陈代谢，每天都有一定量的矿物质经粪便、尿液、皮肤、头发、指甲等途径排出，丢失的矿物质必须通过进食和饮水得到补充。在我国人民膳食中容易缺乏的矿物质有钙、铁、碘等元素。而在一些地质条件特殊的地区又存在因摄入氟或硒过多而发生氟中毒或硒中毒的现象。

1. 钙

钙是人体必需的常量元素。新生儿体内含钙25 g～30 g；成人体内含钙850 g～1 200 g，相当于体重的1.5%～2.0%。

（1）钙的生理功能。①钙是牙齿和骨骼的主要成分，二者合计约占体内总钙量的99%。在人的一生中，骨骼的形状和质量都在不断变化，35岁前骨骼的含钙量逐年增加，35岁时达到高峰，40岁～50岁以后逐渐下降。这种随年龄变化的出现女性早于男性，并较易出现骨质疏松现象。②钙与镁、钾、钠等离子在血液中的浓度保持一定比例才能维持神经、肌肉的正常兴奋性。③钙离子是血液保持一定凝固性的必要因子之一，也是体内许多重要酶的激活剂。

（2）钙的吸收和利用。钙在肠道内吸收很不完全，食物中的钙70%～80%随粪便排出。这主要是由于膳食中的植酸和草酸与钙结合成为不溶解、难吸收的钙盐。谷类食物含植酸较高，有些蔬菜如菠菜、苋菜、竹笋等，含草酸较高。膳食中纤维素过高也会降低钙的吸收率。另一方面，膳食中的维生素D，蔬菜、水果中的维生素C，牛奶中的乳糖以及膳食中钙与磷比例适宜（1∶1）等因素均可促进钙的吸收。此外，体育锻炼也可促进钙的吸收和储备。当人体缺钙或钙需要量增大时（如婴幼儿、孕妇、哺乳期妇女），钙的吸收率也会相应增高。

（3）钙的供给量。考虑到我国人民以植物性膳食为主，钙的吸收率比较低，我国营养学会推荐的钙供给量为成年人不分男女都是800 mg，青少年、孕妇和哺乳期妇女应适当增多。

（4）钙的食物来源。奶和奶制品的钙含量最为丰富且吸收率高。小虾皮中含钙特高，芝麻酱、大豆及其制品也是钙的良好来源，深绿色蔬菜如小萝卜缨、芹菜叶、雪里蕻等含钙量也较多。

2. 铁

成年人体内含有4 g~5 g铁，根据其在体内的功能状态可分成功能性铁和储存铁两部分。功能性铁存在于血红蛋白、肌红蛋白和一些酶中，约占体内总铁量的70%。其余30%为储存铁，主要储存在肝、脾和骨髓中。

(1) 铁的生理功能。铁是合成血红蛋白的主要原料之一。血红蛋白的主要功能是把新鲜氧气运送到各组织。铁缺乏时不能合成足够的血红蛋白，导致缺铁性贫血。铁还是体内参与氧化还原反应的一些酶和电子传递体的组成部分，如过氧化氢酶和细胞色素都含有铁。

(2) 铁的吸收和利用。食物中的铁有两种形式，一种是非血红素铁，另一种是血红素铁。两种形式的铁在小肠内的吸收率不同，影响它们的因素也不同。非血红素铁主要存在于植物性食物中。这种铁需要在胃酸作用下还原成亚铁离子才能被吸收。食物中的植酸盐、草酸盐、磷酸盐、单宁（鞣酸）和膳食纤维都会干扰其吸收，因此吸收率很低，一般只有1%~5%被吸收。在膳食中促进铁吸收的因素包括蔬菜与水果中的维生素C、某些氨基酸，以及肉类中的某些成分。由于目前还未具体找到这些成分，暂时称它为“肉类因子”。牛奶和蛋类食品中不存在“肉类因子”。血红素铁存在于动物的血液、肌肉和内脏中，其吸收率可达20%以上，且不受膳食中其他成分的影响。铁的吸收除受其化学形式和膳食因素影响外还与身体的铁营养状况有关。体内铁储备充足时吸收率低，体内铁缺乏或需要量增高时吸收率增高。这种现象在非血红素铁的吸收中表现得更为显著。

(3) 铁的供给量。成年男子为12 mg，妇女为18 mg，孕妇和哺乳期妇女为28 mg。

(4) 铁的来源。动物内脏（特别是肝脏）、血液、鱼、肉类都是富含血红素铁的食品。深绿叶蔬菜所含铁虽不是血红素铁，但其摄入量多，所以仍是我国人民膳食铁的重要来源。

3. 锌

人体含锌2 g~3 g，广泛分布于全身组织。已经发现有50多种酶含锌或与锌有关。锌的主要生理功能是：①促进生长发育，参与核酸和蛋白质的合成，可促进细胞生长、分裂和分化，也是性器官发育不可缺少的微量元素。②改善味觉，增进食欲。③增强对疾病的抵抗力。

锌在十二指肠被吸收，吸收率较低，只有20%~30%。膳食中的草酸、植酸和过多的膳食纤维都会干扰锌的吸收。膳食中植酸、钙和锌结合成络合物而降低锌的吸收率。发酵可破坏谷类食物中的植酸，提高锌的吸收率。

锌的供给量成人为每天15 mg，孕妇和哺乳期妇女为每天20 mg。动物性食物是锌的可靠来源，海牡蛎含锌最丰富。以每100 g食物中的含锌量计，海牡蛎肉含锌超过100 mg，畜肉、禽肉、动物肝脏及蛋类含锌2 mg~5 mg，鱼及一般海产品含锌1.5 mg，奶和奶制品含锌0.3 mg~1.5 mg，谷类和豆类含锌1.5 mg~2.0 mg，蔬菜、水果含锌少于1 mg。

4. 碘

人体含碘20 mg~50 mg，其中70%~80%存在于甲状腺内。碘是甲状腺素的重要成分。甲状腺素是一种重要的激素，在促进生长和调节新陈代谢方面有重要作用。成年人膳食和饮水中长时间缺少碘便会发生甲状腺肿大，患者的甲状腺细胞数目增多、体积增大，以力图代偿性地从血液中吸收较多的碘。甲状腺位于颈前部，因而此病俗称大脖子病。孕妇、哺乳期妇女缺碘会导致胎儿和婴儿全身严重发育不良，身体矮小，智力低下，称为先天性甲状腺功能减低症（呆小症）。膳食和饮水的含碘量与地质情况有关，所以甲状腺肿和呆小症呈地区性分布，是一种地方病。世界不少地区存在碘缺乏问题，我国也不例外。我国已将消灭碘缺乏病列入国家计划，强制性推行碘化食盐。

中国营养学会建议的碘供给量为成人每日 150 μg，孕妇、哺乳期妇女需适量增加。富含碘的食物主要是海产品，如海带、紫菜、海鱼、海虾等。

5. 硒

人们对硒的认识最早是从它的毒性开始的。早在 20 世纪 30 年代便发现在高硒地区放牧的牲畜出现腹泻、呼吸困难、虚脱、跛行甚至因呼吸衰竭而死亡，经研究证实是由当地牧草中硒含量过高所致。1957 年美国科学家发现硒可以预防动物肝脏坏死，并确认硒是动物必需的微量元素。20 世纪 70 年代我国科学家发现克山病（一种地方性心肌病）与人群缺乏硒有关，补充硒可预防克山病，从而证明硒也是人体必需的微量元素。

（1）硒的主要生理功能。①硒是人体内谷胱甘肽过氧化物酶的重要组成成分。谷胱甘肽过氧化物酶是体内重要的抗氧化酶，有保护细胞膜，避免氧化损伤，延缓衰老的作用。②硒参与甲状腺素的代谢。近年来发现的Ⅰ、Ⅱ、Ⅲ型脱碘酶都是含硒酶，它们能将甲状腺素（T_4）转变成活性更强的三碘甲状腺原氨酸（T_3）。③硒是重金属的解毒剂，能与铅、镉、汞等重金属结合，使这些有毒的重金属不被肠道吸收而排出体外。

（2）硒的供给量和食物来源。中国营养学会 1988 年提出的硒的供给量是，7 岁以上人群每人每日 50 μg。动物肝、肾、肉类和海产品都是硒的良好食物来源。植物性食物的硒含量决定于当地水土中的硒含量，例如，我国高硒地区所产粮食的硒含量高达 4 mg/kg～8 mg/kg，而低硒地区的粮食是 0.006 mg/kg，二者相差 1 000 倍。

6. 其他元素

其他几种常量元素和微量元素的生理功能、食物来源及每日供给量见表 4－4。

（五）维生素——维持生命的要素

维生素是一类维持机体正常生理功能及细胞内特异代谢反应所必需而需要量极少的低分子质量有机化合物，除少数 B 族维生素外，体内一般不能合成，必须从食物中摄取。维生素的名称常根据其发现的先后次序，在维生素后面加上字母 A、B、C、D 等来命名。也有的是根据它们的分子结构特点或其生理功能来命名，如硫胺素、抗坏血酸等。

维生素是一个庞大的家庭，包括维生素 A、B 族维生素（维生素 B_1、维生素 B_2、泛酸、烟酸、维生素 B_6、生物素、维生素 B_{12}、叶酸）、维生素 C、维生素 D、维生素 E、维生素 K 等。这些维生素的化学结构、理化性质和生理功能虽各不相同，但都是机体新陈代谢必不可少的物质。

维生素家庭分为二支：第一支是脂溶性维生素，有维生素 A、D、E、K 等，它们能溶解于脂肪及有机溶剂；第二支是水溶性维生素，包括维生素 C 和 B 族维生素两类，它们能溶解于水。

1. 维生素 A 和胡萝卜素

维生素 A 是维生素家族中第一个被发现的成员，多存在于哺乳动物和鱼的肝脏、蛋类及乳品中。有一些植物性食物虽不含维生素 A，但含有胡萝卜素，后者在体内可转变为维生素 A，称为维生素 A 原。各种黄、绿色蔬菜如胡萝卜、菠菜、油菜、南瓜等是胡萝卜素的最好来源。

表 4－4　几种常量元素和微量元素的生理功能、食物来源及每日供给量

元素名称	生理作用	食物来源	每日供给量
磷	能量贮存，活化物质，参与酶合成，调节酸碱平衡，牙和骨骼的组成成分	肉，坚果，谷类，鱼卵	**800 mg**
镁	参与牙和骨骼的组成，维持神经、骨骼肌和心肌的健康，糖类物质及脂肪代谢、蛋白质合成都需要镁参与	绿叶蔬菜、谷类、豆类、坚果类	**300 mg～400 mg**
钾	保持水分正常分布，调节酸碱平衡，维持心肌、神经和骨骼肌的健康	动、植物食物中都含钾，蔬菜、水果中含量丰富	**2 000 mg**
钠	维持体液渗透压	食盐	**6 g 食盐**
铬	三价铬与胰岛素的活性有关，促进胰岛功能，缺乏时胰岛素活性降低，血脂含量增加，可出现动脉粥样病变。六价铬有毒，可干扰许多重要酶的活性，损伤肝、肾，诱发肝癌等。	啤酒，啤酒酵母，蘑菇，黑胡椒	**50 μg～200 μg**
铜	为多种金属酶的成分，以氧化酶形式发挥作用，是氧化还原体系的有效催化剂，参与造血过程，缺乏时可引起低色素小细胞性贫血。还参与细胞色素 C、酪氨酸酶等的合成，缺乏时可使血管、骨骼及各种组织的脆性增加。	动物肝、肾中含量丰富，大豆、豌豆中也较多	**2 mg～3 mg**
锰	促进骨骼发育，防止共济失调，激活多种酶，是金属酶的组成成分，改善糖类物质和脂肪代谢。	广泛存在于植物性食物中，不易缺乏	**2.5 mg～5.0 mg**
氟	可置换羟磷灰石中的羟基形成氟磷灰石，在形成骨组织、釉质以及钙磷的代谢等方面有重要作用，可预防骨质疏松和龋病。缺乏时可致龋病，老人易致骨质疏松。	茶叶、海产品	**3 mg～4 mg**
钼	是黄嘌呤氧化酶的成分，在体内的氧化还原反应中起传递电子的作用。缺乏时可引起肾结石，土壤中钼含量高时能引起严重腹泻。钼还有预防龋病的作用。	肉类、谷类、豆类	**100 μg～150 μg**

维生素A能维持皮肤、黏膜的健康，合成视紫质，维护正常视力，防治夜盲症。它还能促进人体的生长发育，增强对传染性疾病的抵抗力。近年来发现维生素A还有一定的抗癌作用。

2. 维生素D

维生素D不仅来源于食物，还可以通过阳光中的紫外线照射皮肤，在体内自制产生，故有“太阳维生素”的美称。维生素D能调节钙和磷的代谢，增加钙、磷在体内的吸收，促进牙齿和骨骼的正常发育。

3. 维生素E

最初，维生素E被发现时，被认为与人类的性功能有关，多用于不孕症、习惯性流产等妇产科疾病的治疗。随着研究的深入，人们认识到维生素E还具有许多功效，如保护心脏和血管、抗衰延寿、抵御致癌因子的侵袭、加速伤口愈合等。几十年来，维生素E一直活跃在保健医疗的舞台上，成为维生素家族中一颗闪亮的明星。

目前，对维生素E的某些功效，如防治冠心病等，有不同的看法，但证据尚不充足。

4. 维生素B_1

维生素B_1又称为硫胺素，主要参与糖类物质的代谢，可刺激胃、肠收缩和蠕动，增加食欲，而且对人体的生长发育有一定的促进作用。

5. 维生素B_2

维生素B_2又称为核黄素，为橘黄色结晶，溶于水，其水溶液呈黄绿色荧光。

维生素B_2是机体内多种酶系统的重要辅基的组成成分。这些辅基与特定的蛋白质结合，构成黄素蛋白。黄素蛋白是组织呼吸过程中的重要物质，参与各种氧化还原反应，促进糖类物质、脂肪和蛋白质的代谢。

6. 烟　酸

烟酸（尼克酸，维生素B_3）是辅酶Ⅰ和辅酶Ⅱ的主要成分，为细胞内的呼吸作用所必需。烟酸能维持皮肤和神经的健康，防治癞皮病。它还有促进消化系统功能的作用。

7. 维生素C

维生素C是维生素家庭中最重要的成员之一，具有抗坏血病的功效，故曾称之为“抗坏血酸”。维生素C主要参与体内多种氧化还原反应，参加细胞间黏合物质的形成，并与红细胞生成有关。它可以增强抗病能力，促进伤口愈合。维生素C还是“解毒剂”，能减轻砷、汞对肝脏的毒害，防止铅、苯中毒。一些科学家的研究表明，维生素C有抗癌作用，其机制为它能阻断致癌物亚硝胺的生成，合成透明质酸抑制物以防止癌细胞繁殖，并能减轻抗癌药物的不良反应。

由于大部分维生素在体内不能合成或合成量很少，无法满足机体的需要，所以必须从食物中摄取。假如某种维生素长期摄入不足或损失过多，就会导致疾病，如夜盲症（维生素A缺乏症）、佝偻病（缺少维生素D）、脚气病（维生素B_1缺乏症）、坏血病（维生素C缺乏症）、癞皮病（烟酸缺乏症）等。

然而，由于维生素对人体健康有着重要的作用，一些人不管身体是否需要便长期服用，甚至盲目地大剂量滥用，希望以此来增强体质，这种做法是不科学的。大量事实证明，维生素使用过多不但无益反而有害，有的还可能发生中毒。脂溶性维生素引起中毒的可能性较大。因为这类维生素不溶于水，排泄率不高，长期过量摄入可在体内蓄积，发生中毒。比如大量服用维生素 A，可引起暂时性颅内压增高而发生恶心、呕吐、嗜睡、前囟隆起等急性中毒症状。若继续服用，还会带来骨、皮肤、黏膜和神经系统等方面的病变，出现骨痛、脱发、瘙痒、不思饮食及身体水肿、肝大等现象。维生素 D 摄入过多会引起急性和慢性中毒、血钙增加，有的症状要在停药一年多以后才会消失。

维生素 C 属于水溶性维生素，易从尿液中排出，过去普遍认为用多少都不会中毒，实际情况不尽如此。必须指出，大量摄入维生素 C 也可以引起一些不良反应，有些甚至是比较严重的，如可引起尿酸尿、高钙血症和低钠血症，全身出现皮疹、水肿、血压下降，而且还可能造成维生素 B_{12}的缺乏。

因此，维生素类药物要根据身体和病情的需要合理使用，最好在医生的指导下进行，决不能把它们当作神丹妙药胡乱服用，以免造成不必要的损害。

（六）水——人体最廉价而必需的营养素

水是生命的源泉，是人体最重要的营养素。它和氧气一样都是宇宙万物之中最宝贵的东西。人不吃食物仅喝水仍可存活数周，如果不喝水，数日便会死亡。人体新陈代谢的一切生物化学反应都必须在作为介质的水中进行。水在人体内分布很广，各组织器官和体液中都含有水，是人体内数量最多的成分，占人体组成的 50%～80%，其中肌肉大约含 76%的水，皮肤含 72%的水，血液的含水量达到 83%左右，就连坚硬的骨骼也含 22%的水。水的总量约占人体重的 2/3。

水的生理作用概括起来有以下几方面：

（1）水是体内各种生理活动和生化反应必不可少的介质，没有水一切代谢活动便无法进行，生命也就停止了。

（2）水是体内吸收、运输营养物质，排泄代谢产物的最重要的载体。这是由于水有很强的溶解能力，许多物质可以溶解在水中通过循环系统转运。

（3）维持正常体温。水的汽化热很大，1 g 水汽化要吸收 580 cal 热量。汗液的蒸发可散发大量热量，从而避免体温过高。

（4）润滑功能。泪液、唾液、关节液、胸膜腔与腹膜腔的浆液对组织起着润滑的作用，可减少组织间的摩擦。

许多因素（如年龄、环境温度、劳动强度和持续时间）可影响人体对水的需要量。一般情况下，正常成人每日约需水 2 500 ml。人体主要通过饮水和进食获得水分。糖类物质、脂肪和蛋白质在代谢过程中也产生一部分水，称之为代谢水，但数量较少。

（七）膳食纤维——健康的助手

膳食纤维指的是人体不能消化的多糖类，包括纤维素、半纤维素、果胶、树胶等食物成分。过去曾认为它们是无营养价值的废料。近年来发现很多慢性疾病（如便秘、高脂血症、冠心病、肥胖等）与膳食中膳食纤维的多寡有关。目前已知膳食纤维的主要生理功能如下：

（1）预防便秘。膳食纤维有很强的吸水性，可在肠道内吸收水分，增加粪便体积并使之变软，以利于排出。

(2) 控制体重，防止肥胖。富含膳食纤维的食物体积较大，能量密度（单位重量所含能量）较低，有利于减少能量摄入量。

(3) 降低血液中胆固醇浓度。膳食纤维可抑制胆固醇的吸收，加速其排出，从而降低其在血液中的浓度。

膳食纤维虽然有上述有益作用，但过多的膳食纤维会妨碍矿物质和维生素的吸收，这是它不利的一面。目前尚未能制定出膳食纤维的供给量标准，有学者曾建议以每人每日 30 g 作为供给量标准，但尚未得到公认。粗粮（如玉米、高粱、糙米、全麦粉）、干豆类及各种蔬菜和水果都富含膳食纤维，我们在安排膳食时一定不要忽视它们。

（八）益生菌——第八大营养素

人体肠道是细菌聚集的地方，也是体内最大的微生物环境，有四百多种不同的益生菌和有害菌群聚集，总细菌可多达十兆至数十兆个。然而，肠道细菌原生态的平衡与否，牵动着人体健康，若肠内的益生菌增加，有害菌就会减少。例如，若能适时添加含肠道益生菌的配方牛奶或肠道益生菌粉剂，对婴幼儿肠道有保健功效。

在前面所列举的国际医学界、食品学界、动物学界公认的人体所必需的 7 种营养素的基础上，这里第一次提出人体所必需的第八大营养素——益生菌，也有人称之为原生物素、生菌素或原生保健性菌种。其广义的解释包括：凡应用于人类或其他动物，有助于改善宿主肠内微生物的平衡者。这样的益生菌种类繁多，包括乳酸杆菌（俗称 A 菌）、比菲德菌（俗称 B 菌）、双歧杆菌、嗜热链球菌、粪链球菌、乳脂链球菌、枯草芽孢杆菌、蜡样芽孢杆菌、酵母、大肠埃希菌（大肠杆菌）等，可以调整肠道菌落的组成，抑制有害菌，进而增强消化道的防疫能力，它独特的生理作用是其他七种营养素所不具备的。

目前，益生菌的生理作用和营养作用已经被人体和动物实验研究证实的有十多种，有些作用还没有定论或效果不显著。以下简单介绍益生菌的主要功效。

(1) 帮助消化。肠道益生菌最常被提及的功效不外乎是帮助消化、使排便畅通。有些益生菌如比菲德菌、乳酸杆菌等可以将因乳糖消化不良等所致的腹泻问题解决。有实验证实，比菲德菌可以耐受胃酸，进而通过胃到达肠道进行繁殖，能抑制有害菌生长。

(2) 防治肠癌。现代人吃过多油腻的食物，人体的油脂代谢由肝脏内的胆盐负责，但胆盐经肠道遇见有害菌，就会产生致癌物质，容易引起肠癌。益生菌可以抑制有害菌，使胆盐不易产生致癌物质。

(3) 预防胃溃疡及胃癌。经过临床实验证明，定期定量补充比菲德菌，能有效降低胃幽门螺杆菌的生长繁殖（幽门螺杆菌是引起胃溃疡和胃癌的原因之一），补充后可以预防胃溃疡和胃癌的发生。

(4) 抑制肠道有害菌生长。有研究发现，服用抗生素治疗感染的同时，也会破坏肠道正常菌群的生长，产生腹泻，这时如果添加益生菌，腹泻可得到改善。

四、营养素间的相互关系

人体每天从食物摄取的各种营养素在体内不是孤立的，它们必须互相配合才能发挥生理功能。例如，脂肪、糖类物质和蛋白质的代谢过程需要维生素和矿物质（包括微量元素）的参与。又例如，膳食铁的吸收和利用需要维生素 C 和铜、钼、锰等微量元素的协助。营养素之间互相影响的方式是多种多样的，现仅介绍以下几个方面。

（一）三大营养素之间的关系

蛋白质、脂肪和糖类物质这三大营养素除了各自有其独特的生理功能外，还都是产生能量的营养素，在能量代谢中既互相配合又互相制约。例如，脂肪必须有糖类物质的存在才能彻底氧化而不至于产生酮体导致酸中毒。又例如，当能量摄入超过消耗时，不论这些多余的能量是来自脂肪还是来自蛋白质或糖类物质，都会一律转化成脂肪积存在体内，造成肥胖。又例如，糖类物质和脂肪在体内可以互相转化，互相替代，而蛋白质是不能由脂肪或糖类物质替代的。但充裕的脂肪和糖类物质供给可避免蛋白质被当作能量的来源。由此可见，在膳食中必须合理搭配这三种营养素，保持三者平衡，才能使能量供给处于最佳状态。

（二）三大营养素与维生素间的关系

（1）蛋白质、脂肪、糖类物质这三大营养素的能量代谢过程需要维生素 B_1、B_2 和烟酸的参与，因而这三种维生素的需要量随能量代谢的增加而增大。

（2）膳食中多不饱和脂肪酸越多，体内越容易产生过氧化物，这时便需要增加维生素 E 的摄入量以对抗氧化损伤。

（3）膳食中如果蛋白质过少则维生素 B_2 不能在体内存留而经尿排出。

（三）氨基酸之间的相互关系

必需氨基酸和非必需氨基酸都是合成蛋白质所必不可少的。为使蛋白质合成能够正常进行，必须充足地供给这两类氨基酸。有些非必需氨基酸可部分替代必需氨基酸。例如，胱氨酸可部分替代甲硫氨酸，酪氨酸可部分替代苯丙氨酸。食物中缺乏某一种或几种氨基酸时，可在食物中添加化学合成的氨基酸，强化所缺的氨基酸，以提高蛋白质的营养价值。这是食品工业中常用的方法。这时，必须严格掌握剂量。如果过量加入某一种氨基酸，造成氨基酸摄入不平衡，反而会降低蛋白质的利用率。这种不良影响以甲硫氨酸过量时最为严重。

（四）矿物质之间及其与其他营养素之间的关系

矿物质（包括微量元素）之间及其与其他营养素之间的关系错综复杂，十分微妙，在特定条件下既有协调关系又有制约关系，甚至还有拮抗关系。

钙和磷共同构成牙齿和骨骼，但钙磷比例必须适当（1∶1），如果磷过多，会妨碍钙的吸收。血液内钙、镁、钾、钠等离子的浓度必须保持适当比例才能维持神经肌肉的正常兴奋性。膳食钙过高会妨碍铁和锌的吸收，锌摄入过多又会抑制铁的利用。硒对氟有拮抗作用，大剂量硒可降低氟骨症患者骨骼中的氟含量。硒和维生素 E 互相配合可抑制脂质过氧化物的产生。蛋白质对微量元素在体内的运输有很大作用，如铜的运输靠铜蓝蛋白，铁的运输靠运铁蛋白。锌参与蛋白质合成，锌缺乏会影响儿童生长发育。碘是甲状腺素的组成成分，而甲状腺素是调节人体能量代谢的重要激素，对蛋白质、脂肪和糖类物质的代谢有促进作用。

五、青年人的营养需求

青年人身体的新陈代谢正处在最为旺盛的时期，尤其是大学生，脑力活动和体力运动的强度都较大，因此更应注意营养，以保证体质的增强和身心健康。对于不同人群每天的营养需求，各国政府或膳食营养权威机构都会根据营养学科的发展，结合各国的具体国情而提出一系列的建议，这种建议就被称为膳食营养推荐量。这一数量是维持机体适宜营养状况在一定时期内必需摄入某种营养素的最低量，若达不到这一数量，机体可能会出现某种营养素缺乏症，并难以维持健康。

这种生理需要量包括两个方面的意义，一是身体的基础需要量。当摄入的营养素满足了这一需要量时，机体的生理功能就能维持在正常水平，但这时体内缺乏营养素的储备。解决这一储备问题就要考虑到储备需要量，这是生理需要量的另外一个层面。在短期食物短缺或因疾病而引起的过度消耗等情况下，组织中如有一定的营养素储备就可以在此时动用，以满足人体的营养需要，避免对人体造成明显的功能损害。因此，营养素的摄入量应在膳食供给量的基础上增加二个标准差的安全摄入量。

要了解自己的膳食营养素摄入量是否合理，可以按一定的方式来推算每天各种营养的素摄入量。这些测算主要是针对容易出现摄入不足的相关指标，包括对每日所需热量和蛋白质需要量的测算。每日所需热量的计算一般参照世界卫生组织（WHO）1985 年公布的安静热能消耗数值和相应的活动指数进行。计算公式：

$$热能需要量（人/日）=安静热能消耗\times活动指数$$

例：一名 21 岁的青年，体重为 65 kg，日常体力活动强度中等大小，根据表 4－5 活动指数和安静热能消耗数值，可以计算出他每天的热能需要量。计算过程如下：

$$(64.26W+2826.6)\times 1.7=11905.95\ (\mathrm{kJ})$$

表 4－5　18 岁～30 岁年龄段每人每日安静能耗及活动指数

性别	安静热能消耗	活动指数		
		轻	中	重
男	$64.26W+2\,826.6$	1.6	1.7	2.1
女	$61.74W+2\,083.2$	1.5	1.6	1.9

W 为测算对象的体重，单位为千克（kg）；热能的单位为千焦（kJ）。

蛋白质及其他营养素的日需要量也可根据我国“推荐的每日膳食中营养素供给量（PDA）”进行计算。

六、合理膳食和进食习惯

1. 合理膳食的原则

人们每天的营养素都是从一日三餐来的，但食物中营养素的搭配要合理，才能保证人体健康和正常生活。良好的营养状况可以使我们以充沛的精力投入繁重的学习和工作中，生命质量才能得到提高。因此，我们在一日三餐的选择上一定要遵循科学的原则，做到平衡膳食，合理营养，吃出健康。为使大众能有章所循，卫生部在2008年1月15日公布的《中国居民膳食指南（2007）》中提出了6岁以上正常人群合理膳食的十条意见。

（1）食物多样、谷类为主、粗细搭配。我国将食物分为五大类，包括谷类及薯类、动物性食物、豆类及其制品、蔬菜与水果类、食油类。其中谷类及薯类人们的摄入量最大，因此被称为主食，而其他种类的食物则被称为副食。在选择食物的时候就要注意搭配好主、副食，而且在选择主食时也要注意粗细搭配，每日最好能吃50 g以上粗粮。如果长期吃精制米，水果、蔬菜和动物性食物又摄入较少，就可能因缺乏维生素 B_1 而易患脚气病。在选择食物时，还应注意食物中营养成分的互补性。

（2）多吃蔬菜、水果和薯类。蔬菜、水果中含有大量的维生素、无机盐和膳食纤维。尤其是红、黄、绿等深色蔬菜，是胡萝卜素、维生素 B_2 及维生素C、叶酸、无机盐、膳食纤维和抗氧化剂的主要或重要来源。水果中葡萄糖、果糖、柠檬酸、苹果酸、果胶等物质的含量又是蔬菜所不能比的。薯类中的淀粉、膳食纤维，以及维生素和无机盐则可以弥补蔬菜与水果在这些方面的不足。因此，多吃蔬菜、水果和薯类，可以摄入大量的维生素、微量元素和膳食纤维，对保护心血管功能，增强抵抗力，排泄体内的毒素都有十分重要的意义。

（3）每天吃奶类、大豆或其制品。奶类及其制品除含丰富的蛋白质和维生素外，还含大量的钙，且人体对其中钙的利用率也很高，是天然钙质的极好来源。多饮用奶或食用奶制品可以提高青少年的骨密度，延缓中老年人骨质丢失的速度。大豆及其制品是我国的传统食品，其中含有丰富的优质蛋白质、必需氨基酸、不饱和脂肪酸、钙、维生素 B_1、维生素 B_2、烟酸等。

（4）经常吃适量的鱼、禽、蛋和瘦肉。动物性食物中，鱼、禽、蛋、瘦肉等是优质蛋白质、脂溶性维生素和矿物质的良好来源。动物性蛋白质的氨基酸组成更接近人体需要，且赖氨酸含量较高。肉类食物中铁的利用率较好，而鱼类食物中所含的不饱和脂肪酸，有降低血脂和防止血栓形成的作用。动物肝脏中维生素A、B_1 及叶酸含量丰富，但动物内脏一般含胆固醇较高，食用时应适量。总体上说，动物性蛋白质的供应量应占总需要蛋白质的40%～50%。

（5）减少烹调油用量，吃清淡少盐的膳食。食盐摄入量大对健康不利，而吃清淡的食物则有利于健康。WHO建议每人每天食盐摄入量不宜超过6 g。因为食盐摄入量（主要是钠）与高血压发病呈正相关。我国居民普遍食盐摄入量较高，尤其是北方地区，应该逐步养成吃少盐膳食的习惯。

（6）食不过量，天天运动，保持健康体重。进食量与活动量是控制体重的主要因素。食物为人体提供能量，体力活动则消耗能量。如果进食量过大而活动量不足，多余的能量就会在体内以脂肪的形式积存，导致体重增加，甚至引起肥胖；反之，进食量不足可引起消瘦、营养不良，甚至造成体力下降。所以人们应该保持进食量与能量消耗之间的平衡。建议成年人每天进行累计6 000步以上的身体活动。

（7）三餐分配要合理，零食要适当。一般早、中、晚餐能量分别占每日摄入总量的30%、40%、30%，零食适当，注意勿过量。

（8）每天饮水适量，合理选择饮料。饮水不足或过多都会危害健康，饮水应少量多次，要主动饮水，不应感到口渴时再饮水。一般情况下，成人每日至少饮水1 200 ml，饮料选用富含维生素、矿物质的为好。

(9) 若饮酒，应适量。大量饮酒会损害胃肠功能，造成食欲下降，食量减少，以至引起多种营养素缺乏，严重时还会造成酒精性肝硬化。过量饮酒还会增加患高血压、脑卒中等疾病的危险，严重地危害个人的身体健康。过量饮酒还可导致事故及暴力事件的增加，对个人健康和社会稳定都是有害的，青少年更不应过量饮酒。若饮酒，男性成人每日不超过酒精量25 g，女性15 g为宜。

(10) 吃新鲜卫生的食物。在选购食物时应当选择外观好、未过期、无杂质，以及未变色、变味，并符合卫生标准的食物。集体用餐提倡分餐制，以减少疾病传播的机会。

2. 中国居民的平衡膳食

根据中国居民膳食指南和中国居民的膳食结构特点，中国居民的平衡膳食可以用一个宝塔来表示。

(1) 平衡膳食宝塔。平衡膳食宝塔提供了一个比较理想的膳食模式（图4－1）。各类食物的组成是根据全国营养调查得到的居民膳食的实际情况计算的，而不是指某一种具体食物的重量。中国居民平衡膳食宝塔共分五层，每层分别包含了一类我们每天应吃的主要食物。宝塔各层位置和面积的区别在一定程度上反映了各类食物在膳食中的地位和应占的比重，宝塔给出的各类食物的摄入量一般是指食物的生重。宝塔提议的每人每日各类食物适宜摄入量范围，适用于一般健康成年人，在应用时还要根据个人情况适当调整。

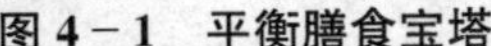

图4－1 平衡膳食宝塔

(2) 平衡膳食宝塔的应用。平衡膳食宝塔可以在实际生活中帮助我们确定自己的食物需要，应用时要根据个人年龄、性别、身高、体重、劳动强度、季节等情况适当调整。宝塔还告诉人们应对食物进行同类互换，调配丰富多彩的膳食。人们吃多种多样的食物不仅可以获得均衡的营养，还可以使饮食更加丰富多彩以满足人们的口味享受。

在应用平衡膳食宝塔时应注意合理分配三餐的食物量。三餐食物量的分配及间隔时间应与作息时间和劳动状况相匹配，一般早、晚餐各占30%，午餐占40%为宜，特殊情况可以适当调整。我国幅员辽阔，各地的食物种类和膳食习惯不尽相同，只有因地制宜，充分利用当地资源才能有效地应用平衡膳食宝塔。膳食对健康的影响是长期的，应用平衡膳食宝塔就要自幼养成习惯，并坚持不懈，才能充分发挥其对健康的促进作用。

七、饮食不当与食品安全

饮食不当主要是指不良的饮食行为，包括饮食过度，喜高脂肪饮食，喜低纤维素饮食，偏食，喜食烟熏烤、腌制的食品，食入过酸、过热、过硬的食物等。每种不良的饮食习惯都与一种或多种疾病或健康问题有密切关系。食品安全是近年来随经济发展出现的新问题。

（1）营养不良：在发展中国家，特别是经济贫困落后的国家，营养问题主要是营养不足。发达国家的营养不良则不同，主要是不良饮食行为造成的。

我国是发展中国家，在某些地区的农村，居民营养不足的问题仍然存在。但城市中则主要是由于饮食不当造成的健康问题，并且在不断增加。因此，加强营养教育和膳食指导是十分必要的。

（2）慢性疾病：饮食不当如长期摄入高热量、高脂肪、高饱和脂肪酸饮食与许多慢性疾病的发生发展有关。热量偏高的饮食，摄入超过机体消耗所需，易发生肥胖症。肥胖对人体健康影响极大，可以引起一系列疾病，如高血压、冠心病和心力衰竭、脑卒中、糖尿病、高血脂、高尿酸血症和痛风、胆囊炎及胆结石、脂肪肝、肿瘤等。女性肥胖者易发生乳腺癌。含过多脂肪和胆固醇的饮食，会明显增加动脉粥样硬化的发生率。高脂肪可使胆汁的分泌增加，使肠道中含有较多的胆酸及其衍生物，后者经肠道微生物的作用可产生致癌物质。以饱和脂肪酸为主的饮食，易诱发人体内分泌紊乱。食盐量过多是我国饮食问题之一，它不仅与高血压、脑卒中发病有关，而且大量进食食盐泡渍食物可能是胃癌的发病因素之一。

（3）食品安全问题：由于社会经济的迅速发展，近年来关于转基因食物、“三鹿奶粉”事件、苏丹红添加剂等问题，凸显了我们的食品安全问题已经是生活中不能忽视的问题。为此，国家已经立法，责成有关部门严格监督管理。我们应注意及时了解相关信息，防止食入不安全食品。

饮食控制在慢性疾病的预防和治疗中的作用非常重要且已得到证实。注意合理的营养搭配，已成为防治疾病、提高人们健康水平的重要方面。随着生产力水平的提高和社会经济的发展，人们在食物方面的选择范围越来越大，能否根据自己的生理及健康需要，选择有利于健康的食品，主要受个人营养科学知识的影响。广泛的健康教育，积极引导食物消费，是有利于全体人民健康的社会卫生措施。

八、青少年的用餐与健康

（一）早餐与健康

我国研究工作者从大量的资料中分析发现，我国青少年的体质与发达国家的青少年相比，有较大的差距，甚至低于日本、东南亚等国的青少年。虽然造成这种差距的因素很多，但其中很重要的一个原因与饮食营养有关，尤其与早餐的质和量有关。

上午消耗的能量占全天总能量的35%～45%，早餐进食量要达到一日量的25%～30%。而事实上，一般早餐的摄入量仅占三餐总量的15%～20%，差距很大。早餐的质在经济条件允许下，应尽力改善。一般说早餐要有干稀搭配，如干的馒头、包子、面包、糕饼等，稀的以稀饭、豆浆、牛奶或豆奶为主，最好在早餐中要供应1个～2个鸡蛋。有条件的话，还可供应几片红肠或火腿肉、花生或豆制品。但这些都要因地制宜，如早餐吃肉包子和牛奶，则不必再吃荤菜。早餐吃得好的青少年，他们的健康、学习、活动都是比较好的。

（二）午餐与健康

俗话说“中午饱，一天饱”，一日三餐中最为重要的理所当然是午餐。由于上午体内热能消耗较大，午后还要继续工作和学习，因此不同年龄、不同体力的人午餐热量应占他们每天所需总热量的40%。主食根据三餐食量配比，应达150 g～200 g，可在米饭、面制品（馒头、面条、大饼、玉米面发糕等）中间任意选择。副食为240 g～360 g，以满足人体对无机盐和维生素的需要。副食种类的选择很广泛，如蛋、奶、畜禽肉类、豆制品类、海产品、蔬菜类等，按照科学配餐的原则挑选几种，相互搭配食用。一般宜选择50 g～100 g的畜、禽肉及蛋类，50 g豆制品，再配上200 g～250 g蔬菜，也就是要吃些耐饥饿又能产生高热量的菜，使体内血糖继续维持在高水平，从而保证下午的工作和学习。但是，中午要吃饱，不等于要暴食，一般吃到八九分饱就可以。

对于儿童和青少年来说，午餐不仅仅要满足他们一整天的能量和各种营养素的消耗，还要顾及生长发育和智力发展的特殊需要。如果他们的午餐营养摄入量未能达到应有的供给量，长期下去必将影响他们的终身健康。因此，儿童和青少年更应该重视午餐。

（三）晚餐与健康

由于晚餐比较接近睡眠时间，因此不宜吃得太饱，尤其不提倡吃夜宵。晚餐应选择含食物纤维和糖类物质多的食物。但是一般家庭，晚餐是全家三餐中唯一的大家相聚共享天伦的一餐，所以对多数家庭来说，这一餐大都做得非常丰富，这种做法与健康理念有些相违背。晚餐尽量在晚上八点以前完成。如今，很多在校学生晚上都喜欢结伴出去吃大餐，总是大鱼大肉，这对健康很不利。因此，喜欢肉食的人，其晚餐的肉类最好只有一种，不可摄入多种肉类。晚餐后最好不要再吃任何甜食。

（四）夜宵与健康

关于青少年学生吃夜宵也有不同意见，有的认为对于处在生长发育阶段的儿童和青少年，晚餐后适当安排些学习及活动即该休息，而不应该熬夜读书或者看电视，所以也不需要吃夜宵。因为充足的睡眠是大脑得到休息的最好方式，并且在睡眠时能消除疲劳、恢复精力，使大脑的功能更趋活跃。吃夜宵易引起肥胖以及动脉粥样硬化、高血压、糖尿病等。

但是，这种观点也有相当的片面性。因为无论是在现代家庭中还是在学校中，晚餐与入睡的间隔时间大多在两小时以上，特别是在一些没有实行晚上统一熄灯就寝的高等院校，学生都睡得比较晚。如果学生晚餐不吃好，熬夜读书后又不补充夜宵，在半夜里便可出现饥饿感、胃痛等，更重要的是会影响生长激素的分泌、蛋白质的合成、机体组织的修复直至影响生长发育。

那么，学生到底该不该吃夜宵？这应当根据每个学生的晚餐质量、晚餐时间，以及晚餐与睡眠的间隔时间长短来确定。如果学生晚餐的营养已达到供给量要求，并且与入睡的间隔时间在 2 小时以内，那就不必吃夜宵。如果晚餐吃得较少，又因面临考试而常常熬夜，那就需要吃些夜宵，以确保学生的睡眠质量及其生长发育需要。吃夜宵的数量不宜太多，质量以稀软易消化吸收的食物，如蛋糕、牛奶、水果等为宜。吃夜宵后不宜马上入睡，应做些整理书本、刷牙洗脸等活动，间隔 20 分钟左右开始入睡较好。

（五）零食与健康

零食是指每日三餐以外的零星食品。它种类繁多，如饼干、面包、糕点类及糖果、巧克力、蜜饯类，冰棍、雪糕、果冻类，花生、核桃、瓜子等坚果类，橘子、苹果、西瓜等水果类，诸多的汽水、可乐、膨化小食品类等。

有的青少年特别贪吃零食，特别是学生，除上课外几乎零食不离口，然而吃得精瘦。这是因为每当食物进入胃，胃就要蠕动并分泌胃液，将食物充分消化。但是，胃和人体的其他器官一样需要有规律地工作，也要有休息的时间。况且，每天机体正常分泌的胃液也很有限。如果不间断地吃零食，胃就要不间断地分泌胃液，增加了胃的负担。到了进入正餐时，胃液的分泌量将会相应减少，使食欲降低。这时，虽然能勉强吃一些食物，但常不能很好地消化。

然而，适量、有选择地吃点零食，可补充每天主餐中可能缺乏的一些营养素，有利于青少年特别是学习任务繁重的学生的健康发育。如吃点新鲜水果，可补充一些维生素、矿物质以及糖类物质等营养素。花生、核桃、瓜子、芝麻等食物，含有较多的蛋白质、脂肪，以及铁、锌、维生素 E 等。而且，在这些食物中的脂肪大多是不饱和脂肪酸，富含亚油酸和磷脂酰胆碱，有助于大脑发育和增强记忆力。学生可有选择地适量吃些这类零食。

可见，零食是可以吃的，但必须以营养科学为指导，以选择坚果、水果以及含奶饮料为好，尽量少吃含糖高的食品，不吃不洁或无包装的食品。同时，吃零食要做到适时、适量，绝不能影响正餐的食欲及其摄入量。

第二节　肥　胖

肥胖是我国近十多年来出现的，日渐严重，与营养过剩有关的问题。

肥胖，是指进食的热量多于身体消耗量，多余的热量以脂肪形式储存于体内（皮下及内脏周围），从而使体重增加至超过标准体重的20%以上者。

一、肥胖在世界各地的发病情况

肥胖症（指单纯性肥胖）传统上俗称“胖子”，常褒之为“富态”。其实不然，“富态”的背后隐藏着“灾难 ”。现代人由于生活水平不断提高，体力消耗又日渐减少，体内的脂肪积蓄明显增加。社会中肥胖者队伍日趋扩大，肥胖已对人类健康构成了严重威胁，也成了令医务工作者感到棘手、让肥胖者感到烦恼的问题。

据统计，在全世界范围内大约有 5 000 万男子和 6 000 万女子属于体态臃肿的胖子。联合国环境调查组织——世界观察协会公布的一项调查报告表明：肥胖正在成为世界范围的一个重要问题，全世界超重人数已有 12 亿人。美国有 55%的人超重，23%的成人肥胖，20%的儿童肥胖或超重。英国有 1/5 的妇女和 1/6 的男性肥胖，45%的男性和 33%的妇女超重。在西方国家，每年花在肥胖症上的支出占医疗总支出的 2%～5%。

我国肥胖者亦不少见，据我国有关部门公布的数字，我国肥胖人口已占总人口的 5.4%，我国城市人口中有 17%是肥胖者，中国的儿童有 5%是肥胖者。

如此比例的肥胖队伍，不仅是医学问题，而且亦是很大的社会问题。

二、肥胖对健康的影响

肥胖（包括肥胖症及体重超重）正成为威胁世界各国人民健康的一个重大因素。根据世界卫生组织的报告，由肥胖引起的慢性疾病是 21 世纪人类健康面临的“大敌”，如何应对肥胖带来的健康问题正成为世界各国的一个挑战。欧美国家的医学和社会学专家也已明确提出：“肥胖病同艾滋病、吸毒、酒精中毒是当今四大医学社会问题。”随着人们生活水平的提高、营养状况的改善、社会物质的极大丰富和生活方式的不断改变，目前全世界因肥胖导致死亡的人数已超过因饥饿导致死亡的人数。

肥胖容易引起的疾病有以下几种：

（1）脑卒中：研究资料显示，肥胖者发生脑卒中的概率会提高。

（2）呼吸系统疾病：根据力学原理，过胖的体型会影响肺功能，持续性的严重肥胖会造成睡眠窒息、低氧血症、高血压和右心衰竭。

（3）循环系统疾病：许多研究显示，长期肥胖者和循环系统疾病（如充血性心力衰竭、高血压）有着密切的关联。

研究显示，比正常体重每超出 10 kg，心脏的舒张压和收缩压分别会提高 3 mmHg 和 2 mmHg（1 mmHg=0.133 kPa）。此外，超重者比正常体重者罹患高血压要多出 3 倍的风险，患高胆固醇血症则是 1.5 倍的风险。

（4）胆囊疾病：肥胖也会增加消化系统疾病的死亡率，特别是引起胆囊的病变，其中多需以手术切除病变的胆囊。

（5）激素分泌失调：肥胖男性体内的雄激素减少，雌激素分泌增加；肥胖女性月经失调的发生率比一般女性高。

（6）高尿酸血症和痛风：尽管原因还不确定，但是大规模的研究显示了肥胖和尿酸过多、痛风有着密切联系。

(7) 糖尿病：大约有30%的糖尿病死亡病例，与患者的饮食习惯及生活作息有关。而肥胖正是2型糖尿病的主要致病因素，肥胖者患2型糖尿病的概率比正常体重者高3倍。

(8) 关节病变：肥胖者的关节承受着额外的压力，易造成关节病变。

(9) 癌症：美国癌症协会大规模的研究，证实了肥胖男性更易患前列腺癌和结肠癌。肥胖女性患子宫癌、子宫颈癌、卵巢癌的概率相对提高，停经后的肥胖妇女患乳腺癌的风险也更高。

三、肥胖的种类

肥胖有多种不同的分类方式，通俗的方法是按其发生原因分为单纯性肥胖、继发性肥胖和药物引起的肥胖。

(一) 单纯性肥胖(症)

单纯性肥胖是各类肥胖中最常见的，占肥胖人群的95%左右。这类患者全身脂肪分布比较均匀，没有内分泌紊乱现象，也无代谢障碍性疾病，其家族往往有肥胖病史。这种无明显内分泌及代谢病病因可寻而主要由遗传因素及营养过度引起的肥胖，称为单纯性肥胖(症)。

根据发病年龄及脂肪组织病理特点，单纯性肥胖又可分为以下两型：

(1) 体质性肥胖症(幼年起病型肥胖症)：①有肥胖家族史；②自幼肥胖，一般从出生后半岁左右起由于营养过度肥胖直至成年；③脂肪细胞增生、肥大；④限制饮食及加强运动疗效差，对胰岛素敏感性较差。

(2) 获得性肥胖症(营养性肥胖，成年起病型肥胖症)：①起病于20岁～25岁，由于营养过度及遗传因素而肥胖(患者一般特别喜欢吃甜食，如糖和糕点等，有的患者特别喜欢油腻食品，如肥肉与油煎食品等)；②以四肢肥胖为主，脂肪细胞单纯肥大而无增生；③饮食控制和运动疗效较好，对胰岛素的敏感性较好，经治疗可恢复正常。

(二) 继发性肥胖(症)

继发性肥胖(症)是由内分泌紊乱或代谢障碍引起的一类疾病，占肥胖症的2%～5%。肥胖只是这类患者的重要体征之一，同时还会有其他各种各样的临床表现，多表现为：①皮质醇增多；②甲状腺功能减低；③胰岛B细胞瘤；④性腺功能减退；⑤多囊卵巢综合征；⑥颅骨内板增生等多种病变。治疗时主要治疗原发病，运动及控制饮食的减肥方法均不宜采用。

(三) 药物引起的肥胖

有些药物在有效地治疗某种疾病的同时，还有使患者身体肥胖的不良反应。如应用肾上腺皮质激素类药物(如氢化可的松等)治疗风湿病、类风湿病、哮喘病等，可使患者身体发胖；治疗精神病的吩噻嗪类药物，也能使患者产生性功能障碍及肥胖。这类肥胖者占肥胖人群的2%左右。一般而言，只要停止使用这些药物后，肥胖情况可自行改善。

四、导致肥胖的常见原因

不难发现，近年来，在诸多报刊、杂志中载有不少有关肥胖成因及治疗方面的论述，出现过许许多多的治疗方法和治疗药物。姑且不论其治疗效果如何，就从其分析结果来看，引起肥胖的因素是相当复杂的，总括起来，基本上有以下一些主要原因：

(1) 遗传与环境因素。相当多的肥胖者有一定的家族遗传倾向，父母肥胖者其子女及兄弟姐妹间的肥胖者亦较多，大约有 1/3 的肥胖者与父母肥胖有关。

(2) 物质代谢与内分泌功能的改变。肥胖者的物质代谢异常，主要是糖类物质的代谢、脂肪代谢的异常；内分泌功能的改变主要是胰岛素、肾上腺皮质激素、生长激素等代谢的异常。

(3) 能量摄入过多，消耗减少。能量摄入过多主要表现在食欲亢进，消耗减少是因为活动减少，以致摄入与消耗不平衡。

(4) 脂肪细胞肥大与数目的增多。很多从少儿时期开始肥胖的人，成年后仍肥胖，其体内脂肪细胞的数目明显增多；而成年后肥胖者，则只有脂肪细胞的肥大而无脂肪细胞的增多。

(5) 神经精神因素。表现为对某种食物有强烈食欲，以及人们通过视觉、嗅觉和人为的吞食比赛的刺激反射性地引起食欲，食量倍增；某些精神病患者表现出食欲亢进。

(6) 生活及饮食习惯。欧洲人喜过多地食肉及奶油，游牧民族喜大量地食肉，非洲人的“蹲肥”，南非人喜食含糖饮食等。

(7) 其他因素。性别、年龄、职业、环境因素，以及吸烟、饮酒等对肥胖的产生有重要影响。

肥胖的产生一般都是几种因素综合作用的结果。因此，对肥胖症的治疗采取综合性治疗方案效果更佳。也就是说任何一种治疗方法和治疗药物减肥的有效率都不可能太高。

五、关于人体肥胖的学说

肥胖症可以是原发性的，也可以是继发性的。仅就单纯性肥胖来说，其产生的原因尚不十分清楚，有以下几种学说：

1. 高胰岛素血症学说

有人通过动物实验发现，如果破坏大鼠胰岛 B 细胞的功能，并破坏胰岛 B 细胞与丘脑下部保持神经联络的大脑腹内侧核后，大鼠体重会明显增加。将原有胰岛 B 细胞的功能破坏，而将胰岛 B 细胞移植到肾外膜，使其与丘脑下部失去联络，此时即便破坏其大脑腹内侧核，其体重变化也不明显。实验结果说明，即便破坏大脑腹内侧核后会引起轻度的摄食量增加，但如果非高胰岛素血症，也不能引起明显的肥胖。

高胰岛素血症能够使人们过多地增加饮食量，使肝脏及脂肪组织中的脂肪合成加快，促进血液中的脂肪沉积于脂肪组织中，同时抑制脂肪组织中的脂肪分解，增强脂肪蓄积作用。这是其导致肥胖的主要原因。大多数单纯性肥胖症患者都有高胰岛素血症这一事实，这种高胰岛素血症患者，其血液中胰岛素浓度不仅在进食且在空腹时大多数均呈升高现象。另一方面，一旦体重减至正常后，高胰岛素血症也就随之消失了。因此，胰岛素分泌增加被认为是肥胖产生的原因，是有一定根据的。

2. 脂肪细胞增殖学说

脂肪细胞的增殖，广义上包括两个方面的内容：一种是指脂肪细胞内不断蓄积脂肪而使脂肪细胞体积增大；另一种是指脂肪细胞的数量增多，也就是说，不断增加新的脂肪细胞。前者称为肥大型，主要发生在成人；后者称为增殖型，多见于婴幼儿。从婴幼儿开始肥胖者，至成人后，多表现为增殖与肥大混合型，这种情况比较容易产生重度肥胖症。

最近研究发现，除少部分脂肪细胞终身都在增殖外，大多数增殖主要发生在如下3个时期：

(1) 妊娠末期，由于母体过量地摄取脂质和糖类物质，从而引起胎儿脂肪细胞的过量增加。

(2) 出生后一年内，脂质和糖类物质的摄取过量也易增加婴儿的脂肪细胞数目。

(3) 青春发育期，过量脂质和糖类物质的摄入也能使脂肪细胞数目增加。特别是处在成长期，过分摄取与生长关系不大的脂质和糖类物质，脂肪细胞的分裂增殖会变得十分旺盛，从而易患“脂肪细胞增殖型肥胖症”。

3. 过食学说

摄取的能量与消耗的能量之差约等于贮藏的能量。如果摄取的能量过剩，哪怕身体没有发生任何代谢异常，也会增加脂肪贮藏量。事实上，动物实验表明，饮食性肥胖一般均不存在种种与肥胖形成有关的代谢异常问题，肥胖的成因主要是由过剩的能量引起的。

4. 错误的进食次数学说

这一学说告诉人们，在进食量相同的情况下，由于进食的次数不同，也会引起肥胖。大鼠动物实验表明，每天只给予2次饮食和自由进食的大鼠对比，前一组体重明显加重。这可能与每次进食和消化时食物诱导性热的产生有关。在人群中也发现少餐与多餐相比，前者更易引起肥胖。

另外，夜晚有进食习惯者，由于夜间自主神经系统中副交感神经处于优势，消化功能好，食物中的能量吸收比较彻底，摄入的食物也容易贮存于体内。平时要求临睡前3小时左右不进饮食，就是这个道理。

5. 遗传学说

斯通卡德（Stunkard）等对单卵双生的儿童进行观察发现，肥胖的一致率比双卵双生儿童要高，说明肥胖有遗传性。另外，单卵双生儿直到青春期，双方肥胖发生率为70%，青春期后则下降为30%。这说明遗传因素确实是引起肥胖的原因之一，而且一般情况下，这一因素也是被认为是可以克服的。最近巴库德（Buchurd）及彭鲁斯（Perusse）也发表了关于体内脂肪蓄积与遗传因素相关，占5%～30%的数据。这一数据也说明，遗传是肥胖产生的原因之一，但所占比例并不很高。

6. 运动不足学说

运动不足不仅减少了能量消耗，也使机体变成了能量易在体内贮藏的代谢状态。实际上，一旦处于运动不足状态，胰岛素的降血糖作用也会减弱，形成胰岛素抵抗状态。由于拮抗胰岛素的作用，机体代偿性地引起胰岛素分泌增加。相对于降血糖作用的减弱，脂肪合成的作用却未减弱，因此就产生了脂肪蓄积的代谢状态。更有甚者，处于运动不足状态下，基础代谢下降，贮藏能量却增加，而且脂肪合成酶的活性也亢进。实际上，运动不足在肥胖成因相关性方面，与其说是能量消耗减少，还不如说是代谢状态的改变影响更大。

运动不足，在现代社会里已成为肥胖产生的重要原因，日益涉及我们的日常生活。如交通手段的完善、家庭劳动的电气化、体力劳动的减少等。因此，成人膳食近10年来未改变，而肥胖者急剧增加，似乎是顺理成章的。

7. 热产生功能障碍学说

在脂肪细胞中，有作为能量“仓库”的白色脂肪细胞和具有产热作用的褐色脂肪细胞两种。特别是在啮齿类（如鼠类）动物中，这种褐色脂肪细胞，在维持低温下的体温调节和食物诱导性热产生两方面起着非常重要的作用。

实际上，在一些褐色脂肪细胞功能不全的动物实验中，发现其不能顺利产热，体温在低温状态下慢慢下降，最后导致死亡的现象。实验证实，遗传性肥胖动物的褐色脂肪细胞功能低下，食物诱导性热产生下降。根据这一结果，有人设想，是不是可以通过褐色脂肪细胞的功能不全来制作低耗能的体质（动物）模型，从而进一步研究引起这一肥胖的成因呢？关于这一观点，目前尚无可靠的研究结果。

研究证实，人类褐色脂肪细胞在成人体中确实起作用，但因其只占脂肪细胞的1%左右，被看作是肥胖产生的原因，似乎理由不很充足，否定者不在少数。

但是，单纯性肥胖者热产生力确实也较低下。最近拉鲁新（Rarussin）等指出，哺乳期的婴儿热产生力低下，易于产生肥胖。因此，热产生力低下也被认为可能与引起肥胖有一定的关系。

总之，从肥胖的病理、生理推测单纯性肥胖的成因来看，这些因素是以复合形式构成肥胖成因的。在诸多因素中，主要应该强调进食行为与生活习惯的不正确，过食及运动不足为其主要原因。关于这两个成因，要从生理、生化上完全解释肥胖形成的原因，尽管显得有些说理不足，但在临床实际施治中，却可找到可能的治疗对策。

六、诊断方法

（一）肥胖与超重的标准

肥胖是指机体脂肪过多，超重是指体重超过正常标准，严格说起来，这是两个完全不同的概念。因为超重者并不一定就是肥胖，如举重运动员肌肉丰满，肌组织占人体的比重大大超过常人。因肌组织含水量达75%～80%，质量重，脂肪组织含水量仅15%～30%，同等体积的肌组织比脂肪组织重得多，故举重运动员常常是超重者，但其体内脂肪不多，不算是肥胖。人近老年，肌组织相对减少，脂肪组织增多，已达肥胖水平，但体重可能还在正常体重范围内。可见肥胖与超重的实际内容并不相同。但在现实应用中常将这两个概念用来判断肥胖程度。实测体重高于理想体重的10%以上，为超重或偏胖；高于理想体重的20%以上，为肥胖。肥胖又可以分成轻、中、重三个等级，其中超过标准体重20%为轻度肥胖，超过30%为中度肥胖，超过50%为重度肥胖。

理想体重又称标准体重，是以身高为基础按一定比例系数推算出的相应体重值。理想体重主要与身高有关，不受被测者营养条件、种族及年龄影响，但不适用于超力型（以肌组织增加为主）人群。

有几种计算理想体重的公式，现介绍如下：

(1) 理想体重=身高－105，式中体重的单位为千克（kg），身高的单位为厘米（cm）。

(2) 理想体重=(身高－100)× 0.9，式中体重的单位为千克（kg），身高的单位为厘米（cm）。

(3) 体重身高指数(BMI)=体重/身高^2，式中体重的单位为千克（kg），身高的单位为米（m）。

公式（1）、(2) 由于计算简便，常用于临床估算被测者体重是否属于正常范围，即理想体重的正负10%内。公式（3）较（1）、(2）更精确一些，因其计算略复杂，故多用于试验时评价体重值是否正常，男性体重身高指数通常为21～24，女性为23～25。

（二）体重身高指数

体重身高指数（BMI）超过24为超重，超过28为肥胖，20～24较为适宜。

BMI是国际上公认的较好的评估肥胖的人体测量指标。根据世界卫生组织的规定：BMI在18.5～24.9为正常范围，大于25为超重，大于30为肥胖。一个由亚太地区著名肥胖症专家组成的国际委员会于2000年2月18日在香港公布了一份题为《亚太展望：重新定义肥胖症及其治疗》的文件，重新界定了亚太地区人口肥胖症标准。这份文件说，对亚洲人而言，当BMI超过23时，肥胖就相应产生；而对于欧洲人而言，这一指数的正常标准为25以下。而且，亚洲人的肥胖模式与欧洲人也不同，亚洲人比其他人口更易积聚腹部脂肪。而我国一直执行世界卫生组织的标准，但实践证明这一标准对中国人也不是太适合。因为这个界限值完全是以西方人群的体型、身体状况为基础提出的，用它来评判体型明显不同的东方人就不合适了。

中国肥胖问题工作组（WGOC）提出判断中国成人超重和肥胖程度的界限值，结合腰围（WC）来判断相关疾病的危险度：BMI≥24者患高血压的危险度是体重正常者（BMI=18.5～23.9）的3倍～4倍，患糖尿病的危险度是体重正常者的2倍～3倍，具有2项及2项以上危险因素（即危险因素聚集，主要的5个危险因素包括血压高、血糖高、血清总胆固醇高、血清三酰甘油高和血清高密度脂蛋白胆固醇低）者的危险度是体重正常者的3倍～4倍。BMI≥28的肥胖者中，90%以上患有上述疾病或有危险因素聚集。男性WC达到或超过85 cm，女性WC达到或超过80 cm者患高血压的危险度约为WC低于此界限者的3.5倍，其患糖尿病的危险度约为正常者的2.5倍；其中有2项及2项以上危险因素聚集者的危险度约为正常体重者的4倍以上。WGOC根据人群归因危险度百分比的计算，如果将BMI等于和大于24的人群的BMI控制在24以下，可防止此人群中38%～45%的高血压、33%～37%的糖尿病、23%～33%的低血清高密度脂蛋白胆固醇血症、50%～60%高三酰甘油血症和50%危险因素聚集的发生。从而，建议确立适合我国人群的肥胖标准，也就是BMI大于24时为超重，大于28时为肥胖。

成年人（18岁以上）超重和肥胖评价标准：

(1) WHO标准：BMI≥ 25为超重；BMI≥ 30为肥胖

(2) WGOC标准：BMI≥ 24为超重；BMI≥ 28为肥胖

(3) WHO向心性肥胖标准：男性腰围≥ 102 cm；女性腰围≥88 cm

(4) WGOC 向心性肥胖标准：男性腰围≥85 cm；女性腰围≥80 cm

（三）皮肤皱褶卡钳测量皮下脂肪厚度

人体脂肪总量的 1/2～2/3 贮于皮下，故此法有一定代表性。常测部位为三角肌外和肩胛角下，两处相加，成年男性皮下脂肪厚度达到或超过 4 cm，女性皮下脂肪厚度达到或超过 5 cm，即可诊断为肥胖。多处测量更好。

（四）腰围与腰臀比

肥胖除脂肪在皮下贮存量多外，还有一种肥胖是体脂分布在内脏周围和腹壁，表现为大腹便便，被称为向心性肥胖或腹部肥胖。腰围男性超过 85 cm，女性超过 80 cm，可作为肥胖的标准；腰臀比（WHR）超过 0.9（男），超过 0.8（女）可视为向心性肥胖。腰围、臀围测量简便易行，在空腹状态下测量肚脐平面周径为腰围，臀部最隆起部位平面周径为臀围，腰臀比为两值之比。

第三节　运动与健康

生命在于运动。养成终身锻炼的行为习惯，不仅对身心健康，乃至对事业成功都大有益处。

一、运动对生理指标的影响

1. 运动时的能量供应

在正常情况下，运动消耗的能量物质，不但能恢复到原有的水平，而且还可以超过这个水平，称为超量恢复过程。在一定范围内，运动负荷越大，能量消耗越多，超量恢复越明显。这是运动促进健康的基本原理。但物极必反，运动也要注意循序渐进。

人体在运动时的能量供应由 3 个供能系统协同完成，如图 4－2 所示。

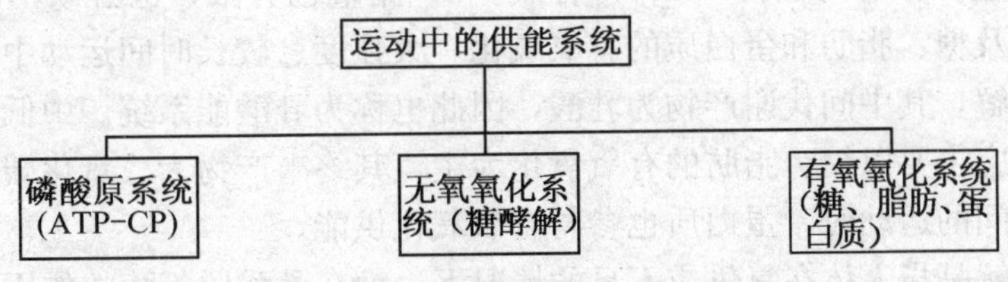

图 4－2　运动中的能量供应系统

食物中的营养物质并不能直接为细胞提供能量。营养物质经过分解将储存的能量转变成含有高能键的磷酸化合物，由高能磷酸化合物裂解高能键释放出能量，才能被细胞利用。在人体内，只有三磷酸腺苷（ATP）可以作为肌肉做功的直接能源。因此 ATP 在肌肉中的储存量、分解速度和再合成速度，是影响肌肉做功能力的重要因素。ATP 在肌肉中的储备量很少，只能满足大强度运动时几秒钟的能量需求，因此必须边分解边合成。不同运动形式有氧和无氧供能的百分比如图 4－3 所示。

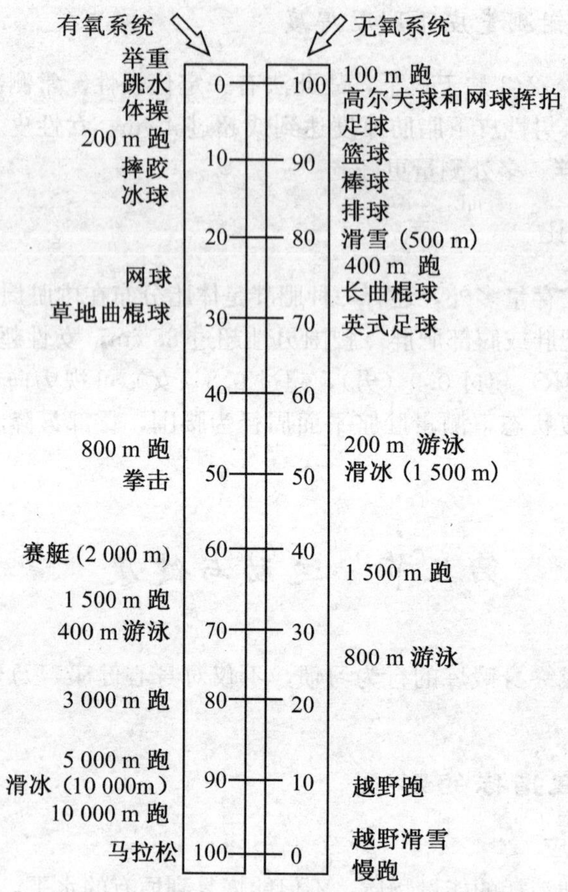

图 4－3　不同运动形式有氧和无氧供能的百分比

磷酸肌酸（CP，是一种高能磷酸化合物，其高能磷酸键上有高能量存在，在酶的作用下可裂解释放能量）分解可以使 ATP 再合成。CP 储量也有限，也必须不断再合成，其能源来自糖酵解以及糖、脂肪和蛋白质的有氧氧化。大强度、较长时间运动中的能量供应主要依赖糖的无氧酵解，其中间代谢产物为乳酸，因此也称为乳酸能系统。中低强度、长时间的运动，其能量供应主要以糖、脂肪的有氧氧化为主，其终末产物为二氧化碳和水。当人体进行大强度、长时间的运动时，蛋白质也参与有氧氧化供能。

糖的无氧酵解是指人体在氧供应不足的情况下，糖在乳酸脱氢酶的作用下生成中间代谢产物——乳酸，并释放能量的过程。

有氧氧化是指人体在氧供应充足的情况下，糖、脂肪和蛋白质在线粒体中完全氧化成二氧化碳和水，并释放大量能量的过程。

2. 运动对有氧、无氧供能能力的影响

每个供能系统供给 ATP 的能力与所进行的运动内容、运动强度、运动时间有关，因此通过不同形式的体育运动可以发展不同系统的供能能力。例如，短跑、举重、跳跃等短时间爆发性的运动可以提高 ATP－CP 系统的供能能力；中长距离、强度大的运动可提高糖酵解供能能力；长时间中、低强度的运动可提高有氧氧化供能能力。在体育锻炼中注重提高有氧氧化系统供能能力，如慢跑、快走、游泳、自行车运动、爬山等，对提高心血管系统的功能很有益处，因此是影响身体健康的重要因素。

3. 运动对心血管功能的改善

（1）微循环改变。微循环指毛细血管的血流情况。人在安静时，骨骼肌内的毛细血管仅有 20％～25％开放，运动时可增加几倍。长期运动可使心肌内毛细血管增生，以满足心肌本身的血液供应，保证心肌正常工作。

（2）心脏功能变化。长期进行耐力运动可使心脏功能发生有益的变化，使每搏排血量增加，运动性心脏体积增大，安静时心率减慢。每搏排血量的增加，一方面保证全身或肌肉工作时的血液供应，另一方面使能量节省化。运动性心脏体积增大，可使每搏排血量增加，使在同样供血量的工作中，心率较慢，心脏不容易疲劳，还有利于改善心肌的血液循环，对促进健康以及防治冠心病有特殊意义。

（3）血压和血流变化。有氧运动有降低血压、改善心肌供血的作用。收缩压反映心脏的泵血量，舒张压反映外周血管阻力。正常人运动时，收缩压增高；外周血管扩张，口径加大，使外周阻力减小，表现为舒张压下降，脉压差增加，这样有利于保证身体远端的供血，而舒张压的下降减轻了心脏的后负荷，使心肌耗氧量相对减少。其结果是节省能量、减少心肌损耗，有减少胆固醇在动脉内壁沉积、预防动脉粥样硬化的作用。

4. 运动对呼吸功能的改善

（1）长期坚持运动可使肺通气量增加，安静时呼吸深度增加，呼吸频率下降，使呼吸深度与呼吸频率的匹配更合理。另一方面提高气体交换的效率，不增加呼吸肌的额外负担，使耗氧量相对降低，不容易导致疲劳。

（2）肺血流量增加，保证肺泡进行气体交换时有充足的血液供应，有利于肺换气。

（3）血红蛋白含量增高，有利于气体运输。

（4）氧利用率提高。氧利用率是指每 100 ml 动脉血液流经组织时所释放的氧量占动脉血氧含量的百分比。氧利用率提高，可满足肌肉活动时对氧的需求。

（5）呼吸运动的调节能力提高。体育锻炼可以使呼吸中枢的兴奋性提高，对血液化学成分的改变更敏感。随意停止呼吸时间长（反映了呼吸中枢对缺氧和二氧化碳的耐受性较强），对膈肌的控制稳定。恢复呼吸时，血液的氧合作用也恢复特别迅速。

5. 运动对神经功能的改善

人体在运动过程中，身体各部分所处的空间位置以及肌肉收缩活动的状况每时每刻都在发生变化。这些变化着的信息将连续不断地以神经冲动的形式传向中枢，到达大脑皮质的特殊感觉区域，产生相应的感觉，并通过中枢神经系统的分析和综合作用，对体内外情况做出判断，发出控制肌肉活动的指令，完成发动、制止、修正的目的。长期坚持运动能反复强化某些刺激信息，使神经系统的分析、综合和控制能力得到改善。这些改善可综合地由灵敏素质的提高反映出来。神经系统对感觉的分化程度越高，调节肌肉收缩活动的能力越强，则能在体内外环境条件发生变化时做到随机应变。

长期坚持运动也使各系统活动能迅速动员，满足运动的需要（氧运输、血流量重新分配）。

6. 运动对肌肉功能的改善

经常参加运动可以使肌肉的收缩力量增大、收缩速度加快、肌纤维增粗、有关的代谢酶活性增强，从而改善肌肉的功能。

二、运动与身体成分

1. 身体成分的概念

人体的组织可归纳为上皮组织、结缔组织、肌组织和神经组织四大类，这些基本组织按一定规律排列，组成器官，一些功能相关的器官则构成一个系统。身体成分是指组成人体各组织的总成分。体重是这些组织重量的总和。从健康的角度可以把体重分为脂肪重（体脂）和去脂体重（瘦体重）。身体成分通常以体脂百分比表示：

$$体脂百分比=\frac{体脂重量}{体重}\times 100\%$$

体脂百分比因年龄和性别而有所不同。研究表明，儿童、少年的体脂百分比较低，随着年龄的增长，体脂百分比有不同程度的提高。新生儿体脂约占体重的10%；成年早期身材细长的男性占体重的10%左右，而同样身材的女性则占体重的15%左右；30岁正常男性约占15%，女性约占22%。

2. 运动对身体成分的影响

运动对身体成分的影响与运动强度、运动方式及持续时间等因素有关。过小的运动强度或持续时间短的运动对瘦体重的增加效应不肯定。而长期的规律的运动能使人的瘦体重增加，这一点由优秀运动员的体脂百分比明显低于正常人所证实。一般来说平时不运动或少运动者，在增加运动量后会使瘦体重增加，或由于瘦体重增加的重量与体脂减少的重量持平，使体重保持稳定。对于身体比较健康者，为使瘦体重增加可借助于力量训练，如体操、摔跤、举重等。有报道，在具有同样身高的人群中，参加力量训练者的体重可比不活动者高出20%～30%，高出的体重几乎全部是瘦体重。由此证实运动不仅能减少体脂，而且可以增加瘦体重。

运动中脂肪的利用受以下因素的调节和控制：

(1) 运动负荷的强度和时间。高强度、短时间的运动（运动强度超过60%最大摄氧量），机体一般不动用脂肪供能；小强度、长时间的运动，机体动员脂肪供能，脂肪开始动员的时间大约为运动开始后的20分钟。

(2) 运动方式。动力性运动、有氧运动增加机体动员和利用脂肪的能力；静力性运动、高强度运动时机体利用脂肪的能力差。

(3) 个体机能状态。机能状态良好及训练适应后可增加对游离脂肪酸及酮体的氧化能力。

(4) 运动前数日内膳食中糖、脂肪的含量。如果运动前数日膳食中糖的比例高而脂肪的比例小，则运动中肝糖原及肌糖原的供能比例相对增高。

3. 运动减肥的方法

(1) 目前的减肥方法主要包括饮食控制、体育锻炼、行为矫正、药物治疗和手术治疗等。运动减肥是一种效果较好、不良反应小并对心血管功能等有良好影响的方法。

运动减肥是通过增加体内能量消耗而达到减肥的目的。运动能促进脂肪分解，促进肌肉蛋白质合成。运动导致体重下降的成分是脂肪。另外，运动不仅可以增加机体能量消耗，还可以增强心血管及呼吸系统的功能，增强肌肉代谢功能，增加机体对胰岛素的敏感性，改善糖耐量，因此可以促进身体健康，并可减轻单纯采用限制饮食减肥所引起的代谢紊乱和其他不良反应。

虽然运动一次消耗不了多少脂肪，但是有规律地进行运动便可达到减轻体重的目的。实施运动减肥计划时应根据肥胖程度和个体体质，选择较适宜的运动项目、强度、密度等。不宜用脱水的方式减重，因为脱水可能引起中暑、热衰竭或电解质失衡。对大多数人，包括坚持中等水平运动的人，每日饮食中蛋白质的摄入量保持在 0.8 g/kg～1.0 g/kg，可以保证氮平衡，以便在减肥时不影响到瘦体重。

需要注意的是，运动减肥并不能使某一局部的脂肪减少，而是减少整体脂肪量。

（2）合理的运动减肥方式：

1）运动负荷：减轻体重的运动量应根据所要减轻体重的目标数量及速度决定。从促进和保持机体的健康角度出发，每周减体脂 0.4 kg～0.5 kg 较适宜；每周减体脂 1 kg 在医学上是可以接受的，但不宜超过。每周减 1 kg 体脂即相当于每天亏空热能 2 090 kJ～4 180 kJ，每周累计的热能短缺量为 14 630 kJ～29 260 kJ。具体措施是在一周内进行 3 次～5 次运动，每次运动持续 20 分钟～30 分钟，可采取运动时心率达最大心率的 60%～70%的运动强度。

2）运动方式和内容：并非所有的运动都能达到使体内的脂肪减少的效果。有大肌群参与的、以动力性活动为特征的有氧运动降脂效果明显，如中快速行走（115 步/分～125 步/分）、慢跑、游泳、体操、骑自行车、爬山和练太极拳等，可促进脂肪分解。以无氧代谢为特征的静力性活动，如举重、柔道等，虽然也能增加机体能量的消耗，但却使糖酵解增加，肌糖原的消耗和乳酸生成增多，使血糖和体液的 pH 值降低，导致食欲亢进，游离脂肪酸的消耗受阻，因此减肥效果远不如动力性活动好。由此可见，肥胖者应选择适当的运动形式，不可盲目锻炼。

尽管运动是一种比较好的减肥方式，但如果能把运动与饮食控制和行为矫正相结合，减肥的效果会更加理想。

三、运动与免疫功能

1. 免疫功能

人体的免疫功能是一种极其复杂、影响因素众多的生理反应，它指生物体识别自己、排除非己，以维持机体稳定性的一种生理功能。机体的免疫功能包括机体抵抗外界感染性因子的免疫防御功能、维持自身生理平衡的自身稳定功能以及消除突变细胞的免疫监视功能。人体免疫功能见表 1－1。

人体的免疫系统是通过细胞免疫或体液免疫两种途径发挥作用的，以保持机体的相对平衡，机体的生存才能得以维持。若免疫功能异常，必然会导致机体生理平衡失调。同样，机体生理状态的失平衡，也必然影响其免疫功能状态。宏观上看，环境、精神、神经、内分泌、免疫、健康、疾病、康复、体育锻炼等因素相互作用，相互调节，其关系非常复杂。

2. 体育运动对免疫功能的影响

体育运动本身是一种机体的应激源，涉及中枢、心血管、呼吸、内分泌等系统，对这些系统产生各种形式的影响，而这些系统又通过其功能、形态的变化产生适应。在这种应激与适应的生理反应过程中，免疫能力也相应地产生变化。在机体对运动性应激产生适应的情况下，其免疫能力得到改善和提高。若机体对运动性应激不适应，则免疫能力下降。

3. 体育运动提高免疫功能的方法

机体的免疫功能是在免疫反应、应答的过程中逐渐成熟和完善的。通过进行合理适宜的体育锻炼，在提高机体各系统功能的同时，也有利于提高机体的防病抗病能力。

(1) 运动负荷。机体的免疫能力在运动负荷的基础上，加上有效的消除疲劳的手段才可能得到加强。为了健身目的的长跑练习，每次不宜超过 10 000 m。合理地安排负荷，一般要求因人而异、循序渐进地进行。以健身为目的的锻炼，在锻炼过程中心率最好不超过150 次/分。

(2) 运动时间。运动持续时间以 30 分钟左右为宜。体育锻炼时间冬夏应有所不同。冬天气温低，可以在每日下午 4 时～5 时的时候进行，在夏日则可在凉爽的早晨进行体育活动。

(3) 合理选择锻炼的环境。锻炼地点尽可能安排在噪声小、空气污染轻的开阔处。新鲜的空气，充分的氧气，可以通过呼吸、心血管及中枢神经系统的良性调节，达到提高机体免疫力的目的。

(4) 运动中保持良好的情绪。锻炼情绪对机体免疫能力的影响非常大。无论是个人锻炼项目还是集体锻炼项目，均应以一种愉快、轻松的方式进行。良好的神经反射可以影响神经内分泌等系统功能，从而使机体免疫功能得到提高。

总之，体育锻炼的涉及内容繁多，但应在最舒适、轻松的条件下进行。

合理的体育运动可以提高机体的免疫能力，达到防病治病的目的。但在机体患有某些疾病的情况下，体育运动应加以严格控制，甚至禁忌。体育运动本身是一种应激源，人在生病的时候，机体常常处于极度应激状态。此时如果再增加负荷就可导致进一步的机能衰退，使病情进一步恶化，有时甚至引起死亡。例如，心血管系统疾病患者应禁止运动或在有医务人员监督的条件下进行适量运动。感冒这类一过性的感染性疾病患者，可伴有发热，并存在患感染性心肌炎等疾病的可能性，应尽可能多休息，以免因运动应激引起机体炎症扩散。

四、运动的抗衰老作用

适宜的运动不仅能够增进人体的健康，而且可以延缓衰老的发生和发展。运动是否适宜取决于运动的形式、运动的负荷以及机体对运动负荷的适应程度。

1. 中国传统体育延缓衰老的作用

中国传统体育是深受中老年人喜爱的健身运动，有着悠久的历史和良好的群众基础。其中内家拳、导引、吐纳、养生气功因其温和的运动强度，柔缓、圆活、松静的运动特征和对身体内脏功能的良性调节作用而具有防病治病、延缓衰老和延年益寿的作用，以及修身养性、维护健康的精神状态的功效。因此，传统体育十分有益于中老年人的健康，是非常有效的健身方法之一。

2. 中、低强度的适量运动对衰老的影响

中、低强度的适量运动可以改善中老年人的心血管功能、改善脂肪代谢、保持机体自由基生成与清除的动态平衡、提高机体的新陈代谢和抗氧化能力、促进免疫系统功能、改善内分泌功能、延缓中老年人的衰老体征，有效地保持身体健康。

长期的适宜运动延缓衰老的可能机制是：适量运动调节了机体的生理功能，一方面使机体自由基清除系统中酶维持在较高的功能状态；另一方面健身运动加强了脂质过氧化物的降解、转运和排出，从而加强了机体对自由基的清除能力，减少自由基对组织的损伤，增强了机体内环境的稳定和对外环境的适应能力，起到延缓衰老的作用。

第四节　吸烟与健康

吸烟是一种能导致多种慢性、致死性疾病的不良行为。烟雾中所含的有害物质可在几十年甚至几年里缓慢地破坏机体组织，引起慢性支气管炎、肺气肿、心脑血管疾病和肺癌等，致千百万人丧生。因此，控制吸烟是维护人类健康的一项非常重要的措施。

一、烟草伴随人类的历史及其现状

1492年哥伦布发现新大陆后，他将印第安人的烟草带入了欧洲。在之后的数百年中，烟草传遍了整个世界。1881年卷烟机在英国的问世大大推动了吸烟率的上升，20世纪60年代欧洲吸烟率达到了高峰。也就在这个年代，人类逐渐认识到烟草对人体广泛的毒理作用，并开始节制自己的行为。从20世纪80年代起，发达国家的吸烟率开始下降，美国成人吸烟率从1965年的40.4%下降到1987年的28%，澳大利亚降至25%。但与此同时，发展中国家的吸烟率则在逐年上升。

迄今，世界上约有11亿人吸烟，占全世界15岁以上人口的1/3左右，其中的8亿人生活在发展中国家。全球有47%的男性和12%的女性吸烟，在发达国家有42%的男性和24%的女性吸烟，在发展中国家有48%的男性和7%的女性吸烟。在我国拥有3亿烟民，约与发达国家中吸烟人数总和持平。20世纪70年代至90年代初，我国香烟消费量上升了260%。1996年调查表明，我国有63%的男性和4%的女性在吸烟。

我国目前因烟草死亡的人数每年约25万人，预计到2020年，因烟草死亡的人数每年约达200万。根据目前的趋势，我国20岁以下青少年中将有2亿人成为吸烟者，其中5000万人最终因吸烟而过早死亡。吸烟，成为21世纪危害中国人健康的一枚定时炸弹。

二、烟草及烟雾中的有害物质

烟草燃烧产生的烟雾中有4000多种物质，主要的有害物质有尼古丁、一氧化碳和焦油等。

1. 尼古丁

尼古丁是一种兴奋剂，有抗焦虑作用，是世界公认的成瘾物质之一。尼古丁随吸入的烟雾入血，可在血中停留数小时。若长期吸入，机体便对血液中一定浓度的尼古丁产生依赖。

当血液中尼古丁浓度下降时，吸烟者会“渴烟”而再吸1支香烟，即对烟成瘾。

尼古丁入血后，除能给人一种轻松愉快感外，还能刺激中枢神经系统，使心率加快，并使全身血管收缩，影响血液循环，减少组织供氧，增加心脏的负担。尼古丁还能使支气管管壁上的纤毛丧失活动能力。

2. 一氧化碳

烟雾中的一氧化碳是一种无色气体。它也可危害吸烟者的心血管系统。一氧化碳通过肺进入血液后，可置换出正向心脏和全身组织输送的氧气，引起头痛、头昏、无力，最终可导致心脏病。尼古丁和一氧化碳都与心肌梗死的发生有关。

3. 焦　油

纸烟烟雾中含有的焦油是一种棕黄色的黏性树脂，可黏附在咽部和支气管表面，并积蓄多年，诱发异常细胞生成。这些异常细胞快速增殖并扩散，即形成了肺癌。

此外，纸烟烟雾中还含有微量的氰化氢、砷化物和甲醛等有害物质。长期吸入这些物质可导致肺气肿、支气管炎、心脏病和肿瘤的发生。由于焦油和尼古丁对健康有重大危害，许多国家通过立法来限制香烟中这些物质的含量。

三、吸烟对健康的危害

20世纪50年代以来，越来越多的科学研究表明，烟草对人体内多器官有广泛的毒理作用。

1. 对肺的影响

吸烟是导致慢性阻塞性肺病的主要原因。长期吸烟可使支气管管壁上的纤毛发生结构和功能障碍，降低机体消除吸入异物（灰尘、细菌、病毒）的能力而引发感染。长期、深吸香烟可加重上述后果。及时停止吸烟的慢性支气管炎患者，可大大减轻其慢性咳喘的症状。

吸烟是世界公认的肺癌的主要危险因素。众多调查表明，吸烟的支数、开始吸烟的年龄、吸烟的频率及深度与肺癌的发生呈剂量效应的正比关系。过去吸烟，但已停止吸烟15年以上者，肺癌发生率可降低。

2. 对心脏的影响

吸烟是导致缺血性心脏病的最大风险因素之一，其后果的严重性与吸烟量有关。吸烟与高脂饮食、缺乏锻炼等危险因素对心脏的损害有协同作用。吸烟者发生心肌梗死的危险度是不吸烟者的2.9倍，停止吸烟2年~4年后，两者在心肌梗死的发病率上无区别。

3. 对血管的影响

32项研究资料表明，吸烟者中发生脑卒中的危险度是不吸烟者的1.5倍，发生动脉破裂而死亡的危险度是不吸烟者的2倍~3倍。吸烟还可加速动脉硬化的进程。

4. 对其他器官的影响

吸烟可增加胃溃疡、口腔癌、食管癌、宫颈癌、膀胱癌、喉癌和胰腺癌的发生率。吸烟者中妊娠并发症和骨质疏松症、白内障的发生率均高于不吸烟者，而戒烟可降低疾病的发生率和死亡率。

吸烟除危及个人健康外，还造成周围空气中有害物质的增加，污染空气，使家人、同事“被动吸烟”，引起孕妇腹中的胎儿发育迟缓，导致自发流产、死胎和早产，还可引起他人支气管炎和肺炎的发生，削弱其心肺功能。吸烟不仅会促发本人和他人的严重疾病，造成死亡，还会增加火灾事故而造成意外伤亡。吸烟所致疾病增加了医药保健的开支。所以说，吸烟是一种自己招来疾病、有百害而无一利、急需加以控制的行为。

国家烟草生产和出口的增加，意味着人们将可贵资源用来种植一种必然给人类带来疾病、劳力丧失、生产力下降、使人过早死亡的植物；这同时还意味着个人收入使用不明智，被投于戕害于自身的吸烟习惯中。其中不仅含有个人烟草成瘾行为，甚至还包含政府经济上“成瘾”的行为。因此，消灭“烟草这个不断蔓延的瘟疫，需要人人行动和各国政府的联合行动”。

四、世界控烟运动风起云涌

时至今日，几乎世界各国都意识到烟草对健康的危害，至1992年，已有91个国家通过了某种形式的控烟立法。

早在20世纪50年代初，美国就率先开展了对烟草与肺癌的研究，于1957年公布了两者间的因果关系。1964年首次以官方的名义宣布“吸烟是健康的重要危害因素，急需采取相应行动”的政府报告后，引起美国社会巨大反响，促使联邦政府一系列控烟政策和举措的出台。如在香烟上印有“吸烟有害健康”的警句，禁止刊登香烟广告，设立反吸烟宣传基金的电视节目，通过禁止在各交通工具、餐馆、俱乐部、酒吧、办公室和一切工作场所吸烟的法案。美国国防部规定所有军营禁止吸烟。美国在1972年—1992年20年间逐渐将烟税提高到零售香烟烟价的一半，1993年通过严禁向18岁以下未成年人出售香烟法案。在涉及烟草的民事诉讼中，裁定烟草公司对肺癌死者予以赔偿已屡见不鲜。

美国反吸烟运动的初步成效，鼓舞和促进了世界的反吸烟运动。世界卫生组织为致力于实现一个无烟社会目标，于1990年成立了吸烟与健康规划署，规定每年5月31日为“世界无烟日”。欧盟颁布了各种禁烟法规，运用烟草价格机制和广泛深入的健康教育，使人均烟草消费量逐渐减少。从20世纪70年代至80年代，英国、加拿大、瑞典、挪威、澳大利亚等国成年男性吸烟率以平均1％速度递减，分别降至35％、32.5％、24％、41.4％、32.9％。而新加坡仅用10年时间就使吸烟率从42％降至25％。在第十届世界吸烟与健康大会上，江泽民代表中国政府，对强调控烟，提高人民健康做出了承诺。可见，在健康文明的社会，吸烟不再是时髦的个人嗜好，而被看作是一种应加以控制的危害公益的行为。

五、拒绝烟草

青少年、妇女是烟草工业潜在的巨大市场，是烟草广告的目标人群。烟草广告误导人们产生健康、财富、朝气、成熟世故的联想。青少年对吸烟有害健康的认识程度低、识别力差，而烟草广告大多将西方文明与生活方式理想化，以打开青少年市场。

烟草滥用作为个人行为，常起始于青少年期，其具有的成瘾性可使吸烟行为持续而贻害终身。尽管大学生中烟草成瘾率低于社会青年，但较高的尝试性吸烟率可转化为成人期高瘾率和疾病率。因此，高校的控烟，对保护未来知识分子的健康，发展生产力均显示出重要性和迫切性。

大学生应具有与文化水平相当的卫生保健素养。在了解了吸烟对人类的诸多危害后，提高对烟草这种软性毒品的心理免疫力，面对他人宣传香烟如何提神解乏、如何显示精于世故的“善意”，劝你吸烟，能坚定地说“不”！拒绝烟草。

大学生应积极参与控烟运动，在转变烟草产业结构、控烟立法和执法中作出贡献。

大学生还应将吸烟有害健康的知识传播到家庭、社会，做到自己不吸烟，劝说他人戒烟，从而减少无辜人群被动吸烟，使我们周围的空气更洁净，人民更健康，民族更兴旺。

第五节　饮酒与健康

我国具有悠久的酿酒历史，并且酒质良好，在国际上享有较高的信誉。现今，无论是家庭还是社会上，饮酒已成为一大时尚。“无酒不成席”，亲朋好友相聚、逢年过节、战友老乡相会几乎都离不开酒。适当饮酒能松弛人们的紧张情绪，振奋精神，增进食欲，帮助消化，舒筋活血，减轻疼痛，所以酒是我们生活中不能缺少的饮品。但是，事物有它的两面性，长期大量饮酒或酗酒会给自身健康及社会、家庭带来不良后果。

一、酒的种类及适量饮酒的益处

酒有发酵原酒、蒸馏酒和配制酒三大类。

（一）发酵原酒

发酵原酒即将含糖浆或淀粉类的物质经酿造发酵、过滤成的酒，如啤酒、葡萄酒、果酒。

（1）啤酒：酿造者把大麦或大米的糖提取液进行发酵来制作啤酒和类似的酒精饮料。啤酒含有乙醇（约 3.5%）、二氧化碳、水、麦芽糖、甘油、蛋白质及丰富的磷、镁和各种维生素。啤酒中含有 17 种氨基酸，其中有 11 种是必需氨基酸。每 240 ml 啤酒可提供约 100 kcal的能量，每升啤酒相当于 500 g 瘦肉或 800 ml 牛奶或 250 g 面包产生的热量，故啤酒又被称为“液体面包”。长期饮用啤酒会出现体内脂肪坠积，形成所谓的“啤酒肚”。尽管长期饮用啤酒可能会改变形体，但饮用啤酒仍显示出越来越广泛的流行趋势。

（2）葡萄酒：内含有 13%～18%的乙醇，以及水、果糖、葡萄糖、甘油、蛋白质和各种维生素，具有较高的营养价值。适度饮入葡萄酒不会引起酒精中毒，因为葡萄酒中除乙醇以外的其他成分可降低酒精的吸收速度。而且每天饮入少量的葡萄酒可改变血液胆固醇和脂肪代谢，减少动脉粥样硬化性心脏病的发生率。醇香可口的葡萄酒可以刺激食欲，适度的葡萄酒还可促进钙、磷、镁、铁、锌的吸收。

（3）果酒：用水果作原料酿造的酒。

（二）蒸馏酒

蒸馏酒又称烈性酒，其中含有较多的乙醇（50%～60%）。它们是将糖类或淀粉类经糖化、发酵形成酒醇，再经过蒸馏而得的酒。有的新蒸馏出来的酒含有涩口的成分（芳香物质），可以经过陈化改变其味道。酒在木桶中陈化数年后，醇香味更好。有时候浓的香味酒要用无香味的高纯度酒勾兑。

蒸馏酒有白酒（如国内名酒茅台酒、五粮液酒、剑南春酒、汾酒等）、烧酒、白兰地、威士忌、伏特加等。国内多习惯饮白酒。蒸馏酒中绝大部分是水和乙醇。乙醇的含量是衡量酒精浓度高低的标度。如 100 ml 酒中含乙醇 60 ml，其酒度为 60 度。对白酒中含有的酸、酯、醛、高级醇等化合物，国内有严格的卫生标准，其有害物质如甲醇、醛、铅、氰化物等不能超过规定的标准。

适量酒精进入人体后（个体差异大），一般经胃肠吸收进入血液，它会使神经系统兴奋，说话增多，动作活跃。此时血液循环加快，血管舒张，所以适量饮酒有益。但是，大量饮酒、酗酒则会危害健康。

（三）配制酒

以发酵原酒、蒸馏酒为原料，按一定比例加入糖分、香料或中药等混合后过滤而得的酒即配制酒，如竹叶青、五加皮等。

我们对上述三类酒的制作流程及所含乙醇量，所含物质有所了解后，提倡以适度饮入低度的啤酒或葡萄酒为宜。

二、过度饮酒对健康的危害

一次大量饮酒或长期大量饮酒会导致急性酒精中毒和慢性酒精中毒，给身体造成极大的损害，尤其在空腹时饮入烈性酒时，其乙醇 80% 在小肠迅速被吸收，更易发生急性酒精中毒。

（一）酗酒对心血管系统的损害

长期大量饮酒，会损害心脏，使心肌组织中出现脂肪细胞，导致心脏收缩功能降低。酒精会使心肌失去正常的弹力，导致心脏肥大。长期大量饮酒会导致血压升高，血脂、胆固醇升高，使冠心病发病率增高。

由于酒精有直接导致心律失常的作用，长期大量饮酒，可以诱发心房颤动，使心排血量减少，附壁血栓形成，引起心源性脑栓塞；酒精可致血压升高，血压波动，血管痉挛，高血压患者血管脆性增大，极易发生脑栓塞或脑出血；急性酒精中毒可激活体内凝血机制，诱发血栓形成；习惯性饮酒，使局部脑血流量减少。凡此种种，酗酒极易引起脑血栓形成、脑卒中、脑出血，甚至发生猝死。

（二）酗酒对消化系统的损害

长期大量饮酒最易损害消化系统，严重者会引起肝脏病变。据日本学者利福代报告，对 3 000 例嗜酒者肝活体组织检查发现，约 40% 是脂肪肝。许多研究证明，饮酒的数量、饮酒的年数与肝损害呈正相关。

长期大量饮酒，尤其是空腹饮酒易引起急性胃肠炎，由于酒精对胃黏膜的刺激、损害，易导致消化道出血；过量饮酒可以导致急性胰腺炎，严重者可出现黄疸。

（三）酗酒对神经系统的损害

酒精是中枢神经系统的抑制剂。酒精中毒后，血－脑屏障通透性增高，从而使神经系统受到严重而广泛的损害。对酒精中毒者的大脑病理解剖可见炎症、脑萎缩、脑底基底核中央灰质出血、神经细胞脂肪增生，周围神经可有广泛变性等。所以酗酒后可出现反应迟钝、判断能力下降、记忆力减退，慢性酒精中毒可出现大脑萎缩和痴呆、脑神经麻痹，有的人还可出现轻重不等的多发性神经炎、肌萎缩或肌麻痹。

（四）长期大量饮酒对身体的其他损害

长期大量饮酒，酒精进入人体，经氧化后产热，进食相应减少，饮食质量下降，妨碍了人体对糖类物质、脂肪和蛋白质的吸收利用，引起营养不良。由于酒精在体内代谢消耗了较多的B族维生素，临床上容易出现周围神经性疾病、口腔溃疡、贫血等。

长期大量饮酒可致呼吸系统免疫能力降低，易患呼吸系统疾病。醉酒时，人处于昏迷状态，易导致吸入性肺炎。长期大量饮酒还可影响性腺、垂体、甲状腺等分泌腺体的功能，从而影响机体的新陈代谢。

孕妇饮酒可直接影响到胎儿的发育，使新生儿体重较轻，严重者可导致胎儿酒精中毒综合征。女性慢性酒精中毒会损害卵子，造成卵子染色体异常而引起流产、死胎。男子酒精中毒可造成精子减少或无精子。

酒精毒可使人的注意力不集中，分析能力和判断能力降低，从而使工作、学习效率降低。长期大量饮酒可致慢性酒精中毒，出现发作性遗忘、幻觉，严重的可表现出精神症状，定向力、判断力失常。

三、酒精代谢障碍对人体的影响

酒精的主要成分为乙醇。饮酒后，乙醇在体内很快通过胃和小肠吸收，主要在肝内进行代谢。体内的酒精代谢关键酶主要是指乙醇脱氢酶（ADH）、乙醛脱氢酶（ALDH）以及细胞色素P450 2E1。大部分乙醇主要在肝内经ADH作用生成乙醛，再经ALDH作用生成乙酸，然后进入氧化循环反应，最终代谢生成二氧化碳和水。

ADH和ALDH在体内共同负责催化体内的乙醇分解代谢，这就是平常所说的“解酒酶”。一个人若是体内同时拥有高活性的ADH和ALDH，就能将乙醇很快分解代谢掉，其中枢神经就较少受到乙醇的作用，因此，此人喝酒不容易醉，可以称为酒量好。然而在现实生活中，有这样一个误区，喝酒易“上脸”，往往被认为是酒量好的表现，即“脸红正喝得”。其实不然。通常饮酒后出现血管扩张、面红发热、心动过速、头痛、头晕、嗜睡、恶心、呕吐等不愉快体验的现象，被称为“酒精红晕”反应。这并非由乙醇导致，而是因为乙醇的代谢产物乙醛在人体内大量蓄积，并与多种蛋白质进行共价结合，改变器官的功能和结构，损害许多酶的催化功能，进而导致机体出现“酒精红晕”反应。

研究发现，ALDH主要有两种，即ALDH1和ALDH2。其中，ALDH2在乙醛的代谢中起重要的作用。亚洲人群中普遍存在突变型乙醛脱氢酶2（ALDH2 * 2），此酶突变后活性缺失，导致乙醛在肝脏内大量累积。

由此可见，喝酒易脸红的人，其实是因为体内 ALDH2 活性缺失，使得乙醇代谢产物乙醛在体内大量蓄积、迟迟不能代谢而出现的“酒精红晕”反应，个别为酒精过敏现象。

由于乙醛是引起酒精性肝病最重要的因素之一，并且还是一种具有高细胞毒性、可诱导基因突变的致癌物质。所以，喝酒易“上脸”的人并非酒量好，还易患上酒精性肝病甚至肝癌。

综上所述，长期大量饮酒及酗酒会给人体造成严重的损害，所以，酒癖者唯一的选择就是戒酒。

第六节　远离毒品

一、高校禁毒教育的现状

贩毒、吸毒已是日趋严重的全球性问题，对个人、家庭以及整个社会都造成了严重的危害。1987 年第 42 届联合国大会提出：将每年的 6 月 26 日定为国际禁毒日。调查显示，目前吸毒者中约 80％是青少年，且青少年在吸毒队伍中的比例呈递增趋势，而年龄却呈递减趋势。毒品对大学生具有一定的影响力和诱惑力，而且大学生自身也存在着沾染毒品的潜在因素。这些问题已越来越引起广大教育工作者乃至全社会的关注。

（一）大学生毒品知识的调查

1999 年对北京几所大学的学生进行的有关毒品知识的调查结果显示，87％的人没有见过毒品，80％的人甚至不知道什么是毒品及中国目前流行哪些毒品。被调查学生中只有 34.48％的人知道国际禁毒日。在 5 777 名有效应答者中，能够意识到“吸毒往往是从吸烟开始的”比例尚不足 1/3，有 1/3 的学生不知道吸毒与艾滋病的关系。在理工科和艺术院校的被调查者中有 29％的同学不想了解有关毒品的知识，57％的同学不知道毒品的成瘾原因。11.66％的医学专业学生对注射毒品能传播艾滋病持怀疑态度，医学院校低年级同学不知道毒品的成瘾原因者高达 62％。可见对高校学生普及毒品知识非常必要。而且，从调查结果看，被调查者有关毒品知识的主要来源是电视、报纸和各种大众传播媒介，学校毒品教育略显薄弱。这表明利用学校进行禁毒宣传教育的工作尚需加强。

（二）对毒品态度的调查

2000 年对高校学生毒品知识的调查显示，3.72％的学生想尝试毒品，2.29％的学生表示敢吸毒，认为凭自己的意志可以控制不上瘾。这说明部分大学生还未充分认识毒品的危害。

（三）应对毒品行为的调查

当发现有人吸毒时，高校大学生采取的行为依次为：报告公安局、劝阻、不管、告诉他的家人。报告公安局的人占 46.7％，有 6.6％的人采取“不管”行为。由此可见，部分学生对吸毒行为危害的认识还很不足。

二、常见毒品

毒品通常分为麻醉药品和精神药品两大类。我国《刑法》第357条规定："本法所称的毒品，是指鸦片、海洛因、甲基苯丙胺（冰毒）、吗啡、大麻、可卡因以及国家规定管制的其他能够使人形成瘾癖的麻醉药品和精神药品。"这里列举的六种毒品仅是国际上常见的、大量泛滥的毒品，但毒品却不仅限于这六种。1996年1月16日卫生部发布的《麻醉药品品种目录》和《精神药品品种目录》共列出被管制的能使人形成瘾癖的麻醉药品和精神药品共计237种，其中麻醉药品118种，精神药品119种。

根据来源不同可以将毒品分为天然毒品和合成毒品，还可以根据毒品对中枢神经系统的作用效应分为镇静类毒品、兴奋类毒品和致幻剂类毒品。此外，还有苯二氮䓬类和阿片类药物等分法。具体商品形式有：冰毒、迷幻药、毒蝇伞（迷幻蘑菇）、策划药（狡诈药）、摇头丸、迷奸药、K粉、咖啡因、盐酸二氢埃托非、安纳咖等。

鉴于20世纪末，我国出现俗称"冰毒、摇头丸和K粉"的新型毒品滥用问题，本文将毒品分为传统毒品和新型毒品两大类。

（一）传统毒品

1. 鸦　片

鸦片又称阿片、阿芙蓉，俗称大烟，另有乌烟、大土、雅片等名称。将未成熟的罂粟果割出一道道的刀口，使果中浆汁渗出，并凝结成为一种棕色或黑褐色的黏稠物（膏状物），这就是生鸦片。精制鸦片亦称"禅杜"，即经加工便于吸食的鸦片。另外还有鸦片渣、鸦片叶、鸦片酊、鸦片粉等都是鸦片加工产品，均可供吸食之用。长期吸食鸦片可使人先天免疫力丧失，引起体质严重衰弱及精神颓废，寿命也会缩短。过量吸食可引起急性中毒，导致呼吸抑制而死亡。

2. 吗　啡

吗啡是从鸦片中提取的生物碱，为白色针状结晶或结晶性粉末，有苦味，遇光易变质，溶于水，略溶于乙醇。在医学上，吗啡为麻醉性镇痛药，但久用可产生严重的依赖性，一旦失去供给，将会出现流汗、颤抖、发热、血压升高、肌肉疼痛和痉挛等明显的戒断症状。长期使用吗啡会引发精神失常，大剂量吸食吗啡会导致呼吸停止而死亡。

3. 海洛因

海洛因的化学名为二乙酰吗啡，它是由吗啡和乙酸酐反应而制成的，曾用作麻醉性镇痛药，其镇痛效力为吗啡的4倍~8倍，但不良作用则超过其医疗价值，因而在医学上早已被禁用。海洛因为白色结晶粉末，黑市品种因纯度不一，呈浅棕色至白色。

海洛因被称为世界毒品之王，是我国目前监控、查禁的最重要的毒品之一，其品种较多，较为流行的有西南亚海洛因、中东海洛因和东南亚海洛因。所谓"三号海洛因"、"四号海洛因"即为东南亚海洛因中的两种。三号海洛因中吗啡的乙酰酯化合物（二乙酰吗啡、单乙酰吗啡等）的总含量一般为25%~45%，咖啡因的含量在30%~60%，一般有掺假。四号海洛因中二乙酰吗啡含量一般在80%以上，最高可达98%。

吸食海洛因极易成瘾，且难戒断。使用之初有欣快感，无法集中精神，会产生梦幻现象。过量使用则会造成急性中毒，症状包括昏睡、呼吸抑制、低血压、瞳孔变小，甚至死亡。由于高度的心理及生理依赖性，长期使用后停药会发生渴求药物、不安、流泪、流汗、流鼻涕、易怒、发抖、寒战、厌食、腹泻、痉挛等戒断症状。

4. 大　麻

大麻学名为玛利华纳，俗称“火麻”，是当今世界上最廉价、最普及的毒品。法律所禁止的大麻并非指所有的大麻，而是专指印度大麻中较矮小、多分枝的变种。这种大麻可吸食、饮用、吞服，甚至加工后可注射。

小剂量的大麻会产生洋洋自得的欣快感。大量或长期使用大麻，会对人的身体健康造成严重损害，导致神经障碍，以及运动协调、记忆和行为障碍，影响免疫系统，引起气管炎、咽炎、哮喘发作、喉头水肿等。由于长期吸食大麻者部分或全部丧失了社会职业功能，沉湎于吸食大麻或设法获得此类物质的行为中而不能自拔，产生“无动机性综合征”、“全盘淡漠感”或“去人格化”，故常常会出现危害社会的犯罪和攻击行为。

（二）新型毒品

新型毒品主要是相对鸦片、海洛因、大麻等传统毒品而言，于近几十年发生滥用的一大类以化学合成来源为主的毒品。新型毒品西方社会称之为“舞会药”或“俱乐部药”。“舞会药”的滥用最早起源于20世纪60年代一些欧美国家，主要在夜总会、酒吧、迪厅、咆哮舞厅中被滥用。20世纪90年代后，“舞会药”在全球范围形成流行性滥用势头，滥用群体从早期的摇滚乐队、流行歌手和一些亚文化群体蔓延至以青少年群体为主的社会各阶层。“舞会药”的种类也越来越多。

根据此类毒品的毒理学性质，可以将“舞会药”分为以下四类：第一类以中枢兴奋作用为主，代表物质包括甲基苯丙胺（俗称“冰毒”）和可卡因；第二类是致幻剂，包括植物来源和化学合成的，代表物质有色胺类（如裸盖菇素）、麦色酰二乙胺（LSD）、苯烷胺类（如麦司卡林）和分离性麻醉剂（苯环己哌啶和氯胺酮）；第三类兼具兴奋和致幻作用，代表物质是亚甲二氧基甲基苯丙胺（俗称“摇头丸”）；第四类是一些以中枢抑制作用为主的物质，包括氟硝西泮和γ-羟基丁丙酯（GHB）。下面介绍几种主要的新型毒品。

1. 冰　毒

冰毒学名甲基苯丙胺，又名甲基安非他明、去氧麻黄碱，是一种无味或微有苦味的透明结晶体，形似冰，故俗称冰毒。由于该毒品可一次成瘾，其商品名为SPEED（快速丸）。冰毒是一种中枢神经兴奋剂，具有很强的精神依赖性潜力，可造成偏执，使行为举止咄咄逼人，并引发反社会及性暴力倾向，还可使吸服者失眠、产生幻觉、情绪低落，同时也严重损害内脏和脑组织，严重时导致肾衰竭及精神失常，甚至造成死亡。

甲基苯丙胺于1919年由一位日本药理学家合成。在第二次世界大战期间，甲基苯丙胺作为抗疲劳剂在士兵中广为使用。日本在战后曾经历了全国范围的流行性滥用，据估计滥用人数达55万，其中约1/10患苯丙胺中毒性精神病。20世纪90年代以来，甲基苯丙胺已成为世界上流行最快、滥用最为严重的中枢兴奋剂。根据国际禁毒署的统计，全球滥用人数达3 000万人。

2. 摇头丸

摇头丸学名亚甲基二氧甲基苯丙胺（MDMA），是甲基苯丙胺的衍生物，俗称“迷魂药”，又称“甩头丸”、“快乐丸”、“疯丸”等，常制成颜色、图案各异的片剂。这是一种兼有致幻作用的中枢神经兴奋剂，服用后表现为情感冲动、兴奋异常、自我约束力下降、听到音乐后摇头不止，并有迷幻感觉和暴力倾向。使用数次即可成瘾，轻者出现头晕、乏力、体重减轻、失眠、恶心等症状，长期使用造成慢性中毒，会出现自杀倾向、自我感消失和环境失真感、幻觉、惊恐发作、认知障碍（如记忆缺失）和回闪现象等精神障碍表现。因此，摇头丸滥用可导致大脑及其他重要生命器官和精神、行为等多方面严重损害，有些是不可逆的实质性损害，并易导致过量中毒死亡。

MDMA于1912年由德国Merck药厂合成，但一直未用于临床。20世纪90年代以来，MDMA作为一种“舞会药”在美国和欧洲一些国家的娱乐场所被广为滥用，现在波及包括亚洲许多国家在内的很多地区。近几年，摇头丸在我国渐呈泛滥之势，其主要滥用场所为舞厅、卡拉OK歌厅等公共娱乐场所。

3. K粉

K粉在医学上称为氯胺酮（KAN），是一种分离性麻醉药，具有致幻作用，20世纪70年代初用于临床，主要作为手术麻醉剂或麻醉诱导剂。氯胺酮溶液的街头黑市名称有K、Ket、Kit、Kat等，其粉、片剂的名称有Green、Purple、Mauve等。滥用者为了使用方便，常将氯胺酮溶液蒸制成白色粉末（即K粉），以鼻吸或卷入香烟中吸用。滥用氯胺酮后主要导致神经精神中毒反应，出现精神分裂症状，表现为讲话含糊不清、头昏、精神错乱、过度兴奋、幻觉、幻视、幻听、运动功能障碍、抑郁以及在药物作用下出现怪异和危险行为。有些滥用者将氯胺酮与海洛因、大麻等毒品一起使用，可导致毒品之间相互作用产生毒性的协同效应，很容易过量中毒甚至致命。

同MDMA流行性滥用情况类似，氯胺酮自20世纪90年代后期首先在西方社会，后在全球范围被广为滥用，并迅速蔓延到我国。氯胺酮滥用主要发生在一些通宵跳舞的娱乐场所（如咆哮舞厅）中，光顾这些场所的主要是一些青少年亚文化群体，他们在舞会上通宵达旦狂欢。近年来，氯胺酮在我国青少年中的滥用势头劲升。据香港的一份调查报告显示，1999年21岁以下滥用者仅占氯胺酮滥用者的1.1%，而2000年上升至44.4%，2001年达到63.3%，到2002年上半年进一步上升至70.7%。中国药物依赖性研究所的一项调查发现，我国东部地区如上海、温州等的氯胺酮滥用现象突出，这可能与这些城市娱乐业发达、娱乐场所集中以及经济较发达有关。西部地区滥用情况相对较轻，但在昆明和重庆等地有快速上升之势。因此，为切实加强对氯胺酮的日常监管，确保医疗需求，防止流入非法渠道，2004年7月5日，国家食品药品监督管理局《关于进一步加强对氯胺酮管理的通知》在将氯胺酮原料药及其制剂纳入第二类精神药品管理的基础上，又将氯胺酮（包括其可能存在的盐及其制剂）列入第一类精神药品管理。

4. γ-羟基丁丙酯

γ-羟基丁丙酯（GHB）俗称“液体迷魂药”或“G”毒，是一种无色、无味、无臭的中枢神经抑制剂，滥用后可导致欣快感，放松和行为放纵。GHB由镇静剂量转为致命剂量的安全范围很小。小剂量可引起镇静、欣快效应，过量使用可导致恶心、呕吐、意识丧失、心率减慢、呼吸抑制、惊厥、体温下降、昏迷或其他疾病发作，昏迷和呕吐可阻塞气管，导致窒息而死。特别是当GHB同其他物质，尤其是乙醇及其他中枢抑制剂合用时，其中毒致命作用增加。将GHB置于酒中饮用可增加性敏感性，并导致性暴力。GHB和氟硝西泮又被称为“迷奸药”，其特点是滥用后引起肌肉协调失控，精神错乱，具有镇静和遗忘作用。

虽然对GHB的成瘾潜力目前了解不多，但对GHB滥用者的调查显示滥用者必须不断增加剂量才能获得欣快和放松效应。此外长期滥用者在停药后可导致严重的戒断反应，包括极度兴奋、谵妄、焦虑、失眠、震颤、心率加快等精神、神经和躯体症状。

GHB滥用现象最早于20世纪90年代初出现在美国，随后在其他国家也发生滥用现象，主要是青少年在夜总会、咆哮舞厅等通宵舞会上使用，以获得轻松愉悦的感觉。此外，在其他场所和其他目的的滥用正在增加。例如，健美爱好者试图利用GHB刺激生长激素释放的作用，另有一些酒精中毒者试图用GHB摆脱其对酒的渴求。

5. 氟硝西泮

氟硝西泮又称氟硝安定，属苯二氮䓬类镇静催眠药，是白色或带黄色的结晶性粉末，镇静、催眠作用较强，诱导睡眠迅速，可持续睡眠5小时~7小时，亦有较强的肌肉松弛作用。医学上将氟硝西泮用于手术前镇静、各种失眠症以及用作静脉麻醉药（单用或诱导麻醉）。但由于氟硝西泮通常与乙醇或其他镇静催眠药合并滥用，滥用后可使受害者在药物作用下无能力反抗而被强奸，并产生顺行性遗忘，而对所发生的事情失忆，甚至可导致中毒死亡。因此，氟硝西泮和GHB都被称为“迷奸药”，近年来特别受关注。美国1992年已将氟硝西泮列为违禁药物。

以上5种新型毒品同海洛因等传统阿片类毒品相比具有精神依赖性强，而身体依赖性相对弱（除氟硝西泮外）的特点。表现在滥用后容易上瘾，从尝试性使用很快发展到强迫性滥用阶段，但在突然停止使用后不出现显著的躯体戒断症状。舞会药滥用者往往带有很大的盲目性或盲从性，往往对此类毒品的性质和滥用后果无正确的认知。滥用除导致严重身心损害外，受药物（毒品）作用影响，滥用者在极度兴奋、纵欲和放松状况下易发生各种越轨和违法犯罪行为，这对处于身心发育期的青少年危害极大，也严重影响了社会的安定团结。

三、青少年吸毒的危害

毒品的危害，总的可以概括为“毁灭自己，祸及家庭，危害社会”12个字。青少年吸毒的危害主要表现在以下几个方面：

（一）严重危害身心健康

滥用毒品直接损害人类的身心健康，这是极其明显的。

吸毒不仅破坏人的正常生理功能和免疫能力，使吸毒者染上多种疾病，而且使人精神颓废、错乱，丧失人格尊严。吸毒成瘾者从事体力和脑力劳动的能力逐渐削弱，乃至最后完全丧失，成为社会的废人，更为严重的则导致死亡。青少年一旦染上毒瘾，在个人行为上就会发生明显的改变，原本勤奋的人变得懒散，彬彬有礼的人变得孤僻自私、脾气暴躁，不关心他人，对学习工作兴趣减低。长期吸食毒品还使得青少年整日无精打采，面色晦暗，身体瘦弱。

总的说来，吸毒对自身的危害可概括为以下十个方面：

（1）导致大脑病变，影响中枢神经系统的功能。

（2）导致心脏病变，影响循环系统功能。

（3）导致呼吸系统并发症。

（4）影响消化系统功能。

（5）影响性能力。

（6）降低人体免疫力。

（7）传播艾滋病。

（8）出现自伤、自残、自杀行为。

（9）改变人格。

（10）加速死亡。

（二）家庭的不幸

一旦一个孩子吸毒上瘾就会酿成一个不幸的家庭。吸毒的费用是个“无底洞”，普通的工资收入根本不能满足吸毒的需要，有的父母爱子心切，看到孩子戒断的痛苦就会想方设法地为孩子购买毒品，不惜倾家荡产，忍受着无穷无尽的煎熬和折磨。

已婚的青年人一旦吸毒上瘾，工作、事业必然受到影响。由于工作能力受损，会导致失业、败业，继而引发经济问题甚至为满足毒瘾不惜遗弃老人、出卖子女，甚至胁迫妻女卖淫以获取毒资，直至妻离子散、家破人亡。

如果是母亲吸毒则会对后代贻害无穷。毒品可通过胎盘进入胎儿体内，出现“胎儿吸毒”，程度较轻时婴儿出生后出现戒断综合征，致使婴儿染上毒瘾成为小小的“瘾君子”，严重时可引起遗传基因的突变，造成死胎、畸胎。此外，有的小孩在成长的过程中还成为其吸毒父母亲毒瘾发作时的发泄对象。

（三）导致犯罪而危害社会

吸毒和犯罪是一对孪生兄弟。我国男性吸毒人员80％有违法犯罪行为，女性吸毒者80％从事卖淫活动，而卖淫、嫖娼活动则容易导致艾滋病传播，一些地区抢劫、抢夺案有60％～80％是吸毒者所为。吸毒的青少年在耗尽个人和家庭钱财后，为筹措吸毒费用就会铤而走险，进行以贩养吸、贪污、诈骗、盗窃、抢劫、凶杀等犯罪活动。美国政府调查表明，吸毒者用于购买海洛因的钱款中20％是抢劫获得的，45％来源于贩毒，17％来自卖淫，12％来自盗窃，即总计约94％的毒资来自刑事犯罪活动。

四、青少年吸毒的主要原因

新型毒品的出现使青少年吸毒人群的数量大大增加。根据调查统计，青少年吸食毒品的原因主要有以下几种：

（一）好奇心驱使

在对吸毒青少年的调查中，占第一位的原因就是“体会感觉”、“抽着玩”、“试一试”、

"尝新鲜"。这种青少年特有的好奇心、"试一试"的念头往往就是走上吸毒不归路的开端。

（二）寻求刺激，追求享受

一些青少年认为吸毒是时髦、气派、富有的标志，盲目追求时髦、气派。有些先富了的年轻人认为该享受的都享受了，抽一口尝尝不枉来世一回。

（三）逆反心理

有的青少年看到周围有人吸毒难戒，想为其作戒毒榜样，过分自信，导致吸毒后戒不掉。

（四）被欺骗、引诱而吸毒

一些毒贩为扩大贩毒网，经常利用青少年的无知引诱其吸毒。不少青少年吸毒者是在毫不知情的情况下被人欺骗吸毒的。

（五）受环境影响

有些青少年吸毒者，他们的父母、亲戚、朋友中有吸毒者，自己也逐渐染上毒品。

（六）负面生活因素的影响

一些感情脆弱、意志薄弱的青少年因在生活中遭遇了失恋、父母离异、学业受挫、失业待业等原因引起的苦闷、情绪低落，以致染上毒品，以解脱苦恼。

五、遏制青少年吸毒的对策

（一）以青少年为重点，抓好禁毒宣传教育

禁绝毒品，遏制青少年吸毒问题，必须广泛地开展针对性强的禁毒宣传教育活动，增强全民的禁毒意识，注意扫除禁毒宣传教育的盲区死角。教育内容主要包括以下几方面：

(1) 以在各社区和各级各类学校开展健康教育课程、举办健康教育讲座等方式，向全体青少年，特别是处于流行区域内的青少年普及毒品的有关知识，使他们充分地了解毒品的种类、吸毒的危害、识别毒品的方法，以及作为药物正常地用于治疗疾病的常识，包括适应证、效能、不良反应等。尤其应告知青少年，吸毒给自己、家庭及国家、社会带来的危害和后果。

(2) 心理卫生知识教育。对青少年在成长发育过程中的缺乏自尊心，缺乏冲动控制能力，经不起挫折，社会适应能力差，责任心不强，进取心差等心理问题，老师与家长要结合实际，多关爱他们，多做融洽的交流，对他们进行心理卫生方面的辅导，纠正他们的人格偏离和不良行为，提高他们抵御毒品的能力。

(3) 价值观教育。青少年的价值观尚在形成之中，可塑性大，引导的好坏对后来的发展起关键作用。要教育他们遵守社会规范，树立正确的人生观、幸福观，建立健康、崇高的追求目标，实现自己的幸福。禁毒教育取得实效的关键是发挥各部门的合力，教育、文化、宣

传部门及工会、共青团、妇联等群众性组织积极配合，以青少年高危吸毒人群为重点，利用多种形式，广泛开展禁毒宣传教育活动。

(4) 除了中小学外，还应重视在高校加强预防毒品危害的健康教育。

1) 采取丰富多彩的宣传方式，如墙报、宣传橱窗、知识竞赛、讲座、专题影视等，宣传毒品的危害。

2) 高校应抽专人从事禁毒教育，编辑毒品防范教材和宣传材料。

3) 将毒品防范教育与爱国主义教育、法制教育、科教兴国教育、人生观和世界观教育相结合，将其作为素质教育的重要组成部分。

4) 将理论知识同感性材料结合起来。讲解毒品的种类、来源、危害、成瘾的原因，禁毒的政策和法律知识，抵御毒品的方法，以及国内外的禁毒斗争等。还可争取公安部门的配合，定期向学生展示各种毒品，介绍毒贩吸毒、贩毒的手段，组织学生参观戒毒所。

5) 加强对大学生心理卫生的教育与咨询，使他们在面对挫折和压力时有正确的途径得到缓解，减少吸毒的诱因。

6) 重视运用同伴教育方式。同伴教育是大学生较易接受和喜欢的健康教育方式，有助于大学生树立拒绝毒品的正确态度和信念。

(二) 齐抓共管，消除染毒环境

人、药(毒品)、环境是吸毒流行的三个要素。在这些复杂的相互关系中，一方面，人必须应付艰难的环境，另一方面，药物又可诱导其意识状态改变使其面对新环境，药物使人受到影响并促使其疏远正常的环境。如何预防青少年吸毒呢?

(1) 发挥家庭和学校在青少年拒毒中的重要作用。家庭和学校是广大青少年相依相近的主阵地。家长与老师对学生的影响力是巨大的，特别是家庭所具有的亲情是青少年的情感归依。家长和学校老师要及时沟通，注意及早发现青少年吸毒的各种表现与倾向：

1) 无故旷课，学习成绩下降，纪律表现变差；

2) 在家中偷窃贵重物品，或频繁向父母、亲友索要或借用钱财；

3) 不寻常地躲在自己的房间或远离家人；

4) 行为表现得神秘鬼祟；

5) 藏有吸毒工具(如注射器、锡纸、烟斗等)；

6) 遮掩收缩的瞳孔，在不适当的场合佩戴太阳镜；

7) 为掩盖手臂上的针孔长期穿长袖衣服；

8) 食欲不振，面色晦暗，身体消瘦；

9) 情绪不稳，异常的发怒，坐立不安，睡眠差；

10) 与吸毒人员交往。

如发现青少年有以上现象，家长和老师一定要保持冷静，并控制住情绪，互相配合并结合相关专家或社会组织告诉青少年毒品的危害及易上瘾、难摆脱等特点，并以同情、谅解、关怀和爱心帮助他们停止吸毒，隔绝毒友，想办法对其进行戒毒治疗。

(2) 整治娱乐场所，开展健康活动，创建无毒社区。针对青少年多在公共娱乐场所染毒的特点，公安机关应加强对公共娱乐场所的管理和对涉毒场所的依法整治，加大处罚力度。

同时有关部门还应对娱乐场所的经营者和从业人员进行禁毒培训，让他们了解毒品，知晓放纵毒品的严重法律后果，让其与有关部门签订无毒责任书来联合禁毒。

社会各方面要在政府禁毒部门的领导下创建无毒社区。以城乡社区为单位，在社区组织下建立覆盖社区的禁毒管理机制，帮助教育吸毒人员，把禁毒责任分解落实到每个单位和个人，分片包干实现无毒目标。开展“不让毒品进我家”、“青少年远离毒品行动”的活动。

在无毒社区生活的青少年才是真正健康幸福的。消灭毒品，消除染毒环境，为青少年的健康成长创造良好的社会环境，是我们大家的共同责任。净化社会环境，创建无毒社区，解决好青少年吸毒问题是完全可能的。

第五章 卫生保健设施

卫生保健设施是保证人民健康的重要因素。

我国是社会主义国家，又是发展中国家，政府把人民卫生保健工作放在重要的地位上，采取了一系列正确的方针、政策，并取得了举世瞩目的成就。

从建立井冈山革命根据地到建立中华人民共和国，我们党提出了面向和依靠广大人民群众，实行以预防为主的卫生工作方针。“疾病是苏区中一大仇敌，因为它减弱我们的革命力量。如长岗乡一样，发动广大群众的卫生运动，减少疾病以至消灭疾病，是每个苏维埃的责任。”“我们必须告诉群众，自己起来同自己的文盲、迷信和不卫生的习惯作斗争。”“动员起来，讲究卫生，减少疾病，提高健康水平”……中国政府领导和组织了一场规模空前的全民爱国卫生运动。新中国成立后的几年内，虽然经济仍然困难，但在卫生工作方面取得了巨大的成效：控制了天花、鼠疫、霍乱等多种烈性传染性疾病以及性传播疾病、吸毒、新生儿破伤风。人口预期寿命由新中国成立前的 35 岁延长到 73 岁（2008 年），婴儿死亡率由新中国成立前的 200‰降到 2008 年的 15.3‰。

人民健康状况和卫生条件已有明显改善。卫生保健和医疗预防设施建设有了很大发展。1987 年医生人数较 1949 年增加了近 3 倍，病床数增加了 30 多倍。卫生防疫机构有了很大的发展，还建立了生物制品研究所、药物检验所、海关和出入境卫生检疫所、流行病和寄生虫病以及地方病防治机构，形成了较完整的预防保健服务体系。

但是，随着社会的发展，卫生保健事业已显得相对滞后。近年来 SARS、禽流感的发生就把问题突显出来，卫生事业体制改革不成功，已经消灭了的传染性疾病死灰复燃，新的传染性疾病的发生让我们瞠目结舌，江河污染、生态环境破坏严重，中国大多数人对于卫生保健事业受益较少，农村情况更加严重。文明病肆虐，医药费高昂，医德医风下降……有鉴于此，近年来，政府正积极采取有力措施，改革体制上的问题；加大投入，建立一套疾病控制系统，预防传染性疾病；加强健康教育，预防文明病；解决医疗工作中的问题。

第一节 三级预防措施

以预防为主是一切卫生工作都必须贯彻的指导方针。“三级预防”（也称综合预防）是卫生工作贯彻以预防为主方针的重要体现和措施。“三级预防”即以全民为对象，不同层次、全方位地针对无病期、发病期和康复期各个环节，把以防病为中心的医疗预防服务搞好。

第一级预防：又称病因学预防。它主要是针对无病期，采取消除或控制各种危害健康的有害因素，并能增进健康的各种措施，以防止健康人群发病。对病源或致病因素及致病条件明确的疾病，如某些地方病、传染性疾病和职业病等应以采取第一级预防为重点。预防接种作为某些传染性疾病的预防措施，已经被证明是第一级预防颇有成效的方法。

第二级预防：又称发病学预防或临床前期预防。它主要针对发病早期，采取早期发现、早期诊断、早期治疗的“三早”措施，以预防疾病的发展和恶化，防止复发或转变为慢性疾病等。对病源或致病因素及致病条件尚不完全明确的疾病，如大部分肿瘤、脑血管疾病等应采取综合预防措施，特别是应以第二级预防为重点。

第三级预防：又称病残预防。它主要针对发病期和康复期，采取各种有效治疗和康复措施，以预防病情恶化，防止并发症和伤残的发生，促进康复，恢复劳动和生活能力。

第二节　人人享有卫生保健

世界卫生组织的全球卫生战略目标：人人享有卫生保健。这是一个具有划时代意义的全球性社会目标，使人类在卫生与发展进程中迈进了新的历史时期。

一、人人享有卫生保健的认识

人人享有卫生保健是指人们在家庭、学校、工作岗位上从小到老一生都能方便地享受到几种应当享有的卫生保健服务，以预防疾病，减少残疾，能健康地度过一生。不同国家、地区或人群间应当能均匀地分配卫生资源，使人们懂得自己有力量摆脱疾病的桎梏，创造自己及家庭的健康和幸福的生活。

世界卫生组织有以下几点政策性的认识：

(1) 健康是一项基本人权，是全世界的一项共同目标。

(2) 当前，世界各地人民健康状况存在着巨大的差异，这种差异应当加以缩小。因此，要求各国内部和各国之间平均分配卫生资源，以便人们普遍都能得到初级保健服务。

(3) 人民有权利也有义务参加他们自己的卫生保健计划的实施。

(4) 政府对人民的健康负有责任。

(5) 各国要使自己的全体人民获得健康，必须坚持自力更生的精神，同时也需要国际合作，但国际合作必须尊重本国的自力更生精神。

(6) 实现人人享有卫生保健的目标，不能单纯依靠卫生部门的努力，还需要其他社会、经济部门的协作，特别是需要农业、畜牧业、粮食、工业、教育、住房和交通等部门协调一致的合作。

(7) 应当更充分和有效地利用世界资源来促进卫生事业的发展。

二、人人享有卫生保健的目标

人人享有卫生保健的具体目标是：

(1) 在全世界各国，人人都能方便地享有初级卫生保健和第一级转诊设施的服务。

(2) 人人都积极参加自己及其家庭的保健工作，参加社区的卫生活动。

(3) 各地都有基层的卫生保健组织，都能在其政府指导下承担服务范围内所有居民的卫生保健责任。

(4) 各国政府都对其人民的健康负起责任。

(5) 人人都享有安全的饮水和环境卫生设备。

(6) 人人都能得到足够的营养。

(7) 所有的儿童都接受了预防主要传染性疾病的免疫接种。

(8) 发展中国家的传染性疾病发病率大幅度下降。

采取一切可能的措施，通过改变生活方式，控制和改造自然、社会和心理环境，以预防和控制非传染性疾病，并促进精神卫生。

第三节　初级卫生保健

世界卫生组织提出：推行初级卫生保健，是实现人人享有卫生保健目标的基本策略和途径。

初级卫生保健，又称基层卫生保健，是指基层卫生机构，如城市的街道卫生院、农村卫生院、卫生室、厂矿企业保健站、学校医务室等所应当担负的卫生保健工作。WHO对初级卫生保健的解释是：从需要来说是必不可少的；从受益面来说是每个人都能享有的；从方法来说是科学的、可靠的又是能普遍接受的；从费用来说是能负担的；从工作来说是个人、家庭、全社会每个人都能积极参加的。也就是说，初级卫生保健是最基本的、体现社会平等权利的、人人都能享有的保健措施，它面向全社会，是社会发展规划的组成部分。因此，初级卫生保健是国家卫生保健体系同个人、家庭、社团联系的第一环，它使卫生保健工作最大限度地进入到人们的生活和工作中。

基层卫生保健在我国已有较长的历史，也积累了丰富经验。新中国成立初期，我国首先着手建立和健全了县级卫生机构，同时把村、镇中的开业医生组织起来，成立联合诊所，为农村基层培训不脱产的卫生员和接生员。20世纪50年代后期，随着合作医疗制度的发展，形成了县、乡（镇）、村（队）三级医疗卫生网，依靠这支力量在农村中广泛开展了防治疾病和爱国卫生运动，取得了很大成绩。在城市，市（区）级综合医院、专科医院、街道卫生院、居民委员会卫生室分级分地段划区开展医疗保健，也是行之有效的。1979年WHO与我国卫生部合作，先后在山东掖县、上海嘉定县、广东从化县和内蒙古科左旗建立了国际初级卫生保健合作中心，我国的基层卫生保健工作得到了WHO的赞赏和支持。1981年我国卫生部与美国卫生部专家合作对上海市的卫生服务进行了研究，进一步证实了中国农村基层卫生保健工作使农民健康水平逐步得到提高。1982年WHO、联合国开发计划署、联合国儿童基金会和世界银行在山东掖县召开了初级卫生保健区间讨论会。在会上我国介绍了农村基层卫生工作的概况和基本经验。

初级卫生保健的工作内容包括了增进健康、预防疾病、及时治疗和康复防残等四个方面，具体的任务有以下八项：

(1) 积极开展针对当前主要卫生问题及其预防和控制方法的健康教育，在本区范围内普及卫生科学知识，提高居民积极参与卫生保健活动的自觉性。

（2）改善食品供应，保证人人有适宜的营养。

（3）提供充分的安全饮水，保证基本的生产、生活、学习和居住环境卫生。

（4）开展妇幼保健工作，做好优生、优育的计划生育工作。

（5）针对主要传染性疾病进行计划免疫接种。

（6）预防和控制当地的主要流行病。

（7）妥善治疗常见病、创伤，搞好急症的急救工作。

（8）供应基本药物。

1981年WHO又对上述八项工作予以补充，增加了预防和控制非传染性疾病和促进精神卫生的内容，并明确提出了预防职业病、肿瘤和由不良生活方式所致的慢性疾病的任务。由此可见，初级卫生保健提供的不仅是治病防病的措施，也是一种医疗、预防和康复的综合卫生服务。

1989年卫生部参照世界卫生组织提出的人人享有卫生保健最低限度标准，从我国实际情况出发，在总结我国卫生工作经验的基础上，制定了关于我国农村实现人人享有卫生保健的规划目标（以下称《规划目标》），提出了具体指标，并且把推行初级卫生保健作为实现这一目标的基本措施，于1990年3月由卫生部、国家计划委员会、农业部、国家环境保护局和全国爱国卫生运动委员会联合发布执行。《规划目标》中提出了不同地区人人享有卫生保健的最低限度标准。

近三年的试点工作表明，《规划目标》的具体指标概括了当前我国农村卫生事业各方面的主要工作，符合我国社会主义初级阶段的国情，实施初级卫生保健是以较少的投入改变农村落后的卫生面貌，提高农民健康水平，减轻因疾病带来的经济损失和身心负担的有效途径。

1985年以来，我国上海、北京、哈尔滨、烟台等城市，相继开始了对城市初级卫生保健的实践和理论的探索，积累了一些经验，并引起了世界卫生组织的重视。1990年8月世界卫生组织在上海市虹口区成立了全球第一个“城市初级卫生保健合作中心”。世界卫生组织在近期发表的关于城市卫生工作的报告中提出：“无论是发展中国家还是发达国家，解决城市的卫生问题首先是实施城市初级卫生保健。实施初级卫生保健不仅确保农村人民达到尽可能高的健康水平，而且是解决城市卫生问题的有效途径。”

2007年11月，卫生部联合WHO在北京召开中国农村初级卫生保健发展国际研讨会，WHO总干事陈冯富珍表示，WHO将重振初级卫生保健，中国政府发出了优先解决农民健康的《北京倡议》。

2009年4月6日，中共中央国务院正式公布了《中共中央国务院关于深化医药卫生体制改革的意见》，提出“有效减轻居民就医费用负担，切实缓解‘看病难、看病贵’”的近期目标，以及“建立健全覆盖城乡居民的基本医疗卫生制度，为群众提供安全、有效、方便、价廉的医疗卫生服务”的长远目标。

新医改方案，从我国国情出发，借鉴国际有益经验，着眼于实现人人享有基本医疗卫生服务的目标，着力解决人民群众最关心、最直接、最现实的利益问题。坚持公共医疗卫生的公益性质，坚持预防为主、以农村为重点、中西医并重的方针，实行政事分开、管办分开、医药分开、营利性和非营利性分开，强化政府责任和投入，完善国民健康政策，健全制度体系，加强监督管理，创新体制机制，鼓励社会参与，建设覆盖城乡居民的基本医疗卫生制度，将不断提高全民健康水平，促进社会和谐。新医改方案的出炉，体现了国家对人民的健康的重视。

第六章　性与健康

性健康是一种与性相关联的身体、情感、精神和社会的和谐状态。要获得性健康需要以一种积极的和体面的方式去对待性和性关系，获得愉悦和安全的性经历，而没有胁迫、歧视和暴力。大学生性健康包括性生理健康、性心理健康以及具有正确的性观念、高尚的性道德和健康的性行为。

长期以来，由于受到封建思想的禁锢，我国的家长和教师往往羞于在孩子面前谈及性的问题。这阻碍了我国性教育的实施和推广，并由此而引发了大学生婚前性行为、未婚先孕、性传播疾病患病率上升等一系列社会问题。因此，对我国处于性生理功能成熟、性观念薄弱、性心理不稳定的大学生给予及时的性健康教育，将有助于他们的身心健康和社会的和谐。

第一节　性生理的基本常识

一、生殖器官

生殖器官即性器官，在现代社会，其功能已不单纯是生殖衍生后代，而是性生活的重要组成部分。性生理的教育包括生殖器官的生理构造与生理卫生的讲解。当前，很多处于青春期的大学生对于性器官生理常识、性保健常识知之甚少；对于手淫是否有害健康、流产会对女性造成怎样的伤害，以及月经紊乱、乳房发育异常等知识都不了解。适时恰当的性教育，将有助于这些处于青春期的少男少女正确地认识自己，正确对待身体的发育变化。

（一）女性生殖器官

1. 女性内生殖器官

女性内生殖器官包括阴道、子宫、输卵管及卵巢，其中输卵管及卵巢常被称为子宫附件（图 6－1）。

（1）卵巢：卵巢是女性的性腺，也是女性的主要性器官。卵巢位于盆腔内子宫的两侧，阔韧带后方输卵管之下。左右各一个，呈卵形，色灰白。卵巢系膜与阔韧带后叶相连，内侧借卵巢固有韧带与子宫相接，外侧与盆漏斗韧带相连。

卵巢是产生卵子和分泌雌性激素的器官，在下一次月经前的第 14 天左右（排卵日）排卵，通常只排出 1 个卵子，偶尔会排出 2 个卵子。女性一生中共约排出 400 个卵子。

（2）输卵管：是一对形状像喇叭的细长管子，位于子宫底的两侧，细端与子宫体相通，

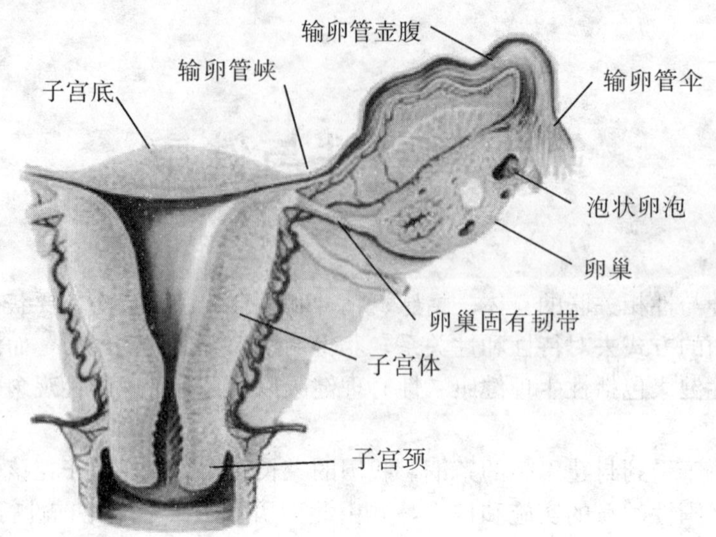

图 6－1　女性内生殖器官

粗端的喇叭口接近卵巢。输卵管的主要功能是输送卵子。

输卵管由内向外可分为间质部、峡部、壶腹部及伞部四部分。间质部，为通过子宫肌壁的部分，管腔狭窄；峡部，为紧连子宫角的较狭窄部分；壶腹部，为位于外侧的较宽大部分；伞部又称漏斗部，为输卵管末端，形似漏斗，游离端呈伞状，开口于腹腔。

输卵管由浆膜层、肌层及黏膜层三层组成。黏膜有很多皱襞，愈近伞端愈厚，皱襞也愈多。黏膜表面为单层高柱状细胞，其中有分泌细胞及纤毛细胞，纤毛向宫腔方向摆动。炎症可造成黏膜粘连，致管腔变窄或堵塞，可引起输卵管妊娠或不孕。肌层与黏膜相反，愈近子宫愈厚，收缩时使输卵管向宫腔方向蠕动，加上纤毛的摆动，有助于卵子或受精卵向宫腔输入。

（3）子宫："子宫"顾名思义就是"孕育孩子的宫殿"，是胚胎和胎儿发育的地方。它是肌性的空腔器官，形状像一个倒放的梨，前后稍扁，位于盆腔中央，在膀胱与直肠之间，连接阴道和输卵管。

子宫腔内覆盖子宫内膜。从青春期到围绝经期（更年期）受卵巢激素的影响，子宫内膜发生周期性变化并产生月经。性交后，子宫是精子达到输卵管的通道。受孕后，子宫是胚胎着床、发育生长的地方。分娩时，子宫收缩，胎儿及附属物娩出。

（4）阴道：在内生殖器的最下方，下端开口于阴道前庭处，呈扁平的管状，外窄内宽，上端有子宫颈凸出。阴道环绕子宫颈周围的部分，称为"阴道穹隆"，分为前后左右四个部分，以后穹隆较深。阴道前壁以一层较薄的疏松结缔组织与尿道及膀胱相隔。后壁上段仅由很薄的组织（阴道壁和子宫直肠陷凹的一层腹膜）和腹腔隔开，中段以一层较薄的疏松结缔组织与直肠相隔，上段和出口分别与直肠及会阴相毗邻。

阴道黏膜有很多皱褶，伸展性很大。在性冲动时，黏膜分泌的液体能润滑阴道和阴茎。平时，阴道的前后壁紧贴，阴道内通常保持 pH 值为 4.5 左右的微酸环境，有防止致病菌繁殖的作用，称为阴道的"自净作用"。

阴道不仅是女子性交的器官，也是排出经血和分娩胎儿的通道。经期由于经血流出而破坏了原来封闭的状态，也使得 pH 值发生变化，导致阴道的自净作用减弱。阴道里经常分泌的少量黏液状物质，犹如白色半透明鸡蛋清样，既无味，又无刺激性，称为白带，起润湿作用。在经期前后分泌液稍有增加，但一般无异样感觉或异味。若白带增多、黏稠、有臭味、呈白色豆渣样或乳酪样，则可能是阴道炎症，应及时到医院诊治。

2. 女性外生殖器官

女性外生殖器官又称外阴，指女性生殖器官的外露部分，包括阴阜、大阴唇、小阴唇、阴蒂、前庭、前庭大腺、前庭球、尿道口、阴道口和处女膜（图 6-2）。

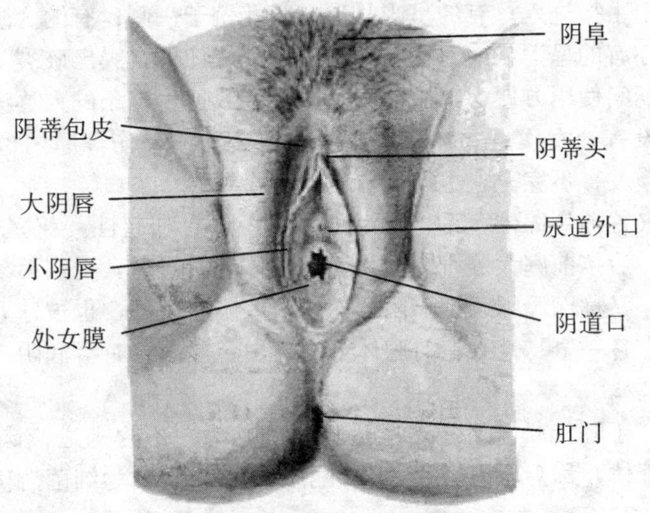

图 6-2　女性外生殖器官

（1）阴阜：为耻骨联合前面隆起的外阴部分，由皮肤及很厚的脂肪层所构成，是女性较敏感的性感区。青春期阴阜皮肤上开始生长阴毛，阴毛分布呈尖端向下的三角形。

（2）大阴唇：为外阴两侧、靠近两股内侧的一对长圆形隆起的皮肤皱襞，前连阴阜，后连会阴。左、右大阴唇前端会合成前联合，后端会合成后联合，后联合位于肛门前，但不如前联合明显。大阴唇有较厚的皮下脂肪组织，富含弹力纤维及静脉丛，受伤后易形成血肿。未婚妇女的两侧大阴唇自然合拢，遮盖阴道口及尿道口。经产妇的大阴唇由于分娩影响而向两侧分开。

（3）小阴唇：为一对黏膜皱襞，位于大阴唇的内侧，表面湿润。小阴唇左右两侧的上端相互联合，其上方的皮褶称为阴蒂包皮，下方的皮褶称为阴蒂系带。阴蒂位于小阴唇间。小阴唇的下端在阴道口下会合，称为阴唇系带。小阴唇黏膜下有丰富的神经分布，故感觉敏锐。

（4）阴蒂：位于两侧小阴唇之间的顶端，是一个长圆形的小器官，末端为一个圆头，内与一束薄的勃起组织相连接。女性的阴蒂与男性阴茎的龟头一样，有勃起性。其勃起组织是一种海绵体组织，有丰富的静脉丛及神经末梢，故感觉敏锐，是女性性兴奋最敏感的部位，受伤后易出血。

（5）前庭：为两侧小阴唇所圈围的菱形区。其表面有黏膜遮盖，上部近似三角形，三角形的尖端是阴蒂，底边是阴唇系带，两边是小阴唇。阴道开口在前庭下部，尿道开口在前庭上部。此区域内还有前庭球和前庭大腺。

（6）处女膜：为遮盖阴道口的一层不完全封闭的黏膜。处女膜中间有一孔，经血即由此流出。处女膜孔的大小及膜的厚薄各人不同。处女膜破裂后，成处女膜痕。第一次性交时，处女膜被撕裂或被穿透，往往伴有少量的流血，有时出血量较多，并有不同程度的疼痛。

根据处女膜的完整性来判断一个女人的贞洁是不公正的。首先，处女膜的形状是多种多样的，其孔的大小和膜的厚薄、弹力、韧性程度各人可有不同，只有有经验的妇科医生才能区别处女膜是否完整。处女膜孔通常为圆形、椭圆形或锯齿形，有的只有针尖大小，但有的孔很大，可以容一个手指进入；有的呈半月形，膜孔偏于一侧；有的为隔形孔，有两个小孔上下或左右并列；亦有的呈筛状或毛缘状，看上去就好像处女膜已破裂了似的。其次，在现代社会中，在月经期间使用方便、舒服的内用卫生塞或卫生棉条的人逐渐增多，周期性使用会使女性很少甚至没有处女膜。此外，女性因剧烈运动或外伤等原因也可能造成处女膜破裂。有的女性处女膜发育不完全，也可能看不出处女膜。

（7）前庭球：又称球海绵体，系一对海绵体组织，有勃起性。前庭球位于阴道口两侧，前与阴蒂静脉相连，后接前庭大腺，表面为球海绵体肌所覆盖，受伤后易出血。

（8）前庭大腺：又称巴氏腺，位于阴道下端，大阴唇后部，也被球海绵体肌所覆盖。腺体如小蚕豆大，左右各一个。性兴奋时腺体分泌黄白色黏液，有滑润阴道口的作用。正常检查时不能摸到此腺体。

（9）尿道口：介于耻骨联合下缘与阴道口之间，为一不规则之椭圆小孔，尿液由此流出。其后壁有一对腺体，称为尿道旁腺，开口于尿道后壁，常为细菌潜伏之处。

（二）男性生殖器官

男性生殖器官可分为内生殖器官和外生殖器官两部分，包括阴茎、尿道、前列腺、精囊、输精管、附睾及睾丸，这些器官大部分要到青春期才会完全成熟。

1. 男性内生殖器官

男性内生殖器官由睾丸、附睾、输精管、精囊等器官组成（图 6－3，6－4）。

（1）睾丸：是男性的性腺，也是男性的主要性器官。睾丸悬吊于阴囊内，呈卵形，左右各一个，是产生精子和分泌雄性激素的器官。其生成的精子中部分含有 X 染色体，如果使卵子受精，则受精卵发育为女婴。另一部分精子含有 Y 染色体，如果使卵子受精，则受精卵发育成男婴。睾丸分泌的雄性激素维持男性的第二性征，如喉结突起、胡须生长、骨骼肌发达，同时维持性功能。

（2）附睾：位于睾丸上缘后方，呈扁平状，左右各一，分为头部、体部、尾部。附睾的功能是储存刚由睾丸制造出来的精子，并使其继续生长发育，达到成熟并具有活力。此外，附睾也是把精子输送到体外的管道。

（3）输精管和尿道：输精管一端与附睾相连，另一端开口于尿道，左右两侧各一根。在射精或遗精时，精液通过输精管、尿道排出体外。

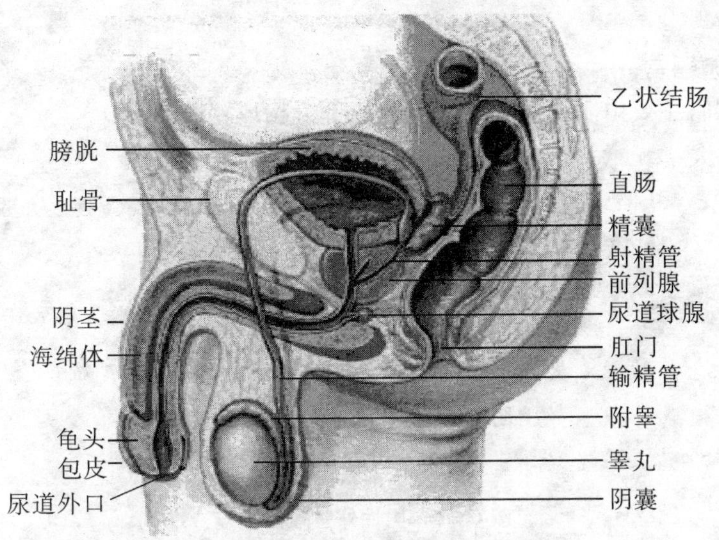

图 6－3　男性骨盆正中矢状面

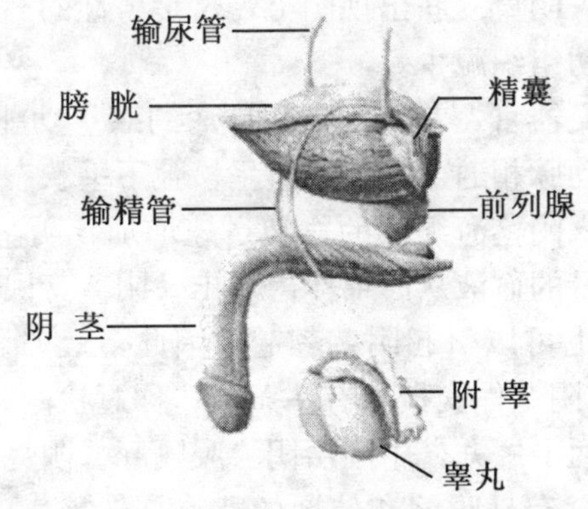

图 6－4　男性生殖器官

男性尿道既可排尿，又可排精，具有双重功能。尿道穿越前列腺，并在其中接受精囊的分泌管、输精管及前列腺的分泌管。尿道可分为阴茎部（海绵体部）、球部、膜部和前列腺部。

（4）精囊：精囊为一扁椭圆形囊状器官，位于膀胱后方、前列腺上方，左右各一个。精囊主要由迂曲的小管组成，下端与输精管会合成射精管。精囊能分泌黏液，便于精子运动。其作用是储存精液而非精子。

（5）前列腺：是分泌精液的主要腺体，呈栗子形，位于膀胱的正下方，包围着尿道的腹腔开口，有很多分泌小管，可将其分泌物注入尿道中。前列腺的间质中混有大量的平滑肌，较坚硬。腺导管最后汇合成 20 条～30 条，开口于尿道前列腺部。

当成熟的精子通过输精管进入精囊，与精囊、前列腺分泌的液体共同组成精液。当性兴奋达到一定阈限，前列腺收缩，引起射精。绝大多数未婚青年会在 2 周左右或更长时间发生一次无性活动的射精，即通常说的遗精。

小儿前列腺较小，性成熟期生长迅速。老年人前列腺腺组织退化，结缔组织增生，造成前列腺肥大。

2. 男性外生殖器官

男性外生殖器官主要由阴阜、阴茎和阴囊三部分构成（图 6－5）。

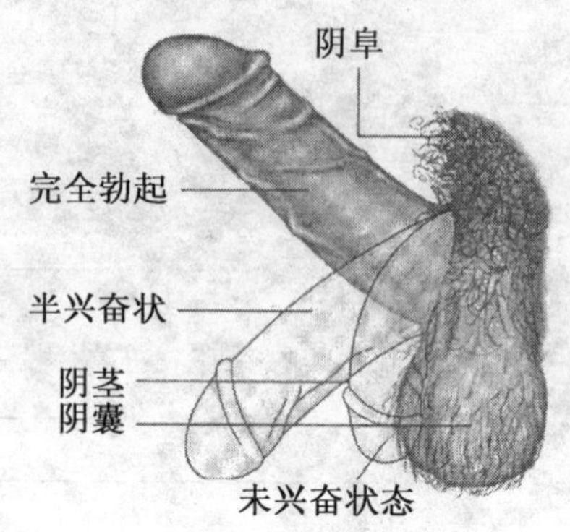

图 6－5　男性外生殖器官

(1) 阴阜：位于耻骨联合前方，由皮肤及皮下脂肪组成，含有丰富的皮脂腺及汗腺，呈三角形，底边在上。青春期，阴阜皮肤出现阴毛，这是男性的第二性征之一。男性阴毛分布呈菱形。中年以后阴阜的脂肪组织减少。

(2) 阴茎：是男子的性交器官，兼有射精和排尿的双重功能。阴茎由三条海绵体组成，海绵体内有许多血窦直接与动脉相通。阴茎平时呈松弛下垂状态，当人体接收外界性刺激产生性冲动时，动脉扩张，流入阴茎海绵体的血液迅速增加，阴茎勃起后坚挺、增长、增粗。当解除神经刺激作用后，大量的血液从海绵体内流出，阴茎又回复到原来的状态。睡眠时充盈的膀胱压迫而刺激神经，也可以引起阴茎勃起，因此清晨时阴茎可呈勃起状态，即“晨勃”。阴茎顶端为龟头。其与阴茎体交接处有一条沟，称冠状沟。

(3) 阴囊：阴囊内容纳两个睾丸，中间由阴囊膜隔开。阴囊的皮肤薄而柔软，含有丰富的汗腺，并有少量阴毛。阴囊有易收缩和伸展的特点，外界气温升高或体温升高，阴囊舒张，以利散热；外界气温过低，阴囊收缩，利于保温，从而调节阴囊及睾丸的温度，以利睾丸内的精子正常生长发育。所以，男青年不应该穿裤裆过紧的裤子，以免影响阴囊形态的变化而不利于睾丸内精子的生长发育。

二、乳腺的发育及保健

1. 乳腺的发育

乳腺自胎儿发生到老年退缩均受激素的影响。10 个初生儿中可能有 6 个会出现乳腺某种程度的生理活动，如出现乳头下肿胀、有硬结，从乳头内可挤出乳汁样的分泌物等，这是由于母体的激素进入婴儿体内所致。这些现象一般在出生后 3 天～4 天出现，1 周～3 周后消失。

女性的青春发育期是从有性变化开始到成熟的阶段，历时 2 年～5 年。一般认为，月经来潮前 3 年～5 年乳腺即开始发育，我国女孩乳腺开始发育的时间是 10 岁～13 岁，到 16 岁～19 岁时发育成挺而坚实的半球或圆锥等形状，形成健康成熟的女性体态。经常食用含有激素的饮料和食品的女童，乳腺发育常常提早。

女性乳腺开始发育时，整个乳腺、乳晕、乳头都相继增大，乳头和乳晕的色泽加深。一年以后在乳头下可触及盘状物，少数可由单侧开始，易被误认为肿瘤。一般情况下，乳腺发育成均匀的圆锥形，乳头与乳晕的发育成比例，但乳晕的发育与乳腺的发育更为密切。此期整个乳腺的增大主要是纤维组织和皮下脂肪增多所致。部分女性可伴有乳腺疼痛，但随着年龄的增加，其疼痛可缓解。上述变化都是在雌激素影响下出现的，若雌激素刺激过强，就可引起乳腺的全面肥大或局部形成“纤维腺瘤”。

男性乳腺发育晚于女性，部分男孩在乳腺发育期可出见乳腺较前突出，乳头下可触及纽扣大的硬结，有轻度疼痛，一般在一年或一年半后逐渐消退。若继续发展，则属于一种病理性改变，称之为“男性乳腺肥大症”。

2. 乳房的大小

正常乳房位于胸前两侧。成年女性因有发育增大的腺体，乳房可呈半球或轻度下垂的半锥等形状。其上缘起自第 2 肋骨；下达第 5 肋骨水平；外侧缘至腋前线；其外上方向腋部伸延，形成乳房“尾部”。乳腺后面与胸大肌筋膜之间的疏松结缔组织连接，使其得以相对固定但又能移动。

乳头位于乳房的中央部，为一色素较深呈棕色的突起。乳头的皮肤粗糙，呈颗粒状，内有 15 个～20 个乳腺导管开口。乳头周围的一圈与乳头颜色相同的棕色皮肤即乳晕。乳晕皮肤较薄，但表面有皮脂腺开口，内有皮脂腺、汗腺和丰富的淋巴组织。妊娠后，乳晕区范围扩大，色泽加深。

乳房的形态、大小，随人种、年龄、发育、营养、体型，以及不同生理时期等因素影响而存在着较大的个体差异。因此，乳房的大小没有统一的标准。

一般来讲，成年女性的乳房两侧大小基本相等，并对称或略有大小差异。曾有哺乳史的乳房多数有些下垂，左右大小略有不同，常见左侧比右侧大，这与哺乳习惯有关。育龄妇女中，身材胖的女性，由于脂肪组织较多，乳房也会大一些；而身材单薄的女性，则脂肪组织较少，乳房会比较小。这种情况下的小乳房，可能是由于体质因素造成的，也可能是由营养不良等因素造成的，均属正常范围之内，一般不会影响今后的结婚、生育以及哺乳。对其中的营养不良造成的乳房较小者，应有意识地增加营养，加强锻炼，在增强身体素质的同时，也会使乳房更健美。但千万不可为了丰胸而滥用内服或外涂激素制剂，对于市面上风行的丰胸器和隆胸术（研究证实植入硅胶有致癌可能），更不必去尝试。

正处于生长发育中的女孩应重视青春发育期乳房的保健。有些女孩对自己乳房的发育感到惶惑而羞怯，故意穿很紧的内衣，这样会限制乳房的正常生长发育。

有的妇女两侧的乳房大小可以略有不同或不对称，但其外形轮廓却始终浑圆、光滑、平整。如果双侧乳房外形明显不对称，一侧位置高一侧位置低，一侧乳房大一侧乳房小，或一侧隆起一侧扁平，都属于异常情况。病变乳房通常都是肿大的一侧乳房，如炎症、肿瘤、产妇乳腺积乳。有的一侧或双侧乳房肥大，下垂到脐部或耻骨联合处，如巨乳症。

3. 乳腺小叶增生和乳腺纤维腺瘤

月经周期与乳腺发育的关系甚为密切，有的女性的乳房在经期前能触到增厚、变硬、与周围界限不清的片状结节，这是常见的乳腺小叶增生。有时伴乳房轻度疼痛和压痛，甚至可有少量乳头溢液。经期后，疼痛通常会减轻或消失，可不必担心。但需要重视的是大约 5%

的小叶增生会发生癌变，所以仍然要做好预防工作。如果发现乳腺小叶增生持续存在，并有增长的趋势，应到医院做进一步的检查。

另外，有的人乳房会出现单个的肿块，摸起来质地较硬且无疼痛，边界清楚、光滑、活动，不随月经周期而发生变化，此类肿块多为乳腺纤维腺瘤。这是一种发生于乳腺小叶内纤维组织和腺上皮的混合性瘤，是乳房良性肿瘤中最常见的一种，可发生于青春期后任何年龄的女性，但以 18 岁～25 岁的青年女性多见。本病的发生与内分泌激素失调有关，如雌激素水平升高可引起本病。临床上本病以无痛性乳房肿块为主要症状，很少伴有乳房疼痛及乳头溢液。至于乳腺纤维腺瘤是否会发生恶变，一般认为，极少有发生上皮成分的癌变，但有少数病例可发生纤维成分的肉瘤变。所以，如果疑为乳腺纤维腺瘤应及时就医行手术切除，这样既可防止肿瘤继续增长，又可明确诊断。纤维腺瘤在完全切除后不会复发，但可在乳腺其他部位发生。

4. 日常生活中乳房的保健

很多女大学生的身体仍在发育阶段，平时学习繁忙，加上活泼好动、运动量大，经常出汗，所以这个时期的乳房保健一定要注意以下几方面：

(1) 营养充足，保持乳房的肌肉强健、脂肪饱满。

(2) 行坐端正，保持优美的体态，特别是不能含胸，应抬头、挺胸、收腹、直膝，充分展示女性的风采。

(3) 根据自己乳房的情况佩戴质地柔软、大小合体的文胸，使乳房在呈现优美外形的同时，能得到很好的固定、支撑。

(4) 注意保护乳房免受意外伤害，在拥挤的公共汽车以及逗弄小孩时尤其应注意。

(5) 注意乳房的清洁，经常清洗乳房，特别是乳头、乳晕部的油性分泌物，但不要挤压。这一点对于那些先天性乳头凹陷者来讲尤为重要。

(6) 定期对乳房实施自我检查，定期到专科医生处做乳房部的体格检查，在自我感觉不适或检查发现问题时应及时就诊以利早期诊断、早期治疗各种乳房疾病。

(7) 保持心情平和，防止过度抑郁、生气及情绪激动。良好的精神状态对人的身体健康十分重要，当情绪不佳及精神紧张时，人体内环境的平衡状态受到干扰，可能会成为许多疾病的诱因。

5. 乳腺自我检查方法

(1) 洗澡时检查乳房：洗澡时，皮肤擦了香皂后变滑润，有利于发现异常情况，此时用右手触摸左侧乳房，用左手触摸右侧乳房，注意有无局部增厚或肿块。

(2) 在镜前检查乳房：检查时将两上肢举起，注意乳房有没有局部隆起、凹陷以及乳头有无改变。然后将两手叉腰，用力撑在腰髋部，使胸肌紧张后检查乳房有无变化。检查时，要特别注意两侧乳腺是否对称，对于不对称的改变，应予以高度重视。

(3) 躺在床上平卧时检查乳房：躺下平卧，假如检查右侧乳房则在右侧肩背部垫一个小薄枕头，将右手枕在头下，这样可使乳腺组织比较均匀地暴露，便于检查。将左手除大拇指外的四指靠拢，放平，轻轻触按乳房，手指按一定方向、顺序检查，做圆周运动。再按同样的方法检查左侧乳房。最后挤压乳头，注意有无液体流出。同时应检查两侧腋窝，注意有无肿大的淋巴结。

6. 乳腺自我检查应注意的问题

（1）乳腺自我检查的目的是发现乳房外形是否改变，乳房有无局部隆起、凹陷、红肿及其他改变；乳头有无凹陷、溢液；乳房内有无肿块。如果出现这些情况，应及时到医院就诊。

（2）乳腺的实际分布远远超过乳房隆起的部分，外上部分可延伸至腋下，上下左右均有很薄的腺体延伸出来，因此检查的范围应包括整个前胸。

（3）触诊时的手法应正确。正确的手法是手掌平伸，四指并拢，用最敏感的示指、中指、环指的末端指腹轻轻触摸或大面积揉按。可以用中指固定，其他两指触按。切不可用手抓捏乳房，因为用手抓捏会将肿块与正常腺体混淆，无法做出正确的判断。常常见有的妇女用手抓捏乳房后，触到有类似肿块的感觉而忧心忡忡，给自己增加许多心理负担。

7. 男子乳房的保健

正常男子的乳房发育程度很低，所以常常被遗忘，几乎从来不会想到乳房的保健。其实，乳房作为一个位于体表的器官，男性也应对其重视才是。

在青春发育期，有40%～70%的男孩会出现不同程度的乳房发育，常常表现为乳房内有结节伴局部疼痛、压痛。青春期的男子乳房发育，大多数可于1年～2年内自行消退，因此不必形成思想负担。另外，青春期的男孩正处于读书时期，有时为了应付考试、提高成绩，家长会给孩子买一些滋补品，而含有激素的补品有可能引起男孩乳房的异常发育，所以应谨慎服用各种滋补品。

第二节　性生理上的特殊问题及异常问题

一、遗　精

遗精是指不因性交而精液自行泄出的现象，有生理性的，也有病理性的。中医将精液自遗现象称遗精或失精。有梦而遗者称为“梦遗”，无梦而遗，甚至清醒时精液自行滑出者为“滑精”，可见于包茎、包皮过长、尿道炎、前列腺疾病等。有梦而遗往往是清醒滑精的初起阶段，梦遗、滑精是遗精轻重不同的两种情况。

（一）梦　遗

梦遗是指睡眠过程中，做梦时遗精。梦遗可以是性梦引发的结果，也可以是由于被褥过暖、内裤过紧，衣被对阴茎刺激或阴茎受压的结果。梦遗前的性梦可能是很含糊的，有的梦遗后无法回忆性梦中的主要情节；有些人在清晨醒来时能清楚地回忆梦中所发生的事件。实际上，性梦是潜意识的反映，往往与幻想和经历有着某种联系。

（二）滑　精

滑精又称“滑泄”，指夜间无梦而遗，甚至清醒时精液还会自动滑出。滑精是遗精的一种，是遗精发展到了较重的阶段的表现。

（三）生理性遗精与病理性遗精

1. 生理性遗精

生理性遗精是指未婚青年或婚后分居者，无性交的排精。一般 2 周或更长时间遗精 1 次，不引起身体任何不适。阴茎勃起功能正常，可以无梦而遗，也可有梦而遗。

2. 病理性遗精

病理性遗精比较复杂，诸多病因均可引起。倘若遗精次数频繁，几天发生一次或一个月内发生 4 次以上，或婚后男子有了有规律的性生活仍发生频繁的遗精，或仅有性欲观念即出现遗精或滑精，就应该考虑是病理性遗精。一般来说，发生这种不正常现象的原因有以下三种：

（1）缺乏正确的性知识。如受色情书刊或录像的刺激，长期思考与性有关的一些问题，经常处于色情冲动中或有手淫习惯，致使大脑皮质始终处于兴奋状态，可以导致遗精。有的青少年把性冲动时不自主地从尿道流出一些黏稠液体误认为是遗精（实际上那是尿道球腺的分泌物），因而对遗精恐惧、焦虑，久而久之，产生不良的心理反应。

（2）生殖器官局部炎症形成不良刺激而引起遗精。如包皮炎、尿道炎、前列腺炎等炎症刺激，容易发生遗精。

（3）体质过于虚弱、劳累过度等造成的全身各器官功能失调，尤其是大脑皮质失去对低级性中枢的控制，而勃起中枢、射精中枢兴奋性增强，也是引起遗精的一种原因。

3. 生理性遗精与病理性遗精的区别

（1）年龄不同。生理性遗精多见于青壮年，未婚或婚后分居者；病理性遗精多见于中老年或身体先天不足者。

（2）身体状况不同。生理性遗精者，身体健康，精力充沛，是遇事易激动，或劳累紧张的健康人；病理性遗精者，多见于面色无华，身体疲倦，大量吸烟，饮酒无度，过食肥甘，体形虚胖或身躯疲弱，常有手淫或纵欲等经历者。

（3）遗精时的状态不同。生理性遗精，一般 2 周或间隔更长时间 1 次，遗精量多而黏稠，遗精时阴茎勃起功能正常；病理性遗精频频发作，有的入夜即遗精，或清醒时精液自出，遗精量少而清稀，遗精时阴茎勃起不坚或根本不能勃起，遗精后可出现精神疲惫、腰膝酸软、耳鸣、头晕、身体乏力等症状。

总之，遗精基本上可以说是一种生理现象，正常成年男性约有 90％发生过遗精。当今，对具有初步性知识的人来说，应把遗精看作生理现象，是人类性行为的组成部分。对于青少年来说，父母或学校教师有责任告诉他们，偶然的遗精是生理性的正常现象，不必过于恐慌，更不是不道德的事。粗言恶语相问或避而不谈都会伤害他们的心理，造成他们不必要的心理负担。但若遗精次数过多，发生病理性遗精，必然引起身体的病态反应，如头晕、无力、早泄及阳痿，则应及时就医。

二、手　淫

（一）对手淫的认识——性发育成熟的结果

准确地说，手淫应该称为性自慰，狭义的概念是指在非性交的情况下用手来抚摸刺激自己的外生殖器，获得生理上的满足，达到自慰的一种现象。从广义讲，通过任何方式的自我与互相间抚摸刺激生殖器及其他敏感部位，以求性快感和性满足的行为都可以视为手淫。

手淫是一种在性冲动时自我发泄性欲的举动，是性发育成熟的结果，也是性发育成熟的标志。这种情况在男女老幼不同年龄皆有，但在青少年中最为普遍。

手淫是从儿童期就存在的行为，不过在儿童期多是由于无意识地偶尔玩弄生殖器、穿紧身裤、爬杆等活动时的摩擦使生殖器受到刺激并引起快感。无论男女，到了青春期后，由于体内的生理改变，都会自然而然地产生性冲动，这段时间处于性紧张状态，对性满怀憧憬、好奇、幻想。作为一种本能，青春期后的男女会在性生理和性心理的驱使下开始有意识地手淫。

由于性冲动不完全是受大脑支配的，在某种程度上是由血液中的性激素水平所决定的，所以这是一种不完全以人的意志为转移的自然现象。人从性成熟到能够合法地满足性要求——结婚，一般要等待 7 年～8 年或更久，而这段时间的性能量偏偏最高，总需要寻找机会解除性紧张。在这种情况下，手淫大概是最方便、最安全的办法。它既不涉及异性或卷入感情纠葛，也不会导致性攻击甚至性犯罪，所以是一种合理的解除性紧张的方式，同时也能够解决一部分因性问题而引起的社会问题。

（二）对手淫的评价 ——手淫对人体无害

手淫是一种隐私，绝大多数人都不公开承认和谈论这种性行为，以致多少年来，就手淫到底有害、无害，还是有益、无益，一直没有定论。尤其近十多年来，手淫成为男性普遍关心的问题，出版物中不同作者对手淫的评价颇不一致。如有人认为“手淫是没有害的，是性成熟过程中的正常现象，是一种正常的普遍的自慰性性行为”，但也有人认为“手淫可以不射精，并作为阳痿、慢性前列腺炎等病症的治疗方法，等于加强生殖器的锻炼”，可以说是众说纷纭。

对于手淫问题的评价不能一概而论。适度手淫并不是什么坏现象。对一个身心健康、认识正确的人，适度的手淫并无害处，特别是由于夫妻长期分离、女方有病、妊娠禁欲，以及婚后夫妻间的性需求差异，此时用手淫的办法来解决问题是较为现实的。而对于未婚男女，每月有规律的手淫 1 次～5 次，以达到心理上的或生理上的满足，其实并不影响健康。在医生指导下进行手淫的方式还是治疗某些性功能障碍的办法之一，临床上常用手淫采集精液标本，以供临床检查。

青春期少男少女的手淫是伴随正常的性发育而产生的性活动。在这一时期，手淫只要是适度的、有节制的，可以认为是一种合理的解除性紧张的方式。性学家对有手淫行为者和无手淫行为者进行了大量的对比研究后证实：有无手淫现象与神经症、躁狂抑郁症、精神分裂症、人格障碍、精神发育不全等精神疾病，以及胃十二指肠溃疡、支气管哮喘、原发性高血压、冠心病等心身疾病都无关联。研究还表明，有无手淫现象与日后的智能、成就、社会适应能力以及性功能等也无联系。这说明手淫并不是人们想象的那么可怕。

（三）过度手淫

1. 过度手淫引起的不良症状

手淫本身不会带来任何损害和不良后果。但是，过度手淫就会严重影响身体健康，主要表现为：

（1）中枢神经系统和全身症状：如意志消沉、记忆力减退、注意力不集中、理解力下降、失眠、多梦、头昏、心悸等。

（2）泌尿生殖系统症状：慢性前列腺炎引起尿频、尿末滴白、下腹及会阴部不适、腰酸无力、性欲减退、阳痿、早泄、不射精等。

2. 手淫过度的几种情况

手淫过度分为三个方面：①过于频繁的手淫；②过强刺激的手淫；③不适当地使用性工具。过度手淫还体现在超出自己精神认可范围的手淫。

（1）对于手淫过频的定义，至今还没有一个具体的标准。对于一般青年来说，有学者认为，手淫一周 2 次以上就属于频繁。一方面过于频繁的手淫一方面使人精神萎靡，精力下降；另一方面过于频繁地刺激性器官，可能导致阳痿、早泄或女子性冷淡。假如频繁手淫成为习惯，甚至认为手淫可以代替性生活，则会有引起同性恋、自恋等的潜在危险。

（2）过强刺激的手淫是指对生殖器施加了过于强烈的刺激，如有的男子手淫时用力过大，或喜欢把阴茎向下、向后压迫，夹在两腿之间，通过挤压而获得快感。这对生殖器官的伤害非常严重，往往容易造成器质性损伤，同时提高性兴奋阈限，造成以后性冷淡或正常性交无法得到性满足，甚至造成射精反射受抑制，在日后性生活中不能射精以及男性不育症等。

（3）使用性工具不当是指受到一些不良书刊、影视的影响，或性用品商店的非法宣传，在没有医生指导下擅自使用或集体使用性工具，对生殖器官造成损害的情况。对于女孩子，使用性工具一般会造成处女膜破裂，特别是性工具选用或使用不当，如使用发夹、玻璃瓶、钢笔、筷子、胡萝卜、黄瓜甚至小灯泡等作为性工具而放入阴道，还容易造成阴道的损伤和生殖系统的感染；如果物件较大时，还可能无法自行取出。此外，有的青少年喜欢拿笔杆、笔芯、发夹、铁丝等插入尿道，以获得快感，在无意或无法控制的情况下，造成泌尿系统异物停留，从而引起尿道梗阻、尿潴留、膀胱感染甚至导致泌尿系统的结石症等。

（4）有部分人还可能采用性窒息这种变态的手淫方式，在自行刺激时同时使用各种方法造成大脑缺氧，在半窒息状态中获取性高潮，以增加性快感程度。若使用不当，便有窒息致死的危险。

对于有些人，手淫往往又造成一种精神负担而难以自拔，如会产生内疚和自责心理，往往想要改正，可是在生理的自发冲动下又难以自制，从而使戒除手淫的心愿又遭到挫折，导致精神上的损害。

（四）手淫对生育的影响

前已述及，如果手淫是偶尔发生的，对身心健康无大影响；若经常手淫，对生理和心理等各方面，都会产生不良影响。其实，手淫对身体的危害并不在于精液的损耗，而在于由于频繁手淫而产生的不正常的心理状态和反复的性刺激对性功能的影响。

青少年手淫之后，往往会产生追悔、羞愧、忧虑等复杂心理，并容易产生疲倦、腰酸腿软、精神萎靡、性欲减退。早泄、遗精、不射精等性功能衰退症状，以及由于反复性器官充血导致的慢性前列腺炎等。

由于射精频繁，可造成精液质量下降，性欲减退。有的因射精刺激阈升高，以致在正常性生活时不能射精，均可能影响生育。

至于手淫能否引起阳痿，目前资料尚不能说明二者的关系，因此，那些认为自己所患阳痿是年轻时手淫造成的患者，应消除心理上的内疚和焦虑，从其他方面寻求原因和寻找适合自己的治疗方法。

（五）手淫的防治

男性在 18 岁以前过早手淫，可能会引起性器官发育不良，肾功能提前衰退；长期手淫还可能引起阴茎弯曲、短小、早泄以及前列腺炎等。有学者建议，青春期适度手淫的次数应控制在每月 2 次以下为宜；女性手淫应避免用坚硬的物体插入阴道，以免引起阴道损伤和多种炎症。而手淫一旦过度就需要防治。如果恣意手淫，沉浸于色情，必然荒废学业，损伤身体，尤其是处于性发育成熟期的青少年。因其心理状态不稳定，更需要提高自我控制和自我约束的能力。

要正确地对青少年进行性心理和性生理卫生教育，使他们掌握有关性的基本知识，能够正确地处理性紧张与性冲动。青少年要克服手淫习惯，还要切记以下几点：①树立远大理想和抱负，将注意力集中在学习和工作上。②培养良好的爱好和兴趣，通过丰富多彩的课余生活将过于旺盛的性能量化解掉。③减少不良的性刺激，不要看色情书籍和影视。④对过度手淫的危害要有正确的认识，坚定克服习惯性手淫的决心，把自己从手淫的精神压力下解放出来。

三、阴茎大小问题

多数男青年好奇心强，在浴池等场合总会偷偷与周围的人比阴茎大小，一旦发现自己的阴茎比别人的都短小，便在内心蒙上一层阴影，羞愧、自卑、沮丧之情油然而生，甚至再也不愿去公共浴池或游泳池了。问题真的有那么严重吗？要回答类似的问题，我们要明确阴茎的正常长度是多少，怎样才算不正常。

人的阴茎和身材高矮、胖瘦、五官大小等一样，存在着众多的差别，长短不一，粗细不齐。不同人的测量结果存在一定的差别，其结果还受地区、民族等因素影响。此外，在常态下同一个人的阴茎长度也不恒定，如紧张、寒冷或严重疲劳时都可使阴茎短缩。再加上测量的方法本身也有较大差别，所以很难单纯从长度上判断阴茎是不是正常。因此，临床医生也从不以阴茎长短判断是否正常。只要能正常性交，能完成生儿育女的任务就是正常的。否则阴茎短的家族早就被淘汰了。

如果硬要给阴茎的正常长度定个标准，那么成年男子的阴茎在非勃起状态下超过 5 cm，勃起后超过 8 cm 都应该是正常的。

有人认为阴茎越大，勃起时体积增加的幅度越大。国外调查研究后发现：一组长度 7.5 cm～9 cm 的阴茎勃起后平均增长 7.5 cm～8 cm，将近增加 100％；而另一组较长的阴茎（10 cm～11.5 cm）勃起后增长 7 cm～7.5 cm，只增加 70％。阴茎大小在疲软时的差别较大，而一旦勃起后，这种差别就减少了。此外，还有人认为阴茎越大，其性能力越强。其实，一个男子的性能力主要受雄性激素的影响，同时也需要有健全的性心理、正常的神经反射、完善的血液循环系统及足够的性知识和性技巧，阴茎大小绝不是一个主要因素。其实，只要阴茎大小在正常生理范围之内，而且能够勃起都可进行正常的性生活。另外，女性的性满足与阴茎大小并无关系，因为女性阴道具有较大的顺应性。此外，德国妇产科医生格拉夫伯格在阴道前壁沿尿道走行的区域找到了一个后来被称为 G 点的性敏感区，它只是位于阴道前壁全长的前约 1/3 深处，此位置比阴道其他部位更易感受压力，更易产生性高潮。所以，男子没有必要为阴茎的大小与长短烦恼，如果因为“阴茎短小”而产生自卑和恐惧心理，反而可能导致心因性性功能障碍。

四、月　经

1. 正常月经的概念

月经是指伴随卵巢周期性变化而出现的子宫内膜周期性脱落及出血，是女性所特有的生理现象。这种变化是周期性的，一般每个月发生一次，所以称作“月经”，又称为月事、月水、月信、例假等。月经是卵巢功能的外部表现，也是女性具有生育功能的标志之一。

月经第一次来潮称为初潮。初潮年龄大多数为 13 岁～15 岁，但也可能早在 11 岁～12 岁，晚至 17 岁～18 岁。我国各地区女孩初潮年龄相差不大，但体弱或营养不良者初潮可较迟，体质强壮及营养良好者初潮可提早。月经到 49 岁左右则自行停止，历时约 35 年。

月经应该有正常的周期、经期、经量、经色和经质。

(1) 出血（即月经来潮）的第一天为月经周期的开始。两次月经第一天的间隔时间称为一个月经周期，一般为 28 天～30 天。周期长短因人而异，偶尔提前或延后且不超过 7 天仍可视为正常，即月经周期不应少于 21 天，也不能超过 35 天。妊娠及哺乳期月经会停止。

(2) 经期是指经血来潮的持续时间。正常月经持续 2 天～7 天，一般为 4 天～5 天。经量是指经期排出的血量。经量的多少很难统计，临床上常用每日换多少次月经垫粗略估计。有人测定正常人经量为 10 ml～58 ml，个别妇女经量可超过 100 ml。有人认为每月经量多于 80 ml 即为病理状态。一般月经第 2 天～3 天的出血量最多。由于个人的体质、年龄、气候、地区和生活条件的不同，经量有时略有增减，均属正常生理范畴。

(3) 经色是指经血的颜色。经血一般呈暗红色，开始色较浅，以后逐渐加深，最后又转为淡红色而干净。经血除血液外，尚含有子宫内膜碎片、子宫颈黏液及阴道上皮细胞。经血的主要特点是不凝固，但在正常情况下偶尔也有一些小凝块。

(4) 经质是指经血的性状，正常情况下经质不稀不稠，不易凝固，无明显血块，无特殊气味。经质的病理改变，不仅是常见的月经疾病，还是临床辨证的重要依据。通过了解经质的改变，可为临床提供重要的辨证资料。妇女月经来潮，经血浓稠者，称为“经质黏稠”。

月经病泛指与月经或月经周期有关的各种病症。如果临近月经来潮或经期初期，伴有轻微的小腹胀痛或腰部酸痛，或乳房轻微肿胀，或情绪不太稳定等现象，但不影响工作与生活，月经来潮后或干净后便自然消失，这是常有的生理现象，一般不需任何治疗。有的青年女子，在月经初潮后的头一两年之内，月经不能按时来潮，或提前或延后，甚或停闭数月，只要无明显全身症状，待身体逐渐发育成熟后，自能恢复正常。一些绝经期前后的妇女常会出现月经紊乱，其周期、经期、经量以及经质都不甚正常，情绪也表现得不太稳定，但只要是对个人生活与健康没有危害，一般也不作为病态而论。

此外，少数妇女身体无特殊不适，而定期 2 个月或 3 个月，甚至一年，月经来潮一次；还有的妇女在怀孕早期，仍按期有少量月经来潮，但对胎儿无不良影响，这些都属于个别现象。

一般月经期无特殊症状。有些妇女可有下腹及腰骶部沉重下坠感觉；个别可有膀胱刺激症状，如尿频；轻度神经系统不稳定症状，如头痛、失眠、精神抑制、易于激动；肠胃功能紊乱，如恶心、呕吐、便秘或腹泻；以及鼻黏膜出血等现象。在一般情况下，月经来潮并不影响工作和学习，但不宜从事重体力劳动或剧烈运动，应避免洗冷水浴及下水田劳动，禁止性交，并应注意经期卫生。

2. 分　期

从青春期到更年期，子宫内膜受卵巢激素的影响，有周期性地改变并产生月经。子宫内膜的周期性变化，是由卵巢激素周期性的作用所引起的，可分为以下 4 期：

(1) 增生期：在月经周期第 5 天～14 天，相当于卵泡发育成熟阶段。经期子宫内膜剥脱后，在雌激素的作用下，子宫内膜基底层细胞增生、变厚，腺体增多而弯曲，间质逐渐增生并变得致密，内膜血管增生呈螺旋状。

(2) 分泌期：在月经周期第 15 天～23 天，相当于排卵后黄体成熟阶段。黄体产生的大量雌激素和孕激素使子宫增生期内膜继续增厚，腺体进一步扩大、弯曲，并出现分泌现象；间质疏松、水肿，血管也急速增长而更加弯曲；内膜松软，含有丰富的营养物质，适宜于受精卵的种植和发育。

(3) 月经前期：在月经周期的第 24 天～28 天，相当于黄体退化阶段。黄体退化时，雌激素、孕激素水平很快下降，间质因水肿消失而变得致密，血管受挤压而弯曲，使血流瘀滞。在来月经前 4 小时～24 小时，内膜血管呈痉挛性收缩，使内膜缺血、坏死。

(4) 月经期：为月经周期的第 1 天～4 天，此时内膜功能层血管收缩后又舒张，以致破裂出血，形成分散的小血肿，使内膜成片状或小块状剥脱，随血液一起排出。临床上一般将月经来潮作为下一周期的开始。

3. 月经紊乱

(1) 月经紊乱的概念：月经紊乱是指与月经有关的多种疾病，包括月经的周期、经期、经量、经色、经质的改变，以及痛经、闭经、经前期紧张综合征等伴随月经周期出现的以某些症状为特征的多种病症。月经正常是全身功能正常的综合表现，因而很多因素都能影响月经，例如疾病、情绪、生活条件、居住地变化、营养，甚至体重的变化等。月经紊乱的表现多种多样，主要包括以下几点。①月经稀发：月经周期超过 35 天。②月经频发：月经周期短于 21 天。③月经过多：经量过多或经期延长。④月经过少：经量减少，周期有规律。⑤月经周期不规则：月经周期时长时短，没有规律。⑥月经间期出血：在两次正常量月经之间的少量出血。⑦痛经：在月经来潮的前几天，或月经期，或月经已干净后出现下腹部或腰骶部疼痛。疼痛的轻重程度不同，严重者可因剧痛而昏厥。⑧闭经：年龄超过 18 周岁尚未来潮，或已行经又中断，不来潮时间超过 6 个月以上者称闭经。⑨经前期紧张综合征：在经前出现的一系列症状，月经来潮后消失。这些症状可单独出现或几个症状同时出现。常见的症状有乳房胀痛、头痛、腹泻、口腔溃疡、眩晕、皮肤出现风疹块、发热、鼻出血，以及情绪异常，如抑郁、烦躁、失眠等。

（2）发生月经紊乱的原因：女孩在月经初潮后，一年之内月经可能不规律，经量时多时少，间隔期时长时短，这不是真正的月经紊乱。因为初潮之时，卵巢发育还不成熟，控制卵巢的内分泌系统不够完善，月经还不能形成规律，没有固定的周期性，也许一年半载不见来经，有时即使来了，也可能为无排卵月经。

但在形成了有规律的月经周期后，身体的变化、环境及生活规律的改变，或精神因素的影响等，还有可能使月经周期出现变化，发生月经紊乱，或一月两次，或推迟十余天方至。例如：频繁考试，学习紧张，心理压力过大；情绪波动，过度悲伤、恐惧；从城市到农村，由南方到北方等；或接受了大运动量的训练；或减肥使身体所需的营养不足等，都可能导致月经紊乱。这是因为月经与女性全身的神经系统和内分泌系统都有密切的联系，也就是说神经系统和内分泌系统都有调节卵巢的功能，而卵巢功能又决定了子宫内膜的变化，引起月经来潮。这些环节中的任何一部分发生变化，都可能发生月经紊乱。如环境变化除了直接影响神经系统外，还影响人的情绪和精神状态；而情绪波动，首先影响神经细胞的功能，进一步影响内分泌系统的功能，从而引起月经紊乱。

月经紊乱还可由少女自身不懂得经期的保健知识所引起。有的不注意保暖，身体受寒，或在经期无节制地吃生冷瓜果、冷饮，或不注意经期卫生，造成生殖道病原微生物感染，这一切均有可能引起月经紊乱。当然，也有可能因身体有病，在医生指导下服用一些药物，从而引起月经暂时停止。一旦停药，一般月经会来潮。青春少女应具备关于月经的保健知识，这有利于月经规律的运行，减少因月经紊乱造成的健康损害。

（3）经期卫生：行经期间，不但全身抵抗力较差，易于感染病原微生物，并且由于子宫颈微张、子宫内膜剥落留有创面及阴道酸度降低而抵制病原微生物生长的自然防御作用有所削弱，一旦病原微生物入侵，极易引起生殖器官炎症。所以，经期必须注意以下几点：①保持外阴清洁。月经期间阴部抵抗力下降，易受病原微生物感染，因而要每天清洗外阴。不过不要盆浴，应该淋浴，经期能用温水擦身更好。②注意保暖。经期机体御寒能力下降，受凉易引起疾病，如月经过少或突然停止。因而要避免淋雨、趟水、用凉水冲脚，少食或不食冰冻食物、饮料。③经期用品保洁。注意保持卫生巾清洁，购买国家卫生部门允许出售的卫生巾。④精神保养。保持精神愉快，适当参加文体活动可转移经期出现的烦躁、郁闷。⑤饮食保养。少吃刺激性食物，多吃蔬菜和水果，保持大便通畅以免盆腔充血。经期易出现疲劳和嗜睡，情绪波动也大，故最好不饮浓茶、咖啡等。⑤适当劳动、锻炼。经期体力劳动过重或参加剧烈体育活动是不适宜的，但适当参加体力劳动和锻炼则是有益的。

第三节 人工流产的危害和避孕方法

胎儿在子宫内尚未发育到可能存活的阶段而妊娠就此中断的，称为流产，俗称小产。发生在妊娠12周内，属早期流产；发生在12周～28周，属晚期流产。流产通常分为自然流产和人工流产两种。

人工流产可以说是避孕失败的一种补救措施，有时妇女因患有某种疾病不宜继续妊娠时，也需进行人工流产。由于医学技术的发展，如今人工流产特别是无痛人流手术的开展已经非常普遍。所以很多妇女特别是处于热恋中的青年女性都把人工流产看得很简单，似乎是无足轻重的小事，她们认为怀了孕不要紧，反正可以到医院去做人工流产手术，而且无痛人流可以使自己在没有任何痛苦的情况下完成手术。基于这样一个原因，我国人工流产的人数和例数都在飞速增长，在我们这个有着13亿多人口的国家，每年就有约1 000万人次的人工流产。随着社会的发展，尤其是网络的普及，有的青少年的性开放思想令人瞠目结舌。婚前性行为发生比例的增高和婚前性行为发生年龄的提前，使得年轻女性特别是各大中专院校以及中学女生中人工流产人次数大大增加，她们的身体健康和心理健康均受到了严重的伤害。对此，本节专门介绍人工流产的危害和正确的避孕方法，希望能减少人工流产对女性的身心健康所造成的危害。

一、自己如何知道已经怀孕

处在生育年龄的女性，如果发生了没有采取避孕措施的性行为，当出现下列征象时，应想到有可能怀孕了：①月经过期。平常月经周期一直正常，应该来月经的时候不见月经来潮(即停经)。一旦月经过期10天以上，应该考虑怀孕的可能性。②出现早孕反应。一般在停经后4周左右出现厌食、偏食、喜酸辣、厌油腻、晨起恶心呕吐等，严重者则恶心剧烈、饮食难进、呕吐不止。早孕反应一般在怀孕第3个月即可消失。有些曾口服避孕药的妇女，有时也可有厌食、恶心的表现，但一般比较轻微且短暂，通常不难与早孕反应区别。③小便次数增多。由于子宫增大，向前压迫并刺激膀胱，容易出现便意，从而使小便次数增多。④乳房胀痛、乳头及乳晕着色加深。怀孕以后，乳房由于受到雌激素、孕激素的刺激，脂肪、腺体逐渐增加，并有压痛感，乳头、乳晕色素沉着，乳头立起。

二、怀孕的诊断

如果妇女出现了上述表现，也只能怀疑自己怀孕了，还必须去医院做检查以证实是否怀孕。医生除了要询问妇女的自觉症状外，还要用以下方法来确诊。

（一）妇科检查

初次怀孕的女性应该克服羞怯和恐惧心理，很好地配合医生检查。怀孕妇女的阴道壁及宫颈会充血、变软、呈紫蓝色。子宫增大、变软，怀孕6周时子宫约鸡蛋样大小。

（二）妊娠试验

怀孕早期妇女体内促绒毛膜性腺激素（HCG）分泌增加，血液中HCG水平升高，部分HCG从尿液中排出，因此可以通过检测血液及尿液中的HCG浓度来确定是否怀孕。尿妊娠试验在停经40天以后可以呈阳性。血、尿放射免疫测定妊娠试验极为敏感，在受孕后的7天～8天，即月经尚未过期就可以确定是否怀孕。

（三）黄体酮试验

对于月经不规律的妇女，妇科检查时子宫增大又不明显，此时医生会给你肌内注射黄体酮3天（每天10 mg），以鉴别是闭经还是早孕。假如注射后停药一周内月经来潮，说明是月经不规律，如果停药10天月经不来潮就应想到有早孕的可能。但计划此次妊娠生育者不宜选用此法。

（四）超声检查

超声波对胎儿无害。怀孕5周时做超声检查，可在子宫腔或子宫角部见到一圆形光环，怀孕8周可以见到胎心搏动。超声检查是目前常用又比较准确的一种诊断方法。

三、人工流产的概念

采用药物或机械性干预等人工方法，使已经发育但还没有成熟的胚胎和胎盘脱离母体，达到结束妊娠的目的，称为人工流产。人工流产适用于因母体患有某些严重疾病（如活动性肺结核、严重的心脏病等）或出现严重的妊娠并发症，不适宜继续妊娠者，以及避孕失败者。

四、人工流产的常用方法

（一）负压吸宫术

负压吸宫术就是用负压将子宫内的妊娠产物吸出，以终止妊娠。这种方法操作简便，手术时间短，流产效果好。但负压吸宫手术也有一些不尽如人意之处，比较常见的问题是妇女在手术过程中会感到疼痛。引起疼痛的原因可能是多方面的，牵拉宫颈时由于子宫位置的变动可使人感到不适；吸管进入宫颈口或以扩张器扩张宫颈口时均可产生较明显的下腹胀痛不适；以负压吸引宫内妊娠物时子宫收缩也使妇女感到疼痛。如同时并发有心律不齐、血压下降、大汗淋漓、面色苍白、呕吐、头晕、胸闷等症状，称为人流综合征，其发生率约为10%。负压吸宫的其他并发症还有手术时子宫出血、子宫穿孔、宫颈裂伤等，这些并发症的发生率非常低，但一旦发生会给妇女的健康造成损害。使用负压还容易使蜕膜组织随血液逆流入腹腔，造成术后的子宫内膜异位症。近年来，负压吸宫术后由于子宫过度屈曲或宫腔粘连造成的宫腔积血也引起了人们的注意。

（二）药物流产

药物流产简称药流，俗称服药打胎，即采用注射、口服或外用药物的方法来流产。如米菲司酮（RU486），其化学结构与维持正常妊娠所必需的孕激素十分相似，一次服用200 mg～300 mg，或每次25 mg，每天2次共3天，即可生效。米菲司酮进入人体后“以假乱真”，很快与孕激素受体结合，从而使孕激素不能与使之发挥作用的受体结合而丧失其生物学效应，胚胎突然失去孕激素的支持则发生退变，最终流产。

药物流产可以说是女性偏爱的一种流产方式。如果自己偷偷吃一些药就能流产，没有任何后遗症，又不让别人知道真是最好不过了，但是目前还没有这样好的药物。由于应用于药流的RU486诞生不过十几年的时间，预后问题尚无法得知，西方研究者提醒该药有可能破坏免疫系统；国内妇产科医生也忠告，药流的妇科病并发率达70%，而且流产后的出血时间较长，平均为18天～20天。部分妇女会因出血多、时间长而导致贫血或并发子宫内膜炎、盆腔炎等，甚至出现腹痛、大出血以及诱发某些疾病等意外情况。法国就曾发生妇女在服药过程中心脏病突发而死的例子。此外，还有利用一些刺激性药物塞到子宫颈或注射到子宫内部来流产的，也有利用中药流产的。但无论哪一种药物，效果都不十分理想，而且也有一定的危险性。

（三）无痛流产

无痛流产又称无痛人流，即在进行人工流产手术时，使用静脉麻醉的方法。

以往的人工流产往往使受术者感到恐惧，紧张的情绪难以言喻，无痛人流确实改变了人工流产的这一弊端。然而，当“无痛人流”的广告在报纸、电台上铺天盖地般袭来时，不少对人工流产怀有恐惧心理的年轻女性长长地舒了一口气。她们不再害怕流产，对做人工流产手术完全丧失了畏惧感，认为手术可以“轻而易举”地解决问题，有些甚至一年做三四次流产手术。这种认识使一些女性的生活方式更加随便。

在做无痛人流时，由于受术者能在安静入睡、无疼痛的状态下接受手术，因此避免了以往人工流产时受术者因为疼痛而不配合造成的子宫穿孔。但是，无痛人流是加用了静脉麻醉才“无痛”的，而任何一种麻醉都会有一定的风险。尽管它的危险发生概率极低，但在手术前医师还是必须与受术者及其家属谈好，也必须征得本人及家属的同意后方能进行。

总之，即使使用最先进的医疗方法，选择最可信赖的医院和医生，“无痛流产”也只应被视为避孕失败后的一种补救办法。当女性对自己的身体有了更多的自主权时，更应加倍珍惜自己的身体，保持它的完美和健康。

五、人工流产的危害

（一）手术时发生的危害

(1) 大量出血：需要马上补充液体和输血，同时迅速地把胚胎组织吸出，并注射子宫收缩剂进行急救。

(2) 子宫穿孔：一旦穿孔就需要立即经腹部进行手术修补。

（二）手术后发生的危害

手术后并发症的发生，通常是因为没有将胚胎组织清除干净，血流不止或不时地大量出血，这时就需要再次清宫。当然也有虽然清除干净了，但新的子宫内膜增生缓慢，血管没有闭塞而继续出血的情况。此外，最常见的是由于清宫时，外来的或阴道内的病原微生物被带到子宫腔内而引起子宫炎症，进而引起盆腔炎症，这时需要及时使用抗感染治疗。如果当时没有根治，病程迁延，转为慢性盆腔炎，就会经常出现腰痛、腹痛、白带增多等不适症状。有些人在手术期间虽然没有出现异常，术后也没有什么不适，但常常在以后月经来潮时经量特别多，甚至有些人在几年以后出现月经不调、月经少、性欲减退等现象，也有些人出现内分泌紊乱的表现，如肥胖、易困倦、记忆力减退等。

（三）其他危害

（1）有可能影响今后的生育。

（2）少数人因非法人流、私自堕胎等造成终身后遗症。

（3）造成严重心理创伤。

六、人工流产后的保健

流产是女性不愿面对却又往往不得不面对的现实。不得不流产时，也应该懂得更好地保护自己，注意做到以下几点：

（1）注意休息，加强营养。人流术后应卧床休息 2 天～3 天，以后可下床活动，逐渐增加活动时间。在人流后半月内不要从事重体力劳动和在冷水环境下劳动，避免受寒。注意增加营养，增强机体对疾病的抵抗力，促进受损器官的早日恢复。人流术后，应多吃些鱼类、肉类、蛋类、豆类制品等蛋白质含量丰富的食物和富含维生素的新鲜蔬菜，以加快身体的康复。

（2）保持外阴清洁，严禁性交。人流术后子宫颈口还没有完全闭合，子宫内膜也有一个修复的过程。在这段时间内，要特别注意保持外阴部的清洁卫生，所用的卫生巾等用品和内裤要勤洗勤换。术后半月内不要坐浴，以免脏水进入阴道，引起感染。人流术后若过早性交，易造成急性子宫内膜炎、盆腔炎，还可继发不孕。因此，人流术后 1 个月内严禁性交。

（3）观察出血情况。人流术后阴道出血超过一周以上，甚至伴有下腹痛、发热、白带混浊有臭味等异常表现，就应及时到医院复查诊治。

（4）坚持做好避孕。人流术后卵巢和子宫功能逐渐恢复，卵巢按期排卵。如果不避孕或避孕措施不当，很快又会怀孕。因此，人流术后，应及早选择可靠的避孕措施。人流手术只能作为避孕失败后不得已而采取的一种补救手术，必须坚持以避孕为主，不能把人流手术当作避孕节育的措施。

七、常用避孕方法

（一）基础体温法

基础体温法需要妇女每天早晨测量体温并记载在体温单上，此体温单提供了月经周期中安全期及危险期的资料。体温上升当日和以后的 3 天内应避免性生活。

（二）月经周期表记载法

月经周期表记载法即安全期的算法，首先对月经周期需要记载6个月以上才能区分出最长与最短的周期，经期的第1天就是周期的第1天。受孕期范围是从最短周期结束前第18天（包括这一天）到最长周期结束前第11天。例如，某妇女月经周期为24天～28天，则其易受孕期将定为第6天（24－18）到第17天（28－11）。一旦有了这些资料，妇女便能找出易受孕期与安全期。

（三）情境避孕

情境避孕不必事前准备，但须在射精前中断性活动，故又称为性交中断或抽回。这是古老的避孕法，需很强的意志力。但是这种方法并不可靠，因在射精前的分泌液中已有精子存在。

（四）子宫帽

子宫帽（diaphragm）能更好地预防受孕，尤其是配合使用杀精冻胶时效果更好。子宫帽必须于性交前在其帽上及边缘涂上杀精子的冻胶，由阴道插入盖住子宫颈口。子宫帽的中部应盖住子宫颈，可用示指触摸来感觉位置是否正确，如果置入后到性交时间超过4小时，则应再涂上杀精子的冻胶。子宫帽须在性交后6小时方能移出，且移出后应用中性肥皂和清水清洗，干燥后才能放入原来的容器内。

（五）宫内节育器

宫内节育器（IUD）是由在宫内不会产生化学反应的塑料或金属所制成。其避孕机制并不清楚，有人说IUD可以干扰受精卵着床；加速输卵管的收缩，使卵子快速通过而无法受精；或能增加子宫腔内炎性细胞数目，并促进其对受精卵的吞噬作用，不利于受精卵着床。一个令人满意的IUD应易于置入，不易滑脱，不会引起疼痛、出血等问题。目前宫内节育器种类较多，有惰性宫内节育器（如不锈钢环、塑料环等）、活性宫内节育器（如带铜宫内节育器、含孕激素宫内节育器）等。IUD的优点是有效，无全身性反应，并可减少人为疏忽而致怀孕的概率。缺点是可能会造成出血，IUD异位，子宫颈与子宫穿孔、感染，也可能引起带器妊娠或异位妊娠（宫外孕）。

（六）排卵抑制剂

口服雌激素和孕激素的合成类固醇制剂，可以抑制下丘脑释放促性腺激素释放激素，使得卵泡刺激素（FSH）生成减少。一旦缺乏FSH，卵泡即无法成熟，就无法排卵。有少部分女性服用后会出现不良反应，如恶心、下腹部不适、背痛、乳房酸痛、不安、沮丧、体重减轻、多毛症等，通常这些反应会在3个月～4个月后消失。但也可能发生血栓栓塞、子宫纤维瘤的快速生长及黄疸。35岁以上的吸烟者服避孕药，会增加罹患心脏病的机会，有时也有眼神经的并发症发生。还有报道口服避孕药会使因感染假丝酵母（念珠菌）所致的女性阴部炎症有所增加。

另外发现使用口服避孕药会导致叶酸、维生素C和B_{12}缺乏，若原本就很健康且有良好的饮食习惯，一般不易发生，如果原来就偏食或营养不良的妇女，则应在口服避孕药时补充维生素和矿物质。到目前为止尚未发现长期使用口服避孕药会发生什么持久性的不良影响。

（七）杀精药剂

各式各样的冷霜、冻胶、泡沫剂、气溶胶、栓剂和锭剂，都是具有杀灭精子作用的化学试剂，其中以冷霜、冻胶、泡沫剂最为有效，这些全都需在性交之前挤入阴道。不同的制剂在性交前塞入阴道的时间不同，性交后 6 小时内应避免冲洗阴道。若在短时间内性交一次以上时，须检查是否需用另一种方法避孕，因为猛烈的性交活动会将大部分的药剂挤出阴道，使其不能发挥作用。此法与其他避孕方法如保险套、隔膜等合并使用效果更佳。

（八）手术绝育法

绝育法目前使用越来越普遍，它可终止男性或女性的生育能力，其常用方式有女性输卵管结扎及男性输精管结扎术。

男性绝育：可借输精管结扎术来达成。只需使用局部麻醉，在睾丸两侧的输精管上切开 2 cm～3 cm，分离输精管，切断并结扎末端，最后缝合皮肤。亦可单纯结扎输精管，但再通的机会较大。术后必须继续采用其他避孕措施 2 个月，精液检查确诊无活动精子后才可停用其他避孕措施。此手术的不良反应包括血肿、精子肉芽肿，有的可能自发性再接合。

女性绝育：可经腹部或阴部进行手术，大部分个案是做输卵管横切。对受术者进行全身麻醉，在脐下做一小切口，将输卵管切断，压扁后结扎；或使用腹腔镜，用套管导入腹腔内，捉住峡部用凝结法将其切断。常见的并发症有凝结时肠烧伤、肠穿孔、感染、出血和麻醉的不良反应等。

（九）保险套避孕法

保险套的不良反应小，只要正确地使用，不但可以避孕，还可以预防性传播疾病。另一方面，保险套还可以保护女性，避免因性行为导致的宫颈癌。所以保险套是最适合年轻人使用的避孕方法。

1. 女用保险套

女用保险套是相当新的产品，外观就像大号的男性保险套，借贴于阴道壁上，达到保护的功能。

2. 男用保险套

男用保险套即阴茎套，俗称避孕套，为筒状优质薄型乳胶制品。使用时，要先用拇指和示指将保险套前端的空气挤出，以避免产生气泡而造成保险套破裂。当阴茎勃起时，将保险套套在阴茎的头部，抓紧保险套的头部，顺势套上阴茎，且一直套到阴茎根部。在射精之后，抓紧底部取下保险套。要注意的是打开保险套时，不要以锐利的东西，例如指甲或牙齿打开，否则可能损坏保险套，从而导致避孕失败。使用保险套时可能因中途滑落、破裂或使用不当等原因而导致避孕失败，所以应“温柔”使用，以免使其失去应有的保护功能。

3. 保险套使用的注意事项

保险套只要使用正确，既可以避孕又可防止性传播疾病。在使用时除了要注意大小是否合适外还应注意下列事项：

(1) 女用保险套的材质为聚亚胺酯，有润滑的功能。女用保险套对于避孕及防止性传播疾病的失败率比男用保险套高，故使用女用保险套时，务必配合使用杀精润滑剂。

(2) 千万不要把脂溶性润滑剂（如食用油、护手乳液或凡士林等）涂在保险套上，因为脂溶性的润滑剂会破坏保险套，使之产生裂缝而无效。医生建议用水溶性的润滑剂如K-Y来制造润滑效果最佳。

(3) 阴茎勃起后而两人性器官尚未接触前，就应该戴上保险套。

(4) 每一次性交都必须使用保险套，千万不要心存侥幸。

(5) 男性使用保险套时要检查是否带好，务必要一直带到根部。

(6) 每个保险套只能使用一次。

(7) 事后注意检查，若保险套出现滑脱或破裂等情况，要赶快采取补救措施。

(8) 未用过的保险套要保存在干燥、阴凉的地方，避免阳光直接照射，以免湿度、温度影响保险套的品质，尤其不可长时间放在皮夹或车内，否则会造成乳胶变质。

保险套与其他避孕方法的比较见表6-1。

表6-1 各式避孕方法比较

方法	口服避孕药	宫内节育器	保险套	输卵管结扎	输精管结扎
图形					
效果	约100%	约95%	约90%	约100%	约100%
作用	抑制卵巢排卵	使受精卵无法在子宫内膜着床。	薄橡胶或塑料套，避免射精时精液进入女性体内。	将女性输卵管切断并结扎，或单纯结扎，使卵子无法与精子结合	将男性输精管切断并结扎或单纯结扎，使射出的精液中不含精子
优点	应用普遍； 安全； 性交前不必采取任何措施； 费用低廉； 能使月经规则，经血减少； 能减轻痛经	应用普遍； 安全； 取出后仍能照常生育； 费用低廉； 置入后如果没有不良反应，不必换新； 性交前不必采取任何措施； 不影响母乳的分泌	停用时仍能照常生育； 容易买到； 无不良作用； 不需看医生	手术后一劳永逸； 不影响女性之生理； 不会再有怀孕之顾虑，并且不会干扰性生活，有些人性欲反而增加	一劳永逸； 手术简单不必住院； 不影响男性之生理； 因不再担心女方怀孕，故如同女性结扎，有些人性欲反而增加

续表6-1

方法	口服避孕药	宫内节育器	保险套	输卵管结扎	输精管结扎
注意事项	初次服用者，应先由医师诊疗后再使用；每晚必须服用，不可随便停用，否则避孕会失败或引起出血；肝胆疾病、高血压、心脏病、肥胖症、血液病、吸烟量大、哺乳期妇女不宜使用	须由医师置入；可能会排出体外；使用1年中，2%～4%的女性会怀孕；置入后1个月、3个月、6个月、1年要复查，以后再每年定期检查1次	每次房事前必须套上；不可重复使用；性交时要注意套好，不要滑下去，射精后马上将阴茎连同保险套抽出阴道；使用1年，约有10%的女性怀孕	不想再生育的人才可结扎；必须手术并需短时期住院；产后在医院顺便结扎最方便	不想再生育的人才可结扎；手术后，须等精液中不再有精子时，才能达到避孕效果
不良反应	有少数人有下列症状：恶心、呕吐或胃肠不适；头痛、头昏；经血减少或停经；点状出血；乳房胀痛；体重稍微增加；血压稍微升高	有少数人有下列症状：轻微腹痛；非经期出血；经量增加；白带增多；腰酸	无	若心理成熟的人，接受结扎一般不会有不良反应	若心理成熟的人，接受结扎一般不会有不良反应
备注	上述这些不良反应通常不严重，且会慢慢适应。如果很严重或一两个月还未消失，应找医师检查	这些症状通常在初期（身体适应期）出现，疼痛时，可服用止痛药，如果症状不消失，应该找医师检查	不仅用于避孕，还可预防性传播疾病		

（十）紧急避孕

紧急避孕是指在无防护性生活后或者避孕失败（避孕套破裂、滑脱，漏服避孕药，安全期计算失误等）后几小时或几日内，妇女为防止非意愿性妊娠的发生而采取的避孕方法。不同于常规避孕的是，这种避孕方法是一种临时采取的紧急办法、是一种补救措施。这种“紧急”补救措施，可以减少流产的发生，从而保护广大育龄女性特别是在校女大学生的身心健康。

1. 开展紧急避孕的原因

虽然避孕药有了很大发展，但仍存在着许多不足之处，全世界每年有近3 000万例妊娠是由于避孕失败而造成的。加上由于种种原因，性交时未能采取避孕措施，导致许多非意愿妊娠，而多数非意愿妊娠又是通过人工流产终止的。人工流产直接导致了每年至少200 000名妇女死亡。据统计，目前我国每年的人工流产达1 000万例，有1/3～1/2是由于未采取避孕措施而导致的非意愿妊娠，如果她们知道或有机会获得紧急避孕服务，将能使人工流产例数减少 300 万～400 万。不安全流产已成为当前亟待解决的问题。针对这一紧迫任务，世界各国提出全面开展“紧急避孕”的行动，可见紧急避孕的重要性。

2. 需采用紧急避孕的情况

（1）未采取任何避孕措施。

（2）避孕套破损、滑脱或使用不当。

（3）宫颈帽、女用保险套放置位置不当或取出过早。

（4）体外射精失败。

（5）在阴道口射精。

（6）安全期计算失误。

（7）排卵期性交只用避孕栓、药膜等杀精剂避孕。

（8）短效避孕药漏服。

（9）发现宫内节育器脱落。

（10）遭到性暴力。

在以上的意外情况发生后，很多女性因担心怀孕而寝食难安，束手无策，只能消极地盼望月经来潮。而紧急避孕可以为这些妇女排忧解难，采取紧急避孕至少可以避免 50%～70%的非意愿妊娠，使广大妇女免受人工流产造成的身心损害。

3. 紧急避孕方法的种类

（1）避孕失败或无防护性生活后 72 小时内服用紧急避孕药——左炔诺孕酮（毓婷）。性交后 72 小时内口服 1 片，12 小时后再服 1 片。

（2）避孕失败或无防护性生活后 5 天内放置宫内节育器——适合于经产妇或曾做人工流产手术的未产妇。

4. 紧急避孕药不等同于流产药

很多女性都把紧急避孕药误认为可以作为流产药使用，所以这里必须明确地指出，紧急避孕不是流产，紧急避孕药不是流产药。一旦遇到因意外妊娠而需要流产的情况，一定要到正规的医院或计划生育门诊就诊，千万不能到没有医疗条件的私人诊所进行药物或手术流产，以免出现意外而造成各种恶果。

5. 紧急避孕的效果

一般来说，服用紧急避孕药可以阻止绝大部分妊娠的发生。如果服用药物的方法正确，紧急避孕的失败率低于 2%。

为了保证紧急避孕成功，妇女应了解紧急避孕的适用时间：紧急避孕药必须在性交后 72 小时之内使用才有效；如果已经超过 72 小时但尚在 5 天之内，那么可以放置宫内节育器。

6. 服用紧急避孕药——左炔诺孕酮可能发生的不良反应及其处理方法

左炔诺孕硐的不良反应发生率极低，可能引起的不良反应及其处理方法如下：

（1）恶心：一般不超过 24 小时就会消失。

（2）呕吐：与食物同时服用或睡觉前服用可减少呕吐的发生率。如果在服药 2 小时内发生呕吐，应立即补服 1 片。

（3）不规则子宫出血：有些妇女服药后会有点滴出血，一般无须处理，2 天左右症状自行消失。

（4）月经改变：绝大多数妇女月经按期来潮，也有一部分妇女有月经提前或延迟。如果月经延迟一周应做妊娠试验，以明确是否为避孕失败。

（5）其他不良反应：乳房胀痛、头痛、头晕、无力，这些症状一般不超过 24 小时。

第四节　性心理知识

性心理健康是人类健康不容忽视的重要组成部分。然而，中国人始终无法走出性迷宫，无法构建起成熟、理性的性心理。鲁迅先生曾经说过："一见短袖子，立刻想到白臂膊，立刻想到全裸体，立刻想到生殖器，立刻想到性交。立刻想到杂交，立刻想到私生子。"入木三分地揭示了社会性心理的不健康。

中国的社会性心理没有能够理性地区分性与色情、性与猥亵的关系，容易在本质上、伦理道德上把完全不同的东西混为一谈。而这种混淆让人们在社会中形成对性的屏蔽、对性的压抑，这种压抑在人们内心的性冲动的冲击下，又往往显得苍白无力和道貌岸然。在极为传统的封建思想和从国外传入的性解放思潮的夹缝当中，人们有了一种"不厌事实，而厌说出"的奇怪心理。其实每个正常人对性都是非常渴望的，对各种性的事实也并不反感，但却极为厌烦讨论性、讲性。宁可自己在黑暗中摸索，也无法正确地对待性教育。似乎只要一谈到性，就是低俗的；孩子们一旦接触到性知识，就会变坏了，以至于我国学校的性教育还很落后。

大学生处于性生理发育基本成熟及性心理快速发展的时期。由于性生理成熟，性意识、性行为、性压抑等可能导致大学生出现一系列的性心理困扰。解决大学生性心理发展过程中出现的困扰，需要对学生们进行系统、完整、科学的性教育，引导大学生积极参加文体活动；同时，学校应积极开展心理咨询（辅导）工作。

一、有关性的概念

（一）性发展

性的发展始于受孕时，女性的卵子携有 X 型染色体，男性的两型精子则分别携有 X 型与 Y 型染色体，当 X 与 X 配对时则形成女性胚胎，X 与 Y 配对时则形成男性胚胎。所有的胚胎在生命的前 6 周都无性别之分，到了第六周时雄性激素才刺激性染色体为 XY 型的胎儿男性生殖器的发育。性的发展就是个体对自己性特征的意识增长，对两性差异的意识增长以及对自己的性别感知变化的意识增长。

（二）生物性的性

生物性的性可定义为男性与女性在解剖与生殖方面的差异，包括染色体、激素分泌、内外生殖器的差别。

（三）性　别

性别包括生物性的性别、心理性的性别、社会性的性别。

（1）生物性的性别，它是保证实现有性生殖的机体形态和生理特征的总和。

（2）心理性的性别，指的是个体对自己是男性还是女性的自我意识的归类，体现于男女两性在性格、气质、感知觉、情感和智力等心理上的差异，但是这些差异并不具有优劣等级。

（3）社会性的性别，指的是作为性角色的男女两性的差异，体现于个体在社会中的角色行为（性角色）的划定，它主要是受社会环境、教育和家庭影响所形成的。随着社会的进步，社会性的性别日益突显。

（四）性别认同

性别认同是指个体对自我所归属性别的自我知觉，这种认知程度受到文化背景的影响很大。幼年期的性别认同核心，在出生后 18 个月才能建立，到了青春期由于激素对体型、性欲及身体心像的影响，而形成了成人的性别认同。到青春期结束，性别认同就不会再改变。

（五）性别角色

性别角色是指个人表现他们性别认同的方式。这是经由模仿同性的父亲或母亲，加上得到异性父亲或母亲的赞赏所学习到的行为。

（六）性别角色行为

性别角色行为包括两部分：一是性行为，涉及性欲、性反应、性高潮等行为反应；二是性别行为，与一般所谓的男性气概或女性气质等行为有关。

（七）性的偏好

性的偏好是指对性伴侣的选择，如异性伴侣（heterosexual）、同性伴侣（homosexual），或两性兼具。

（八）人类性反应的形态

性反应包括了心理、生理、社会三个层面，其过程包含了由产生性欲到全身性刺激所导致的周期性反应，及生理上恢复原来神经刺激的状态。

1. 性驱力

性驱力也可称为性动机或性欲，其所包含的范围很广，广义而言可包含性能力、性活动的进行及性欲的强弱。性能力与人体性器官的构造、激素的分泌及神经系统的传导有关。

2. 激素对性的影响

无论男女，在青春期后，脑垂体受下丘脑的影响会分泌卵泡刺激素（FSH）及黄体生成素（LH）。在男性，这两种激素的分泌为恒定状态，且此两种激素可刺激男性睾丸产生睾酮并形成精子；至于女性，此两种激素分泌呈周期性变化，因而有月经周期的发生。男性激素对性的影响是：在胎儿期，睾酮决定了生殖器官发育为男性生殖器官或女性生殖器官；在青春期，除了决定男性第二性征的发育外，还与性欲的高低有密切关联，男性激素水平越高，则性欲越强。

3. 性冲动

性冲动与遗传、激素分泌、过去经验、思考过程有关，而外在刺激也占了极重要的分量。外在刺激可分为视觉刺激、听觉刺激、嗅觉刺激及触觉刺激。一般而言，女性对触觉的刺激较为敏感。

4. 性反应周期

（1）兴奋期：由接受性刺激开始，随着刺激的增加，兴奋的强度也会增大。

（2）高潮前期（激情维持期）：随着兴奋强度的持续而强化，性紧张强度一直增加到高潮产生。该期持续时间可能很长，也可能很短。

（3）高潮期：为性紧张增加到极点时，不能自主的性反应。女性的高潮强度和时间长短的个体差异较男性为大。

（4）消退期：此期身体逐渐恢复到兴奋前的状态，男性会有一段不反应期，即对任何刺激都不会有兴奋反应；女性则不同，如果刺激足够，仍可达到另一次高潮。

事实上，这四个时期的每一期并无明显界限。但一般而言，男性若射精则必有性高潮的产生；而女性即使完成性交，也不一定有性高潮的产生。

5. 性反应各时期的生理反应

性反应时人体的许多系统，包括心血管系统、呼吸系统、皮肤、肌肉、乳房及生殖器官都会产生变化。在性活动时，由于肌肉紧张度增加、身体活动量增大、体内肾上腺皮质类固醇的分泌增加，使心搏加快、血压上升、呼吸加速、心排血量增加。这些变化可归纳为以下三种基本的生理反应。

（1）血管充血：是生殖器官与身体特定部位的血管充血扩张，致使这些部位体积增大，并发生颜色的变化，如阴茎的勃起，大、小阴唇的充血。

（2）肌肉紧张：是指已趋高潮期时，生殖器官及身体其他部位肌张力增加，以致生命体征发生改变。

（3）自主神经系统：自主神经系统的反应则是由于自主神经受到刺激，从而对心脏产生影响，并引起末梢血管的收缩。

二、大学生恋爱与性心理卫生

爱情是永恒的话题，也是大学校园里的热门话题，恋爱中的大学生也是校园里一道亮丽的风景线。正值青春期的大学生，没有了父母的管束，没有了老师的叮咛，就如同打开了鸟笼的小鸟，在蔚蓝纯洁的天空中自由飞翔。随着性生理的成熟和性心理的发展，渴望爱情、想谈恋爱已成为大学生较为普遍的心理状态。但是，由于处在大学这个特殊的社会环境，以及大学生自身的一些因素，许多人在承受学习压力的同时也承受着与恋爱和性有关的各类问题的困扰。

（一）大学生恋爱的驱动力

恋爱是指异性之间在生理、心理和环境因素相互作用下互相倾慕和培植爱情的过程。

恋爱虽然是追求爱情的行为，但并不是生来就有的。一个人对爱情的追求，只有当他的生理和心理发展到一定阶段时才会产生。也就是说，恋爱是大学生生理发育和心理发展的结果。

1. 性生理的发育

性生理发育水平决定性心理和性行为的发展水平。在校大学生的平均年龄在20岁左右，处于性生理发育的成熟期。两性生理的发育有两个明显的标志：一是体征上的变化，如男性骨骼壮大，喉结突出等；二是指功能上的，两性生殖系统发育成熟，男性分泌精液以致出现遗精，女性每月有规律地排卵，月经来潮。绝大多数大学生在中学时代就完成了性成熟的关键一步。性生理的成熟为大学生恋爱提供了生理基础。

2. 性心理的发展

科学研究表明，直接影响性生理成熟的是腺垂体分泌的性激素。性激素的激活唤醒了性意识。

所谓性意识觉醒，是指个体意识到自己的性别、两性之间的关系，以及对待两性的态度和行为规范。

性心理的发展是伴随着第二性征的出现、性意识的觉醒而发展的，经历了以下四个阶段：

(1) 异性疏远期。青少年在第二性征出现后的1年～2年，朦胧地意识到两性差别，开始有了不安和羞涩的心理，很怕异性注意自己的变化，于是男女彼此疏远，即使是青梅竹马的童年伙伴也较少交往。有的孩子在家里还不由自主地疏远异性长辈。与此同时，也萌发了对性的好奇心和求知欲，很想知道被成人世界掩饰的秘密到底是什么。

(2) 异性吸引期。对异性产生好感与爱慕，一般发生在女孩12岁或13岁，男孩13岁或14岁以后。这时的少男少女开始好表现自己，男孩乐于在女孩面前展示自己的能力与才华，以赢得女孩的好感与赞许；女孩开始注意修饰打扮，以引起男孩的注意和喜欢。男女相互接近的渴望使他们乐于参加与异性在一起的集体活动，喜欢结伴外出郊游、唱歌、跳舞或参加体育活动等，并对异性表示关心、体贴，乐于帮助异性同学以博得异性的好感。但是，少男少女毕竟还不懂得应当怎样与异性相处，此时的异性接触和交往多半没有专一性和排他性。

(3) 异性向往期。15岁或16岁之后的青少年向成人过渡加快，在对异性产生好感的基础上各自形成一个或几个异性的“理想模型”，并在与众多男女生的交往中，逐渐由对群体异性的好感转向对个别异性的依恋，有的还形成一对一的“专情”行为，萌生恋情。

(4) 择偶尝试期。高中毕业进入大学的青年，对异性的爱慕和向往有了比较严肃的选择和排他性，自然而然地进入了恋爱择偶尝试期。男女双方从内心深处都感到异性存在的美好，并渴望用各种方式接近异性，引起特定异性的注意与好感。

大学生追求爱情、渴望恋爱是在性生理成熟基础上的性心理需要，故性生理成熟是性心理发展的基础。然而，正如前苏联教育家马卡连柯所说的那样：“从动物的性本能中是培养不出人类的爱情的。恋爱的力量只有在人类的非性爱的好感中才能得到。”

3. 客观环境的影响

大学生入学前后环境的变化，对大学生恋爱有着特别的影响。入学前，男生、女生虽有对异性的向往，但由于学业的压力和学校、家庭等的干涉，青春的骚动被压抑着，不能释放。入学后，学校没有禁令，家长无法直接干涉，处在自由状态下的异性，在共同的学习生活中频繁交往，相互了解，为大学生的恋爱提供了客观环境。

（二）恋爱的心理行为特征

1. 直觉性

男女之间相互美化、互相吸引，双方都感到顺眼和舒服，即所谓“情人眼里出西施”。这时容易出现“期望效应”，即把自己所希望出现的特征赋予对方，把自然景物和周围环境都打上爱情的印记。而此时，也可能在学习、工作时心猿意马，注意力不集中，容易出现差错。故应注意控制情绪、放开视野，利用爱情的强大动力提高学习和工作效率，并互相帮助、共同提高。

2. 隐蔽性

恋爱中的男女言辞含蓄而富有诗意，行为隐蔽而富有德行，言谈、举止、表情、行为都体现了一个“爱”字。

3. 排他性

排他性表现在对意中人的专一执著、忠贞不渝的心理特点。热恋中的男女不希望其他人介入他们的亲密关系。他们组成一个具有特殊共享物和亲密感的系统，本能地抗拒他人亲近自己的恋爱对象。这种特点对维持爱情的稳定长久很有必要，如果任由恋人与异性发展亲密关系，爱情就不可能稳固。

排他性发展到极点会引起青年对恋人行动的猜疑，造成双方严重的心理负担。大学生较同龄人具有更高的敏感性，能更好地捕捉人的心理活动轨迹，这也增加了猜疑发生的可能性。过度的猜疑、干涉恋人自由必然给自己带来烦恼，并可能导致爱情的破裂，甚至使某些恋人承受不了心理负担而轻生。

对恋人产生毫无根据的怀疑，不相信他（她）的忠诚在很大程度上是自私心理的表现。这种人自私地把恋人看成自己的私有财产，这其实是一种病态的爱情心理。自私心过强的人不允许恋人与其他异性有任何接触，认为恋人只属于自己。自私心理也含有自卑，真正自信的人很少会有这种怯懦表现。

自私、猜疑和嫉妒控制在一定范围里是正常的，不能要求一个人不去嫉妒与自己爱慕的对象关系密切的异性。但过分的猜忌会影响爱情发展，影响心理健康。当一个人觉得自己的猜疑、嫉妒已无法控制，自己应付不过来时，最好去寻求心理咨询工作者的帮助。自私、猜疑和嫉妒是爱情的大敌，要小心它们摧残了娇嫩的爱情之花。

4. 波动性

恋爱双方情绪变化很大，热可达到白热化，冷则骤降至冰点。高兴时喜笑颜开、手舞足蹈，懊恼时垂头丧气。这种大起大落的情绪变化有时会对身心健康带来不良影响。故要通过加强自我修养、不断进行自我完善，以减少情绪的波动性。

5. 冲动性

热恋时人的认识活动范围往往会缩小，理智分析能力受到抑制，习惯行为受到破坏，此时发生的许多事情与平时可以完全不同。同时由于控制自己的能力减弱，热恋中的人往往不能约束自己的行为，不能正确评价自己行为的意义与后果。

（三）大学生恋爱的类型与特点

大学生恋爱现在是一个很普遍的现象，因为他们年龄很相近，而且很多大学生又都住校，彼此了解更多，产生感情也是特别自然的一件事情。这种情感确实与社会上的一些恋爱不同，它是在特定的时间、特定的阶段，彼此在一起学习时产生的。但是，大学生恋爱又普遍没有结果，这是大学生爱情的一个特点。恋爱是难以驾驭的人生艺术。渴望谈恋爱是一回事，会不会谈则是另一回事。许多人疯狂地投入进去，却狼狈地退出来。有的恋爱成功，有的恋爱失败，有的因恋爱引发犯罪，有的人甚至轻生、闹出人命。大学生的恋情因恋爱的动机不同而显现多样化的趋势。

1. 大学生恋爱的类型

（1）比翼双飞型。这类学生基本上具备成熟的人格，有正确的恋爱观，能够以理性引导爱情，正确处理恋爱与学习、感情与爱情、情爱与性爱的关系。双方都有较强的事业心、进取心和自控能力，有共同的理想抱负、价值观念，把事业的成功作为爱情持久的目标，不仅仅把恋爱看作人生的快乐，而且能把幸福的爱情转化为学习和工作的动力。他们认为，恋爱不仅应该促进双方进步，而且应该促进双方成长。

（2）生活实惠型。进入大学后，毕业去向是大学生最为关注的问题。恋爱无可非议地揉进了毕业去向的因素，同时家庭条件和对方的发展前途也是各自关注的必不可少的条件。一些大学生彼此间的爱慕与向往也许并不强烈，但是有确定的生活目标。他们认为这时谈恋爱相互了解，可信程度高。大三是这类学生谈恋爱的高潮期。这种爱情是理智的、现实的，确定恋爱关系引起的争议也比较少。

（3）时尚攀比型。在一些高校，恋爱成为一种时尚。当周边的许多同学有了异性朋友时，一些男同学为了不使自己显得无能，一些女同学为了证明自己的魅力，也匆匆地谈起了“恋爱”。由于目的性不强，又缺乏认真的态度，常常是跟着感觉走，把谈恋爱看作是一种精神上的补偿，最后常以“因为没想那么多”为借口而各奔东西。这种恋爱带有很大的随意性。

（4）玩伴消费型。这类学生在精神上不太充实，同性朋友较少，时常感到孤独、烦闷，为了弥补精神上的空虚，急欲与异性朋友交往，“恋爱”成为一种暂时性的精神需求。尤其是周末，当寝室的室友与其恋人成双成对地走出校园，自己一人在寝室时，有一些同学会有一种空虚得想谈恋爱的感觉，女生的这种心理体验尤为明显。据报道，有一所大学的一个班的全部女生在大二时就都有了“恋爱对象”，用她们自己的话说，“我其实不是真的在谈恋爱，只是生活太乏味了，又没有知己，想找个伴畅快畅快。”

（5）追求浪漫型。这类学生情感比较丰富，罗曼蒂克的爱情对他们有着强烈的吸引力，对爱情浪漫色彩的追逐和窥探心理日趋强烈。他们并非不尊重爱情，而是觉得出没于花前月下的刺激比爱情的责任和义务更富有色彩和韵味。与这种韵味相比较，人物自身的品质被淡化了。他们追求和接受爱情时，对爱情的缠绵悱恻有较深的体验，并乐在其中，时时沉浸在两人的世界里，忘却了集体，甚至忘却了学业。

(6) 功利世俗型。以对方的门第、家产、地位、名誉、处所、职业、社交能力等为恋爱的前提条件。

2. 大学生恋爱的特点

此外，当代大学生的恋爱还出现以下特点：

(1) “不求天长地久，但求曾经拥有”，出现轻率化的现象。他们不太注重恋爱的最后结果，却非常强调恋爱时的感觉，看重恋爱的过程。有一位老师问一个女生为什么要恋爱？谁料，那女生竟惊讶地反问：我何时在恋爱？原来在她的脑海里谈婚论嫁时才是恋爱，她现在不过是在享受过程而已。其实，在大学里，持这种观点的同学不在少数，绝大部分都是为了摆脱精神空虚，消磨时光，真正以感情为基础的少之又少。

(2) “主观学业第一，客观爱情至上”。他们从理性上都知道学业是第一位的，感情是第二位的，但在实际行动中，用于恋爱的时间却远远多于学习的时间。由于他们花费大量的时间沉溺于花前月下，卿卿我我，学习成绩一落千丈。

(3) “强调爱的权利，缺乏爱的能力”。大学生中的恋爱大都是激情碰撞下的初恋，在激情平息之后，却不懂得如何培养爱情，在爱与被爱的磨合期显得笨手笨脚，往往造成对彼此的伤害。他们轻易地恋爱，轻易地分手，强调爱的体验，却负不起爱的责任。

(4) 网恋。随着高校校园网络的广泛建设以及校园外网吧的开放，大学生上网的人数越来越多。但是，相当数量的大学生偏离上网的正确方向，把网上谈恋爱作为上网的目的之一。一所重点师范大学同宿舍的 7 名女生都在谈恋爱，其中就有 6 人是网恋。不少高校的大学生断言：“凡是上网的同学几乎人人都有一次网恋经历。”而且这些大学生都敢于公开自己参与网恋的身份，对班主任、辅导员、家长、同学都不避讳。

大学生网恋不仅具有比例高、公开化的特征，而且轻率、速成的程度令人瞠目结舌。有些学生同网友聊过一次天、发过一次 E-mail 后，便“一见钟情，相见恨晚”。有些学生第一次“接触”便敢说“我要娶你”，并迅速在网站上确立恋爱关系。

大学生网恋具有多种心理类型，包括游戏型、感情寄托型、追求浪漫型、表现自我型、追求时尚型、随波逐流型等。而不管是哪一种类型，几乎都具有一个共同特点，即抛弃“恋爱是为了缔结婚姻的观点”，把网恋视为一种网络游戏，是在网上进行网络情感交流的一种方式。“不仅可以把现实社会的种种规则完全抛开，而且可以模糊性别和身份，把所有的事情都当作游戏。”

虽然在大学生中确有一些通过交流学习心得、人生看法，逐渐情投意合而网恋成功的。但就多数而言，则是经不起外界诱惑的结果，“看见同宿舍的同学都在网上谈情说爱，觉得自己孤零零的，于是也加入了网恋队伍”。

大学生网恋一般很容易上瘾，而一旦上瘾就会沉湎于其中不能自拔，把网上爱情视为生活的唯一追求。调查表明，有一些大学生中午、晚上不休息，加班加点在网上谈恋爱，上课时却无精打采，甚至有的大学生为了上网谈恋爱而逃课。网恋不仅严重影响学习，而且容易减少他们与老师、同学之间的交流。他们不愿意参加集体活动，性格变得孤僻，可能造成人格障碍。甚至有大学生靠偷窃支付上网费用。还有些大学生因为网恋失意，不得不到精神卫生中心求治，问题严重的甚至出现精神崩溃。网恋的欺骗性对一些大学生更是一个沉重打击。一些受到如此打击的学生，由于得不到及时的引导，而断送了一生的前程。

恋爱在很大程度上改变着一个人的思想、心理和行为。恋爱越健康，积极的改变就越多；反之，改变则可能是消极的。正如有学者指出的："对青年来说，恋爱更多的是一种涉及生活全貌和人格整体的事情。如果说一个人进入青年期以后，在人格、生活态度以及人生观上发生了很大变化，那么导致这种变化的最大因素，大概莫过于恋爱了。"

（四）大学生是否应该谈恋爱

大学生可不可以谈恋爱？谈恋爱是利多还是弊多？这是在心理咨询中经常遇到的问题。

目前在校大学生的年龄一般为18岁～23岁，他们在性生理上已完全成熟，在性心理发展上，也走过了性疏远期和性接近期，进入了恋爱期，对情感的需求大大增强了，这是大学生生理、心理发展的自然现象。从这个角度讲，大学生的恋爱现象是自然的、正常的、无可指责的。

现实中，有的恋爱带来勃勃生机，成为促进学习、工作和全面发展的"核动力"，而有的恋爱则使人情绪起伏、烦恼不安、成绩滑坡。由此可见，爱情是一把双刃剑，对青年学生的成长有利有弊。

另外，恋爱不如意者常常出现心理失调，引起心理紊乱和智力活动低落，影响到学习和生活的方方面面。恋爱的女孩很少能与别人分享自己的观念和情绪，总觉得与别人格格不入，只能谈论与恋爱有关的事情。精神的贫乏使得她们无视这个世界的富足，恋爱中的女孩多会造成人际关系紧张和成绩滑坡，这些紧张反过来会强化情爱需要的紧张。一心不能二用，造成大学生心理紊乱的主要原因是恋爱，一旦恋爱关系出现，自己便和自己遭遇。荣格说："遇见自己是令人极其不愉快的事。"你将面对你平时用理性掩饰的、压抑的、从没有向世界显示的那些情欲，它完全不顾大脑的反对，一股脑地表现自己。你的心理能量便消耗在自己与自己的遭遇之中。因此，美国政府大量拨款强化在校生的爱情"克制"教育，鼓励青年人把恋爱和性行为推迟到完成学业以后。

对恋爱实施自我克制，国外称之为"情绪管理"，这要从三个方面着手。第一是自我认定：恋爱与学业哪一个为先？第二是自我设计：未来与现在哪一个为重？第三是自我克制：向自己承诺婚恋在毕业以后，并主动参与文娱活动，淡化自己的紧张感；积极投入到社交活动中，克服自己的寂寞感。只有把消耗在恋爱上的心理能量转移、升华到学业中去，紊乱的情绪才能得到平衡和康复。

大学生是否可以谈恋爱，以及是利多还是弊多的问题，实际上是一个什么样的大学生具有谈恋爱的资格的问题。从恋爱心理卫生的角度分析，人格不成熟的大学生匆忙涉足爱情容易导致不成熟的恋爱，产生多种心理问题。

从年龄或年级的角度看，随着年级的升高，大学生的生活经验更丰富，处事方式更稳定，更能把握自己，因而恋爱的成功率要高一些。而低年级的学生恋爱多半不是自觉思考、谨慎选择的结果，很大程度上与周围环境的影响、远离家乡父老感到孤独寂寞、高年级男生对低年级女生的进攻等因素有关。同时，低年级学生常常分不清友情与爱情的界限，加之生活经验有限，自控能力不足，不善于处理恋爱中的矛盾冲突，因而容易导致恋爱失败，恋爱挫折引起的身心反应也比较强烈。

被所倾慕的人拒绝自己的感情是一件不愉快的事，却不是罕见的事。一般人会用理智控制感情，冷静处理，或在经受短时间痛苦之后，很快平静下来。有个性缺陷者则不同，由于他们自卑、敏感、执拗，遇到类似情况可能诱发心理疾病。而直系亲属有患精神分裂症者，由于有遗传可能，也易诱发心理疾病。

（五）大学生恋爱中常见的心理障碍

恋爱在给人带来幸福的同时，也给人带来烦恼和苦涩。

1. 单恋与爱情错觉

单恋是一方的倾慕情感苦于不被对方知晓和接受而造成的一厢情愿的爱慕，俗称单相思。它仅仅停留在个体单方面爱恋而无法发展成双方相恋的状态。单恋是一种深沉而无望的爱情，充满了毁灭性的激情和疯狂，单恋者在幻想中自愿奉献一切，具有痴迷而深刻的悲哀。爱情错觉是指在异性间的接触往来关系中，一方错误地认为对方对自己“有意”，或者把双方正常的交往和友谊误认为是爱情的来临。爱情错觉是单恋的另一种形式，它常会使当事人想入非非、自作多情。

青年学生心理尚未完全成熟，单恋现象比较常见，且较多地出现在性格内向、敏感、富于幻想、自卑感强者身上。首先是自己爱上了对方，于是也希望得到对方的爱。在这种具有弥散作用的心理支配下，就会把对方的亲切和蔼、热情大方当作是爱的表示，并坚信不已，从而陷入单恋的深渊，不能自拔。

深刻的单恋是一种难以矫正的心理障碍，会使人一度丧失自尊，不顾人格尊严地乞求于所恋对象，严重影响人的知觉判断和理性选择，同时也干扰了所恋对象的学习和生活。有的人甚至会走向极端，以伤人的方式终结单恋。

单恋形成的原因很复杂，主要与单恋者的幻想特质、信念误区和认知偏差等有密切的关系。

(1) 幻想因素。人的幻想特质与先天气质类型和后天的心理发展过程有密切关系。一个从没有被人爱过、敏感、内心体验丰富的人，就难以爱上别人，即使爱上别人也羞于向人承认，也不敢奢望被爱。但是，人人都有爱和被爱的渴望，如果对爱的需要不能得到满足，往往转向自己，回到内心，自编自导一个玫瑰色的梦，并在梦中满足自己对爱和被爱的渴求。当此种类型的人进入青春期，开始真正的异性交往时，就很难适应正常的恋爱，于是只好退回到过去的那种满足方式上，以儿童的反应把对爱的渴望当成现实的异性之爱，在幻想中得到满足。

(2) 信念误区。单恋者往往信守“伟大的爱充满艰辛和痛苦，它往往是得不到回报的”信念，于是在得不到对方的爱时，就自我暗示：爱不仅仅是为了得到爱，不要承诺，不要回报，这种不顾一切的爱才是最伟大的爱。

(3) 认知偏差。单恋者往往由于对倾慕对象一往情深，希望得到对方的动机十分强烈。在这种心理的支配下，往往会把对方的言行举止纳入自己的主观需要的想象中，造成对他人的认知偏差。另外，有的单恋者不能正确地对待被拒绝的事实，认为如果承认事实，就是承认自己配不上对方。因此，为了自尊和面子，就强迫自己坚持求爱到底。

单恋者固然会体验到一种深刻的快乐，但会体验到更多的痛苦，因为他们无法正常地向自己所钟爱的异性倾诉柔情，更不能感受到对方爱意的温馨。单恋的痛苦不仅仅为情，真正让自己痛苦的是自我的否定，比如，“我怎么就那么笨啊”，“我怎么就没有争取到啊”，“我是不是很差啊”。

2. 自　恋

自恋是指一个人只是在自我刺激或自我兴奋中寻求快感，而不需要旁人在场，同时它的性指向是自己。

关于自恋有一个古老的传说：美少年厄索斯美丽得无与伦比，他爱上了水中自己的倒影，每天顾影自怜，于是跳入水中，死后变成了水仙花。

自恋现象在婴儿时期便已存在。开始只是一种身体的自慰快感，并没有性恋的成分存在。但是随着生理的成熟，性刺激的不断出现，自恋便成为一种生理和心理的需要。一般来说，一旦进入成年期，便完成了由自恋向他恋的转移。但也有成年后仍未摆脱自恋或不能完全摆脱自恋的情况。人格成熟的人会使自恋升华为他恋，使他恋成为一种精神追求，并将注意力转移到有益于社会的活动中去；而人格幼稚的人会使自恋保持下去，甚至不断地自我强化，使自己成为孤独的自恋“公主”或“王子”。自恋是人格幼稚、害怕现实生活的一种内化反应，是一种情感生活适应障碍的表现。

其实，我们每一个人，都会有或多或少的自恋倾向——小到对一枚指甲的专心修饰，大到爱自己而不能与别人相爱。现在的网络生活中，多有自称“帅得一塌糊涂”、“酷得想自杀”、“美丽的笨女人”等人物。人人都应该爱自己，但是爱得过了火，就危险了。过分自恋，其实与自私无异。凡事看到的都是自己，渐渐整个世界也都变成了自己一个人的了。

3. 多角恋

所谓多角恋是一个人同时被两个或两个以上的异性所追求或自己同时追求两个或两个以上的异性，并建立了爱情关系。

多角恋是爱情纠纷的主要原因之一，实质上是比单恋更为复杂、更为严重的异常现象。由于情爱具有排他性、冲动性，因此任何一种多角恋都潜伏着极大的危险，一旦理智失控，就会给对方及社会带来恶果。

导致多角恋的原因主要有以下几个方面：

（1）择偶标准不明确。由于个性不成熟，生活经验不足，择偶前没有一个较为明确的标准，不知如何才能断定与自己关系密切的异性中哪一位更合适自己，因此只好颇费心思地多方应付，多头追逐，从而出现了选择性多角恋。

（2）择偶动机不良。有的人一开始和异性交往就出现了动机冲突，一会儿认为张三英俊、潇洒，一会儿又觉得李四深沉、稳重；今天认为王某开朗、可爱，明天又觉得赵某妩媚、艳丽，各人的长处都想兼得。为了满足不同的欲求，只好在不同角色中周旋以寻求快乐，有的甚至发展到玩弄异性的程度。

（3）虚荣心强。有的人总以为追求者越多，身份就越高；若退出竞争，就是承认失败，承认自己比别人差。这是导致恋爱上的自私自利，对别人和自己感情不负责任的多角恋的主要原因。

（4）盲目崇拜。明知对方已有对象，但由于盲目崇拜，加上嫉妒好强，固执任性，从而导致冲动性、竞争性的多角恋。

4. 失 恋

失恋是指一方否认或中止恋爱关系后给另一方造成的一种严重的心理挫折。恋爱失败和失恋是两个不完全相同的概念。前者指恋爱关系的否定，它表现为两种形式，一是恋爱双方都不满意，彼此同意分手；二是恋爱的一方已无情意而提出与对方分手，而另一方却仍情意绵绵，沉湎于对恋情的怀念之中。失恋属于恋爱失败的第二种形式。从心理角度来看，失恋可以说是大学生最严重的挫折之一，会引起一系列的心理反应，如难堪、羞辱、失落、悲伤、孤独、虚无、绝望和报复等。这些不良情绪如果得不到及时的排遣转移，容易使失恋者产生忧郁、自卑的情绪，严重者甚至会采取报复乃至自伤等方式来排解心中的淤结。

(1) 失恋者的心理表现。常见的不良心理问题有以下三种：

一是自卑心理。感到羞愧难当，陷入自卑、心灰意冷之中，有的人甚至因此而走上绝路。其实，失恋是恋爱生活中的正常现象，并不是一种错误。因此，不存在什么失面子的问题。

二是报复心理。有的失恋者失去理智，产生报复心理，结果可能造成毁灭性的结局。特别是由于一方不道德而导致的失恋，更容易使失恋者出现报复心理。其实如果对方人格低下，失恋者应该为分手而庆幸，切不可降低自己的人格，以图一时的泄愤。

三是渺茫心理。有的人把恋爱看得至高无上，一旦失恋了，事业、前途也不顾了，感到希望渺茫并产生焦虑情绪。这不但于事无补，反而可能使自己在恋爱问题上更草率。

(2) 摆脱失恋的方法：失恋的痛苦是可以理解的，要尽快摆脱精神痛苦而达到心理平衡，必须克服上述心理障碍。首先，冷静分析一下失恋原因，可以帮助失恋者摆脱失恋的苦恼。其次，应及时疏导心中的郁闷。人的理智可以战胜情感，失恋者可以采用疏放法，即找亲人或知心好友倾诉心中的烦恼，也可奋笔疾书，甚至可以关门痛哭一场。这样有助于消除失恋带来的心理压力，及时恢复心理平衡。当然，疏放要有“度”，不能无休止地唠叨，反而沉溺于消极的情绪之中。也可以采用转移法，主动置身于欢乐、开阔的环境，或有意识地潜心于自己感兴趣的事情中，用新的乐趣来冲淡、抵消旧的郁闷。

遗忘也是一剂医治失恋的良方。有句名言，过去的就让他过去吧！人是有记忆的，然而记忆什么，回忆什么，却可以选择，有些失恋者喜欢回忆失恋前的快乐生活，结果越是回忆越痛苦。过去的欢乐就让它与痛苦一起被遗忘吧！新的生活需要我们加紧跋涉。

另外，努力把精力投入到工作和学习中去。很多历史名人都曾经历过失恋的痛苦，他们可以作为积极转移失恋痛苦的楷模。德国大诗人歌德，24 岁时回故乡当律师，邂逅了一个名叫夏绿帝的少女，歌德一见钟情，热烈求爱，不料夏绿帝已同歌德的朋友凯士特相爱。失恋的痛苦使歌德一时不知所措，但他很快离开了夏绿帝，埋头于写作之中，结果《少年维特之烦恼》这部千古力作遂以问世。

天涯何处无芳草，莫愁前路无知己。一扇幸福之门关闭的同时，另一扇幸福之门却已经打开了。

（六）培养健康的恋爱心理行为

恋爱给人带来美妙的感觉，爱情就像玫瑰花，给我们带来馨香的同时，有时也会刺伤脆弱的心灵。恋爱的过程时常会伴随各种矛盾冲突。解决这些矛盾冲突有赖于人格的成熟、心理的健全，同样，矛盾冲突的解决情况又会促进或阻碍人格的发展和心理的健全。

1. 理智地对待爱情

没有理智的恋爱不可能把人引向幸福。坠入情网时，理智的人首先不会忘记审视一下自己的感情，判断什么是真正的爱情，什么是一时的狂热迷恋。一时的狂热迷恋是一种要求与异性接近的热望，一种生理上的彼此需要；而真正的爱情则是充满激情的友谊，是理性思考的结果，不会轻易动摇。一时的狂热迷恋使双方毫无信任感，当一方不在身边时，就会猜疑他是否变心，而且挖空心思去证实自己的推想；真正的爱情是以相互信任为基础的，它使人平静，让人放心。

其次，理智的人能正确处理恋爱与学习、工作的关系及恋人与他人的关系，不是只沉迷于感情的旋涡中，而是考虑感情的长远性和现实性。

爱不仅是一种权利，更是一种责任和义务，恋爱者必须以高度负责的态度对待恋爱。爱的权利和义务是不可分割的，只强调爱的义务，无视爱的权利，那是对人性的奴役，必须予以否定。但是，如果从一个极端走向另一个极端，只强调爱的权利，而不承担爱的义务，就陷入了非理性主义的泥潭。一位教育家曾教导儿子："要记住，爱情首先意味着对你的爱侣的命运、前途承担责任。想借爱情寻欢作乐的人，是贪淫好色之徒，是堕落者。爱，首先意味着献给，把自己的精神力量献给爱侣，为她缔造幸福。"这种爱的权利和责任的统一，是恋爱生活的基础。

因此，首先要教育大学生摆正爱情在人生中的位置。爱情在人生中占有重要地位，没有爱情的人生是不完美的，但爱情不是人生的根本宗旨，更不是人生的全部，只为爱情而活着是苍白的。人生的主宰应当是事业，只有伟大的事业对人生才具有决定意义。流传至今的裴多菲的诗句"生命诚可贵，爱情价更高；若为自由故，二者皆可抛"，正说明了这一点。

其次，要教育大学生摆正爱情在大学生活中的位置，坚持学业第一。要使大学生理解，今天的学习与未来的事业息息相关，这也是爱情美满的基础。那种抛开学业谈恋爱的作法，不仅有碍成就事业，也难以获得幸福的爱情，因此不仅是愚蠢的，也是可悲的。

大学生要转变爱情至上的观念，光懂上述道理还不够，大学生还必须树立崇高的理想，变"儿女情长"为胸怀大志，用理想的感召力召唤学习的激情，把兴奋中心转移到学习上，把时间和精力投放到学习上，从而真正把学习放在第一位，使爱情服从学业、爱情促进学习。

2. 培养爱的能力

美国著名诗人惠特曼说："爱，不是一种单纯的行为，而是我们生活中的一种气候，一种需要我们终身学习、发现和不断前进的活动。"

爱情之花是美丽而娇嫩的，人们热切地追寻它，但有时候往往不知如何去呵护它，以至于爱情之花夭折。恋爱中的许多问题源自于人们以被人爱代替了去爱人，求爱往往是为了摆脱孤独和空虚，建立在这种前提下的情感是短暂的。成熟的爱情以自爱为基础，知道自己需要怎样的爱，并且具有给予爱的能力和拒绝爱的能力。要培养自己爱的能力需要从以下几方面努力：

（1）加速自我的心理成熟。培养积极的人生观、价值观，确定恰当的择偶标准。培养独立的人格，能体贴、关怀、尊重他人。恋爱不是一种纯粹的精神活动，它是个人生理、心理发展的需要，更是一种社会行为，体现了一个人的追求。具有独立人格的人能够正确认识自我，悦纳自己，发展自己，对自己充满信心和勇气。而人格未完全独立的人感情容易飘忽不定，一旦恋爱则陷入激情难以自拔；倘若失败，便对自己做出负性评价，丧失自信。

当发现对方并非自己理想的爱人时，当然要提出中断恋爱的要求。但即使有足够的理由中断爱情，也应当讲究方式。谈恋爱时要真诚，提出中断恋爱时也要真诚。提出中断爱情的方式主要有以下三种：①面谈，采用此方式需注意选择适当的地方，如对方性格刚烈、占有欲强，应避免选择偏僻的地方。见面后首先肯定对方在恋爱时对自己的爱护与关怀，若采取诅咒、漫骂的方法，会激起对方的仇恨，使矛盾激化。切忌优柔寡断，给对方留有幻想，那是对对方的折磨，也会给自己留下隐患，所谓"当断不断，反受其乱"，这一点尤为重要。②通过书信表达态度，此方法有更大的缓冲余地，措辞也能更冷静、得体。③寻求中介人的帮助，采用此方式需注意：中介人应是对方也认识、了解的，最好是对方信得过又非常尊重的人，可以顺势对其进行开导、安慰。切勿给对方造成的感觉是你在到处损害他的尊严、败坏他的名声。

（2）培养与异性交往的能力。异性间的交往应注意：不要过分强调目的性；注意交往的范围、距离、场合、分寸，如果没有对某一对象萌发爱意，不要轻易涉入一对一的单独活动，切不可过于频繁地与某一特定对象长期交往，否则容易引起恋爱幻想。

（3）选择与自己心理特点相配的恋人。心理学家曾经调查大量幸福美满的家庭，得出爱情和谐至少需要以下三项保证：相互了解、地位背景相配、气质类型相投。要使恋爱生活和谐，减轻恋爱对心理健康的不良影响，选择与自己心理特点相配合的恋人是有必要的。

（4）学习掌握性生理和性心理卫生知识。

第五节　性道德与健康

人类为了生存和发展，为了群体的稳定和繁荣，必然要求每个个体的行为符合一定的社会规范，必须对有害于人类社会生活的本能行为进行约束。这就决定了人类社会必须建立在个体和群体行为都受到必要约束的基础之上，其中对性行为的约束更是极为重要的一个方面。甚至可以毫不夸张地说，没有历史上形成的对性行为的社会约束，就不会有今天的文明人类。这就是为什么在互相隔离的地理环境中独立发展起来的不同文明的民族，虽然各自的文化和历史背景差别很大，却都形成了十分相似的性道德观念的原因。

一、对性道德的理解

道德是指调整和指导人与人之间、人与社会之间行为关系的准则规范。性道德则指对性行为的道德规范。异性相吸、性爱、性冲动和性行为是人类的一种本能，但因为性爱会产生生物学、社会学后果，故为了协调双方及与周围人的关系，必须有性道德。而人能够同禽兽区别开，成为真正的人，其中的一个重要的标志就是道德。人们的各种行为都有各自的道德准则，人们的性行为必须遵守性道德，否则要受到法律制裁和道德谴责。法律是约束人们行为的外在力量，道德是约束人们行为的内在力量。任何有利于人类生存发展的道德，实际上都是对有害于人类社会生活的无节制本能行为的约束，性道德也不例外。

二、性道德与优生

人类社会最早的性约束是禁止乱伦，在父女、母子、兄弟姊妹间严格禁止发生性行为。在有些文化中，这种约束扩大到禁止所有近亲之间的两性关系。

原始部落的一个群体通常只有几十名成员，部落内的族内婚造成近亲繁殖，会导致体质的逐渐退化，健康状况一代不如一代，而部落间的婚配则能产生强健的子孙。原始人在代复一代的生活实践中认识到近亲繁殖会产生孱弱的后代，于是部落内部的族内婚逐渐向部落间的族外婚发展，族内的两性行为被视为乱伦而遭到禁止。人类的性行为开始受到社会约束，保证了原始人类向文明社会的迈进。仅此一点，我们就不可轻估性约束对于人类社会的重要意义。

最早的性约束都会以宗教禁忌的形式出现，因为原始人不可能知道遗传学原理，他们把族内婚会产生不健康后代看作是神的惩罚，所以禁止乱伦就是神的旨意，不可违抗。这就在实质上形成了人类最初的性道德。

从族内婚到族外婚是一大进步，但仍是群婚，子女只认识母亲，不知道父亲是谁，近亲之间还可能出现性交，优生也得不到保证。当母系社会的对偶婚出现时，优生又向前进了一步，但还是可能出现同父异母的后代之间的乱伦。因为这时的对偶婚只是相对稳定，关系并不牢固，所以同父异母的子女彼此不能识别血缘关系。直到父系社会严格的一夫一妻制出现，不仅直系血缘不得乱伦，就连三代或五代旁系都不能通婚的性道德习俗形成时，人类的优生方得到可靠保证。

当近代遗传学理论阐明了优生的本质时，人类才回过头来认识到婚姻制度的发展在人类体质进化上的重大意义，从而证明了性道德是人类生存发展的必要条件。

三、性道德与女性健康

性乱，女性是首当其冲的受害者。按理性道德应要求男女青年都保持婚前的童贞，然而传统的性道德却片面要求女性保持童贞，对男性却要宽容得多。从表面上看，这完全体现了封建社会的男女不平等和对女性的束缚，其实却包含有保护女性的合理内涵。女性过早性交的害处显然大于男性，青春期前女性的阴道黏膜是单纯柱状上皮，经不起摩擦，而且容易发生感染。处女膜的存在，从生物学上就设置了保护幼女生殖系统健康、防止污物进入阴道的解剖学屏障。女性要到性发育成熟后，阴道黏膜才演变成为能经受摩擦的扁平上皮，所以过早的两性行为对女性会造成损害。

封建社会，单方面要求女性保护婚前童贞，对男性却无此约束，还包含着另一层对女性的保护。古代，在没有避孕措施的条件下，如果不对女性提出这一苛求，就不可避免地会发生婚前性行为，而且必然要引起未婚先孕。男性在没有婚姻约束的情况下，可以只图性满足而不对性行为的后果负责；女性则不然，要对怀孕承担全部责任。并且，在当时堕胎有生命危险；如果生下私生子，此后的出嫁就会遇到极大的麻烦，况且私生子的抚养又是一大问题。即使是现代，未婚女性虽然采取避孕措施，避孕失败也是常事。人工流产同样损害女性健康，因人工流产引起大出血，子宫穿孔、感染，甚至死亡的例子并不少见。美国有许多州不允许人工流产，少女生产成为普遍现象。这种现象不仅严重损害了少女的身心健康，也给非婚生子女带来灾难，并且造成严重的社会问题。

性乱对于成年女性健康的损害也是极为明显的。健康的、不性乱的女性阴道中存在正常的微生物群落，和人体保持共生关系，不同的微生物之间保持着稳定的微生物生态平衡。这种人和微生物以及微生物和微生物之间的生态平衡，对于维护女性生殖系统的健康是必需的。性乱则可以破坏这种平衡，即使在没有性传播疾病病原体的情况下，也可以发生女性生殖系统的非特异性炎症，如阴道炎、子宫内膜炎、输卵管炎、盆腔炎等。

性乱还使女性生殖系统的恶性肿瘤发病率增高。通过性传播的Ⅰ型疱疹病毒和乳头状病毒，可以诱发宫颈癌或生殖系统其他部位的恶性肿瘤。欧洲一项有关调查表明，丈夫性乱，妻子虽守本分，其生殖系统癌症的发病率也高于丈夫没有外遇的妇女。丈夫淫乱妻子也会受害。所以性道德对于保护女性的健康意义更大。

四、性道德与性传播疾病

近四五十年来，随着现代医学的迅速发展和抗感染药物的日益增多，多种曾经严重危害人类健康的传染性疾病逐渐得到控制，与之形成鲜明对照的是性传播疾病的发病率却越来越高，种类也越来越多。20 世纪 60 年代以前，常见的性传播疾病只有淋病、梅毒、软下疳、性病性淋巴肉芽肿 4 种，现在则增加了尖锐湿疣、生殖器疱疹、以衣原体感染为主的非淋病性尿道炎等发病率很高的性传播疾病。被世界卫生组织列入性传播疾病范围内的疾病已达 20 余种，近 20 年来更出现了使整个人类都感到恐惧的艾滋病。

世界卫生组织 1991 年提出的报告中指出，每年有 2 亿 5 千万人通过性交感染性传播疾病，且各国的发病率都呈上升趋势。美国国家卫生院的一名研究人员强调性传播疾病给女性带来了巨大灾难，包括慢性生殖器官炎症、盆腔炎、不育症、异位妊娠、早产、死产、宫颈癌等情况严重损害女性健康，甚至造成死亡。性传播疾病引起的生殖器溃疡，更使人类免疫缺陷病毒（HIV，俗称艾滋病病毒）感染机会增加了 3 倍～5 倍。

以上事实表明，医学不是万能的，仅仅依靠医学不可能有效控制性传播疾病的流行，人类必须对性行为的放纵进行反思。

在近代，现代化的交通工具促成了国际、洲际的人群大规模流动，也促成了各种性传播疾病流行范围的扩大。原来在非洲南部某个地区流行的艾滋病，在很短的时间内传遍世界，成为全球性的灾难，这就是性传播疾病所造成的最严重的后果。对于这种既无特效药又无疫苗的致命性传染性疾病来说，能够制止其疫情发展的重要措施就是制止性乱，人人洁身自爱，重整新的性道德观念。

艾滋病虽然也通过血液传播和母婴垂直传播，但这些途径都是性传播的延续，相对比较容易解决。只要性传播一停止，艾滋病的流行也会结束。

目前的问题是我国社会传统的性道德观念已经崩溃，新的合理的性道德观念尚待社会的确认。但其基本点必须是男女平等、自愿，对性行为要负责任。

五、避免高危性行为，预防艾滋病

高危性行为主要是指多性伴行为、男性同性恋行为、肛交行为以及非保护性性行为。这些性行为与艾滋病之间有着密切的关系。避免高危性行为，在一定程度上可以有效地预防艾滋病。

（一）多性伴行为

在同一时期内与多个性伴发生性关系，这无论对同性恋者还是异性恋者，都是 HIV 感染的高危因素。而且，这也是性道德所不允许的。

（二）男性同性恋行为

大量男性同性恋者往往又有多性伴行为，他们生活在 HIV 感染的高危环境之中。

20 世纪 70 年代，一些国家的学术界把同性恋除外于疾病范畴，1992 年世界卫生组织《国际疾病分类》第十版也转变为此种观点。现代医学认为，同性恋属于少数人的正常现象。它与异性恋的差别犹如人类的肤色，或者说如左利手与右利手的差别。根据许多社会制度及文化不同的国家在 20 世纪以来的多项调查，同性恋在人群中存在的比例相对稳定，均为 1%～5%，双性恋为 2%～10%。

由于我国社会文化取向的原因，同性恋者只能秘密进行交往，无法建立良好和稳固的性关系。但在固定的活动场所中的同性恋或双性恋者并不见得会比国外的一些调查数字低。他们的性生活方式使他们成为 HIV 感染的高危人群。

而且，90%以上的男性同性恋者最终会通过婚姻来掩饰自己的性取向，从而造成 HIV 在家庭内传播的可能性极大。肛交是男性同性恋者经常采用的性行为之一，研究证明，在肛交活动中偏爱被插入的一方，更易感染 HIV。

（三）肛交行为

直肠黏膜由单层柱状上皮组成（阴道黏膜由复层扁平上皮组成），故肛交时阴茎和直肠黏膜剧烈而频繁地摩擦，极易造成直肠的损伤，从而使精液中的 HIV 通过损伤处进入被插入者的血液，因此肛交被看作是 HIV 感染最高危的性活动。

（四）非保护性性行为

性生活未采用任何保护措施，是易于造成 HIV 感染的另外一个原因。调查结果表明，青年人进行非保护性性活动非常频繁。特别是在大学生中没有采取任何保护措施的婚前性行为的比例的增加，使他们更容易暴露于感染 HIV 的危险当中。在某些地区，尽管发现 50%以上的人具有关于阴茎套的知识，但他们使用阴茎套的次数却非常少，即使处于高危人群中的个体亦如此。在大学生当中，即使恋爱的双方都掌握有一定的性防护知识，但由于一时的兴奋加上自控能力差，往往忘记采取保护措施就发生了性行为。

六、大学生的性道德

青春期性道德规范是用来调整少男少女关系的行为准则。男女平等，尊重女性，是青春期性道德的基本要求。对女性的态度是衡量一个人文明水平的尺度。对大学生而言，已经到了性成熟的时期。从此向后延续的几个 10 年期间，正是一个人体力和精力最为旺盛，本领和技术水平最为纯熟，最能为社会作贡献、最能创造光辉成就与事业的时期。与此同时，也是一个寻觅异性对象，进行恋爱、结婚、生育子女等一系列活动的过程。一般来说，每个大学生都存在爱情与事业并行发展、并行创造与建设的问题，因此，就存在性与人生的其他部分的关系问题。

（一）大学生性道德的现状

在大学中男女学生之间会产生友情，这种友情应该像是家庭中兄弟姐妹之间的友爱一样。大学生的年龄大多在 18 岁以上，正处在青春期的后一阶段，在心理和生理上都要比少年时代成熟得多。大学生作为社会的一员，道德观念及对社会的责任感都在逐渐增强，某种程度上具备了在爱情方面的成熟性和严肃性。但上述的这些都是与少年相比而言的，实际上大学生的社会经验还很不足，对复杂社会的理解还很不充分。因此，大学生经常脱离现实，向往着梦幻般的爱情和生活，对爱情中的真实情况往往认识不足，这样就常常被社会的潮流所左右，或者对恋爱持某种错误的观点，或者在恋爱中过分注重对方的容貌、体格以及身高等外在条件。

部分大学生接受了西方社会的“性观念”的影响，在爱情方面表现出随意性、缺乏责任感的倾向。大学生必须正确地认识“性”的问题，要尊敬、尊重、关怀和体谅异性，同时，还必须严肃地对待男女间的性爱关系，要了解男女间性和爱的关系中那些很重要的内容。男女同学间的交流，首先应该是由正当的友情来系结，当对某个特定异性产生强烈的向往，或被异性的魅力所吸引时，应该以真诚的情爱来平定自己的爱欲和性欲，约束和管理自己。同时，必须对自己的行为负责。

（二）具备性道德观念的意义

(1) 具备了性道德观念，就可以正确控制性生理本能表现出的性的要求，使之不造成对他人的骚扰和对社会的不良影响。

少数青年在学习期间，由于不具备起码的性道德观念，对于性爱及两性之间的爱情不能很好地驾驭，贪图一时间强烈而集中的冲动快感、短时间的兴奋和满足、感官上的畅快和生理上的享受，而做出“一失足成千古恨”的憾事。具备了性道德观念，就可以用理性的力量控制和压抑感性的冲动，避免做出不理智的性行为。不对他人形成骚扰和伤害的性行为、不对社会造成恶性影响的性行为，是可以理解的。

(2) 具备了性道德观念，可以使自己的恋爱及以后家庭的组成沿健康方向发展。

性道德观念的形成，对于性心理活动，可以起到自我控制、约束的作用。大学生具备了性道德观念，可以在恋爱过程中以道德规范约束自己的行为，并可使对方对自己有一良好的印象，有利于促成双方感情建立在道德原则基础上，从而获得稳固的、长远结合的保证。

(3) 具备性道德观念，可使性行为在生理、心理以及社会三个层面得到统一协调并趋于完善，达到美好升华的境界。

性行为本身具有相当程度的生物性和本能冲动性，某些情况下，性激素可发挥强烈作用，影响人的精神、神经活动。在这时，社会的、后天的道德观念具有重要的作用。人类具有的性道德观念可以使人类性行为趋于完善，达到美好升华的境界，即用社会的、道德的、理性的力量来驾驭生物的、本能的、感性的力量。

性道德传统是中华文化不可分割的组成部分，正确对待中华文化的传统价值观，把性道德中的合理成分作为宝贵的文化遗产来继承，这是现实的需要。大学生只有具备良好的性道德观念，才能正确对待有关性的各种行为，并保证其在生理、心理和社会各方面均能健康成长，能正确对待和处理恋爱、婚姻，建立一个美满幸福的家庭。

第六节　同性恋

人们常说萝卜、白菜各有所爱，这反映了众人在饮食习惯上的不同。人在性取向方面也存在一些差异。绝大多数人是以异性作为性爱对象，但是也有一小部分人是以同性作为性爱对象的。同性恋一词就是用来描述性别相同的人之间产生浪漫的吸引力、性欲或性行为的。如果一个人终身或一生中的大部分时间和同性别的人建立心理或行为上的性爱关系，就可以将其称为同性恋者。同性恋者包括男子同性恋和女子同性恋。同性恋可见于各种年龄段，但以未婚青少年多见，西方国家比东方国家多见。据统计，同性恋在男性中约占5%，女性中占3%。有些属于双性恋，即对同性和异性都会产生性爱。同性恋现象是跨地区、跨文化而普遍存在的现象，存在于各个种族和各种宗教信仰的人群当中。在世界范围内，不论是什么种族总有1%～2%终身不悔的同性恋者。

一、同性恋的定义

20世纪50年代，在著名性学家金赛博士的性学报告中将人类性行为取向从0分～6分为7个等级，大多数人对同性恋的认识常仅以性行为来做界定。但是，同性性行为与同性恋之间仍有相当大的差异，因为有些同性性行为的发生会是偶发性及情境式的，例如曾在非自愿的状况下被强迫与同性发生性关系，诸如此类的同性性行为并不等同于同性恋。

1973年，美国心理协会、美国精神医学会将同性恋行为自疾病分类系统中去除。对于同性恋的定义更正为：同性恋是指一个人无论在性爱、心理、情感及社交上的兴趣，主要对象均为同性别的人，这样的兴趣并未从外显行为中表露出来。

1980年，《精神疾病诊断与统计手册》第三版（DSM-Ⅲ）不再视同性恋为精神疾病，但是自我认同困难同性恋（ego-dystonic homosexuality）（是指对自己同性恋取向不满意，且感到持续且明显的困扰者）仍归属于性心理疾病（psychosexual disorder）。另根据世界卫生组织出版的《国际疾病分类》（ICD-9），亦特别注明“同性恋”已被取消，但是“自我认同困难同性恋”仍列入疾病项目中。其实同性恋与异性恋一样，拥有正常的智商、工作能力与表现，只是爱恋的对象是与其性别相同的人罢了！换句话说，只要对自己同性性取向能认同者，皆如正常人一样，同性恋不再被认为是精神异常的行为。

二、同性恋产生的原因

究竟是什么原因导致了同性恋的出现？这既有先天的因素如个人的生理因素，也有后天的因素如生长环境和特殊际遇。具体来说，一般认为与以下因素有关：①遗传因素。有人发现同性恋者在单卵双生子中远比双卵双生子中多见，而且男同性恋可能是母系遗传的。②内分泌因素。持这种观点的人认为性腺分泌不平衡是导致同性恋的原因。男同性恋者血液和尿中睾酮水平较异性恋对照组低，而女同性恋者尿中睾酮水平较异性恋对照组高。同时男同性恋者精子计数较少，畸形精子较多。但作者认为，也可能是同性恋的心理和行为引起激素水平的变化。实验结果证明，给男同性恋者补用雄性激素的结果并不能激起他的异性恋行为，而只是增加了其在同性恋行为中的性欲强度。③心理因素。如果正常的性心理发展受到不良的家庭或环境影响，成熟的异性恋驱动力将被阻滞或者歪曲。家庭的影响在同性恋发生上的作用非常明显。男同性恋者的母亲具有一个显著特点，就是与有同性恋倾向的儿子异乎寻常地亲密。弗洛伊德认为这引起了孩子的自恋，但作者认为是爱的排斥性使其对母亲过分崇拜，其他的女性都看不上，同女性的交往屡为失败，从而加强了对异性的应激性拒绝。懦弱无能的父亲也使儿子无法得到一个适当的行为模范。为了让儿子听话，父母常反对儿子粗鲁莽撞的行为，而鼓励其进行更为女性化的活动。若生活在异性比较多的环境中，或者经常与异性玩耍，或者被当作异性对待，可能使儿童发生角色认同错乱，使其性格、生活风格异性化。④经济因素。在同性恋的发生上可能有一定作用，特别是在男性，由于经济贫困而无力娶妻，或者存在一种逃避男性责任的潜在倾向，易导致同性恋。

此外，同性恋还和以下因素有密切关系：①社会风气。太平洋西南部的马来群岛上的土著居民中，年轻人通过手淫达到快感并作为异性性交的替代是受到鼓励的。对于男性来说，同性恋关系得到社会赞同。在一生的某些时间，几乎每个男性都会进行一定程度的同性恋活动。此类活动在社会上可以公开讨论，被当成是像手淫、婚内性交一样正常的事情。②避孕措施的有效性。为了满足性器官快感，但又害怕怀孕。③性开放程度。明清时候我国同性恋活动达到一个小小的高潮，这是政府的禁娼规定导致的。但必须注意，这只是观念上显性和隐性的区别，同性恋倾向并不会因为某个社会对它持严厉的否定态度而减少，也不会因为社会规范的宽容而增多。④男女性别比例。失衡的男女性别比例会导致同性恋的出现，并逐渐将其合理化。在西伯利亚东北部的一些部落中，常有一些男子做其他男子的妾。⑤性别歧视。特别是对女性的性别歧视会造成大量的男同性恋者。⑥体质较弱是男同性恋的成因之一。⑦自恋倾向。同性恋者喜欢同性的伴侣，因为他比异性伴侣更像自己。总之，同性恋的形成是以先天因素为主、后天因素为辅的。

三、社会对同性恋的态度

人们对同性恋存在许多偏见，比如认为同性恋者有异性化倾向等。其实，从问卷数据来看，大多数同性恋者并不喜欢男性有女性特征，而是更喜欢男性特征。男同性恋者很少模仿女性特征，而一些模仿女性特征的男性却往往不是同性恋者。

人有自由选择生活方式的权利，只要不伤害他人，他人无权干涉。对同性恋的压制并没有自然的依据，同性恋是否道德，也是以特定时空的主流道德观为依据的。近年来同性恋运动在国外某些地区取得了一定成功，国内对同性恋行为也逐渐倾向宽容。随着社会的进一步发展，思想进一步开放，对其的限制会逐步放松。

既然当代中国不能接受同性恋现象，那么同性恋者只能从两方面着手改善环境。一是改变文化，这也许难度相当大；二是纠正同性恋行为，增加对异性的兴趣，使他们从同性恋活动中摆脱出来。

四、同性恋的防治

要预防同性恋的发生应自童年开始，当发现他们有些模糊和不自觉的同性恋倾向时，应加强教育和引导，如有特殊家庭背景者应及时予以处理。对于已经成年的同性恋者，可以通过心理治疗帮助其找出原因，树立正确认识，在异性交往方面给予适当指导，以促进其行为的改变。对于有些同性恋者应尽可能地鼓励他们与异性结婚，通过婚后正常的性生活与快感体验来弥补过去的创伤。

虽然我国重新定义精神病标准，同性恋不再统划为病态，但是，同性恋毕竟是一种有悖人类发展需求的行为或现象，这是无可辩驳的。同性恋是一种生活方式，这种生活方式是否是病态，目前的意见尚不一致，但多数人认为在有异性存在的情况下发生排他性的同性恋往往属于病态。虽然在我国很多人对同性恋持否认态度，认为违背了人类生息的自然法则，但同性恋者只要不对别人造成伤害，其本人又不认为应该接受治疗，那也不必视之为洪水猛兽。但是在现实中，同性恋者往往并发一种到多种心理疾病，至少应该接受对那些心理疾病的治疗。

五、同性恋的性健康

我国著名的社会学家李银河教授在《同性恋亚文化》一书中披露了这样的调查资料。我国的同性恋和双性恋者约占性成熟期人口的3%～4%，估测为3 600万～4 800万人。既然同性恋的爱情和性生活都是很真实的，虽然有着不同的文化背景，但他们应该是正常的。那么作为正常的人群，就应该享有健康的基本权利。

同性恋除了需要面对社会的诸多误解和歧视外，他们在自我认识上也存在着不少心理障碍，比如能否真正了解自己的性取向，从心理上接受自己的性取向，即使能够确定自己的性取向，在现实生活中他们还不得不顾及家人和朋友的感受并面对结婚、生育等方面的压力。有调查显示，在同性恋者中由性取向引起的焦虑、情绪化、吸毒和自杀的想法与行为的发生率都明显高于异性恋的人群。因此，建议采用以下方法来缓解心理压力，以保持健康的心态：

(1) 了解自己的性别认同、性取向及心理变化，认识到同性间的情爱是一种正常的生活方式，即使与主流社会不同，也不代表着犯罪、疾病或变态。

(2) 适时、适地宽容和理解自己，主动调整自己，使自己尽快适应环境。这就意味着同性恋者完成自我身份的认同后，还应该进一步完成自我社会认同。由于积累了较多的心理压力，不妨主动向一些专业的咨询机构寻求心理辅导。

(3) 与伴侣的关系方面，除了保护自己的身体健康外，还应关注伴侣的性价值观；不能为了满足对方，而忽视自己的感受。

六、女同性恋者的性保健

我国关于女同性恋者的性健康研究很少，对于她们之间经由性生活传染的疾病也知道得很少。除了认识上的原因外，还在于女同性恋者往往会隐瞒自己的性取向到医院就诊。

（一）女同性恋者的患病特点

1. 高发病率的疾病

美国一项专门针对 11 876 名女同性恋者和双性恋者的调查显示，她们患乳腺癌和妇科肿瘤的风险比其他女性高很多。另外一项研究证实女同性恋者感染细菌性阴道病、丙型肝炎和艾滋病的风险都明显高于其他女性。除此之外，她们还同样面临着感染其他性传播疾病的风险。究其原因，可能有以下几点：①心理压力的积累使得女同性恋者中肥胖、吸烟和酗酒的比例都较高，再加上从未怀孕或生育等因素，都会增加乳腺癌和妇科肿瘤的发病率。②由于每个人都处在性传播疾病流行的大环境中，即使很小心地选择性伴侣也无法完全避免感染性传播疾病。尤其是和双性恋的女性发生性接触或是和那些通过静脉注射毒品的女性有性行为都会增加患病的危险性。

2. 低发病率的疾病

在性活跃的团体中女同性恋者患梅毒和淋病的概率极低，显著低于异性恋的女性。另外她们患阴道假丝酵母感染（又称念珠菌感染）的概率也比其他女性低。究其原因，可能有以下几点：①女同性恋者的性行为特点决定了她们经口腔、阴道或肛门感染病菌的危险较低；②大部分女同性恋者的性伴侣比其他性活跃的女性少，女性之间的接触比起男人对女人或男人对男人显然较不容易传染性疾病菌；③有研究证明，由于她们很少使用避孕药（避孕药含有一定的激素），从而降低了被假丝酵母感染的风险。

（二）女同性恋者的保健方法

（1）减少性伴侣的数量，消除女同性恋者不会感染性传播疾病的误解，遵循安全性行为的指导原则。需要注意的是情趣用品也有可能传播病菌，所以在使用时最好附上安全套。

（2）坚持定期的妇科检查。同其他女性一样，应每年做乳腺和阴道涂片检查。

（3）为了降低妇科肿瘤的发病概率，还应努力消除相关致病因素，如减肥、戒烟以及减少酒精的摄入量等。

七、男同性恋者的性保健

一提起男同性恋者，人们就会自然而然地将他们与艾滋病联系在一起。这也许是源于我国在 1989 年发现的第一例因性接触感染 HIV 的患者就是一位男同性恋者。但事实上，大量研究证明男同性恋者不应该与艾滋病患者同等看待。导致其感染 HIV 的危险度增高的是他们的某些性行为方式，而不是同性恋本身。对于那些长期坚持单一伴侣的男同性恋者，如果双方都没有感染 HIV，也都没有和其他人有过性行为或与他人共用针头，那么他们感染艾滋病的机会和其他人一样。如果不确定在一对一的关系之前是否已被感染，最好到医院去做相关检查。

（一）男同性恋者的患病特点

1. 高发病率的疾病

男同性恋者易患的高发病率疾病包括：①性传播疾病，如艾滋病、淋病、梅毒、尖锐湿疣和乙肝等；②肠道感染；③男同性恋特有的疾病，如肛门直肠病变、外生殖器病变等。另外，近年来在男同性恋中还发现了新的病种如性病性淋巴肉芽肿（LGV）。LGV是一种由衣原体感染导致的传染性疾病，症状多表现为肛门溃烂、直肠发炎、疼痛、出血、便秘和腹痛或伴有发热。

2. 低发病率的疾病

非淋菌性尿道炎、生殖器官疱疹和寄生虫感染相对少见，而滴虫病则不会发生。

导致上述差异的主要原因在于男同性恋者的性行为方式呈多样化，他们往往将口腔、肛门也视为性器官。性行为方式的不同使得男同性恋者每次发生性接触而感染艾滋病的风险也各异。

（二）男同性恋者的保健方法

（1）减少同性性伴侣的数量和性接触次数。接受方应经常检查肛门和直肠，同时每年进行前列腺检查（所有的男性自40岁起都应该做此项检查）。

（2）坚持安全性行为的原则，提高防范意识，减少高危行为，如有不适即时到性传播疾病专科检查治疗。

第七章 传染性疾病的防治

第一节 传染性疾病常识及预防措施

一、传染性疾病的概念

传染性疾病是常见病、多发病中的一组疾病，是由各种病原体（包括微生物和寄生虫）所引起的一组传染性疾病。当病原体侵入人体后，人体防御能力降低时，不能有效控制病原体，病原体在人体内不断生长、繁殖并产生毒素，对人体造成损害，从而引起人体一系列病理、生理变化，表现为主观上的自觉症状和客观上可以被发觉的体征时，即称之为传染性疾病发作。根据病原体的数量、毒力，人体防御能力以及外界环境所起的作用，传染性疾病可表现出轻重、急慢不等的各种情况，又可相互转化，其结局可能是痊愈或留下后遗症，也可能死亡。

二、传染性疾病的基本特征

传染性疾病的基本特征是指传染性疾病所特有的征象，可以用作诊断传染性疾病。

（一）有病原体

各种传染性疾病都具有其特异的病原体，如微生物中的细菌、病毒、衣原体、支原体、立克次体、真菌，寄生虫中的原虫及蠕虫等。病原体的确定，对确诊传染性疾病的发生和流行有着重大的意义，也是确定传染性疾病与非传染性疾病的最根本的依据。

（二）有传染性

所有传染性疾病都具有一定的传染性，这是由于病原体可以排出体外，通过一定传播途径进入易感者体内。这是传染性疾病不同于非传染性疾病的另一特征。

（三）有流行性

传染性疾病都具有流行性。按传染性疾病流行过程的强度和广度可分为散发、暴发。当流行超越国界和洲界形成大流行时，称为“世界流行”。

（四）有地方性

由于受不同的自然、地理条件及人民生活习惯的影响，有些传染性疾病或寄生虫病只在一定地区流行，形成具有地方性的特点。

（五）有季节性

由于气温、湿度和媒介昆虫的影响，不少传染性疾病的发病率每年有一定的季节性变化，如冬春季多发呼吸道传染性疾病，夏秋季多发消化道传染性疾病。

（六）有免疫性

传染性疾病痊愈后，人体对同一传染性疾病产生抵抗力，称之为免疫，即机体再遇到同一病原体入侵，可获得保护而不再感染。这种免疫力持续时间一般可达 2 年～4 年。少数传染性疾病如天花、麻疹、水痘等，一次得病后几乎不再感染，通常称为持续免疫。普通感冒、流行性感冒、细菌性痢疾等，病原体型别较多，各型别间无交叉免疫。在寄生虫病中，由于病原体的抗原性较弱，机体再次感染很难得到保护。免疫性的获得除与病原体有关外，还与机体免疫状态有关。

三、传染性疾病流行过程的三个基本环节

传染性疾病在人群中发生、传播和终止的过程，称为传染性疾病的流行过程。这个过程必须具备传染源、传播途径、易感人群三个互相连接的基本环节。

（一）传染源

传染源是指体内有病原体生存、繁殖并能将病原体排出体外的人和动物。

患者是重要的传染源，在发病期间传染性最大。

病原体携带者指未发病的携带病原体的人及处于传染性疾病恢复期携带病原体的人。前者指当病原体侵入人体后，停留在入侵部位或侵入较远器官，继续生长繁殖，而人体不出现任何疾病状态，但能携带并排出病原体，成为传染性疾病流行期间的传染源。后者也是传染性疾病主要的传染源。

以动物为传染源传播的疾病，称为动物源性传染性疾病，如鼠疫、狂犬病等。

（二）传播途径

（1）空气传播：如通过飞沫、尘埃传播，病原体经该途径传播主要引起呼吸道传染性疾病，如流感、麻疹等。

（2）水的传播：水源受到病原体污染，未经消毒，饮用后可发生传染性疾病流行，如霍乱、细菌性痢疾、甲型肝炎等。

（3）食物传播：所有肠道传染性疾病及个别呼吸道传染性疾病如结核、白喉等通过此途径传播。

（4）接触传播：接触传播分为直接接触传播和间接接触传播。直接接触传播是指在没有

外界因素参与下，传染源直接与易感者接触的一种传播途径，如被携带狂犬病毒的犬咬伤可被狂犬病毒感染。间接接触传播是指接触被污染物品所造成的传播，如通过污染的手可传播疾病。

(5) 虫媒传播：如通过蚊、蝇、蚤、恙虫等叮咬或吸血传播某些传染性疾病，如疟疾、流行性脑膜炎等。

(6) 土壤传播：接触了土壤中的寄生虫卵或细菌而发生传染性疾病，如蛔虫病、破伤风等。

（三）易感人群

易感人群是指对某种传染性疾病缺乏免疫力而容易被感染的人群。其易感性取决于每个人的免疫状态。易感人群的多少，对传染性疾病的发生和传播有着很大的影响。

四、传染性疾病的预防

传染性疾病的预防，必须针对其流行过程的三个环节，阻断其中任何一个环节，传染性疾病就不会发生流行。

（一）管理传染源

早诊断、早发现传染源是预防传染性疾病传播的重要措施。对患者及疑似患者要早隔离、早治疗，对接触者进行检疫及其他预防措施；对受感染动物根据不同情况做治疗、杀灭、尸体深埋等处理，并妥善处理其排泄物。

（二）切断传播途径

根据不同的传染源采取不同的措施。对肠道传染性疾病，应着重管理饮食、粪便，保护水源，注重个人卫生，注意用具消毒；对呼吸道传染性疾病，应注意保持空气流通，必要时进行空气消毒，养成良好的卫生习惯。此外，还应采用杀虫、灭螺、管理粪便等多种综合性预防措施。

（三）保护易感人群

(1) 非特异性措施：积极锻炼身体，提高机体抵抗力，在传染性疾病流行期间避免和患者接触，可进行预防性服药。

(2) 特异性免疫：可接种人工自动免疫生物制品或被动免疫生物制品，如人血丙种球蛋白等，以加强免疫力。

第二节　严重急性呼吸综合征

2002 年底，在我国广东省出现了一种病因不明的传染性非典型肺炎（简称“非典”），发病时有严重的可以危及生命的呼吸系统症状。随即在越南、加拿大以及中国香港和北京等国家和地区出现家庭成员和医护人员聚集感染的现象，并在短短的3个月~4个月波及我国的26个省区及世界25个国家，严重威胁着人们的生命安全，阻碍了经济的发展。“非典”于2003年2月被世界卫生组织的Urbani医师命名为严重急性呼吸综合征（sever acute respiratory syndrome，SARS)。2003年3月15日世界卫生组织发出警告，正式提出SARS的概念，由于其传染性强，病死率高，已受到全世界的高度关注。2003年4月8日我国卫生部宣布将本病列入法定传染性疾病管理范畴，暂定为乙类传染性疾病。根据第十届全国人大常委会第十一次会议通过的新修订的《传染性疾病防治法》，SARS被正式列入了乙类传染性疾病并按照甲类传染性疾病管理。

一、病毒概述

2003年4月16日，经全球9个国家13个实验室联合攻关，发现了引起本次SARS的病原体为新型的、变种冠状病毒。这种病毒与流感病毒有亲缘关系，但它非常独特，以前从未在人类身上发现过。

2003年5月26日，深圳、香港的科研人员首次在野生动物果子狸身上发现了SARS样病毒。对病毒进行的基因全序列测定显示，野生动物身上的SARS样病毒与人类SARS病毒有99%以上的同源性；血清学分析亦表明，动物的SARS样病毒是人类SARS病毒的前体。科研人员还发现一个有趣的现象，即动物的SARS样病毒比人类的SARS病毒要多29个碱基，这种多出29个碱基的病毒只是在广州早期一位SARS患者体内发现过，其他的患者就再没有发现过。由此可推测，病毒在不断地变异，以适应人类生存的环境。科研人员解释说：动物SARS样病毒一开始感染人类时，病毒在人体内可能还存在不完全适应的情况，而当病毒在人体内发生变异而舍弃了不适应“人类新环境”的基因链之后，即可以大量复制，并具备了扩散和传播能力。

SARS-COV（SARS冠状病毒）属于巢状病毒目，冠状病毒科，冠状病毒属。这种病毒极不稳定，很容易因环境的影响而发生变异，特别是它们刚刚从动物身上转移到人类机体内时。将野生动物当作食品和药品，可能是病毒传染到人类身上的途径。SARS病毒几乎是一种全新的病毒，人群对其没有任何免疫力，而抗生素对于大部分病毒并不具有杀灭或抑制作用，只能用于控制继发感染。SARS患者只有依靠自身的抗体才能解决问题。对于陌生的病毒，人体内不存在相应抗体，所以SARS才有可能大面积传播。

SARS病毒是冠状病毒，是一种直径为80 nm~160 nm、有包膜的单股正链RNA病毒。其生物学特征是在外部环境中不稳定，对理化因素比较敏感，在pH值偏离7.2的环境中容易失活，且明显不耐高温。

研究表明，SARS病毒对温度很敏感，随温度升高其抵抗力下降，37 ℃可存活4天，56 ℃加热90分钟、75 ℃加热30分钟能够灭活病毒。紫外线照射60分钟可杀死病毒。故其引起的疾病流行大多数发生在冬末与早春季节。而在0 ℃环境下甚至可无限期存活，当条件适宜时可卷土重来。故特别要重视实验室SARS病毒的防护工作。

此外，病毒对有机溶剂也敏感，4 ℃ 条件下用乙醚作用24小时可完全灭活病毒，75%乙醇作用5分钟可使病毒失去活力，含氯的消毒剂作用5分钟可以灭活病毒。

二、SARS的基本流行特征

（一）传染源

1. 野生动物

SARS病毒的来源尚未清楚，但是越来越多的证据表明SARS病毒来源于动物，其中高度怀疑果子狸等野生动物是人类SARS病毒的来源。对流行年度早期的SARS病例的动物相关接触史的调查提示，感染发病与果子狸等野生动物有关；人源、动物源（果子狸）的SARS病毒具有同源性；野生动物从业人员SARS抗体的发现率高于非从业人员；2004年1月5日～1月10日，在广东省范围内清理果子狸等野生动物后，未再出现新病例等情况，均提示果子狸等野生动物是人类SARS的传染源。但果子狸是SARS的病毒宿主，或仅仅是载体之一，尚待研究。

2. 出现临床症状的患者

SARS病毒可广泛地存在于患者的血液、骨髓、唾液、泪液、粪便、痰液和尿液等体液、分泌液和排泄物中，其中主要起传播作用的是唾液、痰液、粪便和尿液。当患者进入病情最危重的时期，体内SARS病毒载量最高，传染性亦特别强。因此，患者是重要的传染源。此外，超级传染源是本病传播中的一个独特现象。世界卫生组织定义感染10名或10名以上其他人的SARS患者为超级传染源。超级传染源不仅传染性强，而且在形成多级传播链中起重要作用。现有资料表明，超级传染源多见于老年人和有基础疾病者，如糖尿病、慢性肾脏疾病患者等，特别是免疫功能低下者。

3. 无症状的SARS病毒感染者

显性SARS病毒感染的发生率较高，隐性感染（无明显临床表现）的发生率较低，但后者较易被忽视，可能成为传染源。

本病的传染性很强，但表现出不确定性，即在一定的条件下，传染性较强，因此并不能简单地说SARS是一种传染性很强的传染性疾病——并非所有患者都有同等传播效力，少数患者可造成多人甚至几十人感染（即超级传播现象），但大多数患者却未传播一人。2003年—2004年15例新发病例中仅2例表现出传染性，进一步说明SARS的传染性与患者的症状严重程度、体内的病原体载量、排毒情况、易感者接触患者时防护措施到位情况等有关。有文献报告，患者于症状出现后10日～15日体内的SARS病毒载量最高，传染性最强。恢复期的患者体内仍可存在SARS病毒，但随着病情的逐渐好转，病毒载量亦逐渐下降乃至消失。研究结果显示，痊愈出院的患者已没有再排SARS病毒现象，体内亦不能检出SARS病毒，故不是本病的传染源。目前还没有发现在潜伏期、恢复期或隐性感染者造成传播的现象。迄今也尚未证实有长期SARS病毒携带者。因此，早发现、早隔离患者，医学观察密切接触者，能有效切断SARS的传播链。

（二）传播途径

SARS的潜伏期最短为1天，最长为14天，一般为4天～5天。在确定密切接触者医学观察对象和期限时应加以考虑。

SARS病毒从动物到人的途径尚不详。目前公认的传播途径是经呼吸道传播和密切接触传播。近距离呼吸道飞沫传播，即通过与患者近距离接触，一般在1米以内，吸入患者咳出的含有病毒颗粒的飞沫，是SARS病毒经呼吸道传播的主要方式；气溶胶传播也有报告；通过患者的体液、血液、排泄物，包括痰、粪、尿，特别是呼吸道分泌物进行传播也是主要途径之一；还有可能通过蟑螂和苍蝇等媒介昆虫传播本病，一般认为不会通过蚊子传播。粪-口途径传播尚未得到证实，也尚未发现通过食物或水传播以及垂直传播等现象。由于本病的传染源主要是人，在交通工具高度发达的今天，远距离传播是本病传播的一个鲜明特征，特别是当本病在国际性大都市流行的时候。此外，尽管世界卫生组织和各国政府都采取了一系列有效的遏制手段，但在短短6个月的时间内本病仍然波及了全球32个国家和地区，累计病例数超过8 000例。究其原因与初期对SARS认识不深，防备不足，未及时有效采取适当隔离和防护措施有关；也由于远距离传播，医院感染患者较多，潜伏期相对较短等流行特点，使本病高速度传播。

（三）人群易感性

1. 易感者

由于SARS病毒是一种新型冠状病毒，人类对其缺乏免疫力，故人群对SARS病毒普遍易感，男女发病比例无明显差异。初步研究结果显示，25岁～70岁均易感，儿童对SARS病毒的易感性较青壮年者低。老年人、免疫功能低下的人较容易感染，并且病情发展较快、较重，预后亦较差。与病死率相关的基础疾病主要是糖尿病、慢性肾脏疾病、心脏病和原发性高血压等。

2. 高危人群

这次SARS大暴发流行具有明显的群体发病特征，表现为医院感染和家庭感染。因此，高危人群主要是与SARS患者密切接触的人群，如医生、护士、护工等医务人员，与SARS患者同处一室的家人、朋友、同事等。此外，接触SARS患者生物样本的人群，如检测人员、研究人员和实验室辅助人员等均属于高危人群。另外，医院就诊患者和探视家属的发病率高是本病的又一个显著特点。本病病死率各地不同，为0～50%，高年龄组病死率较高。

三、SARS的临床表现和诊断

大多数人起病急剧，在感染SARS病毒4天～5天后发病，以发热为首位症状，持续39℃以上数日。通常没有流涕、咽痛、咳白色或黄色痰液等上呼吸道感染症状。部分人可伴有头痛、畏寒、乏力、胸闷、全身酸痛、腹泻等。呼吸道症状明显，干咳、少痰，偶有血丝痰，严重者出现呼吸加快、憋气等呼吸困难症状，极个别患者出现呼吸衰竭，如延误诊治可导致死亡。

患者肺部体征可不明显，部分患者可闻及少许湿啰音或有肺实变体征。因此，高度疑似SARS还必须具备4个条件。

（1）接触史：与患者有密切接触史，或发病前2周内曾到过或居住于有SARS流行和有继发性感染患者的城市。

（2）实验室检查：外周血白细胞总数一般不升高，甚至降低；常有淋巴细胞数减少和血小板缺乏。

（3）胸部X线检查：胸片特点与临床表现呈分离现象，即在症状还不严重时，胸片中已显示有不同程度的斑片状、絮状浸润性阴影或网状改变，部分病情进展迅速，呈现双侧多叶大片状弥漫性阴影，阴影吸收多较缓慢。据塞拜克博士介绍，由于SARS病毒不仅可以破坏肺部组织结构，还会导致免疫力低下，使患者出现类似艾滋病患者的CD4细胞减少的表现，进而导致肺部组织迅速纤维化。

（4）抗菌药物治疗无明显效果。

四、SARS的预防

（一）一般人群的预防

1. 测体温

鉴于发热是SARS最重要的首发症状之一，故监测体温，及时掌握体温变化，对疾病的早发现和早治疗具有重要价值。

2. 戴口罩

在疾病流行期间，为防止近距离空气中飞沫传播，人们必须戴上口罩。同时，应避免到人口稠密处活动。

3. 勤洗手

有人做过这样的研究，随机抽取5位医护人员的双手进行菌群检查，结果显示，洗手前皮肤表面平均每平方厘米所含细菌数为68.2个；经普通肥皂流动水洗手3次后，检测细菌数为零。研究发现，手背比手掌面细菌数少，指甲周边，尤以手指尖、指甲沟部位细菌数最多。因此，认真洗手至关重要。

4. 常更衣

工作在传染性疾病区的一线医务人员，应经常洗澡、换衣。每天上班时更换工作服，下班时脱掉工作服并换上上班前的衣服回家，回家后再将路上穿的外衣换掉，以保证家中清洁。

5. 勿揉眼挖鼻

揉眼挖鼻可造成鼻腔、眼部黏膜损伤，使呼吸道、手上的病菌乘虚而入。与患者接触后，可用棉签蘸碘附清理鼻腔。口腔保护可用多贝液漱口。

6. 室内通风消毒

经常开窗，保持室内空气流通，以降低病原体浓度。必要时可采取消毒措施。

7. 隔　离

隔离是切断疾病传播途径最有效的手段。世界卫生组织建议，必须严格采取预防空气传播和接触传播的各种措施来隔离和护理SARS患者。有资料表明，接触患者的人只要戴口罩、手套和穿防护服，基本不会受到传染。根据世界卫生组织规定，有症状者应立即测体温、检查血常规和胸部X线摄影，并留院观察。无症状家属，应当居家自行隔离20天。SARS患者出院后最好在家隔离一段时间，以避免病情反复。通常SARS患者病愈后对该病毒多有一定免疫力，很少再次感染。

（二）学校内 SARS 的预防

（1）加强宣传教育是向广大师生传授 SARS 防治知识的最有效手段，在这个过程中，应充分发挥校医院临床医生或预防保健医生的作用。另外，可充分利用校内的宣传教育形式，如墙报、校内广播、卫生课等，进行呼吸道传染性疾病的预防知识的宣传教育，让学生掌握春季多发疾病尤其是 SARS 的预防知识。

（2）认真搞好学校教室内外环境卫生。可发动学生对全校进行大范围卫生清理和湿式清扫，清除卫生死角。同时要加强教室、实验室、寝室、卫生间和各活动场所的通风换气，保持室内空气清新，尽量不用空调。

（3）中小学及幼儿园应建立晨检制度，每天进行晨检，及时掌握学生的健康状况。晨检可分两次，一是由学生家长每天清晨测量学生体温，并填写体温测量表；二是由班主任进行，对学生要多观察，发现有可疑的学生重点进行体温测量，并填写晨检报告卡。一旦发现学生和教职员工有发热、头痛、咳嗽等症状，要及时送医院检查治疗。对经医院诊断为 SARS 的病例或疑似病例，要进行隔离治疗。有寄宿的学校，对患者的同宿舍人员要进行隔离，医学观察两周，隔离场所设在相对独立、通风良好的房间或区域。高等院校可根据实际情况参照实行。

（4）培养学生养成良好的个人卫生习惯，注意个人卫生，对一些小节和细节问题要向学生交代清楚。如打喷嚏或咳嗽时不要对着同学，应用手绢、纸巾掩住口鼻；养成每天刷牙的良好卫生习惯，科学刷牙；保持双手清洁，饭前便后要洗手，手被呼吸系统分泌物污染后应立即洗手并消毒；杜绝随地吐痰的不良卫生习惯。

（5）加强锻炼，提高机体免疫力。预防 SARS，提高免疫力十分重要，要注意饮食均衡，保持正常的生活规律，定时休息，避免过度劳累。经常到户外运动，呼吸新鲜空气，增强体质，每天有氧活动不少于半小时。SARS 流行期间，可适当增加学生的体育课。另外，要教育学生尽量少到人口稠密、通风不好的地方，必要时戴口罩。天气变化时要注意防寒保暖，预防感冒。

（6）学校预防和家庭预防相结合。学生学习和生活分别在学校和家庭中进行，接触的是两个不同的环境，因此家庭成员的健康在一定程度上影响到学生的身心健康。学校要建立学生家长信息卡，了解学生家长的相关情况以便采取有针对性的预防措施。

总之，学校对于 SARS 的预防，维护的是特殊群体的身心健康，需要卫生防疫工作者、教育行政部门、学校共同努力，采取多方面的预防措施，才能预防 SARS 进入学校传播流行，最大限度地保障学生的身心健康。

五、对 SARS 等传染性疾病的讨论

传染性疾病有一个特点，它只传染给容易受到感染的人（即易感者），并不是让所有的人都患病。有一部分人虽然也会受到感染，但最终不会发病。

由于 SARS 是一种新出现的传染性疾病，每一个没有患过 SARS 的人，都属于易感者。但是，有的人身体抵抗力强，虽然是易感者，但自身免疫系统能将感染的 SARS 病毒消灭或抑制住，所以没有出现症状，或者症状很轻。

因此，只要将传染性疾病患者（传染源）隔离起来，切断他们与健康人尤其是易感者之间的联系，就能控制传染性疾病的流行。如果健康人能采取科学的预防措施，如使房间的空气流通，对患者住过的房间、用过的物品进行彻底消毒，流行期间外出时戴上口罩，与患者直接接触的医生、护士穿上防护服，进行严格的防护措施，也能防止传染性疾病蔓延。

如果有可以预防传染性疾病的疫苗，对健康人进行接种，可提高其抵抗该病的能力，保护接种者不受到感染。当然，目前还没有能够预防 SARS 的疫苗，只能采取其他预防措施。如今，SARS 虽然已经过去，但它曾波及了整个中国，对我国经济及其他各方面都产生了巨大的影响。为防患于未然，我们应时时刻刻注意个人卫生，进行预防和控制，SARS 将一去不复返；即使 SARS 再次出现，我们对它也不再陌生，并有相关经验可以借鉴。

第三节　人感染禽流感与流感大流行

禽流感在全球迅速蔓延，人感染高致病性禽流感病例的不断增多，由感染导致死亡的人数增加，以及禽流感病毒变得可以在人与人之间广泛传播的可能性就越来越大，很多人开始感到恐慌。通过本部分内容的学习，希望可以让同学们了解禽流感、人感染禽流感以及与流感大流行有关的知识，避免不必要的恐慌，并且掌握人感染禽流感的一些基本的预防措施。

一、病原学

流感病毒属正粘病毒科，系 RNA 病毒。病毒的核心由单链核糖核酸及核蛋白组成。根据核蛋白的抗原性可分为甲、乙、丙 3 型，每型又可区分为不同亚型。甲型变异较快，每 2 年～3 年可发生一次，乙型变异较慢。流感是流行性感冒的简称，是由流感病毒引起的急性呼吸道传染性疾病。

当抗原发生较大的变异，与前次流行株完全不同时，是抗原的质变，称之为抗原株变，此时便产生了新的亚型。由于人群对新的亚型缺乏抗体，因此常可引起大的流行。甲型流感易发生较大变异，故可导致世界性流行；乙型流感可局部流行，而丙型流感未见变异，常呈散发流行。

禽流感病毒属正粘病毒科甲型流感病毒属。禽流感病毒呈多形性，其中球形的直径为 80 nm～120 nm，有囊膜。基因组为分节段单股负链 RNA。依据其外膜血凝素（H）和神经氨酸酶（N）的蛋白抗原性，目前可分为 16 个 H 亚型（H1～H16）和 9 个 N 亚型（N1～N9）。禽流感病毒除感染禽外，还可感染人、猪、马、水貂和海洋哺乳动物。到目前为止，已证实感染人的禽流感病毒亚型为 H5N1、H9N2、H7N2、H7N3、H7N7 等，其中感染 H5N1 的患者病情较重，病死率高。

禽流感病毒对乙醚、氯仿、丙酮等有机溶剂均敏感。常用消毒剂容易将其灭活，如氧化剂、稀酸、卤素化合物（漂白粉和碘剂）等都能迅速破坏其活性。

禽流感病毒对热比较敏感，但对低温抵抗力较强，65 ℃加热 30 分钟或煮沸（100 ℃）2 分钟以上可灭活。病毒在较低温度的粪便中可存活 1 周，在 4 ℃水中可存活 1 个月，对酸性环境有一定抵抗力，在 pH 值为 4.0 的条件下也具有一定的存活能力。在有甘油存在的情况下可保持活力1年以上。

裸露的病毒在阳光直射下40小时~48小时即可灭活，如果用紫外线直接照射，可迅速破坏其活性。

二、禽流感和人感染禽流感的定义

禽流感是禽流行性感冒的简称，是由甲型禽流感病毒引起的一种禽类（家禽和野禽）传染性疾病，已被世界动物卫生组织（国际兽疫局，OIE）定为甲类传染性疾病。1878年禽流感在意大利首次暴发，1901年禽流感的病原体被证实为“滤过性”病原体，1955年被确证为甲型流感病毒的一员。后来发现禽中还有一种与之相似的疾病即新城疫，为区别两者，将前者称为禽流感、真性鸡瘟或欧洲鸡瘟，后者称为新城疫、伪鸡瘟或亚洲鸡瘟。根据禽流感的致病性大小，可以将禽流感分为高致病性禽流感、低致病性禽流感和非致病性禽流感。非致病性禽流感不会引起明显症状，仅使染病的禽体内产生抗病毒抗体。低致病性禽流感可使禽类出现轻度呼吸道症状，食量减少，产蛋量下降，出现零星死亡。具有高致病性的有H5和H7两个亚型毒株，由H5N1血清型引起的禽流感称高致病性禽流感，其发病率和死亡率均高，感染的鸡群常常“全军覆没”。

人感染禽流行性感冒简称人感染禽流感，是由甲型禽流感病毒某些亚型中的一些毒株引起的人急性呼吸道传染性疾病。

三、当前的形势

（一）禽流感和人感染禽流感在全世界迅速蔓延

自2003年禽流感病毒首次现身亚洲以来，已经累计造成100多人死亡，大量的家禽被杀死，范围波及亚洲、欧洲和非洲在内的许多地区。由于禽流感在全球蔓延的趋势让人意料不及，人们现在是“谈鸡色变”。

（二）流感大流行不可避免

流感大流行是指甲型流感病毒出现新亚型，或旧亚型重新出现，而人群普遍或绝大多数缺乏相应免疫力，现有疫苗失去保护作用，造成病毒在人群中快速传播，迅速向周围地区蔓延，短时间内波及全国许多地区，甚至超出国界和洲境，传播到全世界。

换言之，流感大流行需要同时具备以下四个要素：第一，甲型流感病毒出现新的亚型，或者旧的亚型重现；第二，所有人群或者大部分人群没有免疫力，即人群对病毒是易感的；第三，病毒有一定的感染率和致死率；第四，病毒具备有效的人传人的能力，即病毒容易在人群中传播。

从现在掌握的情况看，H5N1已经具备了前三个要素，只是还没有具备有效的人群传播能力。该病毒可以通过基因重组（人流感病毒和禽流感病毒发生基因替换）和突变两种途径变得容易在人群中传播。历史上的两次全球性流感大暴发，即“亚洲流感”和“香港流感”，就是因为病毒间发生了基因重组才得以流行。

世界卫生组织的专家曾警告说，一旦禽流感病毒变异为可在人与人之间轻易传播的病毒，就可能酿成一场全球性的大瘟疫，这将比SARS疫情更加可怕，更难预防。

世界卫生组织前总干事李钟郁警告说，从2003年开始，禽流感病毒再次进入活跃的高发期，每年都会有新的国家和地区出现疫情，疫情大暴发的危机正日益临近。在这种情况下，禽流感病毒发生变异，在人之间进行传播已经“不可避免”，剩下的只是“时间问题”。

从希腊到罗马尼亚，到塞尔维亚，到捷克，到俄罗斯，到英国，到瑞典，致命的H5N1型禽流感病毒正以惊人的速度横扫整个欧洲大陆。全世界都为这场随时可能发生的流感疫情而备战。世界各国都在针对可能发生的流感大流行制定和演习应对计划、研制应对流感大流行的疫苗，以及确保抗病毒药物的供应。世界卫生组织和我国卫生部均出台了应对流感大流行准备计划与应急预案。

四、禽流感的传播

（一）候鸟传播防不胜防

禽流感最初在亚洲出现，但后来却大规模、快速地出现在欧洲地区，导致欧洲人心惶惶。原因何在？科学家在经过长时间的研究认为，很可能是候鸟在迁徙时将亚洲禽流感带到了欧洲以及其他地区，整个过程是从南到北，然后从东到西。

其实，禽流感病毒随候鸟传播的提法由来已久。如果候鸟在迁徙途中经过某个染病的养鸡场，候鸟的脚爪、羽毛中就可能沾染上带病毒的粪便，而禽流感病毒能够在粪便中存活10多个小时乃至数日不等，此时候鸟已足可飞城越境，把病毒带至新的城市或国度。例如，白头鹤、白颈鹤等大部分候鸟，从中国东北地区、西伯利亚等地起飞，经朝鲜半岛，再飞到日本，恰好与2004年初禽流感从韩国到日本的暴发路线相吻合。

（二）变异性强，几无克星

禽流感病毒的可怕还在于它的变异性很强，人类目前拥有的药物对其无可奈何。禽流感病毒抗原性变异的频率很高，且主要以抗原漂移和抗原转变两种方式进行。这两种方式都可能使潜伏在欧洲的病原体变异，从而导致禽流感的发生。世界卫生组织在预测流感病毒变异的可能性时提出以下三种推测：第一种是禽流感病毒在不断感染人的过程中，在人体中重组成适应于人的新亚型；第二种是禽流感病毒和人流感病毒在某种动物（如猪）中重组成适应于人的新亚型；第三种是人流感病毒本身的变化，即重复已消失的H2型或自身变异成新亚型。可见有两种推测与禽流感有关。

美国、日本和越南研究人员曾报告说，在一名越南患者身上的H5N1型禽流感病毒毒株中，他们发现了一些毒株对目前最有效的流感药物磷酸奥司他韦（达菲）已具有抗药性。科学家警告说，禽流感病毒的变异速度大大超出人们的想象，各国绝不能单纯依赖磷酸奥司他韦。

（三）可能导致的三大恶果

1. 1.5亿人可能丧生

禽流感病毒目前已经造成100多人死亡。而且世界各地的许多专家们普遍认为这种病毒还在不断变异。他们纷纷警告说，如果在今后的几年内，禽流感病毒通过变异能够在人与人之间传播，人类将会遭受一场前所未有的大灾难。世界卫生组织专家估计，全球暴发禽流感将造成数百万至1.5亿人死亡，具体情况取决于变异后的病毒的致命性。

2. 全球工业陷入停顿

许多国家和地区已经明确表示，一旦禽流感病毒发生变异，将会立即关闭边境。这就意味着原材料的进口就会停止，整个工业可能因此陷于停顿，包括医疗用品在内。

3. 药物和疫苗将供不应求

纽约市卫生局的艾萨克·韦斯富斯医生曾假设：如果全球性的流感今天暴发，我们肯定没有那么多的药物和疫苗。抗病毒药物将供不应求，而人用禽流感疫苗至少需要6个月时间才能生产出来，并且生产出的疫苗是否百分之百的有效还不敢肯定，而在这段时间里，上亿人可能受到病毒的感染。

五、人感染禽流感的流行病学

（一）传染源

人感染禽流感的传染源主要为患禽流感或携带禽流感病毒的禽类：①火鸡、鸡、鸭、鹅；②野生鸟、野生水禽、候鸟。③其他动物，如猪、雪貂、猫、水貂、猴、海豹等也可携带禽流感病毒。1 g被病毒污染的粪便可造成100万只禽感染。

（二）传播途径

人感染禽流感病毒经呼吸道传播，人也可通过密切接触被感染的家禽的分泌物和排泄物、被病毒污染的物品和水等而感染，直接接触病毒毒株也可被感染。

目前尚无人与人之间传播的确切证据。

（三）易感人群

一般认为，人类对禽流感病毒并不易感。但任何年龄段的人群均可被感染，且在已发现的H5N1感染病例中，13岁以下儿童所占比例较高，病情较重。

（四）高危人群

从事家禽养殖业者及其同地居住的家属，在发病前1周内到过家禽饲养、销售及宰杀等场所者，接触禽流感病毒污染材料的实验室工作人员，与禽流感患者有密切接触的人员为高危人群。

六、人感染禽流感的临床特征

（一）临床表现

（1）潜伏期。根据对H5N1亚型感染病例的调查结果，其潜伏期一般为1天～7天，以2天～4天多见。

（2）临床症状。不同亚型的禽流感病毒感染人类后可引起不同的临床症状。感染H9N2

亚型的患者通常仅有轻微的上呼吸道感染症状，部分患者甚至没有任何症状；感染 H7N7 亚型的患者主要表现为结膜炎；重症患者一般均为 H5N1 亚型病毒感染，患者呈急性起病，早期表现类似普通型流感，主要为发热，体温大多持续在 39 ℃以上，可伴有流涕、鼻塞、咳嗽、咽痛、头痛、肌肉酸痛和全身不适。部分患者可有恶心、腹痛、腹泻、解稀水样便等消化道症状。

重症患者可出现高热不退，病情发展迅速，几乎所有患者都会出现肺炎，可伴有急性肺损伤、急性呼吸窘迫综合征（ARDS）、肺出血、胸膜腔积液、全血细胞减少、多器官功能衰竭、休克及瑞氏（Reye）综合征等多种并发症。并可继发细菌感染，发生败血症。

（3）体征。重症患者可有肺部实变体征等。

（二）胸部影像学检查

H5N1 亚型病毒感染者可出现肺部浸润。胸部影像学检查可表现为肺部片状影。重症患者肺部病变进展迅速，呈大片状毛玻璃样影及肺实变影，病变后期为双肺弥漫性实变影，可合并胸膜腔积液。

（三）实验室检查

（1）血常规。白细胞总数一般不高甚至降低。重症患者多有白细胞总数、淋巴细胞及血小板减少。

（2）病毒抗原及基因检测。取患者呼吸道标本（如鼻咽分泌物、口腔含漱液、气管吸出物或呼吸道上皮细胞），采用免疫荧光法或酶联免疫法检测甲型流感病毒核蛋白抗原（NP）或基质蛋白（M1）、禽流感病毒 H 亚型抗原。还可用 RT－PCR 法检测禽流感病毒亚型特异性 H 抗原基因。

（3）病毒分离。从患者呼吸道标本中分离禽流感病毒。

（4）血清学检查。恢复期的血清禽流感病毒亚型毒株抗体滴度较发病初期升高 4 倍或 4 倍以上，有助于回顾性诊断。

（四）预　后

人感染禽流感的预后与感染的病毒亚型有关。感染 H9N2、H7N2、H7N3、H7N7 者大多预后良好；感染 H5N1 者预后较差，据目前医学资料报告，其病死率超过 30%，要高于 SARS 的病死率 9.5%。

影响预后的因素还有患者年龄、是否患有基础性疾病、是否出现并发症，以及就医和救治的及时性等。

七、人感染禽流感的诊断与鉴别诊断

（一）诊　断

根据流行病学接触史、临床表现及实验室检查结果，可做出人感染禽流感的诊断。

1. 流行病学接触史

(1) 发病前1周内曾到过疫点。

(2) 有病死禽接触史。

(3) 与被感染的禽或其分泌物、排泄物等有密切接触。

(4) 与禽流感患者有密切接触。

(5) 在实验室从事有关禽流感病毒研究。

2. 诊断标准

(1) 医学观察病例：有流行病学接触史，1周内出现流感样临床表现者。

对于被诊断为医学观察病例者，医疗机构应当及时报告当地疾病预防控制机构，并对其进行7天医学观察。

(2) 疑似病例：有流行病学接触史和临床表现，对其呼吸道分泌物或相关组织标本进行甲型流感病毒M1或NP抗原检测呈阳性或编码抗原的核酸检测呈阳性者。

(3) 临床诊断病例：被诊断为疑似病例，但无法进一步取得临床检验标本或实验室检查证据，而与其有共同接触史的人被诊断为确诊病例，并能够排除其他诊断者。

(4) 确诊病例：有流行病学接触史和临床表现，从患者呼吸道分泌物标本或相关组织标本中分离出特定病毒，或采用其他方法检查禽流感病毒亚型特异抗原或核酸呈阳性，或恢复期的血清禽流感病毒亚型毒株抗体滴度较发病初期升高4倍或4倍以上者。

在流行病学史不详的情况下，根据临床表现、辅助检查和实验室检查结果，可以确诊。

(二) 鉴别诊断

临床上应注意与流行性感冒、普通感冒、细菌性肺炎、SARS、传染性单核细胞增多症、巨细胞病毒感染、衣原体肺炎、支原体肺炎、军团菌病、肺炎型流行性出血热等疾病进行鉴别诊断。鉴别诊断主要依靠病原学检查。

八、人感染禽流感的治疗

对疑似病例、临床诊断病例和确诊病例应进行隔离治疗。

对症治疗可用解热药、缓解鼻黏膜充血药、止咳祛痰药等。儿童忌用阿司匹林或含阿司匹林以及其他水杨酸制剂的药物。

抗病毒治疗应在发病后48小时内试用抗流感病毒药物。

采用中医治疗。

九、人感染禽流感的预防

一般情况下，禽流感病毒并不容易使人类发病。世界各地的禽流感主要由高致病性的H5和H7两种亚型引起，而人对H1和H3亚型易感。从微生物学角度讲，有三个方面的原因阻止了禽流感病毒对人类的侵袭。第一，人呼吸道上皮细胞不含禽流感病毒的特异性受体，即禽流感病毒不容易被人体细胞识别并结合；第二，所有能在人群中流行的禽流感病毒，其基因组必须含有几个人流感病毒的基因片段；第三，高致病性的禽流感病毒由于含碱性氨基酸数目较多，使其在人体内的复制比较困难。

根据世界卫生组织提供的资料，与病禽接触可能是禽流感病毒入侵人体的最主要途径之一，鲜活家禽市场可能是病毒传播的重要场所。因此，避免直接接触病禽及其排泄物、分泌物等，能有效防止感染禽流感病毒。

第四节　人感染猪流感

猪流感是甲型（A 型）流感病毒引起的猪或人的一种急性、人畜共患呼吸道传染性疾病。这种病在猪中经常发生，很少导致猪的死亡（猪的病死率为 1%～4%）。人很少感染猪流感病毒，但也发现一些人感染猪流感的病例，大多数是与病猪有过直接接触的人。2009 年3 月，墨西哥和美国等先后发生人感染猪流感病毒的病例，该病毒为 A 型流感病毒，H1N1 亚型猪流感病毒毒株，该毒株包含有猪流感、禽流感和人流感三种流感病毒的基因片断，是一种新型猪流感病毒，可以人传染人。人感染猪流感后的临床早期症状与流感类似，有发烧、咳嗽、疲劳、食欲不振等，还可以出现腹泻或呕吐等症状。病情可迅速进展，突然高热、肺炎，重者可以出现呼吸衰竭、多器官损伤，甚至死亡。

一、病原学

猪流感病毒属于正粘病毒科，甲型流感病毒属。典型病毒颗粒呈球状，直径为 80 μm～120 μm，有囊膜。囊膜上有许多放射状排列的突起糖蛋白，分别是血凝素 HA、神经氨酸酶 NA 和 M2 蛋白。病毒颗粒内为核衣壳，呈螺旋状对称，直径为 10 μm。猪流感病毒为单股负链 RNA 病毒。尽管不同亚型之间可以组成很多种流感病毒血清型，但是可造成人感染猪流感病毒的血清型主要有 H1N1、H1N2 和 H3N2。

猪流感病毒为有囊膜病毒，故对乙醚、氯仿、丙酮等有机溶剂均敏感；对氧化剂、卤素化合物、重金属、乙醇和甲醛也均敏感；猪流感病毒对热敏感，56 ℃条件下，30 分钟可灭活；对紫外线敏感，但用紫外线灭活猪流感病毒能引起病毒的多重复活。

二、流行病学

在 1976 年美国发生所谓的“新泽西事件”中，大约 500 人感染了猪流感 H1N1 亚型病毒，该病毒与当时从猪体内分离的病毒相同，首次证实了在自然条件下，猪流感病毒可从猪传播给人。1999 年 10 月，香港 1 名 10 月龄女婴感染了猪流感病毒 H3N2，现已完全康复。这些年来，世界各地都有人感染猪流感病毒不同病毒株的报道，但并没有大规模流行。2009 年3 月，墨西哥及美国等部分地区暴发了人感染猪流感疫情。世界卫生组织指出，墨西哥和美国感染的病例属于 H1N1 亚型猪流感病毒的一个相同毒株。

（一）传染源

人感染猪流感的传染源主要为病猪和携带病毒的猪，感染猪流感病毒的人也被证实可以传播病毒。感染这种病毒的动物均可传播。

（二）传播途径

人感染猪流感的传染途径主要为呼吸道传播，也可通过接触感染的猪或其粪便、周围污染的环境或气溶胶等途径传播。某些毒株如H1N1可在人与人之间传播，其传染途径与流感类似，通常是通过感染者咳嗽或打喷嚏等途径传播。

（三）易感人群

人群普遍易感。患者多数年龄在25岁～45岁，目前报道以青壮年为主，但应注意老人和儿童。

（四）高危人群

从事养猪业者，在发病前1周内去过养猪、销售及宰杀等场所者，以及接触猪流感病毒感染材料的实验室工作人员等为高危人群。

人感染猪流感常发生在冬春季节，猪感染猪流感一般发生在夏秋季节。

三、临床表现

人感染猪流感的潜伏期一般为1天～7天，较流感、禽流感潜伏期长。

（一）临床症状

人感染猪流感后的早期症状与普通人流感相似，包括发热、咳嗽、喉痛、身体疼痛、头痛、发冷和疲劳等，有些还会出现腹泻或呕吐、肌肉痛或疲倦、眼睛发红等。

部分患者病情可迅速进展，来势凶猛、突然高热、体温超过39℃，甚至继发严重肺炎、急性呼吸窘迫综合征、肺出血、胸膜腔积液、全血细胞减少、肾衰竭、败血症、休克及Reye综合征、呼吸衰竭及多器官损伤，甚至死亡。

（二）体　征

肺部体征常不明显，部分患者可闻及湿啰音或有肺部实变体征等。

（三）预　后

人感染猪流感的预后与所感染的病毒亚型有关，大多数预后良好；但感染H1N1者预后较差，病死率约为6%。

四、诊　断

人感染猪流感的诊断主要结合流行病学史、临床表现和病原学检查等，临床上早发现、早诊断是治疗的关键。

（一）人感染猪流感的诊断标准

1. 医学观察病例

曾到过猪流感疫区，或与病猪及人感染猪流感患者有密切接触史，1周内出现流感临床表现者。列为医学观察病例者，对其进行7天医学观察（根据病情可以居家或医院隔离）。

2. 疑似病例

曾到过疫区，或与病猪及猪流感患者有密切接触史（也可流行病学史不详），1周内出现流感临床表现，呼吸道分泌物、咽拭子、痰液、血清H亚型病毒抗体阳性或核酸检测阳性。

3. 临床诊断病例

被诊断为疑似病例，且与其有共同暴露史的人已被诊断为确诊病例者。

4. 确诊病例

从呼吸道标本或血清中分离到特定病毒；用RT－PCR检测上述标本，有猪流感病毒RNA存在，经过测序证实，或两次血清抗体滴度升高4倍，可确诊为人感染猪流感。

（二）人感染猪流感的鉴别诊断

人感染猪流感应注意与流感、禽流感、上呼吸道感染、肺炎、SARS、传染性单核细胞增多症、巨细胞病毒感染、军团菌肺炎、衣原体、支原体肺炎等鉴别。

五、治　疗

1. 对症支持

（1）对疑似和确诊患者应进行就地隔离治疗，强调早期治疗。

（2）对人感染猪流感目前主要的治疗方法是综合对症支持治疗。嘱患者注意休息、多饮水、注意营养，密切观察患者的病情变化；发病初48小时是最佳治疗期，对高热、临床症状明显者，应做胸部X线摄影检查和血气分析。

2. 药物治疗

（1）抗病毒治疗：应及早应用抗病毒药物，可试用奥司他韦（达菲）。奥司他韦是一种神经氨酸酶抑制剂，对猪流感病毒可能有抑制作用，儿童慎用。从美国2009年的猪流感病毒感染者中分离出的病毒对奥司他韦和扎那米韦是敏感的，对金刚烷胺和金刚乙胺耐药。

（2）抗生素：如出现细菌感染可使用抗生素。

六、预　防

1. 控制传染源

开展人群和猪的流感疫情监测。一旦发现猪或其他动物感染猪流感病毒，应按照《动物检疫法》的有关规定，对疫源地进行彻底消毒，对患者及疑似患者进行隔离。

2. 切断传播途径

对发现有病猪的养殖场，曾销售病猪肉的摊档，患者所在单位、家庭等进行消毒；对病死猪等废弃物应立即就地销毁或深埋；收治患者的门诊和病房按禽流感、SARS标准做好隔离消毒；标本按照不明原因肺炎病例要求进行运送和处理。

3. 保护健康人群

养成良好的个人卫生习惯，保证充足睡眠、足够营养、勤于锻炼、减少压力；避免接触有流感样症状（发热、咳嗽、流涕等）或肺炎等呼吸道疾病患者；注意个人卫生，经常使用肥皂和清水洗手，尤其在咳嗽或打喷嚏后；避免接触生猪或前往有猪的场所；避免前往人群拥挤场所；咳嗽或打喷嚏时用纸巾遮住口鼻，然后将纸巾丢进垃圾桶；如在境外出现流感样症状，应立即就医（就医时应戴口罩），并向当地公共卫生机构和检验检疫部门说明。

4. 加强医院内感染控制措施

对于疑似患者或确诊患者进行隔离并佩戴外科口罩；医务人员要做好个人防护，加强手的卫生，使用快速手消毒剂进行手消毒；发热门诊和感染性疾病科等重点部门的医务人员应戴外科口罩，必要时戴护目镜或防护口罩；对发热门诊和感染性疾病科等重点部门应当加强室内通风。

5. 猪流感疫苗

目前只有用于猪的猪流感疫苗，还没有专门用于人类的。就目前情况看，普通的流感疫苗对预防人类猪流感没有明显效果。

第五节　流行性感冒

流行性感冒是一种世界性的呼吸道传染性疾病，因感染流感病毒所致。流感病毒易于变异，传染性强。流行性感冒发生突然，传播迅速，流行面广，易发生大流行，这是有别于普通感冒的一大特点。其临床特点为急起高热，全身酸痛、乏力和轻度呼吸道症状。其全身症状重而呼吸道症状较轻，这是有别于普遍感冒的又一特点。

（一）流行病学

（1）传染源。流感患者是本病主要的传染源，自其潜伏期末到发病第 3 天，呼吸道分泌物排出的病毒最多，此时传染性最强。轻型患者因表现不典型，易被忽视，故其在传播上有重要意义。

（2）传播途径。流感病毒随喷嚏、咳嗽或说话时喷出的飞沫而传播，易感者吸入带病毒的飞沫后即可感染。

（3）易感人群。人群对流感普遍易感，病后或接种疫苗后可获得对同型病毒的免疫力。免疫力维持时间不长，为 8 个月～12 个月，最长不超过 2 年。因人对各型病毒、各亚型病毒无交叉免疫力，故人的一生中可能患多次流感。

（4）流行特征。流感病毒分甲、乙、丙三型。甲型病毒因其每隔 10 年～15 年发生 1 次明显的变异，产生新亚型的病株，使各年龄组人群成为易感者而常常造成世界大流行。乙型流感一般为局限性小流行。丙型流感常为散发。

流感四季都可流行，但冬春较多，世界性大流行多从夏季开始。

一般 5 岁～20 岁人群的流感发病率较高，世界性流行时各年龄组无明显差别。

（二）临床表现

典型流感主要表现为急起高热、畏寒、头痛、全身酸痛、无力。常感眼干、咽干、轻度咽痛，部分患者有轻度喷嚏、流鼻涕等。上述症状多于1日～2日达到高峰，一般于3日～4日退热，乏力及咳嗽可持续1周～2周。有少数患者持续高热不退，发展为肺炎型或中毒型，此二型不仅病程长，而且致残率较高。

轻型流感与其他病毒性上呼吸道感染症状相似，单凭临床表现很难确诊。

（三）治　疗

目前尚无可靠的治疗方法，主要应加强护理。患者应卧床休息，多饮水，吃稀软食物。对发热与全身酸痛较重者，可用阿司匹林（乙酰水杨酸）及常用的抗感冒药物，如感冒清、复方盐酸伪麻黄碱（康泰克）等；对其他症状采用对症治疗；若继发细菌感染可加用抗生素。

（四）预　防

目前在流感防治方面尚无满意的特效方法。因此，只有采取综合性防治措施减少发病，重点在控制流行方面下工夫。预防流感主要依靠早期发现和及时隔离、治疗患者，对疑似流感的患者也应进行隔离与治疗。流行期间在公共场所提倡戴口罩，降低人群密集度，避免大型集会，室内注意通风及消毒，这样可以减少传播机会。中草药亦有一定预防效果，流行期间可在医师指导下试用。针对不同的菌株使用流感疫苗接种或鼻腔喷雾，能提高人群的抗病力，是预防流感的有效措施。

第六节　肺结核

肺结核是由结核分枝杆菌引起的一种慢性肺部感染性疾病，在过去相当长的一段时期中，是一种严重威胁人类健康的慢性传染性疾病。近几年来，随着预防医学、临床医学、药学等的迅猛发展以及人们生活、生产条件的明显改善，结核病在一定程度上得到有效控制。但由于对结核病患者治疗管理不善而致多种耐药菌株快速产生、HIV感染急剧上升及其他种种原因，在过去5年里，结核病不仅在许多发展中国家蔓延，发达国家的结核病例数也在急剧上升，再度肆虐人类。世界卫生组织于1993年采取特别步骤宣布结核病全球告急，结核病已是单一致病菌致死的最主要死因。

（一）结核分枝杆菌传播方式及易感人群

排菌的肺结核患者的痰液是主要的传染源，结核分枝杆菌主要通过呼吸道传播。患者咳嗽、喷嚏时，把带菌飞沫喷入空中，健康人吸入后，可引起肺部感染。患者随地吐的痰干燥后，痰菌随尘埃飞扬，健康人吸入带菌的微粒尘埃亦可致感染。

传染的次要途径是经过消化道进入体内。

若进入体内的结核分枝杆菌量少而毒力较弱，就可能被人体防御功能杀灭，不引发疾病。当机体抵抗力减弱时，虽然只有少量的结核分枝杆菌侵袭也可能引发疾病。

结核病患者中青少年占很大的比重。肺结核患者中，15 岁～45 岁占 67.2%，在死亡患者中占 50.4%。肺结核也是大学生休、退学的主要原因之一，这是由于学生在青春期生长迅速，消耗量大，营养相对不足；缺乏锻炼及上大学后对新环境适应不良；集中学习、居住等，都增加了感染结核分枝杆菌而患肺结核的可能性。

（二）临床表现及诊断

肺结核一般起病缓慢，临床表现为午后低热、乏力、精神萎靡、食欲减退、体重减轻、夜间盗汗。当肺部病灶急剧播散时，可有高热。女性患者可有月经失调或闭经。呼吸道症状主要有咳嗽，一般为干咳，可只有少量黏液痰。约 1/3 的患者有程度不等的咯血。部分患者可有胸痛，并随呼吸和咳嗽加剧。

对肺结核的诊断主要是通过问病史、查体征、痰菌检查（涂片或培养）、胸部 X 线检查、结核菌素试验（PPD），以及其他特殊检查如免疫血清学、纤维支气管镜活检与其他病理检查等。痰菌检查不仅是诊断肺结核的主要依据，亦是评价疗效、随访病情的重要指标。X 线检查是诊断肺结核的必要手段，对早期诊断，确定病变部位、范围、性质，了解其演变及选择治疗方案等具有重要价值。

（三）治　疗

对结核病治疗应遵循的原则是：早期、联用、适量、规律和全程。即确诊后由医生选用 3 种～4 种药物，制定一个正规的、标准的化疗方案，全疗程一般为 1 年～1.5 年，必须不间断坚持服药至疗程完毕。

（四）预　防

控制结核病的流行，必须从控制传染源与增强免疫力两方面着手。对可疑患者要做痰涂片查菌或肺部 X 线检查。定期体检是早期发现肺结核的方法之一。对痰涂片查菌呈阳性的患者的治疗应及时、彻底。个人应养成良好的卫生习惯，不随地吐痰，打喷嚏和咳嗽时用纸巾捂住口鼻。

积极锻炼身体，合理安排工作、学习和休息，注意营养，保持良好的情绪，是增强抵抗力的有效措施。

接种卡介苗可使人体对结核分枝杆菌产生获得性免疫力，接种对象是未受结核分枝杆菌感染的人，主要是婴儿、儿童和青少年。接种过卡介苗的人群其结核病发病率比没有接种过的人群低 80%。由接种卡介苗而获得的对结核分枝杆菌的免疫力可维持 5 年左右。

第七节　病毒性肝炎

多种病原微生物感染都可引起肝脏炎症，但是通常人们所说的“肝炎”，指的是由甲型、乙型、丙型、丁型、戊型、己型及庚型肝炎病毒所引起的病毒性肝炎。上述各型病毒所引起的肝炎都具有传染性强、病程较长及危害性大的共性。目前除己型肝炎病毒尚不能检测外，其他类型肝炎病毒均已有明确的检测方法。

7种病毒性肝炎在病原学、血清学、临床经过、肝外器官损害等多方面有所不同，但在临床表现上却具有共性。根据临床表现可将肝炎分为急性黄疸性肝炎、急性无黄疸性肝炎、慢性肝炎、淤胆性肝炎、重型肝炎。

上述各型病毒性肝炎中，以甲型、乙型肝炎最常见。

（一）甲、乙型肝炎的流行病学

甲、乙型肝炎的传染源主要为患者及病毒携带者。

甲型肝炎患者在发病前4天至发病后6天传染性最强。

乙型肝炎病毒在血液中持续时间不一，80%以上于发病后4周～12周消失；被感染者也可以长期携带病毒。

（二）传播途径

甲型肝炎主要经消化道传播。食用被患者或病毒携带者的粪便污染的食物是主要的传播途径。甲型肝炎在个人卫生习惯不良、居住拥挤、环境卫生差的学校、农村、幼托机构中容易发生流行。近年来国外报道在吸毒及同性恋群体中，甲肝抗体检出率很高。在这些人群中，甲肝病毒主要通过肛门或口以及被感染的注射用具传播。

乙型肝炎主要通过以下途径传播他人：

(1) 血源性注射传播，如输入被污染的血制品。

(2) 母婴垂直传播，孕妇携带的病毒通过胎盘或产道进入胎儿或新生儿体内。

(3) 医源性传播，医疗器械被病毒污染后消毒处理不彻底，又给其他患者使用。

(4) 性接触传播，包括家庭夫妻间传播，以及性滥交、同性恋及异性恋者之间的传播等。

(5) 昆虫叮咬，在热带及亚热带，蚊虫叮咬以及各种吸血昆虫可能对传播有一定作用。

(6) 密切接触，接触病毒携带者的唾液、尿液、血液、乳汁等，或被其污染的器具，病毒可经破损的皮肤、黏膜而传播。

（三）易感性

人对甲、乙两型病毒均易感，病后均可产生免疫力，但对各型病毒无交叉免疫。

（四）流行特征

甲型肝炎多发于秋、冬季，发病率以15岁以下的儿童及青少年最高，多为黄疸型。因为病后获得持久免疫力，故至成年时，发病率降低，老年人更少。甲型肝炎一般来说预后很好，是一种自限性疾病。

乙型肝炎无特定的流行时期，无季节性，多呈散发，患者常无明显的年龄差别，多为无黄疸型。感染流行率随年龄增长而增长，但50岁以后呈逐渐下降趋势。

（五）甲、乙型肝炎的预防

1. 管理传染源

（1）隔离患者。甲型肝炎患者自发病日算起，最少应隔离30天。乙型肝炎患者应强调在急性期对其进行严格消毒隔离，慢性期注意相应隔离措施。乙肝病毒携带者若无症状，无肝功能异常，经半年观察无变化者，不按现症肝炎患者处理。除不能献血、当兵，从事保育、餐饮、食品行业外，可照常工作和学习，但应要求其加强个人卫生、经期卫生及行业卫生，防止自身唾液、血液、尿液等污染周围环境，感染他人。

（2）切断传播途径。应注意搞好水源及饮水消毒，搞好食品卫生；加强个人卫生，饭前便后洗手，漱洗用具专用。做好医院内消毒隔离工作。

（3）保护易感人群。目前，我国甲、乙肝疫苗已批量生产并广泛应用。其免疫安全及效果均已得到肯定，以后将有计划、有针对性地普及使用。对与甲型肝炎患者密切接触者，应于接触后一周内注射丙种球蛋白，对于乙肝表面抗原阳性的母亲的新生儿、意外被阳性血清污染者应采用高价免疫血清。

2. 病毒性肝炎的早期诊断要点

（1）近半月至6个月内曾与肝炎患者密切接触，吃过半生的海产品，或输过血制品，或有不洁性接触等。

（2）近日来感全身乏力、厌食、恶心、呕吐、厌油、腹胀或肝区痛、尿黄又找不到其他原因。

（3）有上述二项者应迅速查尿三胆、肝功能。

（4）检测为异常者可进一步做肝炎病毒方面的抗原抗体检测，以明确肝炎类型。

（六）病毒性肝炎的治疗

目前缺乏针对病毒性肝炎的特效治疗方法，急性肝炎患者通过适当休息和合理营养，大多数可以恢复健康。应避免饮酒及使用损害肝脏的药物。适当的药物治疗是需要的，如选用抗病毒药、调整免疫药、活血化淤药和促进肝细胞再生的药物。但药物过多反而增加肝脏负担，故应在医生指导下慎用。肝功正常后可休息1个月～2个月，然后逐步恢复工作、学习，以后定期随访2年。

对于“两对半”（HBsAg、抗－HBs、HBeAg、抗－HBe、抗－HBc）中某些指标阳性者，并不代表乙型肝炎发病。对肝功异常、大三阳（HBsAg、HBeAg、抗－HBc阳性）、血清中乙肝病毒脱氧核糖核酸（HBV DNA）阳性者，则可用干扰素或抗病毒药物治疗，但疗效难以肯定。小三阳（HBsAg、抗－HBe，抗－HBe阳性），而血清HBV DNA阴性、转氨酶正常者，没有必要吃药，应注意有规律地生活和在医生指导下进行饮食治疗。

第八节　感染性腹泻

目前已知的能引起感染性腹泻的病原体有10种之多，但以细菌和病毒引起的腹泻为主。

世界卫生组织对腹泻的诊断标准是：急性起病，每日大便 3 次以上，并伴有大便性状改变（稀便、水样便、黏液便、脓血便）者。发病时间间隔 7 日以上为二次发病。

一、感染性腹泻的共同特点

受病原体感染的人和动物是感染性腹泻的传染源。所有肠道传染性疾病患者的大便都含有大量的病原体，如未经消毒处理，则可污染水源及食物而引起传播。人体被感染后，可发病，也可不发病而成为病原体携带者。

病原体大多随患者或携带者的粪便排出，污染周围环境，通过水、食物、手、苍蝇等媒介经口进入人体内并定位于肠道。这是腹泻传播的基本特征。

人群对肠道传染性疾病普遍易感，且婴幼儿及青少年发病率较高。患者病后可获得一定程度的免疫力，但多不持久。

散发病例终年可见，而气温较高的夏、秋季发病率升高明显。

除一般常见的散发病例外，感染性腹泻在特殊条件下可出现大小不等的流行与暴发。由于食物污染而暴发的腹泻，以细菌性食物中毒多见。

腹泻的预防措施大都具有共性，这是其明显的特点。只要针对流行过程的 3 个环节，开展以切断传播途径为主的综合措施，包括改善饮水条件，严格执行污水及粪便的消毒处理原则，杜绝各种水体污染的可能性；灭蝇、灭蟑螂等；搞好环境卫生、饮食卫生，养成良好的个人卫生习惯，坚持食前及便后用流水洗手，不吃生冷、不洁的食物。

二、几种特殊类型的腹泻

（一）霍　乱

霍乱和副霍乱是由霍乱弧菌引起的国际检疫性的烈性传染性疾病，常引起流行，严重危害人们健康，必需予以高度重视。

此病由于食入被霍乱弧菌污染的水、食物而致病；起病急，潜伏期 1 天～3 天，短者数小时，长者可达 7 天。绝大多数患者以剧烈腹泻、呕吐开始。腹泻为无痛性，每日 10 多次，大便由泥浆样或水样迅速转为米泔样，其中粪质很少，无粪臭，但有淡甜或鱼腥味。呕吐在腹泻开始后出现，可呈喷射状、连续性，先有胃内食物残渣，以后呈清水或米泔水，有的可持续 1 天～2 天。由于频繁的吐泻，患者体内水及电解质很快大量丧失、比例紊乱，并出现外周循环衰竭。患者表现为神情淡漠，口渴，声嘶，眼球下陷，唇及皮肤干燥、弹性消失，手指皱瘪，肌肉痉挛，脉搏细弱，血压下降，体温下降。这一阶段为数小时至 3 天左右。若患者得到及时治疗，水和电解质紊乱得到纠正，症状将逐渐消失，呕吐、腹泻逐渐停止，皮肤弹性恢复，尿量增加，体温回升，少数患者可出现反应性发热。如不及时有效地补充足量的液体，患者则可能因心、肾衰竭而死亡。

霍乱患者表现为一般性肠炎，故在发病时极易误诊、漏诊。流行期中，若接触过患者或在疫区中生活应高度警惕。出现可疑症状，尽快找医师诊治。

此病的治疗原则包括：首先是及时补充足量的液体和电解质；其次是病原治疗，抗菌药物的应用可明显使腹泻时间缩短，排便减少。四环素、多西环素、诺氟沙星等均可选用。轻型患者 24 小时内补液 3 000 ml～4 000 ml；中型患者 24 小时内补液 4 000 ml～8 000 ml；重症患者 24 小时内补液应大于 8 000 ml。

（二）细菌性痢疾

细菌性痢疾简称菌痢，是由痢疾志贺菌（痢疾杆菌）引起的一种肠道感染性疾病。潜伏期一般为 1 天～2 天。起病急，开始表现为畏寒、发热，随之出现腹痛、腹泻，大便初为黄水样稀便。由于此病系结肠黏膜弥漫性炎症，因此除有全身症状外，大便带黏液、脓血为其基本特征。患者有“里急后重”感（肛门坠胀，有便意，但又无便可排），因此有的患者可能长时间蹲厕不起。

医生检查发现患者除有发热外，下腹部有压痛，白细胞总数增加。大便镜检可发现红细胞、白细胞、脓细胞及吞噬细胞等。

上述表现为多数患者的典型症状，严重者可先有高热、中毒性休克症状；轻者表现为一般性肠炎。

治疗原则：抗菌（选用诺氟沙星、呋喃唑酮、庆大霉素等均可），补充液体、电解质，卧床休息，按肠道传染性疾病隔离患者。

（三）沙门菌食物中毒

沙门菌感染是最常见的食物中毒原因之一。一般感染后起病急骤，吐泻交加。腹泻时有肠绞痛，水样便中常混有黏液或血，有恶臭味。患者常有发热。病程持续 2 天～3 天，共同用餐者可在同一时期内发病。

三、感染性腹泻的治疗要点

以细菌性感染性腹泻为例，治疗中应注意以下要点。

(1) 一般治疗：发热时必须卧床休息，按肠道传染性疾病隔离。粪便应消毒处理，饮食以流质或半流质为主。

(2) 对症治疗：根据患者呕吐、腹痛症状采用相应药物对症治疗，对有脱水及酸中毒者，应积极补充液体及电解质、碱性溶液等，纠正脱水及酸中毒、电解质紊乱。

(3) 病原治疗：采用有效的抗菌药，如诺氟沙星、呋喃唑酮、庆大霉素等。

第八章　性传播疾病

性传播疾病（STD）简称性病（传统中医学称之为“花柳病”、“杨梅疮”），是通过性接触、类似性行为及间接接触等途径进行传播的一组传染性疾病。性病不仅使患者的生殖器官发生病变，还可通过淋巴系统侵犯周围皮肤黏膜，甚至通过血行播散侵犯全身重要组织、器官。过去我国医学界通常只将梅毒、淋病、软下疳和性病性淋巴肉芽和腹股沟淋巴肉芽肿称为经典性传播疾病。1975 年世界卫生组织（WHO）将非淋病性尿道炎、生殖器疱疹、尖锐湿疣、艾滋病、阴道毛滴虫病、细菌性阴道病、生殖器假丝酵母病（生殖器念珠菌病）、阴虱病、疥疮、传染性软疣、病毒性乙型肝炎、阿米巴病、股癣等 20 多种疾病也列入性病范畴。需要指出的是，以上有些疾病如股癣、病毒性乙型肝炎等可以通过性行为传播，但性行为传播并不是唯一或主要的方式，因此不要将某些性传播疾病的原因都归结于性行为不检点，而对这些患者都加以猜疑甚至歧视。

性传播疾病在全世界广泛流行。新中国成立前，性传播疾病流行情况相当严重。新中国成立后经过 10 多年的努力，我国政府于 1964 年正式宣布已基本消灭了性传播疾病。20 世纪 80 年代以后，随着国际商贸的增多和旅游事业的发展，国内外人员流动频繁，再加上受到西方的生活方式特别是性自由的影响和色情书刊的毒害，在我国绝迹多年的卖淫、嫖娼又重新出现，这些因素促使了我国性传播疾病患者的迅速增加，流行范围日益扩大并呈持续蔓延的趋势。20 世纪 80 年代初，性传播疾病患者主要集中在沿海开放城市，大多为青年人，尤其是一些特殊行业的青年人，近几年来甚至在边远的地区、农村也出现了，患者年龄、职业范围也在扩大，病种也在增多。

性传播疾病是一种社会病，其危害不仅殃及患者本人，也给家庭、社会等带来不良后果。就社会而言，性传播疾病患者增多，给医疗卫生及社会管理增加了许多负担和压力，也造成了社会财力的大量浪费。由于性传播疾病所致的残疾儿童增多，给国家和社会带来许多难题。性传播疾病的流行会引起家庭的解体、婚姻的破坏，也会败坏社会风气，影响社会的稳定。就个人而言，性传播疾病不但给患者带来不同程度的心理障碍，还可以对其身体造成一系列严重的并发症及后遗症，尤其对于女性患者，常见的有女性盆腔炎、不育、异位妊娠，并增加子宫全切的机会。另外由于产妇携带细菌和病毒，常导致许多妊娠并发症及新生儿伴发症，比如可导致流产、早产、死胎、低体重儿及先天感染。流行最广的是先天性梅毒，在一些非洲国家，因患先天性梅毒而死亡的婴儿占了死亡婴儿的 1/3。先天性巨细胞病毒感染在发达国家被认为是造成婴儿死亡最重要的感染。而在男性中淋病最严重的并发症是尿道狭窄和不育症。除上述常见的泌尿生殖系统的并发症和后遗症外，梅毒还可以导致严重的心血管系统和神经系统损害，造成患者残废甚至死亡；淋病还可引起脑膜炎、心内膜炎及心包炎，给人的健康造成严重危害。

由于性传播疾病是一类传染性很强的疾病，不仅可以通过性交传染，还可以通过共用浴室、浴巾等生活用品和密切接触等方式传染，所以近年来性传播疾病的无辜受害者增多。

既然性传播疾病有明确的病因（由细菌、病毒或其他微生物感染），传播途径也很清楚（主要通过性接触传染），因此只要针对上述环节，采取有效的措施，性传播疾病是完全可以预防的。

每一个人尤其是青少年，都应掌握必要的性知识，树立健康的性心理，对性行为要有正确的认识，提倡洁身自爱，既不做性传播疾病的受害者，也不做性传播疾病的传播者。要掌握一定的性传播疾病防治知识，做到自我预防。怀疑患有性传播疾病的人要尽早就医，并与医生密切配合，千万不能讳疾忌医；更不要因怕丢丑而到一些非正规医院就诊，既花了大量钱财又延误了病情，造成终身遗憾。同时性传播疾病患者也要对社会负责任，采取措施，有义务防止性传播疾病的传播。例如停止性交，内衣及用具要单独存放和消毒，不能再去公共浴室洗澡及公共游泳池游泳。另外，加强性器官的卫生保健也是预防性传播疾病发生的重要措施，养成每天清洗外生殖器的习惯。世界卫生组织专家委员会指出，性生活后用肥皂和水清洗外生殖器，对于性传播疾病的预防，有一定效果。

第一节　淋　病

淋病是由淋病奈瑟球菌（简称淋球菌）引起的急性或慢性性接触传染性疾病，主要引起泌尿生殖器黏膜的炎症。淋病发病率居性传播疾病之首，其患者占性传播疾病患者的一半以上。淋球菌存在于淋病患者的分泌物和脓液中，通过破损的黏膜侵入人体而致病。性接触是淋病的主要传播形式，99%～100%的男性患者属于性接触传染。其次，通过接触被污染的衣裤、被褥、床单、浴盆、便桶、浴巾、卫生纸等物也会造成接触传染，这种感染大多发生于女性。若产妇患有淋病，分娩时能通过产道传染给新生儿，引起新生儿淋菌性眼炎。

淋病的潜伏期一般为 3 天～5 天。由于男、女在解剖学上存在差异，淋病的临床表现也随之而异。

（一）男性淋病

急性期淋球菌性尿道炎，又称为急性前尿道炎。初起时尿道轻度红肿，伴瘙痒或灼热感，有稀薄分泌物流出，并很快出现排尿疼痛、尿流变细和排尿不通畅的感觉；约 3 天后，有脓性分泌物流出，尿道、龟头、包皮可出现糜烂，阴茎可因疼痛反射性勃起，此时常伴有尿频、尿急、血尿，少数患者可伴有发冷或发热等全身症状。如得到及时治疗，上述症状可在 3 天～4 天内消失，经检查淋球菌呈阴性后可视为治愈；若急性期未经治疗，1 个月后症状亦可基本消失，但倘若饮酒或性交可使症状重现，且始终存在着传播的危险。

若急性前尿道炎未得到及时控制，症状持续 2 个月以上，使病程迁延，从而转为慢性尿道炎。临床表现为尿道常有发热、瘙痒、尿急、排尿不畅等泌尿道感染症状，清晨尿道口外有分泌物黏结，尿液中有白色丝状物浮游，这常可作为慢性淋病性尿道炎的诊断依据。若未经治疗，5 年～10 年后可发生尿道狭窄，致使排尿困难。

此外，淋病性尿道炎还可并发淋病性前列腺炎、附睾炎等，双侧附睾受累常造成男性不育症。

（二）女性淋病

女性感染淋球菌后常无症状，故容易漏诊，并成为危险的传染源，此为淋病蔓延的重要原因之一。在有症状的患者中，早期局限于生殖泌尿道如淋病性尿道炎、前庭大腺炎和脓肿；若未治疗，尿道口和外阴的淋球菌可逆行向上很快蔓延到宫颈处，引起宫颈炎，进而引起盆腔炎。细菌侵犯子宫内膜、输卵管及盆腔，引起腰痛、脓性白带等。慢性输卵管炎可引发异位妊娠，双侧输卵管炎可引发输卵管粘连阻塞，导致不孕。细菌侵犯胎膜，则易发生胎膜早破，导致孕妇发生羊膜腔感染综合征。

1. 治　疗

一旦明确诊断应尽早正规治疗，以免发生并发症，性伴侣应同时治疗，以免相互再传染。病期内严禁性交和饮酒，少吃辛辣食品，避免剧烈运动。目前治疗仍首选青霉素，对青霉素耐药者，可使用大观霉素（淋必治）或头孢曲松（头孢三嗪，菌必治）或诺氟沙星（氟哌酸）等。无并发症淋病常规使用单次大剂量给药方法，有并发症的淋病患者应连续服药，待症状全部消失、尿液澄清、尿液显微镜检查正常后继续治疗 7 天～14 天，前列腺液或子宫颈分泌物涂片与培养各两次呈阴性才算治愈。

2. 淋病的预防

(1) 遵守性道德，禁止性乱交。

(2) 对淋病患者应隔离治疗，患者与家人暂时分床或分居，其衣服及日用品注意消毒。

(3) 30 天内接触过患者的性伴侣，均应进行检查和预防性治疗。

第二节　尖锐湿疣

尖锐湿疣又名尖圭湿疣、性传播疾病疣、生殖器疣，是由人类乳头瘤病毒感染引起的，以 20 岁～40 岁青壮年发病率最高。性乱是本病流行的主要原因，传播途径主要是直接性接触传播。发病部位主要见于外生殖器。本病亦可通过非性途径传播，即正常人与患者密切接触或接触被污染的用具而感染病毒，或母婴垂直传播。

1. 临床表现

尖锐湿疣的潜伏期为 1 个月～6 个月（通常为 3 个月），当接触部位皮肤和黏膜有损伤时，病毒易侵入造成感染。皮疹初起为少数柔软的淡红色小丘疹，以后逐渐增大成米粒大小的暗红色或污褐色乳头状或疣状物，质地柔软，并很快增多、长大，而且融合成乳头状、菜花状或鸡冠状增生物。增生物根部可有蒂，表面因分泌物浸润而呈白色、污灰色或红色，常凹凸不平，易发生糜烂、破溃、渗液和继发感染，触之易出血，伴有恶臭味。少数病例，疣状物过度增生，呈核桃大小或更大，从而形成巨大尖锐湿疣。此种尖锐湿疣少数可发展为癌。在男性，尖锐湿疣多发生于龟头、冠状沟、尿道口，有时见于阴茎体及周围皮肤，很少见于阴囊；在女性，常见于阴蒂及阴唇、肛周及会阴部，阴道及宫颈部也可发生。尖锐湿疣偶尔也可发生于唇、舌、口角、腋窝、乳房下，甚至趾间。

2. 治　疗

目前尖锐湿疣的治疗以局部治疗为主，包括化学治疗及物理治疗，并可辅以全身治疗，特别是免疫治疗。常用的局部化学药物有足叶草脂或足叶草脂毒素、5%的氟尿嘧啶霜、30%～50%的三氯醋酸溶液、酞丁安软膏、鸦旦子油、5%的甲醛溶液等。局部物理治疗可用冷冻、激光、电烧灼、电干燥、手术切除等。免疫治疗可用干扰素于局部病损内注射或全身用药。其他全身治疗可用聚肌苷酸－聚胞苷酸（聚肌胞）、胸腺素、阿昔洛韦等。以上治疗均应在医院内由医护人员进行。

尖锐湿疣治疗消退后，约1/3的患者可复发，所以治疗应尽可能彻底，干扰素的使用可减少复发。

第三节　梅　毒

梅毒的病原菌是苍白螺旋体，性接触是其主要传播途径（又称之为获得性梅毒）。未经治疗的患者在感染后1年内具有传染性，感染4年后一般传染性小。患梅毒的孕妇可以通过胎盘将梅毒传染给胎儿（称之为胎传梅毒），少数人可以通过性接触以外的途径被传染，比如直接接触（特别是皮肤有外伤的情况下）或接触被苍白螺旋体污染的物品等。

（一）获得性梅毒

病程与分期：梅毒是一种慢性全身性传染性疾病。其病程分为三期，早期主要损害皮肤、黏膜，晚期造成心血管、神经系统及其他内脏损害。

一期梅毒：发生在不洁性交后2周～4周，主要症状是生殖器部位的硬下疳。硬下疳于男性患者多在龟头、冠状沟、包皮内侧、尿道外口、阴囊等处，女性患者则多在大小阴唇内侧、子宫颈等处，少数患者可发生在阴部以外的部位。初起病灶为粟粒大小的丘疹或硬结，逐渐增大为直径1 cm、质地坚硬、无痛性、圆形或椭圆形软骨样结节，表面出现糜烂面或浅表溃疡，有少量浆液。此浆液中含有大量苍白螺旋体，是梅毒的重要传染源。硬下疳如不治疗，一般经3周～4周后可自愈，但螺旋体仍在体内。

二期梅毒：一般发生在硬下疳消退后3周～4周（相当于感染后9周～12周），此时苍白螺旋体经淋巴管和血管进入血液，在体内大量繁殖，出现广泛皮肤和黏膜损害，多见于躯干、四肢、掌跖部皮肤及口腔、阴道等处的黏膜。皮疹种类甚多，有斑疹、斑丘疹、丘疹、鳞屑性丘疹、脓疱疹等。发疹前患者可突发头痛、头晕，发热，乏力，关节、肌肉及骨骼酸痛，厌食，呕吐等，类似流感样综合征，皮疹出现后即行好转，但可反复发作。

三期梅毒：一般发生于感染后2年，也可迟达10多年。主要是由于一期梅毒未经治疗或治疗不彻底造成，其发生率约占梅毒患者的30%。此期患者传染性弱，但持续时间常可达10年～30年，可造成严重的组织缺损或器官损害，形成残疾。重要器官如心血管系统、中枢神经系统及肝脏等受累，可危及生命。

（二）胎传梅毒

胎传梅毒是母体内苍白螺旋体通过胎盘使胎儿感染。

早期胎传梅毒：发病年龄小于2岁，又称早期梅毒。患儿出现发育和营养障碍、消瘦，面部皮肤呈老人貌。出生时或数月后全身各处可出现各种皮疹，也可发生骨膜炎及口腔和鼻黏膜损害，全身淋巴结及肝脾肿大。

晚期胎传梅毒：2岁以后发病，多发生于儿童及青春期少年。可侵犯皮肤黏膜、眼、耳、骨骼和中枢神经系统，但心血管系统损害罕见。

梅毒明确诊断后，越早治疗越好。治疗量必须足够，疗程必须规则；对其性伴侣应进行追踪检查，治疗期间禁止性交；治疗后要定期随访观察。首选药物是青霉素、苄星青霉素，240万单位，每周1次，肌内注射，连续3周；对青霉素过敏者可选用四环素、红霉素。

第四节　艾滋病

艾滋病是英文 Acquired Immuno Deficiency Syndrome 字头缩写 AIDS 的音译，中文全称为获得性免疫缺陷综合征。AIDS 是由艾滋病病毒引起的主要通过性接触和血液传播的传染性疾病。临床上以淋巴结肿大、厌食、慢性腹泻、体重减轻、发热、乏力等全身症状为特征，逐渐发展为各种感染、继发性肿瘤、精神神经障碍而死亡。艾滋病病毒的全名为人类免疫缺陷病毒，英文称 HIV，是 Human Immuno Deficiency Virus 的字头缩写。

1981年6月5日美国首次报告了5例艾滋病。由于流行广泛，蔓延迅速，自发现艾滋病以来，全球已有7 000万人感染，约2 700万人死亡，因艾滋病造成的孤儿约1 400万。在我国，HIV 感染者数量已逾百万，感染率向1‰逼近，HIV 已开始威胁普通人群；艾滋病病死人数已超过10万。目前艾滋病在我国的第一病死高峰期刚刚到来；HIV 在我国的传播处于快速增长期，按目前的传播速度，预测到2010年感染者人数将达到1 000万，后果将极为严重。

艾滋病在全球大规模流行已给世界各国人民带来了深重的灾难。迄今为止，尚无治愈艾滋病的药物，也无预防艾滋病的疫苗。人人都是易感者，所有社会成员的健康和生命都受到艾滋病的威胁。艾滋病给各国人民带来了沉重的经济负担、惨重的劳力损失，严重恶化了卫生环境，日益加重了社会矛盾。

（一）HIV 传播的三种途径

（1）性接触传播：其中以肛交者、患有其他性传播疾病者和吸毒者尤其易受感染，男性传给女性的概率更高。

（2）血液传播：使用了被 HIV 污染的血液或制品，吸毒者共用不洁注射器，临床医疗工作中针头、牙钻、注射器消毒不严致交叉传播。

（3）母婴传播：孕期通过胎盘、分娩经过产道、产后经母乳传播。

但我们要引用世界卫生组织专家曼纳博士的话："迄今为止，没有任何证据支持通过食物、水、蚊虫叮咬或咳嗽、喷嚏等途径会传播 HIV 的观点……更重要的是已证明，在学校、工作地点或其他公共场所偶然的接触不会发生传播。”

80%的艾滋病患者不表现临床症状。10%~20%的患者经过 2 年~10 年（平均 5 年）出现症状，多数表现为发热、出汗、肌肉及关节痛、乏力、淋巴结肿大、咽炎、恶心、呕吐、头痛、腹泻、皮疹等，并有呼吸道感染、神经系统感染、消化道感染，其免疫系统被完全破坏，多死于并发症。

（二）艾滋病的预防

艾滋病目前虽不可治，但却可以预防。其预防主要取决于人们的行为和习惯。

（1）遵守性道德，洁身自爱，保持专一的性伴侣；对方感染 HIV 情况不明确时，应坚持使用质量可靠的避孕套。

（2）需要输血时，要求使用经 HIV 检验合格的血液及血液制品。

（3）切不可染上使用毒品的恶习，特别不要与他人共用注射器。

（4）任何注射，必须使用一次性注射器。

（5）不到医疗器械消毒不可靠的医疗单位注射、拔牙、针灸、手术。

（6）不用未消毒的器具穿耳、美容，不与他人共用剃须刀、牙刷。

（7）有感染 HIV 危险的妇女，在怀孕前或怀孕期应考虑做 HIV 抗体检测，发现已感染要避免或终止妊娠和哺乳。

第九章　常见疾病的防治知识

第一节　急性上呼吸道感染

急性上呼吸道感染（简称上感）是指鼻腔、咽喉部急性炎症的总称，是呼吸道最常见的一种传染性疾病。其常见病原体为病毒，占70%～80%；少数由细菌引起。患者不分年龄、性别、职业和地区。上感不仅具有较强的传染性，而且可引起严重并发症，应积极防治。引起上感的病毒主要有流感病毒、副流感病毒、鼻病毒、腺病毒、呼吸道合胞病毒、埃可病毒、柯萨奇病毒、麻疹病毒、风疹病毒等，细菌主要为溶血性链球菌、肺炎链球菌、流感嗜血菌、葡萄球菌等。其感染的主要表现为鼻炎、咽喉炎或扁桃体炎。当有受凉、淋雨、过度疲劳等诱发因素，使全身或呼吸道局部防御功能降低时，原已存在于上呼吸道或由外界侵入的病毒或细菌可迅速繁殖，引起本病，尤其是老幼体弱或有慢性呼吸道疾病如鼻窦炎、扁桃体炎者更易患病。本病全年均可发病，冬、春季节多发，传染性极强，可通过含有病毒的飞沫或被污染的用具传播，多数为散发性，但常在气候突变时流行。由于病毒的类型很多，人们对各种病毒感染后产生的免疫力较弱且短暂，并无交叉免疫，同时在健康人群中有病毒携带者，故一个人一年内可有多次发病。

普通感冒（俗称伤风）常年均可发生，多为鼻病毒引起，其次为副流感病毒、呼吸道合胞病毒。起病较急，初期有咽干、咽痒，数小时后可有喷嚏、鼻塞、清水样鼻涕，2天～3天后鼻涕变稠，可伴咽痛、流泪、呼吸不畅、咳嗽等。检查可见鼻腔黏膜充血、水肿，有分泌物，咽部轻度充血。如无并发症，一般在5天～7天痊愈。

急性咽－喉－气管炎是病毒感染引起的上呼吸道不同解剖部位的炎性反应，临床上可表现为咽炎、喉炎、支气管炎。

急性病毒性咽炎主要为鼻病毒、腺病毒、流感病毒、副流感病毒等引起。常发生于冬春季节。临床特征为咽部疼痛、干咳、声嘶、全身疼痛无力、发热，当有咽部疼痛时，常提示有链球菌感染。检查可见咽部充血、水肿，颌下淋巴结肿大且触痛，病程一般6天～8天。

急性病毒性喉炎多由鼻病毒、流感病毒、副流感病毒及腺病毒引起。临床特征为声嘶、讲话困难、咳嗽时疼痛，常有发热、咽痛或咳嗽，检查可见喉部水肿、充血，局部淋巴结轻度肿大和触痛，可闻及喘息声。

急性病毒性支气管炎多由呼吸道合胞病毒、流感病毒、冠状病毒、鼻病毒、腺病毒等引起。临床表现为咳嗽、无痰或痰呈黏液性，伴有发热和乏力，其他症状常有声嘶、胸骨下疼痛或X线胸片显示肺部血管阴影增多、密度增强。

急性细菌性咽-扁桃体炎多由溶血性链球菌引起，其次为流感嗜血菌、肺炎链球菌、葡萄球菌引起。起病急，明显咽痛、畏寒、发热，体温可达39 ℃以上。检查可见咽部明显充血，扁桃体肿大、充血，表面有黄色点状渗出物，颌下淋巴结肿大、压痛。血液检验呈白细胞数增高、中性粒细胞增多、抗链球菌溶血素“O”滴度增高。病程一般5天～7天。

扁桃体很容易引发炎性反应，易产生变态反应、急性风湿热、急性肾炎、扁桃体周围脓肿、鼻窦炎、中耳炎等。但切除扁桃体也要有一定的指证：慢性扁桃体炎反复急性发作或多次并发扁桃体周脓肿，或扁桃体已成为引起其他器官病变的病灶器官。一般不主张切除扁桃体，因扁桃体是呼吸道的第一道防线，可以阻止病原菌向下蔓延。

病毒性上感一般预后良好，可使用对病毒有一定作用的利巴韦林（病毒唑）、板蓝根、抗病毒颗粒。对症治疗可用解热镇痛药如酚氨咖敏（克感敏）、复方盐酸伪麻黄碱（康泰克）、氨咖黄敏（速效感冒胶囊），也可采用中医中药治疗。急性细菌性咽-扁桃体炎应用抗生素治疗，如青霉素、红霉素、螺旋霉素、头孢类药物等，并注意多饮水、多休息、忌烟酒。

预防上感最主要的措施是平时加强身体锻炼，增强机体的抵抗力和对环境气候的适应能力，改善环境卫生，减少污染；注意隔离病毒感染者，如戴口罩，少到公共场所，以免传染他人。

第二节　鼻窦炎

鼻窦是鼻腔周围的一组含气骨性空腔，包括上颌窦、额窦、筛窦和蝶窦。鼻窦的生理作用主要在于发音时起共鸣作用、分散咀嚼应力。鼻窦有两个特点：一是窦腔大小因人而异，除上颌窦外，各窦腔亦不对称；二是各窦腔均开口于鼻道，上颌窦、蝶窦开口位置高，窦腔黏膜与鼻腔黏膜相连续。

鼻窦炎是指鼻窦的炎症，是以鼻塞、脓涕、头痛三大症状为特点的鼻部常见病。其病原菌多为链球菌和肺炎链球菌。

一、急性鼻窦炎

急性鼻窦炎多继发于呼吸道感染，除有发热、全身不适等上感症状外，患侧鼻塞、流脓涕最为明显。

局部疼痛和反射：表现为各鼻窦局部疼痛，如上颌窦炎症常有鼻部两侧、眶下疼痛，额窦炎时常有眶下、上额部疼痛，前组筛窦炎时疼痛多在眉心和双眼之间。头痛多为持续性，起床后几小时明显，夜间、卧床后减轻，而向前弯腰低头或摇头时头痛明显加重。

局部压痛：上颌窦炎时眶下及颌面部（鼻部两侧）压痛明显，额窦炎时压痛在眼眶内上角区。

严重者患侧鼻窦表面皮肤可出现红、肿、热等症状。

鼻涕呈稠黄脓性，且量多，鼻道内检查可见脓性鼻涕积聚及干硬鼻痂。

X线摄影可发现窦腔阴影模糊，甚至出现脓液平面影。上颌窦透光试验阳性，也可做上颌窦穿刺，多数可抽出脓液。

二、慢性鼻窦炎

(1) 头痛较急性期轻，多为头胀痛、头重不适，无明显压痛。

(2) 鼻涕呈黏性或黏液脓性，量较多。

(3) 常有注意力不集中，记忆力减退，精神欠佳。左右交替性鼻塞，嗅觉减退。

(4) X线照片上可见窦腔高密度影及窦腔黏膜增厚影。

三、鼻窦炎的防治

急性鼻窦炎应针对病因，力争急性期治愈，如矫正偏曲的鼻中隔、采用激光烧灼肥大的鼻甲、切除鼻腔息肉等。药物治疗应选用球菌敏感、足量的抗生素，如青霉素、红霉素、氨苄西林（氨苄青霉素）、头孢类药物等；鼻腔滴入1%麻黄素生理盐水等血管收缩剂；同时服用镇痛药物，以防止转为慢性鼻窦炎。慢性期患者应增强自身抵抗力；可于鼻腔滴入血管收缩剂以利分泌物排出；行上颌窦穿刺术，抽出脓液并注入生理盐水冲洗；取脓液做药物敏感试验，使用敏感抗生素；配合理疗、超声雾化；如保守治疗效果不好，且反复发作可考虑手术根治。

预防鼻窦炎应增强抵抗力，减少上呼吸道感染，还应针对病因采取措施，改善鼻窦的引流条件，避免窦腔分泌物的蓄积引发炎症。

第三节　支气管炎

支气管炎是由感染、物理性因素与化学性因素刺激或过敏引起的炎症，临床主要症状有咳嗽、咳痰，常见于寒冷季节或气候突变时节。支气管炎可分为急性支气管炎和慢性支气管炎。其病因多为细菌、病毒直接感染，也可因急性上呼吸道感染的病毒和细菌向下蔓延引起本病。常见致病细菌为流感嗜血菌、肺炎链球菌、链球菌、葡萄球菌及某些病毒；还可因冷空气、粉尘、刺激性气体或烟雾吸入刺激气管、支气管黏膜等引起；花粉及真菌孢子的吸入、钩虫及蛔虫的幼虫在肺内移行或细菌蛋白质导致的变态反应也可导致本病。

一、急性支气管炎

起病较急，常常先有急性上呼吸道感染症状，当炎症累及气管、支气管黏膜，即出现咳嗽、咳痰，先为干咳或咳少量黏液性痰，后痰液性状转为黏液脓性，痰量增多，咳嗽加剧，偶见痰中带血。患者还可出现不同程度的气促、胸骨后发紧感。体检可见两肺呼吸音粗糙，有时可有散在干湿啰音。全身症状一般较轻，可有发热。咳嗽、咳痰可持续2周～3周才消失，如迁延不愈，日久可演变为慢性支气管炎。

二、慢性支气管炎

急性支气管炎反复多次发作则可形成慢性支气管炎（简称慢支炎）。慢支炎的诊断标准：

①每年反复咳嗽 3 个月以上；②连续出现 2 年以上；③应排除其他呼吸道疾病。

（一）病　因

感染是慢支炎发病和病情加剧的一个重要因素，主要为细菌和病毒感染，偶见支原体感染，特别是在病毒或病毒合并支原体感染而损伤呼吸道黏膜的基础上可继发细菌感染。感染虽与慢支炎的发生、发展有密切关系，但目前尚无足够的证据说明其为首发病因。理化因素如刺激性烟雾、粉尘、大气污染、吸烟等慢性刺激，可使支气管黏膜清除功能受损，局部的抵抗力降低，故理化因素常为慢支炎的诱因。喘息型支气管炎往往因花粉、尘埃、尘螨、真菌、寄生虫等过敏因素致病。气候变化时冷空气的刺激也是诱发慢支炎的病因之一。

（二）临床表现

起病多缓慢，病程较长，可因反复急性发作而加重。主要症状有慢性咳嗽、咳痰、喘息、气促，一年四季均可发病，秋冬季节易发且加重。发病年龄多为中年以上，随年龄增长而发病率增高。由于慢支炎反复发作，迁延不愈，使肺部的通气、换气功能均受损；随病情加重，呼吸道狭窄，阻力增加，日久可并发肺气肿、肺源性心脏病；晚期发生心功能衰竭，反复发作直至死亡。胸部 X 线摄影：病程早期可无异常，随病情反复发作可见两肺纹理增粗、紊乱，呈网状或条索状，下肺野较明显，检查呼吸功能减低。可做痰液涂片或药物敏感试验，对使用敏感抗生素有指导意义。

（三）治疗与预防

慢支炎的防治应针对其病因、病程和反复发作的特点，采取防治结合的综合措施。急性发作期和慢性迁延期均应以抗感染、祛痰、镇咳为主，伴发喘息时，使用平喘药物。抗生素可用青霉素、红霉素、氨苄西林、庆大霉素、头孢类药物、利巴韦林等。祛痰、止咳可用氯化铵、甘草合剂等。平喘可用氨茶碱，也可用沙丁胺醇（喘乐宁）气雾剂。临床缓解期患者宜加强锻炼，增强体质，提高机体抵抗力；同时应减少理化因素的刺激，如戒烟、注意保暖、避免受凉、预防感冒。总之，应以预防、减少复发为主，这样可以延缓肺气肿、肺源性心脏病的发生。

第四节　肺　炎

肺炎是肺实质的急性炎症，可由多种病原体引起，如细菌、病毒、真菌、寄生虫等，其他如放射线、化学因素或过敏因素等亦可引起肺炎。肺炎是常见病，一年四季均会发病，但以冬、春季节发病多见。肺炎的分型：按肺炎病变发生的解剖部位、病变范围分为大叶性肺炎、小叶性肺炎、间质性肺炎。根据感染病原体的不同，分为细菌性肺炎、病毒性肺炎、支原体肺炎、真菌性肺炎等。这里主要介绍大叶性肺炎。

(一)病 因

大叶性肺炎95%由肺炎链球菌引起，少数由葡萄球菌、病毒等病原体引起。发病以冬、春季为多，这与此时呼吸道感染细菌及病毒的机会增多有一定关系。患者常为青壮年，男性多见，在患有白血病、淋巴瘤、肺癌、糖尿病、慢性胃炎基础上，更易发生肺炎。多数患者先有轻度上呼吸道感染，在淋雨、寒冷、过度疲劳情况下，呼吸道防御功能受损，细菌侵入下呼吸道，在肺泡内繁殖。吸烟者及充血性心衰、慢性疾病、长期卧床、免疫功能缺陷患者均易受肺炎链球菌侵袭，引起肺炎。

(二)临床表现

患者常有受凉、淋雨、疲劳、醉酒、精神刺激史，半数病例有数日的上呼吸道感染前驱症状，起病多急骤，有发热、寒战，体温在数小时后可高达39℃～40℃。体温高峰在下午或傍晚，呈稽留热，伴有全身肌肉酸痛、患侧胸部疼痛，可放射至肩部、腹部，咳嗽或深呼吸时加剧，痰量少，痰中可带血丝或为铁锈色痰。患者出现胃纳减少，偶有恶心、呕吐、腹痛或腹泻等消化道症状。部分患者口唇部有单纯性疱疹，面颊绯红，皮肤干燥。炎症范围广泛的严重患者可出现呼吸急促，鼻翼煽动，面色、口唇不同程度青紫，皮肤黏膜出现出血点，巩膜黄染，心率加快，心律不齐，甚至出现脑膜炎表现。早期肺部体征无明显异常，仅有胸部呼吸运动幅度减小、轻度叩浊、呼吸音减低和胸膜摩擦音，也可闻及湿性啰音，但多在消散期出现。一般发病第5天～10天时，发热可自行骤降或逐渐减退。实验室检查，白细胞总数明显增高，中性粒细胞增多，痰培养常为肺炎链球菌。X线检查在早期只见肺纹理增粗或受累的肺叶、肺段显影模糊。退热，病情减轻后肺部阴影仍要持续1周～2周才能消散。及时使用有效抗生素，可在发病1天～3天内恢复正常。近年来，抗生素的使用使典型的大叶性肺炎实变已较少见。其他病原菌引起的肺炎还有葡萄球菌肺炎、克雷伯菌肺炎、军团菌肺炎、支原体肺炎等。

(三)治疗和预防

大叶性肺炎一经确诊应立即使用抗生素，如青霉素、氨苄西林、红霉素、庆大霉素、头孢类药物等。抗生素应足量、广谱、联合、静脉用药，使用时间应在10天左右。还应重视对症支持治疗，特别是免疫功能低下及重病患者，应保持其呼吸道通畅，补充足够的糖、蛋白质、维生素等营养成分；对细胞免疫缺陷者可试用转移因子；有体液免疫缺陷者可静脉注射丙种球蛋白，以提高机体免疫力，新型免疫增强剂必思添有较好效果。另应同时使用祛痰、止咳、退热药物，缺氧应给予吸氧处理，并积极治疗基础疾病。

大叶性肺炎一般预后良好，但有以下因素存在时预后差：年老，有慢性心、肺、肝、肾疾病者，免疫缺陷者，病变广泛、多肺叶受累者，并发症严重如休克者。病愈后，机体对肺炎链球菌无长期免疫力。预防肺炎的方法主要是增强体质，提高自身免疫力，同时避免引起肺炎的各种诱因，如受寒、淋雨、酗酒等。

第五节　胃　炎

胃炎是指多种病因引起的胃黏膜炎症。根据临床发病的缓急，一般可分为急性胃炎和慢性胃炎两大类型，另还有其他特殊型胃炎。

一、急性胃炎

急性胃炎是指由多种原因导致的胃黏膜的炎症或浅表性糜烂和出血。浅表溃疡发病率较高，愈合后不留瘢痕。引起急性胃炎的病因主要有急性应激（如严重器官疾病、大手术、大面积烧伤、休克、脑部病变）、药物（阿司匹林、吲哚美辛）、胆汁反流（胃大部切除后）、感染（幽门螺杆菌感染）。

在上述应激状况下，胃黏膜缺血、胃酸反流弥散进胃黏膜而损伤黏膜及血管，引起溃疡和出血。药物如阿司匹林（乙酰水杨酸）、吲哚美辛（消炎痛）、乙醇、铁剂、氯化钾口服液等均可刺激胃黏膜，使黏膜屏障受到破坏，引起胃浅表损伤、黏膜内出血和水肿。胆汁反流性胃炎常见于胃大部切除术后，胆汁、胰液中的胆盐等可破坏胃黏膜表层，导致多发性糜烂。幽门螺杆菌感染引起的急性胃炎主要是在慢性胃炎基础上有急性复发的表现。

（一）临床表现与诊断

急性胃炎的症状常常被原发病症状所掩盖，多有上腹阵发性钝痛或持续灼痛，甚至剧痛，并可伴有恶心、呕吐，少数患者有消化不良表现。常见胃部出血，一般为少量、间歇性、可自止，但也有少数病例发生大出血引起呕血或解黑色大便，持续慢性出血可导致贫血。幽门螺杆菌感染者多有上腹不适、疼痛甚至伴有低度至中度发热。多数患者可确定病因，确诊应做纤维胃镜检查，但应在大出血停止后的 24 小时～48 小时进行，胃镜检查可见胃黏膜多发性糜烂、出血灶和黏膜水肿等急性胃黏膜病损。

（二）治疗与预防

应针对原发疾病的病因，首先治疗原发病。一旦发生大出血，应先止血，口服凝血酶局部止血，也可在内镜下局部注射止血剂止血。常规止血剂可用卡巴克络（安络血）、酚磺乙胺（止血敏）静脉滴注或口服云南白药。口服 H_2 受体阻滞剂，如西咪替丁（甲氰咪胍）、雷尼替丁、奥美拉唑（洛赛克）等，可抑制胃酸分泌，促进胃黏膜糜烂愈合，控制出血。也可用抗酸剂胃舒平（复方氢氧化铝）等。出血量大者可采用胃内冰水灌注法，凉盐水加去甲肾上腺素口服，同时根据病情进行补液、输血也是不可缺少的治疗措施。有感染者应使用抗生素控制感染。

二、慢性胃炎

慢性胃炎分为浅表性胃炎、萎缩性胃炎和肥厚性胃炎（少见）三种类型。慢性胃炎一般无黏膜糜烂，故又常称为慢性非糜烂性胃炎。萎缩性胃炎受到重视，因其中少数病例可发生癌变。萎缩性胃炎又分成 A、B 两型。

（一）病　因

（1）慢性胃体炎（A 型胃炎）：此型比较少见，主要由自身免疫反应引起，病变累及胃体和胃底，影响维生素 B_{12} 的吸收，易发展成恶性贫血及胃萎缩。

（2）慢性胃窦炎（B 型胃炎）：最常见、发病率高，临床上指的慢性胃炎实际上是指此。B 型胃炎病因已明确，绝大多数（90%）为幽门螺杆菌感染引起，少数由于其他病因如胆汁反流、药物、吸烟、酒精等所致。另外与精神因素、情绪紧张、环境不良刺激、生活缺乏规律等也有密切关系。慢性萎缩性胃炎多见于中老年人，随年龄增长病变程度越重，故有人认为慢性萎缩性胃炎是中老年胃黏膜的一种退行性变。

（二）临床表现

慢性胃炎病程迁延，主要症状为消化不良表现，上腹饱胀不适，特别在餐后；无规律性上腹隐痛、嗳气、反酸、呕吐、消瘦、贫血、食欲不振，少数患者可发生上消化道出血。在有典型恶性贫血时可出现舌炎或舌乳头萎缩、周围神经病变。

（三）实验室检查

实验室检查应做胃液分析，A 型胃炎有胃酸缺乏，B 型胃炎不影响胃酸分泌。胃镜及活体组织检查基本上可以确诊慢性胃炎，多数患者活体组织标本均可检测出幽门螺杆菌。

（四）治疗和预防

不论慢性胃炎病因如何，均应戒烟、忌酒；避免服用损害胃黏膜的药物，如阿司匹林、吲哚美辛、激素等；饮食宜规律，避免食用过热、过咸、过辣食物；避免精神紧张，消除各种致病因素。

对于幽门螺杆菌感染引起的 B 型胃炎，特别在活动期，应给予抗菌治疗。常用药物有枸橼酸铋钾，服药 4 周～6 周；氨苄西林或甲硝唑、呋喃唑酮，服药 2 周，这是二联疗法，可提高疗效，远期根除率在 50%～80%，对减轻、消除活动性胃炎有帮助。近年来提倡三联疗法，即铋剂加氨苄西林或四环素及甲硝唑共 2 周，可把根除率提高到 90%。细菌杀灭后可见炎症消退，症状改善。但随幽门螺杆菌的再次感染，活动性炎症亦可再度出现。

保护胃黏膜，服用促进胃黏膜修复药物，如硫糖铝、L－谷氨酰胺呱仑酸钠（麦滋林）、替普瑞酮（施维舒）等。

改善胃动力，抑制胆汁反流，用考来烯胺（消胆胺）、硫糖铝、熊去氧胆酸、多潘立酮（吗丁啉）、甲氧氯普胺（胃复安）、西沙必利（普瑞博思）等。对胃酸过少或无胃酸患者，可用 10%的稀盐酸和胃蛋白酶合剂，也可适量服用米醋。

三、其他特殊型胃炎

常见的有巨大肥厚性胃炎、痘疮样胃炎、残胃炎，以及腐蚀性胃炎等。

第六节　急性胃肠炎

急性胃肠炎是由各种原因所致的急性胃黏膜炎症和肠黏膜炎症的总称。

一、病　因

食物被污染，如腐败食物、变质饭菜、未经消毒或加热处理的蛋或奶类制品及海产品被沙门菌属或大肠埃希菌、嗜盐菌等污染；食品在加工处理过程中也易被污染；暴饮暴食，烈性酒、浓茶、辣椒等进食过多；误食毒蕈、毒鱼等有毒食品均可导致本病。

二、临床表现

绝大多数在进食不当或食用被污染的食品后数小时至 24 小时内发病，出现上、中腹部不适，疼痛剧烈，恶心、呕吐。呕吐次数不等，一般情况以胃炎为主者呕吐频繁，即使无胃内容物仍出现恶心或呕吐与胆汁混合的黏液。肠炎为主者腹泻次数较多，一般为黄色稀便或稀水便，严重者腹泻可呈线样水泻或有恶臭味，也可带有黏液但无脓血便，应注意与急性细菌性痢疾、霍乱区别。重者还可出现发热、畏寒、脱水，甚至出现心率加快、呼吸加快、嗜睡、意识不清。

三、治疗和预防

如果群体发生胃肠炎，应了解是否在同一食堂就餐，及时采取有效措施。

重视食品卫生监督；切忌暴饮暴食；不食污染变质食物，特别在食用海产品、水产品、肉类食品、加工食品、罐头食品时应注意；已被肉毒梭菌污染的食品不能食用；重视凉菜卫生。

患者应卧床休息，吃清淡流质饮食，严重者禁食，多喝糖盐开水，重者应补液，注意保持水电解质平衡。吐泻重者可口服止吐、止泻药物；腹痛者服解除腹痛药物，如阿托品、颠茄等。感染者可选用庆大霉素和诺氟沙星（氟哌酸）等抗生素。

第七节　消化性溃疡

消化性溃疡主要是指发生在胃和十二指肠球部的慢性溃疡。因为溃疡的形成与胃酸和胃蛋白酶自身消化胃、十二指肠黏膜有关，故称消化性溃疡。溃疡是指黏膜缺损超过黏膜肌层，故不同于胃黏膜糜烂。如果溃疡单独发生在胃或十二指肠，分别称为胃溃疡或十二指肠溃疡。二者在流行病学、发病机制虽有不同，但也有共同点，尤其临床治疗方面。因此，本书将两个病归在一起论述。

一、病因和发病机制

消化性溃疡的病因虽未完全明了，但十二指肠溃疡系由于胃酸分泌过多；而胃溃疡发病则与胃蠕动差，胃酸滞留过久有关。两者比较明确的病因为幽门螺杆菌感染、服用非类固醇类（非甾体类）消炎药等。

（1）幽门螺杆菌感染：前面已经提到幽门螺杆菌感染是慢性胃窦炎的主要病因，而慢性胃窦炎与消化性溃疡密切相关，几乎所有十二指肠溃疡患者均有幽门螺杆菌感染引起的慢性胃窦炎存在，大多数胃溃疡也是在慢性胃窦炎基础上发生的。正常人十二指肠黏膜不适宜于幽门螺杆菌生长，但在胃酸、胃蛋白酶的不断刺激下，可为幽门螺杆菌定居和感染创造条件，导致十二指肠炎，从而削弱了黏膜抵抗力，最终可致溃疡。胃溃疡绝大多数也与幽门螺杆菌感染有关。

（2）非类固醇类消炎药：如阿司匹林能穿透上皮细胞而破坏黏膜屏障，使黏膜失去正常的保护作用，胃十二指肠黏膜会发生出血、糜烂，在其他黏膜损伤物质（如胆汁）作用下，可发生溃疡。

（3）胃酸：胃酸分泌过多能破坏黏膜屏障，且加强胃蛋白酶的自身消化作用，继而导致溃疡的发生。

（4）遗传因素：有人统计，消化性溃疡中的15％～25％有家族史，有时一个家庭中的几代人中都有患消化性溃疡者。另外胃溃疡患者中O型血比较多。

（5）应激和心理因素：因焦虑、忧伤等精神刺激发生消化性溃疡或使溃疡症状复发、加剧屡见。战争时期消化性溃疡和溃疡穿孔并发症发生率往往增高，可能与精神应激因素的参与有关。

（6）吸烟：吸烟与消化性溃疡密切相关，吸烟者发病率比不吸烟者高，即使在药物治疗下吸烟者溃疡比不吸烟者溃疡愈合慢。主要原因是烟草中的尼古丁能损害胃、十二指肠黏膜。

（7）饮食习惯：喜食辛辣、咖啡、烈酒、泡菜等食品及饮食过快、过慢、过冷及暴饮暴食都可能是发生消化性溃疡的相关因素。

二、临床表现

消化性溃疡一般均为缓慢发病，病程可达数年，发作呈周期性，反复交替出现，发作季节多在秋冬和冬春之交。

上腹痛为其主要症状，胃溃疡略偏左，十二指肠溃疡略偏右。十二指肠溃疡疼痛的性质呈钝痛、烧灼痛、胀痛或剧痛，多在饥饿时发生，进食后缓解；或午夜痛，患者常常被痛醒，服用抗酸剂或进食后缓解。胃溃疡常出现餐后疼痛，在下次餐前缓解，午夜时疼痛也有发生，但不如十二指肠溃疡多见。部分患者无上述典型的疼痛，而仅仅表现为无规律的不典型的隐痛、上腹胀、厌食、嗳气、反酸等症状。

三、并发症

消化性溃疡有时会出现比较严重的并发症，常见上消化道出血，发生率一般为

15%～25%，十二指肠溃疡比胃溃疡容易发生，有少部分患者就是以上消化道出血就诊而确诊为消化性溃疡的。出血量与溃疡侵蚀的血管大小有关，出血量小仅表现为解黑大便；出血量大者出现呕血，一般出血 50 ml～100 ml 即可出现黑大便，超过 1 000 ml 时就可出现循环障碍、头晕、大汗淋漓、血压下降和心率加快、意识障碍等失血性休克表现。发生第一次出血后再次出血的可能性较大，所以要尽量预防上消化道出血。

少数患者消化性溃疡穿孔，胃、肠内容物流入腹腔引起弥漫性腹膜炎。患者突感剧烈腹痛、恶心、呕吐、烦躁、面色苍白、四肢湿冷、脉搏快而弱，此时应及时治疗。

少数胃溃疡可发生癌变，癌变率一般在 1%以内；十二指肠溃疡一般不发生癌变。

四、治疗与预防

消化性溃疡的治疗目的在于消除病因、控制症状、促进溃疡愈合、预防复发和避免并发症。近年来，本病的治疗已取得重大进展。

患者应保持乐观的情绪，避免紧张，必要时服镇静剂；生活要有规律，应定时进餐，少吃多餐，避免辛辣、过咸食物及浓茶、咖啡等。

使用 H_2 受体阻滞剂西咪替丁、雷尼替丁、法莫替丁或奥美拉唑等，并同时服用胶体铋剂胃得乐，抗生素阿莫西林（羟氨苄青霉素）、甲硝唑、四环素，胃黏膜保护剂硫糖铝等。H_2 受体阻滞剂服用 1 个月～3 个月，抗菌素应用 2 周以上，根除幽门螺杆菌感染后可以治愈消化性溃疡。

第八节 风湿病

风湿性疾病（简称风湿病）是以肌肉、关节、骨骼症状为主要表现的一组疾病。本节仅介绍狭义的风湿病，这是一种青少年常见的、反复发作的、急性或慢性全身结缔组织病，在 5 岁～15 岁最多见。一般起病以发热开始，故又称为风湿热。风湿热的病变以心脏和关节受累最为多见，一旦心脏受累远比关节受累严重得多。

一、病 因

风湿热病因未完全明了，通过临床观察及动物试验，认为风湿热可能是溶血性链球菌感染后引起的变态反应。认为溶血性链球菌感染后引起风湿热的依据如下：

（1）该病多发生在气候多变、寒冷及潮湿的地区，冬春季发病最多，可能与冬春季因链球菌所致的上呼吸道感染者较多有关。

（2）风湿热常在急性扁桃体炎、咽炎、猩红热等溶血性链球菌感染后 1 周～3 周发病。

（3）急性风湿热患者的咽、喉部分泌物中常可培养出溶血性链球菌，血清中抗链球菌溶血素“O”（抗－O）等抗体明显增多。

因溶血性链球菌具有高度的抗原性，使人体产生特异性抗体，此种抗原与抗体能从血液渗入结缔组织，如关节腔、心内膜，使之发生变态反应，导致这类组织产生退化和溶解。

二、临床表现

患者在发病前1周~3周常有链球菌感染史，如扁桃体炎、咽喉炎或猩红热等。可缓慢发病，开始有疲乏、烦躁及食欲不振等症状；亦可因感染轻微，无明显病症。

（1）发热：多为突然发生，温度高低不定，但以不规则的中度发热多见，常伴有大量出汗、脉搏快，但有的仅持续低热。

（2）关节炎：典型的是游走性多关节炎，常对称性累及膝、踝、肘、腕、肩、髋等大关节，且可出现局部红、肿、热。也有的患者关节症状不明显，仅有2个关节酸痛，而无关节红、肿、热表现。一般急性期过后，关节可完全恢复正常。

（3）心肌炎与心内膜炎：心肌炎可出现心前区不适感或疼痛、心悸、心动过速，严重者出现心力衰竭。一旦心脏受累几乎都要涉及心内膜，心内膜炎造成心脏瓣膜受损，可导致慢性风湿性心脏病。

三、实验室检查

一般检查可见血白细胞总数升高，其中以中性粒细胞为主，红细胞沉降率加速，血清中抗－O滴度增高，心电图可出现心肌缺血表现及心律失常。

四、治疗和预防

急性期应卧床休息，风湿活动基本控制时可逐渐增加活动，给予高蛋白及维生素含量丰富的食物。

（1）药物治疗：水杨酸制剂阿司匹林、水杨酸钠类药物，对消除关节炎、控制风湿活动有肯定疗效；对心肌炎、心内膜炎者应用糖皮质激素治疗；还应给予一个疗程的、足量的青霉素治疗，以杀灭残存的链球菌。

（2）预防：要防止上呼吸道感染，注意防寒保暖，经常参加体育锻炼，提高抗病能力。积极彻底治疗扁桃体炎、咽炎、猩红热等链球菌感染疾病。对慢性扁桃体炎常有急性发作者，慎重权衡利弊后可考虑摘除扁桃体。

第九节　泌尿道感染

泌尿道感染习惯称为尿路感染，是指细菌感染泌尿系统中的肾盂、输尿管、膀胱、尿道等任何部分而导致炎症的总称，包括肾盂肾炎、输尿管炎、膀胱炎、尿道炎。

泌尿道感染为泌尿系统的常见病，多见于成年女性，男、女发病率之比为1∶8。这是由于两性解剖学的特点所致，女性尿道短而宽，细菌容易从尿道口进入；尿道口和阴道口有分泌物、经血，有利于细菌生长繁殖。

一、病原体及感染途径

泌尿系统感染多数为大肠埃希菌引起，占60%~80%；其余为副大肠埃希菌、变形菌、葡萄球菌、类链球菌、产碱杆菌、铜绿假单胞菌，偶见真菌、病毒和原虫感染。感染途径绝大多数为尿道口上行经尿道、膀胱、输尿管至肾盂。因肾盂紧贴肾实质，故肾盂的炎症易波及肾实质。

正常人的泌尿道对外来细菌入侵有一定防卫能力，正常膀胱黏膜层有一定的抗菌能力，加之经常性排尿可将细菌排出体外，尿液中高浓度的尿素和酸性环境不利于细菌生长，故不易发生泌尿道感染。但下列情况可诱发感染。

(1) 尿流不畅和泌尿道梗阻：如泌尿道狭窄、泌尿道结石、泌尿道异物、泌尿道畸形、泌尿道肿瘤、前列腺肥大等，细菌易于繁殖。

(2) 全身性疾病：如糖尿病、肿瘤、长期使用糖皮质激素、慢性肝病、慢性肾病等使机体免疫功能下降，易并发泌尿道感染。

(3) 其他因素：尿道附近的炎症如尿道旁腺炎、阴道炎、包皮炎、前列腺炎，以及导尿留置尿管、使用器械检查泌尿道等，易将细菌带入泌尿道，引起上行感染。

二、临床表现

(1) 急性肾盂肾炎：起病急、发热、寒战，体温多在38℃～39℃，也可达40℃，热型一般是弛张热。常有全身不适、疲乏无力、食欲减退、恶心、呕吐、腰痛，以及尿频、尿急、尿痛等症状，叩击肾区有痛感。

(2) 慢性肾盂肾炎：急性肾盂肾炎多次发病或长期不愈超过一年者则转为慢性，表现为疲乏无力，食欲不振，低热，轻度尿频、尿急、腰痛，严重者出现头晕、头痛、恶心、呕吐等症状。

(3) 膀胱炎：膀胱炎分为急性膀胱炎和慢性膀胱炎，但临床症状基本相同，主要为尿频、尿急、尿痛、下腹部不适等膀胱刺激症状，一般不发热。急性膀胱炎多见于年轻女性，常反复发作。

三、实验室检查

尿常规检查可见白细胞数增多，尿液细菌培养阳性可指导使用敏感抗生素。急性期血常规检查白细胞总数可增高。

四、治疗和预防

患者症状明显时应卧床休息，多饮水以增加尿量，减少细菌在泌尿道中停留繁殖，促进细菌排出体外。有泌尿道梗阻者应及时解除梗阻。

(1) 药物治疗：可用复方新诺明、诺氟沙星、呋喃咀啶、环丙沙星、庆大霉素、氨苄西林、头孢唑林等，用药时间要持续到症状完全消失及尿常规指标正常后1周～2周为止。严格讲，应以尿培养三次均无病原菌为止，以免复发或转为慢性。尿痛明显者可适当服镇痛药。

(2) 预防：多喝水、勤排尿，尤其是夏天出汗多时更应多喝水，这样可冲洗泌尿道。平时注意个人卫生，特别是生殖器官的卫生。积极治疗全身性疾病也是预防泌尿道感染的必要措施。

第十节　近　视

近视是以视近清楚、视远模糊为特征的眼病。

近视是青少年学生最常见的眼病，18 岁～19 岁是近视高发的年龄时期之一。近年来学生中的近视比例有逐年增高的趋势，进入大学后仍有不少新发生的近视。为了更好地预防近视的发生和近视程度的加重，首先应该懂得近视是怎样形成的。

人的眼球是一个重要而且复杂的视觉器官，它近似于球形，由眼球壁及眼内容物组成。眼球壁分为外膜、中膜、内膜三层。外膜由角膜和巩膜组成，角膜无色透明，巩膜为乳白色（白眼仁），外膜对眼球内容物起保护作用。中膜由虹膜（黑眼仁）、睫状体和脉络膜组成，具有调节入射光线和营养眼内容物的作用。内膜称为视网膜，是一种神经组织，具有感光的作用。眼内容物包括房水、晶状体和玻璃体，与角膜共同组成眼球的屈光系统，能调节入射的光线，在视网膜上呈现清晰的图像。晶状体像一个有弹性的放大镜，它的周围有睫状肌。我们能看清楚距离不同的物体就是靠睫状肌收缩、松弛来进行调节的，当看近物时睫状肌收缩，晶状体变厚。看远物时睫状肌松弛，晶状体变薄，这样的视力叫做正视。如果睫状肌长时间处于收缩状态而得不到放松休息，就会出现看近处的物体清楚，而看远处物体模糊，这种情况称为近视。

引起近视的因素主要有以下几个方面。

（1）遗传因素：父母双方都是高度近视者的子女中有 1/4 是高度近视，此种因素引起的近视在近视发生的人中占一定的比例。

（2）不注意用眼卫生：如用眼时间过长，包括长时间看书、看电视、使用电脑、玩电子游戏，以及从事近距离用眼工作；读书、写字时姿势不正确；教室及房间采光不足；行走及乘车、船时看书，躺在床上看书等。这些是造成青少年近视的主要因素。

（3）体质及营养状况的影响：生长发育过快或不良，膳食结构不合理而导致营养不良，尤其是钙及一些微量元素的缺乏，能使眼球巩膜组织发育受到影响，弹性降低，正常眼压即可使眼球轴变长而形成近视。这方面的因素常常不为学生及家长认识而被忽视。

青少年近视客观上与应试教育有关。学生学习负担过重，作业过多，不得不花很多时间来学习。由于睫状肌长时间收缩，使晶状体处于变厚的状态，这种仅有肌肉痉挛而眼球轴尚未变长的近视称为假性近视。此时如能采取积极的措施，及时消除睫状肌痉挛的原因，辅以药物治疗，视力可以得到提高或恢复正常。反之，如得不到重视，最终眼球轴向后方伸展拉长，成为真性近视，此时使用药物也不能提高视力。界于真性近视和假性近视之间的近视称为混合近视，这时使用肌肉松弛剂能使视力有所提高，但不能恢复到正常。

懂得近视形成的知识，我们应该认真进行预防。培养良好的用眼卫生习惯，合理安排学习，看书、写字时间不宜太长，一般 50 分钟左右休息一次，看看远处的物体。看书、写字的姿势要正确，书本与眼睛的距离应保持在 30 cm 左右。不在光线不足的地方看书、写字，不躺在床上看书。注意膳食平衡，从食物中摄取必需的营养物质。坚持体育锻炼及室外活动，认真做好眼保健操。如果出现看不清远处物体或要皱眉、眯眼才能看清楚远处物体时，应及时找眼科医生检查。一旦确诊为假性或混合性近视，一定要进行正确验光，配戴适宜的眼镜矫正视力，同时使用睫状肌松弛药物，如用双星明、近视明或阿托品眼药水点眼。配眼镜时一定要注意镜片质量，不戴变色镜片。青少年配戴角膜接触镜即隐形眼镜，要慎之又慎，因为在使用过程中清洁、消毒不妥会引起角膜的感染，使用不当会造成角膜损伤，严重者会造成失明。我们赞成采用近雾视疗法（每天配戴200度的老花镜2次～3次做视近工作，每次20分钟～30分钟使紧张的睫状肌得以松弛），坚持做眼保健操，改善用眼卫生，改善照明条件等综合办法治疗。对于600度以上的高度近视，可以通过手术治疗矫正视力，如非穿透性放射状角膜切开术、角膜准分子激光切削术及LASIK等方法。这些治疗方法要求有较高的医疗技术水平，而且有严格的适应证，因此最好向专科医生认真咨询后再做选择。

第十一节　龋　病

龋病是牙齿由于多种因素的影响，发生在牙体硬组织的慢性、进行性破坏的一种疾病，人们通常称之为“蛀牙”，是青少年时期最多见的疾病之一。我国学生的患龋率达40%～60%。1995年云南省学生体质调研，对7岁～18岁的2 972名男女学生龋病患病及充填治疗调查，结果发现男生患龋率为43.74%，平均3.01颗龋病，治疗充填率为7.23%；女生的患龋率为48.26%，平均2.88颗龋病，治疗充填率为7.59%。由此可见学生中的龋病患病率高而治疗率较低。由于龋病不仅患病率高，而且对青少年学生成长发育以及人类的健康危害较大，世界卫生组织将龋病列为世界重点防治的三大非传染性疾病之一。我国卫生部和教育部已把龋病列为学生重点防治的常见病，并将每年9月20日定为全国“爱牙日”，目的在于号召人们从小注意口腔卫生和口腔保健。

龋病的发生与人体口腔中细菌的作用、食物的成分、牙齿本身发育及营养状况有关。口腔中常有一些致龋的细菌如变形链球菌、乳酸菌，这些黏附在牙齿表面的牙菌斑能使残留在口腔中的食物残渣，特别是糖发酵产酸腐蚀牙齿，使牙体的无机质发生脱钙；另外一些溶解蛋白质的细菌能破坏牙齿的有机蛋白质而形成龋洞。当机体发育及营养状况不良、钙摄入不足、免疫功能降低、食物残渣残留或牙齿排列不整齐致食物残渣嵌塞时，都会促使龋洞形成。龋洞的形成需要一定的时间，通常为18个月。

龋病早期往往因没有症状而被患者忽视，当牙齿局部出现对冷热刺激、酸甜食物敏感时多数人也未能引起足够的重视，直到牙齿出现疼痛或感染时才找医生。此时牙齿的破坏已达到比较重的程度，往往难以完全治愈。严重时龋洞的感染将引起牙周炎、根尖周炎，甚至诱发关节炎、肾炎、心内膜炎等许多全身性疾病，有的则使牙齿完全被破坏、脱落，从而影响患者的咀嚼功能及食物的消化吸收，影响生长发育和正常的学习工作，影响美观。

为了保持牙齿形态美观及功能正常，我们应重视对龋病的预防。食物选择要多样，常饮含钙丰富的奶类，并注意粗细搭配，加强咀嚼功能，提高牙齿的防龋能力。尽量避免食糖过多，尤其是睡前食糖。养成良好的卫生习惯，坚持早、晚正确刷牙，饭后漱口，及时消除口腔中的食物残渣。使用含氟牙膏漱口或局部使用氟化药物能安全有效地提高牙齿的防龋能力。但要注意的是少数地区由于水中含氟过高，已经引起慢性氟中毒，表现为牙齿失去光泽，出现白垩、棕黄或褐色斑点，牙齿变脆，这些地区的同学就不能再使用氟化牙膏及氟化药物。同时应提高自我监测的意识，注意观察牙齿是否有变黑或失去光泽的斑点，是否有对冷热刺激、酸甜食物敏感，一旦发现及时找口腔医生检查治疗。有条件时应定期每年检查一次牙齿，早期发现、及时治疗，这样口腔可以得到较好的保健，我们将会拥有一口美观而坚硬的牙齿，这对终身的健康都有良好的影响。

第十二节　牙周病

牙周病是牙齿的支持组织发生的慢性、进行性损害的一种口腔疾病，是一种最常见而多不被人们认识的疾病。我国成年人牙周病的患病率达 75%以上。据统计，医院口腔科每拔除 10 颗牙齿，就有 6 颗～7 颗是由于牙周病造成的，可见牙周病和龋病一样，是造成牙齿丧失的主要原因之一。世界卫生组织提出“80 岁时保持有 20 颗牙”的口号，目的在于提醒人们加强对牙齿的保健。青年大学生是长身体、长知识的重要时期，更应该认真预防和治疗牙周病。

牙齿能牢牢地固定在各自的位置上完成咀嚼功能，全靠牙周支持组织包括软组织（牙周膜）和硬组织（牙槽骨）的扶持，如果这些牙周组织由于各种原因发生慢性进行性损害，使牙龈萎缩，牙根暴露，牙缝增大，牙齿失去了周围组织的支持，就会引起牙齿松动、移位、脱落，甚至全口牙丧失。同时，牙周病还可以成为感染病灶，诱发关节炎、肾炎和心内膜炎等。

牙周病的病因分为全身性因素和局部因素两大类。全身性因素与遗传、内分泌、代谢障碍、营养状况有关。局部因素有牙齿排列不整齐，菌斑及其细菌毒素的作用，牙石对牙龈组织的机械刺激等。

牙周病是牙龈炎、牙周炎、咬

殆创伤、牙周变性、牙周萎缩等疾病的总称。疾病的早期患者往往没有明显症状，当出现牙龈出血、牙齿对酸、冷刺激敏感时也常不能引起足够的重视，到出现疼痛就医时牙周的破坏已很严重，给治疗带来困难，甚至造成牙齿脱落等严重后果。

牙周病患病率极高，几乎每个人都可能患有不同程度的牙周病，而且病程较长，一旦患病治疗很难奏效，因此，对本病的预防就显得十分重要。预防措施有以下几个方面：

（1）养成良好的口腔卫生习惯，坚持饭后漱口，早晚正确刷牙，睡前不吃东西。

（2）使用保健牙刷，最好 2 个月～3 个月更换一次牙刷，防止倒毛的牙刷刺激和损伤牙龈。牙刷应放置在通风干燥的地方，防止细菌生长繁殖。不宜长期使用同一种牙膏。

（3）坚持每天叩齿和按摩牙龈。口外法：用右手示指放在牙齿相应的面部皮肤上，按一定顺序做局部小圆形旋转移动按摩，然后漱口。口内法：手指洗净后放入口内颊侧牙龈上，来回移动或做小圆形旋转移动，按摩后漱口。如此可促进牙周组织的血液循环，增强代谢，提高抗病能力。

（4）注意膳食平衡，适当选择一些硬的、含纤维素较多的食物，增强咀嚼功能以促进牙周支持组织的健康。

(5) 有条件时，最好每半年或一年进行一次洁牙；每年进行一次口腔保健检查，以早期发现龋病、牙周病，并采取相应措施。

(6) 患了牙周病，应及时就诊，在医生指导下积极进行治疗，防止牙周病继续发展。

第十三节　常见皮肤病

一、真菌性皮肤病

皮肤浅部的真菌感染统称为浅部真菌病（简称癣），也称皮肤霉菌病。真菌常侵犯人体表皮角质层、毛发、指甲。真菌生命力强，甚至离开人体后还可存活数月至数年，传染性大。真菌喜温暖、潮湿，故夏秋季节以及亚热带地区发病多。

(一) 脚癣和手癣

趾（指）间及足底、手掌皮肤的真菌感染称为脚癣（脚气、香港脚）或手癣。这些部位角质层厚、多汗、无皮脂，有利于真菌生长繁殖。青年人和成年人多发生本病。损害特点为皮肤出现丘疹或疱疹，有不同程度的瘙痒，患者喜搔抓。病情一般为夏季重，冬季轻，可反复感染。临床上分为四型。

(1) 浸渍型：趾（指）间皮肤发白、糜烂、浸渍、边缘清楚，由于摩擦使得浸渍的表皮易剥落而留下潮红的新皮肤。

(2) 水疱型：脚底或手掌出现针尖大或米粒大小的水疱，疱壁厚，中间内容清澈，可以几个小水疱融合成较大水疱，界线清楚，皮肤不红，疱皮脱屑。一般夏季复发，冬季痊愈。

(3) 鳞屑型：以脱屑为主，可有少数水疱，疱干后脱屑。鳞屑可呈片状或小点状，反复脱落和新发，界限清楚，炎症不明显，手癣常为单侧，夏重冬轻。

(4) 增厚型：掌、跖皮肤增厚，夏季水疱脱屑，入冬气候干燥，皮肤可出现裂口。手癣多因搓足时感染而来，因常洗手，通风干燥好而不容易发生浸渍糜烂。手癣病程缓慢，多年不愈。

(二) 甲　癣

甲癣俗称灰指甲。甲癣真菌自甲缘向内侵入蔓延，致甲板呈灰白色或灰黄色而失去光泽。由脚癣感染引起者，多侵及趾甲下并刺激甲床产生松软而脆的灰黄色角质蛋白碎屑，堆积在甲板下，易刮去。趾甲可增厚、翘起或趾甲前缘残缺不全。手癣蔓延至指甲者，损害多自后向前发展，甲板表面出现点状混浊，可局限，也可波及全甲而呈灰白或污黄色，甲面凸凹不平。

(三) 手脚癣、甲癣的预防和治疗

手脚癣的治疗以外用药为主。

(1) 浸渍型：可擦足粉或1%克霉唑霜、硝酸咪康唑（达克宁）。难治甲癣可口服伊曲

康唑等，或外用复方间苯二酚（复方雷锁辛）擦剂。

（2）水疱型：若疱小未破可用10%冰醋酸溶液浸泡，也可用苯甲酸擦剂。疱大时先将疱液吸去再擦霜剂扑粉。若已糜烂或继发感染应先泡高锰酸钾溶液，并用3%的硼酸溶液湿敷。

（3）鳞屑型及增厚型外擦复方苯甲酸软膏。

甲癣多由手脚癣蔓延而来，故预防甲癣首先应治好手脚癣。病甲可去除，尤其是增厚型，用刀刮、药物腐蚀或手术拔除都可以。也可外擦30%冰醋酸溶液、1%～3%克霉唑溶液、复方苯甲酸擦剂。

预防手脚癣的发生和防止复发的措施如下：①一旦患病就应彻底治疗。②注重个人卫生，不用公共拖鞋及毛巾。③勤洗袜子，勤洗脚，夏季多穿凉鞋，体育运动后立即脱去运动鞋，及时洗脚。

二、疥　疮

疥疮是由疥螨引起的急性传染性皮肤病，常在集体居住人群或家中传播。长有疥疮的人与他人直接接触，如握手、同卧而直接传染，或通过衣被、浴具而间接传染。此病传染性极强。

疥螨常侵及皮肤的薄嫩部位，如指缝、腕屈面、肘窝、腋前缘、下腹及腹股沟（股上部内侧面）、外生殖器等。主要临床表现为针尖大小丘疹、水疱、隧道（疥螨在表皮内掘成5 mm～15 mm长弯曲隧道，形成淡灰色或皮色的皮肤隆起）、结节。奇痒难忍，尤以夜间为重。搔抓可继发湿疹样变、脓疱疮、疖病、淋巴结炎等。

治疗方法：先用热水、肥皂清洗，去除脓痂，然后将10%～20%硫磺软膏或苯甲酸酯药水擦于颈以下，先擦皮损处，后擦全身，早晚各擦1次，连擦3日。擦药期间不洗澡、不更衣以增加疗效，第4日洗澡换衣服。此时若仍有未愈的，则先擦患处，继续治疗。

预防：注重个人卫生，勤换衣服（尤其内衣）、勤洗澡。发现患者及时隔离治疗。不与患者接触。患者衣被须经药物处理，或用开水烫洗、暴晒。

三、寻常痤疮

寻常痤疮（粉刺、青春痘）系青春期体内性激素平衡紊乱等因素引起皮脂腺、毛囊的慢性炎症性疾病。寻常痤疮多见于15岁～30岁的青年男女，一般男性多于女性，多发于皮脂腺发达的面部、上胸及肩胛间背部。损害呈多形性，初期皮损为毛囊口的黑头粉刺，发展过程中可产生丘疹、脓疮、结节、脓肿及瘢痕。皮损可分散，有时密集。病情时轻时重，常常持续到中年才缓解，并常留下或多或少的凹陷性瘢痕或瘢痕疙瘩。这些病损给潇洒英俊和俏丽的面容带来遗憾，给年轻的男女增添了不少烦恼和痛苦。

防治方法：应注意个人卫生，不用手挤压损害部位，多用温热肥皂水洗脸以去除皮脂；少食脂肪、糖类，避免吃刺激性食物，如辣椒、烈性酒、浓茶等；不用各种化妆品擦面部，以确保皮脂腺排泄通畅；避免服用碘制剂药物和溴化物，如碘糖丸、三溴片等；可服用四环素、维生素B_6、维生素B_2，同时也可采用清肺热、祛肺风为主的中药治疗。

四、神经性皮炎

神经性皮炎由机体自主神经功能紊乱引起。诱发因素为精神因素、刺激性食物、局部皮肤刺激等。神经性皮炎不是癣，无传染性。

好发部位是身体易受摩擦的部位，90%以上发生于颈部；亦可发生在肘窝、前臂、腋窝、股、小腿和腰等处。初期为局部瘙痒，搔抓后出现针头大小、不规则、三角形或多角形的扁平丘疹，呈皮肤色或淡褐色，干燥而坚实。损害增厚扩大，很快融合成片，皮纹加深而成为苔藓样斑片，其周围布有散在的扁平丘疹。此苔藓样变的皮损若遇患者饮烈性酒或食入辛辣食物，或太阳晒后瘙痒加剧。

防治方法：①发挥患者主观能动性和毅力，尽量不抓，不用烫水和肥皂洗擦病损皮肤，以减少局部刺激；忌食刺激性食物。②初发病例可选用1%薄荷、20%～40%煤焦油擦剂，或神经性皮炎擦剂，或肤疾宁皮炎膏外贴患处。若已抓破时，可用糠馏油糊剂外擦。也可选用激素软膏外擦，如氟轻松软膏、地塞米松软膏。也可内服镇静药和调节自主神经功能的药物，如地西泮（安定）、谷维素、维生素 B_1 等。

第十章 用药常识

第一节 合理用药

新闻媒体宣传的新药、保健品广告天天可见，讲什么“克星”，神乎其神，可信么？回答是：不可信。药品是一种特殊商品，是受法律约束最多的商品之一。药品具有防病、治病、康复、保健、计划生育的重要作用，但是药品具有不同程度的毒不良反应；有的药品还可产生严重摧残人身心健康的成瘾性和依赖性。药品都具有二重性，使用合理，可以保障人们健康，造福于人类；如果失之管理，使用不当，就会危害人的生命健康。

当前药源性疾病逐年增加，其主要原因之一就是滥用药物。20 世纪 50 年代国际上比较有名的“反应停事件”，就是人类滥用药物祸及后代的一个惨痛教训。当时西欧有许多孕妇服用药物沙利度胺（反应停）来减少妊娠反应，结果生下像海豹样的畸形婴儿。沙利度胺现除麻风患者以及一些特殊病例外，一般已很少使用。据世界卫生组织（WHO）统计，目前全世界有 1/3 的患者死于用药不当。另据中国卫生部药品不良反应监察中心传出的信息显示：中国每年因药品不良反应住院治疗的患者达 250 万人，其中近 50 万人为严重反应。据测算，我国每年死于药品不良反应和药源性疾病的人数可达 10 万人之多。我国上海统计的 511 名耳聋患者中，可能与链霉素（主要是双氢链霉素）有直接关系的就有 396 人，占 77.4%。我国 20 世纪 70 年代出生的年轻人，常可见其牙齿是黄褐色的，这是因为他们在幼儿期时使用了四环素类药物所致。四环素类药物能与新生骨、牙中沉积的钙相结合，影响骨、牙生长，且易引起牙齿黄色色素沉着和釉质发育不全而造成龋病，因而这种黄褐色的牙齿被称为“四环素牙”。鉴于此，现在 12 岁以下的儿童忌用四环素一类药物，以免造成骨、牙损害。喹诺酮类药物，如诺氟沙星（氟哌酸）、氧氟沙星（氟嗪酸），动物实验显示其对未成熟的动物及胚胎的软骨有损害，因此孕妇、小儿不宜用本类药物。最近，美国部分肥胖者因用了减肥药芬氟拉明（氟苯丙胺）和苯丁胺而患上严重的心脏病。其中一位 41 岁的妇女，自感呼吸困难，当外科医生打开这位妇女心脏以修复心脏瓣膜时，发现她的心脏瓣膜颜色发白且有光泽，这表明是某种药物引起的反应，而该妇女一直就用以上两种减肥药。在我国香港也发现了 24 例服用减肥药芬氟拉明的患者出现心脏瓣膜异常的情况，如心脏瓣膜畸形。因此，香港卫生署决定，禁止含有芬氟拉明的减肥药在香港出售。

虽然药物有不同程度的毒不良反应，但对于人类的健康确实又做出了不可磨灭的贡献。例如，当青霉素还没有问世时，有成千上万的人死于肺炎、外伤感染等。自青霉素被发现以后，它显示出了神奇的效果，挽救了许许多多人的生命。直到如今，青霉素都以其杀菌效果好、不良反应小而作为许多急性感染的首选药物。

人们所熟知的“种牛痘”，就是用“牛痘”这种疫苗预防“天花”。“天花”是一种可怕的传染性疾病，曾夺去很多人的生命，而“牛痘”疫苗则为人类预防“天花”发挥了重大作用，现在世界上“天花”已经消灭了。

如上所述，合理用药，避免滥用药物，应该引起高度重视。生了病，经过医生细致的询问、检查，最后做出诊断，用什么药，用多大剂量，才可能达到治病目的，这是一个严密的科学的认识过程。有些患者看病就要求医生开新药，或者是进口药等价格比较贵的药，认为价格高的药才是好药，这种认识是片面的。如果经常滥用药物，不仅导致浪费，还可引起药物毒性反应、变态反应，导致二重感染和耐药性的发生。世界卫生组织也就此发出了警告：滥用抗生素使细菌产生了耐药性，结果对疟疾、结核和其他疾病的卷土重来起到了推波助澜的作用。近年来，越来越多的细菌已衍化成可抵抗抗生素的种类，使某些抗生素陷入困境。专家们指出，滥用抗生素引起的抗药性已经威胁着人类的健康。一些在十年前不会死去的患者，现在却因抗生素无效而丧命。据报载，英国和我国香港都发现了这样的病例。医生给患者使用了万古霉素后，患者病情却继续恶化，经检查，发现是由于细菌以万古霉素为“食物”而大量繁殖所致。这种情形的发生，不能不引起人们的忧虑。常见下列情况：有些患者开始几次用某种抗菌药效果很好。可是经常用，效果就差了，到后来甚至无效了。这就说明细菌已经产生耐药性；还有些患者，在用了杀菌效果较好的抗生素或是较长期地使用某些药品后腹泻不止，给患者造成了新的痛苦。其原因是在人体肠道中，存在着许多微生物，在正常情况下，各种肠道菌以一定比例寄生于肠道，相互依存，相互制约，保持着动态的平衡。这些正常肠道菌对人体健康有很大好处，若长期使用抗生素，则会打破这种平衡，给人体健康带来损害。例如，口服抗菌药造成肠道菌群失调，引起腹泻；有时甚至还可引起肠道敏感菌被抑制，而耐药性肠道菌大量繁殖，导致二重感染，也可引起严重腹泻，且治疗比较困难。

众所周知，国际体育组织就严禁运动员使用兴奋剂、麻醉剂、蛋白质合成剂、类固醇等药物。据有关资料揭示，全世界已有100多名运动员因滥用药物而导致死亡。

有些患者对药物的作用似懂非懂，到医院就诊时向医生要求，头痛开“去痛片”；关节痛开“扑炎痛”；感冒开“克感敏”。这三种药的药理作用相似，都有解热镇痛作用，如果一同服用，将会增加药物的毒性并产生不良反应。就曾有患者同时服用复方阿斯匹林（APC）和贝诺酯（扑炎痛）两天后，出现头晕、耳鸣、四肢无力等症状。当然，庸医误人的情况也不少见。因此，普及有关药物方面的常识，对提高我国人口素质是有益的，对个人、对家庭、对社会都有好处。

第二节 药品的定义及药品作用的有关知识

一、药品的定义

俗话说：“吃五谷，得百病。”人的一生难免不生病，有了病，就需要治疗。当然也不是只有药品才能治好病，有些病可以通过其他手段和途径来治愈。比如民间就有姜糖水治疗感冒，用大蒜治疗腹泻等方法。如今日本就很重视用饮食疗法来治疗疾病；但还有许多病是需要药品来治疗的。究竟什么属于药品呢？根据《中华人民共和国药品法》所下的定义，药品是指用于预防、治疗、诊断人的疾病，有目的地调节人的生理功能并规定有适应证、用法和用量的物质。包括中药材、中药饮片、中成药、化学原料药及其制剂、抗生素、生化药品、放射性药品、血清疫苗、血液制品和诊断药品等。

二、药品作用的有关知识

（一）药品的作用

药物作用严格地说是指药物与机体组织间的作用，引起机体在功能或形态上的效应。药物的效应是机体器官原有功能水平的改变。功能的提高称为兴奋，功能的降低称为抑制。

药物对机体发挥作用，都是干扰或参与机体内在的各种生理和生化过程的结果。药物的效果取决于药物的吸收和分布，作用的中止则取决于药物的消除。药物的生物转化要靠酶的促进，主要是肝脏微粒体混合功能酶系统。药物在体内的最后过程是排泄，肾脏则是最重要的排泄器官。因此，许多药物说明上都注有肝、肾功能不全者慎用或忌用。

用药的目的在于防治疾病，凡符合用药目的或能达到防治效果的作用，叫做治疗作用；不符合用药目的，甚至给患者带来痛苦反应的，则统称为不良反应。

不良反应包括下列几种情形。

（1）副作用：药物固有的作用，是药物在治疗剂量下出现与治疗目的无关的作用。一般药物的副作用较轻微，多是引起可以恢复的功能性变化。

（2）毒性反应：一般是药物过量的药理作用的延伸，是可以预知的，有急性毒性反应和慢性毒性反应之分。药物用量过大或时间过长有时引起的毒性反应是十分危险的。此外，有些药物可能致畸、致突变。

（3）后遗效应：停药以后的反应。有的可能非常短暂，有的比较持久，少数药物甚至可能引起永久性器质性损害。例如大剂量呋塞米（速尿）、链霉素等可以引起永久性耳聋或平衡失调。

（4）特殊反应：与药物作用无关，不能预知的不良反应。其中包括变态反应，常称过敏反应。例如青霉素过敏者一旦注射了青霉素，轻者可出现药疹，皮肤发痒，心里感到难受等症状；重者可引起过敏性休克，甚至有生命危险。对于常致过敏的药物，用药前应进行过敏试验，阳性反应者应禁用该药。

药物的治疗包括对因治疗和对症治疗。

（1）对因治疗：药物作用在于消除原发致病因子，或称治本。例如细菌性感染的患者需要使用抗生素杀灭体内致病菌；胃酸分泌过多的患者用抑制胃酸分泌过量的药物或抗酸剂来治疗；高血压病则用降低动脉血管紧张，减少阻力的药物治疗，如血管紧张素转换酶抑制剂，或者用钙拮抗剂来治疗，能得到较满意的效果。

（2）对症治疗：药物作用在于改善疾病症状的，或称治标。例如急性上呼吸道感染的患者，不仅需要针对致病微生物的抗生素治本，也还需要一些药物对症治疗改善患者头痛、发热、鼻塞、流涕等症状。对于休克、哮喘患者更必须立即采取有效的对症治疗，此时对症治疗比对因治疗更为重要。

（二）影响药物作用的因素

每一种药物都有其固有的药理作用。如果疾病诊断准确，给药剂量、给药次数、给药途径恰当，就大多数人来说，可以产生预期的治疗效果，但对具体患者来说，存在着个体差异。要保证每个患者都能达到最大疗效、最小不良反应的治疗目的，就必须了解影响药物作用的因素及患者的个体情况。

（1）药物剂型。剂型是一种给药系统。由于剂型种类或处方、工艺等的不同，药物在胃肠道的吸收速度和吸收量可有2倍～5倍的差异，有时还要大些。一般常用口服剂型的生物利用度顺序是：溶液剂＞混悬剂＞胶囊剂＞片剂＞包衣片剂。

（2）给药途径。有口服、注射、舌下含化、吸入、局部表面给药法。不同给药途径可以影响药物吸收的量与速度及药物作用的强度与速度，对某些药物还可影响药物作用性质。给药途径中静脉注射一般可视为完全吸收，药物的利用度为百分之百，能迅速达到较高的血药浓度，但也可能因此较快产生不良反应。

（3）联合用药与药物相互关系。临床上联合应用两种或两种以上药物的目的在于取得较大疗效，减少单味药物的用量，减少不良反应。不恰当的联合用药往往由于药物相互作用而使预期疗效降低或出现意外的毒性反应。联合用药若使药物原有作用加强，称之为协同作用；若使药物原有作用减弱，称之为对抗或拮抗作用。

（4）患者生理因素包括年龄、性别、身高、体重、营养状态、精神状态等。

（5）病理状态。遗传因素引起的病理状态；患者本身的病理状态；药物引起的病理状态。

（6）病原微生物的耐药性及其他因素。

第三节　用药注意事项

对某些药物（如青霉素、磺胺类）过敏者，就诊时一定要向医生说明，因为医生处方往往用英文或拉丁文书写药名，患者不一定认识，如果使用了这类药物，就会造成不必要的痛苦甚至危险，这类情况时有发生。患者自行购药更应将药物说明书上的适应证、服法和用量、注意事项看清楚后方可服用。

药物一定要在医院及医疗单位或者国家卫生行政部审查批准的药品商店购买，切不可在不可信的个人摊点上购买，以免买到假药、劣药，对身体造成危害。不过，我们不主张患者自己购药，因为稍不谨慎会造成意外后果。

过期、失效、霉变以及颜色发生明显变化的药物，切不可服用。如维生素C片，白色、淡黄色可服用；如果颜色变成黄色、深黄色，则已氧化成对身体有害的物质，不能服用。

如果对某种药物的服用剂量或服用方法不清楚时，一定要向医师或药剂师问清楚后再服用，千万不可乱服药。曾有患者将美西律（慢心律）药物说明书上每次服用剂量50 mg～

100 mg（即 1 片～2 片）理解成 50 片～100 片，因而服用 60 多片导致不幸死亡。由此可见，不是任何药都可以擅自服用的，有些药需遵照医嘱，在医生的指导下服用。

对于药物广告或新药广告，要有科学的认识态度。任何一种药都不可能什么病都治，它有一定的治病范围；某种药的治病范围往往是很小的，而广告却将其作用无限夸大；还有些广告只提某药的治疗作用，不提该药的不良反应。因此，不管什么药，最好是按照医生的诊断、处方服用。

患者应按时用药。经卫生部有关机构批准使用的“西药”都严格地做过药物动力学实验和经过了临床观察，根据每一种药物的半衰期（即血浆中药物浓度减少 50％所需的时间）来确定服用、注射的次数和间隔时间，尤其是抗生素。按时服药，使药物在体内维持比较恒定的有效血浆浓度，这样才有利于疾病的治疗。

使用进口药物要慎重，这是有关专家最近提出的忠告。因为这类药物反应存在种族差异，进口药物的剂量标准是根据外国人的反应制定的，一部分与中国人存在差异，有的会导致一些意想不到的不良后果。

有一点需要特别说明，即普通人心目中的新药与药品中的新药概念有一定区别，不完全相同。新药不仅是我国未生产过的药品，还包括对已生产的药品，凡增加了新的适应证，改变了给药途径和改变了剂型的亦属新药范围。例如，一种名为对乙酰氨基酚（扑热息痛）的老药，改变了剂型，从片剂制成胶囊剂，加进氯苯那敏（扑尔敏）等药物，即成为治疗感冒新药。厂家、商家为了促销，取个商品名，其价格也上涨了几十倍。现在以对乙酰氨基酚为主要成分的抗感冒新药就有好几种，例如“康泰克”、“力克舒”、“必理通”等。对乙酰氨基酚长期、过量用药对肝、肾有损害，因此服用抗感冒新药要注意不要将性质相同的混在一起服用，否则对身体有害。类似情况还有一药多种商品名，很容易使患者产生误会。

第四节　常用药物的简单分类

（一）解热镇痛抗炎药

解热镇痛抗炎药是一类具有解热、镇痛作用，而且其中大多数还有抗炎、抗风湿作用的药物。这一类药物品种繁多，应用广泛。常见病如感冒发热、头痛、牙痛、肌肉痛、月经痛、风湿痛等，都可以使用；但对创伤性剧痛，平滑肌痉挛所引起的疼痛无效。此类药不能盲目滥用，它们都有一些不良反应。如有的可引起较严重的胃肠反应，恶心、呕吐，甚至引起胃出血；有的可引起发绀和肾损害（这些不良反应较少见）；有些容易引起白细胞减少，甚至导致粒细胞缺乏症；有的还可引起变态反应等。如因病需较长期的服用这类药，应在医生指导下使用，且要定期检查血常规。

这类药物常用的有：阿司匹林（乙酰水杨酸）、复方阿司匹林（APC）、索米痛片（去痛片）、酚氨咖敏（克感敏）、贝诺酯（扑炎痛）、布洛芬（芬必得）、吲哚美辛（消炎痛）、感冒通等。

（二）镇静催眠药

这类药物小剂量时可有抗焦虑作用，能改善患者紧张、忧虑、恐惧不安等症状；随着剂量增大，就可起到镇静、催眠作用。长期连续服用本类药物，可出现药物依赖性和耐受性。可采用多种催眠药交替轮换使用的治疗方法，并于睡眠好转后停服。常用的有：地西泮（安定）、艾司唑仑（舒乐安定）、氯硝西泮（氯硝安定）、阿普唑仑等。另外，褪黑素（眠纳多宁，美通宁）为一种新的保健品，是天然物质，通过诱导，促进生理性睡眠。服用后可快速入睡，改善睡眠质量，且无服用安眠药的一些不良反应。

（三）消化系统用药

（1）抗酸药：常用胃舒平（复方氢氧化铝），小苏打（碳酸氢钠），H_2 受体阻断剂如雷尼替丁、法莫替丁、西咪替丁（泰胃美）、奥美拉唑（洛赛克），也还常用枸橼酸铋钾（丽珠得乐），复方铝酸铋片（胃必治），硫糖铝等，这些药都有较好的效果。值得指出的是：现在对溃疡病的治疗，在服用抗酸剂时，应同时服用抗生素，以消灭幽门螺杆菌，可获良好疗效。

（2）助消化药：常用多酶片（含有胃酶和胰酶）、乳酶生、酵母片、维生素 B_1 片、胃肠动力药多潘立酮（吗丁啉）、甲氧氯普胺（胃复安）、西沙必利。另外，山楂、麦芽、鸡内金、健脾膏也有很好的助消化作用。

（3）泻药：常用液状石蜡、甘油、蜂蜜、酚酞、大黄、番泻叶，还有肛门给药的开塞露等。另外，麻仁丸、苁蓉通便口服液、通泰胶囊也都有较好地治疗便秘的效果，对中、老年人效果较好。

（4）止泻药：肠道细菌性感染应当首先用抗菌药物治疗。常用呋喃唑酮（痢特灵）、盐酸小檗碱（黄连素）、土霉素、庆大霉素、甲硝唑（灭滴灵）、诺氟沙星；其他原因的腹泻可用收敛药和吸附药，例如鞣酸蛋白、次碳酸铋、药用炭、盐酸洛哌丁胺（易蒙停）等。另外，消化道黏膜保护剂思密达，以及治疗因肠道菌群失调而引起腹泻的丽珠肠乐（双歧杆菌活菌制剂），亦有良好疗效。

（5）胃肠解痉药：常用阿托品、颠茄、丙胺太林（普鲁苯辛）、山莨菪碱、东莨菪碱，可解除平滑肌痉挛，适用于各种内脏绞痛如胃痛等。

（四）抗心绞痛和抗高血压药

（1）抗心绞痛药：主要通过改善心肌血液供给，降低耗氧量而发挥治疗作用。常用硝酸甘油、硝酸异山梨酯（消心痛）、硝苯地平（心痛定）、普萘洛尔（心得安）、速效救心丸、中药丹参片、地奥心血康等；其中心得安和心痛定也有良好的抗高血压效应。

（2）抗高血压药：选用钙拮抗剂，如尼群地平、硝苯地平、非洛地平等；或用血管紧张素转换酶抑制剂：如卡托普利（巯甲丙脯酸、开博通）、盐酸贝那普利片（洛汀新）、培垛普利片（雅施达）等。其他还有倍他洛克、利血平、降压灵、利尿剂、罗布麻叶等。

（五）抗喘药、镇咳药和祛痰药

（1）抗喘药：常用氨茶碱、沙丁胺醇（舒喘灵）、硫酸特布他林片（博利康尼），用以扩张支气管和解除支气管痉挛，治疗哮喘病。此外，丙酸倍氯米松（必可酮）气雾剂、沙丁胺醇（喘乐宁）气雾剂、喘康素气雾剂、包甘酸钠气雾剂等因接触面积大，发挥药物作用迅速，已成为抗哮喘病的必备药品。

（2）镇咳药：常用枸橼酸喷托维林（咳必清）、盐酸氯哌丁（咳平片）、磷酸苯丙派林片（咳快好）、复方甘草片、岩白菜片、痰咳净、咳特灵、可待因（久用能成瘾，应控制使用），以及一些止咳糖浆，如急支糖浆、伤风止咳糖浆等。

（3）祛痰药：常用盐酸溴己新（必嗽平）、乙酰半胱氨酸（痰易净）、羧甲司坦（化痰片）、桔梗和远志等。

（六）抗过敏药

常用的抗过敏药有苯海拉明、马来酸氯苯那敏（扑尔敏）、异丙嗪（非拉根）、酮替芬，另外阿司咪唑（息斯敏）、特非拉丁等因无中枢抑制、镇静作用（即无镇静、嗜睡作用）而得到广泛应用。

（七）抗菌药

抗菌药是发展最快、应用最广的一类药物，具有抑制、杀灭体内病原菌或其他微生物的作用，常用于防治感染性疾病。

1. 青霉素类

常用青霉素G钠、氨苄西林，具体用法根据病情需要，肌内注射或静脉注射；口服常用阿莫西林、氨苄西林，抗细菌性感染都有较好疗效。青霉素类药可能发生严重变态反应，应用前一定要做过敏试验。

2. 头孢菌素类

头孢菌素类（先锋霉素类）抗菌作用强，抗菌谱广，其临床应用价值第一代头孢菌素与青霉素相似。第二代、第三代头孢霉素对革兰阴性菌作用更强。常用头孢氨苄（先锋Ⅳ号）、头孢拉定，因是口服，使用方便，应用较广泛。另外，常用的还有注射用头孢唑林钠，注射用头孢哌酮钠等。使用头孢菌素，尤其是第三代头孢菌素，因杀菌作用强，易致肠菌群失调，有益微生物被杀死，造成维生素缺乏症，甚至引起二重感染，应予以注意。对头孢菌素类过敏者禁用。

3. 磺胺类药物

磺胺类的抗菌谱都相似，对多种革兰阳性菌和阴性菌有抑制作用。现在常用复方剂型的复方新诺明（复方SMZ，即磺胺甲噁唑加甲氧苄啶），由于价廉，且有一定疗效，因而应用也较广泛。磺胺类药物的不良反应：损害泌尿系统，可采用同时服用小苏打碱化尿液，或者多饮水两项措施预防；抑制造血系统，长期使用磺胺药，应注意检查血常规。另外，对磺胺过敏者不能使用。

4. 氨基糖苷类

氨基糖苷类药物影响细菌蛋白质合成的全过程，因而具有较强的杀菌作用。氨基糖苷类药物品种很多，较常用的有链霉素、庆大霉素、卡那霉素、妥布霉素、阿米卡星（丁胺卡那霉素）、小诺米星（小诺霉素）、核糖霉素。这一类药物，抗菌谱相似，不良反应也相似。不良反应主要有三点：

(1) 损害第八对脑神经，可影响耳蜗结构，使听觉减退乃至失聪，也可损害前庭器官使人体失去平衡能力。

(2) 阻滞神经肌肉接头，可使骨骼肌松弛甚至引起呼吸停止。

(3) 损害肾脏，可引起蛋白尿。

基于此，许多氨基糖苷类药物儿童不宜使用，其中小诺霉素、核糖霉素相对而言不良反应要小得多，因此常用于儿童。

5. 喹诺酮类药物

现在常用第三代喹诺酮类药物，例如诺氟沙星、环丙沙星、氧氟沙星，这类药物抗菌谱广，抗菌作用强。注射用乳酸环丙沙星临床上使用有良好的疗效。本类药物儿童不宜使用。

6. 大环内酯类药物

大环内酯类常用的有红霉素、螺旋霉素、交沙霉素、麦迪霉素。它们对革兰阳性球菌有很好的抗菌效果，临床上主要用于治疗耐青霉素的金黄色葡萄球菌感染和对青霉素过敏的患者。其不良反应主要有如可能引起消化道不适，如恶心、食欲减退等。红霉素此类反应较明显，近年来制成乙酰红霉素（即琥乙红霉素，又称利菌沙），胃肠反应就比较小。

7. 其他抗菌药

林可霉素、克林霉素的抗菌谱类似红霉素，主要用于金黄色葡萄球菌性骨髓炎和青霉素无效或患者对青霉素过敏的革兰阳性球菌感染。不良反应是易引起恶心、呕吐，腹泻发生率较高，还有发生假膜性肠炎的可能。

四环素、土霉素属于广谱抗菌药，因其不良反应明显，现在除一些特殊疾病外，应用不多。12 岁以下儿童忌用。

（八）抗结核药

结核病是危害人类健康的慢性传染性疾病，较难控制，需长期服药治疗。

(1) 链霉素：抗结核作用强，在一定浓度下可杀死结核分枝杆菌，疗效好，适用于各种类型的结核病，是首选的抗结核药之一。此药长期应用，耳毒症发生率高。为了减慢耐药菌的产生和降低毒性反应，常规与别的抗结核药联用，同时可减少剂量，肌内注射 0.75 g/d，连用 20 天后可改为间隙给药，每 3 天～6 天服用 1 次。

(2) 异烟肼（雷米封）：疗效高，一定浓度时可杀死结核分枝杆菌，毒性小，为最常用的抗结核病首选药。需与其他抗结核药联用，以增强疗效，克服细菌耐药性。口服 0.3 g/d，1 次服用。使用中应定期检查肝功能。不良反应较常见的有周围神经炎、眩晕、失眠等。肝功能不良、癫痫和精神病患者慎用。

(3) 利福平（甲哌力复霉素）：抗菌谱广，对结核分枝杆菌的作用特强，在一定浓度下也可杀死结核分枝杆菌。国内主要用于治疗结核病。空腹口服吸收快而完全，应于早晨空腹时服用。口服0.45 g/d～0.6 g/d。较严重的不良反应是对肝脏的损害，少数患者可出现变态反应。严重肝病患者和孕妇应禁用。

(4) 吡嗪酰胺：为治疗结核病的有效药物，其疗效与异烟肼、利福平、链霉素相当，一定浓度亦可杀死结核分枝杆菌。其特点是对细胞内结核分枝杆菌也有较强的作用，与异烟肼等无交叉耐药性。一般应与链霉素合并使用，效果更好，目前本品已成为抗结核病短程化疗的基本药物之一。口服 1.5 g/d～2 g/d，1 次服用。本药对肝功能可造成损害，应定期检查肝功，孕妇禁用。

(5) 乙胺丁醇：只对结核分枝杆菌有作用，作用强度近似链霉素。口服，开始时 25 mg/（kg·d），一般服药 8 周，改为 15 mg/（kg·d），1 次服用。本药用量过大可引起严重的球后神经炎，治疗期间应注意检查视力，如出现视觉异常，应立即停药。肾脏功能不良者慎用本药。

（九）治疗性传播疾病的药

性传播疾病是世界范围流行的、以性行为为主要传播方式的传染性疾病，主要由病毒、细菌、真菌、寄生虫等引起。现在治疗性传播疾病的药物比较多。治疗性传播疾病的药常用的有：青霉素 G，对梅毒螺旋体、淋球菌效果好；氨苄西林、阿莫西林对淋球菌有效；头孢菌素类，头孢呋辛、头孢曲松（菌必治）对淋球菌效果好；氨基糖苷类的大观霉素（淋必治）对淋球菌有良好的抗菌作用；四环素类，米诺环素（二甲胺四环素）对淋球菌、梅毒螺旋体有疗效。另外，“洁尤平”外用乳膏擦剂对尖锐湿疣有显著效果。本类药物的具体用法，视性传播疾病的类型和疾病的程度而定。

（十）戒毒药品

(1) 美沙酮：目前国际上公认最好的方法是美沙酮递减疗法。

(2) 二氢埃托啡：其药理作用为替代海洛因，有速效、高效等特点。

(3) 纳洛酮：一种长效的阿片受体拮抗剂，可防治毒瘾反复。

(4) 福康片：中药戒毒新药，能改善或提高毒品依赖者的免疫功能。

（十一）中成药的作用

中成药是指以中药材为原料，在中医药理论指导下，按规定处方和标准制成一定剂型的现成药物。它既可供医生治疗使用，也可由有一定医药知识的患者自行购用。中成药具有疗效好，服用方便，不良反应少的优点，因此很受欢迎。尽管中成药的不良反应一般来说比西药少得多，但是临床上也是能见到少数患者出现变态反应，因此使用时应注意这些问题，最好征求中医师意见后再服用。

最后，告诫大家：是药三分毒。任何时候，用药都必须谨慎！

第十一章　急救知识

生活中人人都会遇到意外事故，如交通事故、砸伤、刺伤、割伤、摔扭伤、烧伤、中毒、咬伤，甚至溺水、触电等。事故发生后的正确处理可以减少患者痛苦，避免更进一步的损害，甚至挽救生命。因此，掌握一些基本的急救知识，是非常必要的。

第一节　现场急救的一般原则

现场，泛指一切事故发生的场地。现场急救的任务，主要包括维持受害者生命、稳定伤情、防止继发性损伤和迅速送医疗机构救治。

现场急救的程序和原则包括以下几个方面。

一、迅速切断伤害源

视伤害源的不同迅速采取相应措施，切断伤害源的继续损害。如煤气等有害气体中毒，应迅速将受害者转移至清洁、流动的空气中；电击伤时应立即切断电源，或用不导电物体扒开电源，万不可用手拖拉患者；火灾烧伤时，应迅速让伤者脱离现场至无火、无烟处，扑灭份者身体上的火焰；化学物品烧伤时，应迅速冲洗掉沾在皮肤上的化学物品等。

二、初步判断伤情

伤情判断应包括呼吸、心搏、脉搏、血压、意识、伤部情况、骨折、出血等的检查判定。一般应采取以下程序：

初到事故现场，首先检查有无活动性大出血，大量失血是外伤的重要致死原因。对活动性大出血者，应立即止血；对无大出血，但意识丧失者，应首先检查呼吸、心搏是否停止，对呼吸停止者，立即施行口对口人工呼吸；对心搏停止者，进行体外心脏按压；对呼吸、心搏均停止者，应人工呼吸、体外心脏按压同时进行；对呼吸、心搏存在，但处于昏厥、休克、昏迷者，应立即清除伤者口、鼻、咽、喉部异物以及血块、黏痰和呕吐物，解开衣领和腰带，以保持呼吸道通畅。经以上紧急处理后，再轻轻翻动患者，检查伤部情况，有无骨折、出血点等，处理方法见后。对意识清醒的患者，可通过询问和检查结合来判定伤情，重点观察呼吸、心搏情况。

三、妥善处理伤口

外伤一般应用消毒棉垫或纱布包扎伤口，无条件时也可用干净的手绢或衣服包扎。绝大多数的出血经加压包扎即可止血；有活动性出血时，可根据离医院的远近和手边用品，采取相应方法止血。对胸部有开放性伤口的伤者，应迅速用消毒纱垫或衣服、手绢等严密覆盖、包扎伤口，阻断气体从伤口进出。腹部损伤有腹腔内容物（如小肠、大网膜）脱出时，不要还纳脱出的内脏，以防将脏物、细菌带入腹腔，应用大块消毒纱布或干净布料、衣服、床单等盖好，也可用经消毒后的碗、盆扣上，再包扎紧，以免内脏继续脱出。外露的骨折端不要还纳，以免将污染物带入深层，可用消毒敷料或干净衣物包扎。包扎止血后，有四肢骨折或严重软组织伤的肢体要用夹板、木棍、树枝等将伤肢固定。固定应超过伤口上下方的关节，以减轻疼痛，防止骨折断端活动造成再损伤。

烧伤、烫伤、咬伤、电击伤伤口处理见后面有关章节。

四、保存好离断组织

随着医学科学的发展，断肢、断指（趾），乃至耳、鼻的再植都已成为可能。因此，对离断的结构，不可随便丢弃，以免造成终生遗憾，应用无菌纱布、洁净手绢、布料等包好，随同伤员一同送往医院，争取再植。如离医院较远，天气热时，最好将离断的结构放在冰上，并注意记住受伤的确切时间，以供医生决定能否再植时参考。

五、及时送往医院

由于脑外伤、神经损伤、内出血等情况不易被发现，又随时可导致患者死亡；烧伤、烫伤、咬伤、电击伤、溺水、中毒等的继发感染和对人体的继续损害，都可能造成严重后果；即使轻微的损害和小伤口也须要到有消毒设备条件的医疗单位去处理；特别是呼吸、心搏停止后复苏的伤员，复苏后的一系列复杂生理紊乱更不是非专科人员能处理的，因此，经现场紧急处理的患者，应立即送往医院救治，切不可掉以轻心，延误患者生命。

对于严重骨折、或疑有脊柱骨折的患者，以及中老年人突然昏迷，疑为心脏疾病、脑出血或脑梗死者，则应急呼120。此时不应搬动患者，应待专业人员到场后再作处理。

第二节　外伤救治的四项基本技术

急救技术是抢救患者的重要技术，及时有效的抢救，能挽救患者的生命，防止伤情恶化，减轻疼痛，预防并发症，从而提高救治率、减低伤残率，并为后继治疗创造良好的条件。

一、止　血

（一）出血的分类及特点

出血的原因较多，这里仅讨论外伤性出血。外伤性出血可根据破裂血管的不同分为动脉出血、静脉出血、毛细血管出血三类。动脉出血，颜色鲜红、速度快、量大、呈间歇喷射状；静脉出血，血色暗红、速度较慢、呈持续涌出状；毛细血管出血，色鲜红，自伤口渐渐流出。按失血量的多少，通常分为小、中、大量失血三类：小量失血，是指失血量在500 ml以内，全身反应不严重，止血后不需特殊处理的失血；中等量失血，指失血量在500 ml至2 000 ml时，能引起轻重不等的急性失血症状，但机体的代偿功能能够维持一定时期，如处理及时，伤员可以挽救；超过2 000 ml的出血，称为大失血，可造成严重的循环衰竭和缺氧现象，如不立即救治，常能迅速死亡。根据出血的流向又可分外出血和内出血两大类：外出血，指由于开放性损伤，血管破裂后血液自伤口向体外溢出的情况；内出血，泛指外伤引起的体内组织器官的出血，血液通过伤口流入胸腔、腹腔、盆腔、颅腔，或流入呼吸、消化、泌尿生殖管道。出血类型的不同，处理上也有差别。

（二）止血技术

这里主要介绍外出血的一般急救处理。

1. 指压止血法

指压止血法适用于四肢、头面部的动脉出血，其原理为将破裂出血的动脉干近端，压向深层骨面等组织，阻断血液。由于侧副循环的存在，指压法效果有限，且不能持久，仅为一种应急措施。常用的指压止血部位及方法如下。

（1）颞浅动脉：耳前可触到搏动，垂直压向骨面，可控制同侧颜面部出血（图11－1之2）。

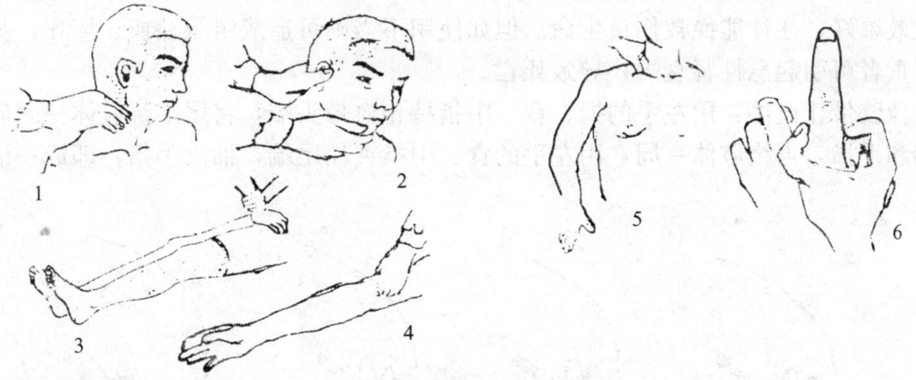

图11－1　指压动脉止血法

（2）颈总动脉：在气管外侧与胸锁乳突肌交界处，扪到颈总动脉搏动，垂直向后压至骨面，可控制同侧头面部出血（图11－1之1）。注意，不能同时压迫两侧的颈总动脉，以防因脑缺氧而致昏迷。

（3）锁骨下动脉：在锁骨上窝内1/3处可触到搏动，压向后下，可控制同侧肩部及上肢出血（图11－1之5）。

（4）肱动脉：在上臂中段内侧肱二头肌内侧沟内，可扪到搏动，压向外，可控制同侧上肢远端出血（图11－1之4）。

（5）股动脉：在腹股沟韧带中点内侧，可扪到搏动，压向后，可控制同侧下肢出血（图11－1之3）。

（6）指（趾）动脉：血管走行在手指（趾）两侧，在根部从两侧压向骨面，可控制该指（趾）远端出血（图11－1之6）。

2. 加压包扎止血法

加压包扎法是最常用的一种止血法，一般中、小动脉和静脉出血，经加压包扎均可停止或减少出血。其方法为：用灭菌纱布或干净棉花、手绢、衣服等填塞或覆盖伤口，外加纱布等垫压，再以绷带、布条等加压缠绕。包扎后应抬高患肢，以促进静脉回流和减少出血。

3. 屈曲肢体加垫止血法

屈曲肢体加垫止血法多在肘或膝关节以下出血且无骨、无关节损伤时使用。如前臂或小腿出血时，可在肘窝或腘窝内放上纱布垫、毛巾、衣服等，然后屈曲关节，利用衬垫物压住动脉，用绷带或布条固定为屈曲姿势（图 11－2）。

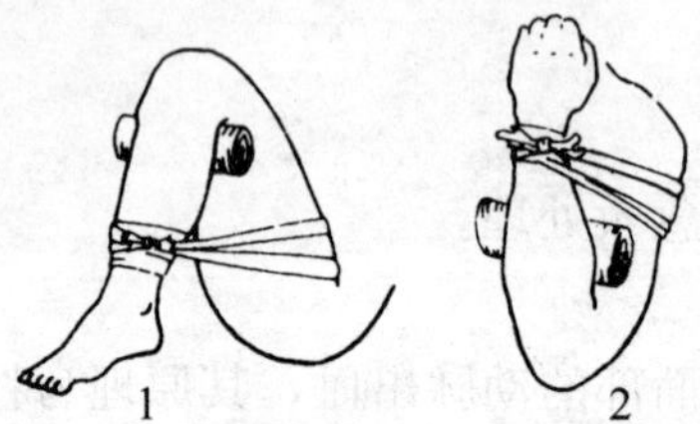

图 11－2　屈曲肢体加垫止血法

4. 止血带止血法

用上述止血法无效，特别是四肢大动脉出血时，可采用止血带止血。止血带如使用适当，止血效果好，往往能挽救伤员生命。但如使用不当则可造成组织缺血、坏死，甚至丧失肢体，严重者可引起急性肾衰竭，导致死亡。

（1）橡胶带止血法：用左手的拇、食、中指持止血带头端，将尾端绕肢体一圈后压住止血带头端和手指，再绕肢体一周，用左手的食、中指夹住尾端，抽出手指，即成一活结（图 11－3）。

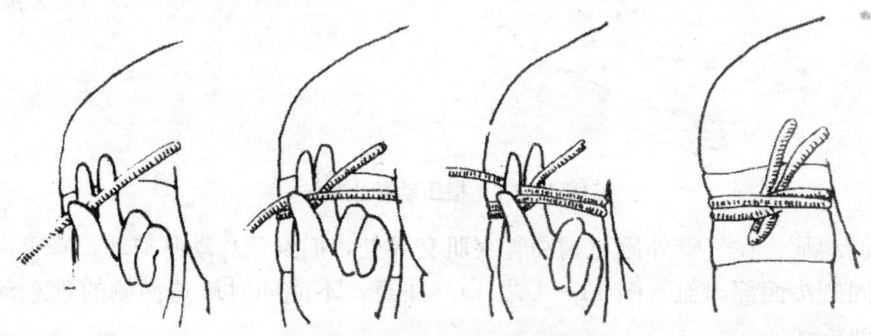

图 11－3　橡胶带止血法

（2）绞紧止血法：在无橡胶带的情况下，可用三角巾、绷带、手帕、绳索、水壶带、纱布条，甚至把衣服撕成布条等，绕肢体一圈打结（结应打在动脉走行的背侧），再用小木棒绞紧到不出血为止。其步骤为一提、二绞、三固定（图 11－4）。

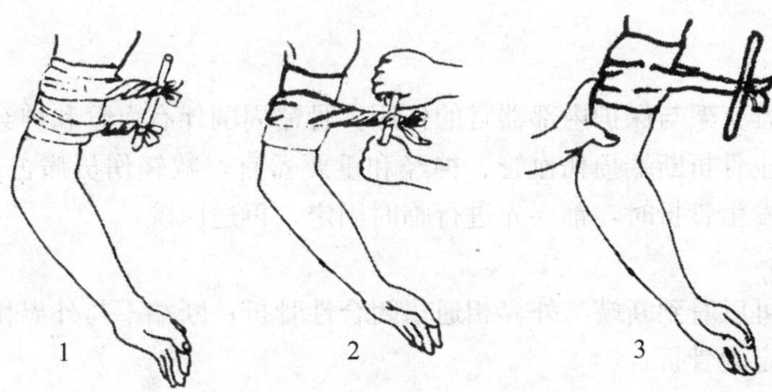

图 11－4　绞紧止血法

使用止血带止血必须注意以下几点：

第一，止血带不能与皮肤直接接触，将止血带（或代用品）压在衣裤外面或加厚垫，以免损伤皮肤。

第二，扎止血带的部位，一般情况下，上肢出血扎在上臂上 1/3 处，下肢出血扎在大腿中上 1/3 处。

第三，避免过松过紧，只要远端动脉无搏动或伤口不出血即可。过紧对组织、血管、神经造成损伤，过松仅压住静脉，动脉压不住反而使出血加剧。

第四，扎止血带的患者应尽快送医院处理。如路途较远，途中应每间隔 1 小时～1.5 小时松解一次，以免肢体长期缺血而坏死，每次松解 1 分钟～2 分钟。松解时用敷料压住伤口，防止猛烈出血。

（三）包　扎

包扎伤口可以压迫止血、保护伤口、防止污染、固定敷料，有利于伤口尽早愈合。包扎最好用消毒的四头带、三角巾，也可以利用毛巾、手帕或衣服作为临时包扎物。包扎应做到动作要轻巧、伤口要全包，打结应打在伤口旁，包扎要牢固、松紧要适宜。图 11－5 展示了各部位伤口的不同包扎方法，以供参考。

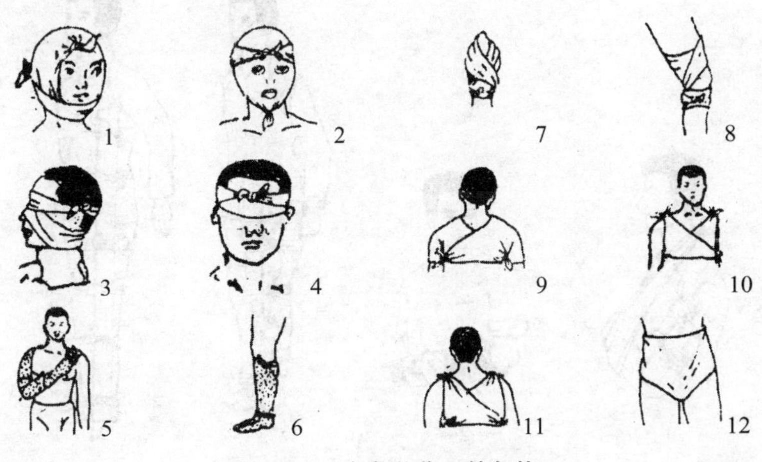

图 11－5　各部位伤口的包扎

（四）固　定

骨骼在人体起着支架与保护内部器官的作用。骨骼周围伴有血管和神经，骨折后，进行临时固定，可以防止骨折断端损伤血管、神经和重要器官，减轻伤员痛苦，便于搬运伤员。因此，一般说来，发生骨折时，都要先进行临时固定，再送医院。

1. 骨折的判断

开放性骨折，可以看到断端与外界相通；闭合性骨折，断端不与外界相通。具备下列之一者，即可初步判定为骨折：

（1）轻轻按摩受伤部位时疼痛加剧，有时可以摸到骨折线；伤肢不能活动。

（2）受伤部位或肢体变形，如胸壁塌陷、伤肢比健肢短、明显弯曲，或手腿转向异常方向。

（3）受伤部位有异常活动，如不是关节的部位出现关节样活动。

（4）骨折处可扪到骨摩擦感，或听到“嘎吱声”。

注意：一般不做第（3）、（4）项检查，以免增加患者的痛苦或招致骨折断端刺伤血管、神经。

2. 骨折固定注意事项

（1）首先进行止血、包扎，然后固定。

（2）临时固定时，最好对骨折大体复位。

（3）固定范围应包括上、下两个关节。

（4）在肢体骨突出处，必须用棉垫或其他软性材料作衬垫，防止由于压迫引起皮肤坏死。

3. 固定材料

固定可用木夹板、铁丝夹板、木板、木棍、竹片，如没有任何就便器材时，亦可固定在躯干或健侧肢体上。

4. 临时固定的方法

临时固定的方法，参见图 11－6。

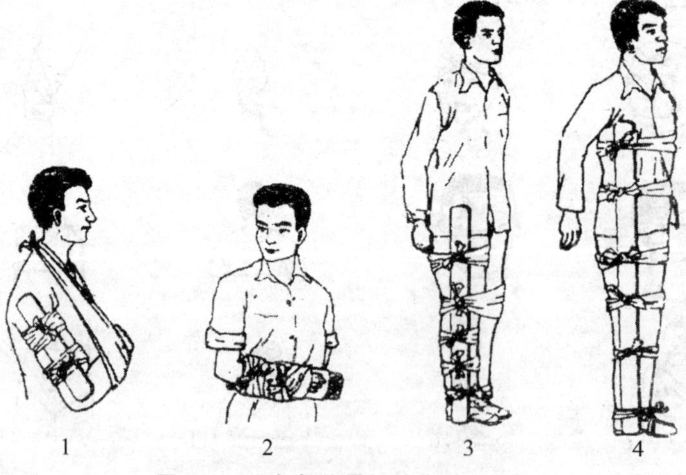

图 11－6　各部位骨折的临时固定法

（五）搬运和输送

外伤患者的搬运和输送是没受过急救知识训练人员最易忽视的问题，也最易出差错。特别是意外事故发生后人的思维习惯是赶快送医院，来不及多想，因此，常常因搬运输送的方式方法不对加重伤者创伤，甚至导致患者终身残废或死亡。这里仅介绍一些搬运输送的一般原则。

(1) 昏迷患者，脑外伤、颌面部损伤较重的患者，搬运输送中要使患者侧卧位或俯卧位。切勿仰卧，以免舌后坠堵塞呼吸道或血液、呕吐物、分泌物吸入呼吸道发生窒息。

(2) 胸部损伤患者采取半坐位或侧卧位输送。采用侧卧位时，伤侧在下，健侧在上，以便于呼吸。

(3) 开放性腹部伤患者，一般用仰卧位。为了使患者在输送途中舒适，减少腹壁张力，可用衣物将患者膝部垫高，使髋关节、膝关节都处于半屈曲位置。

(4) 骨盆骨折的患者，采取仰卧位，髋膝半屈曲，两下肢略外展。

(5) 脊柱骨折或疑有脊柱骨折的患者，在搬运和输送时要特别注意，一定要使脊柱保持在伸直的姿势，绝不可使颈和躯干前屈和扭转，绝对禁止一人抬肩、一人抬脚的抬头抬足搬运法，以免断骨刺伤脊髓，造成终身截瘫，甚至死亡。各部脊柱骨折的具体搬运方法为：①颈椎骨折患者，如果搬动方法不正确，刺伤颈部脊髓，可能造成患者立即死亡，所以搬动时，应有3人或4人，一人专管头部牵引固定，使头部保持与躯干呈直线的位置，维持颈部不动，以免脊柱歪曲而损伤脊髓，其余三人蹲在患者同一侧，其中两人（或一人）托躯干，一人抱下肢，颈下放一小枕（或衣物），四人同心协力，一致动作，将患者抬上担架或车辆，取仰卧位，头颈两侧垫以沙袋、衣物、被卷等，防止头部左右摇摆。②胸、腰椎骨折患者，搬运时须三人，都蹲在患者同一侧，一人托住肩和头部，一人托住腰和臀部，另一人抱住伸直并拢的两下肢，协同动作，将患者放在车板或硬质担架上，取俯卧位。

第三节 意识障碍及休克状态的急救处理

一、意识障碍

1. 类 型

意识障碍是神经系统高级部分的功能活动处于抑制状态的结果。根据其程度可分为意识模糊、昏睡和昏迷三类。昏迷是高度的意识障碍，意识完全丧失，又可根据程度不同分为浅昏迷（强烈刺激如针刺人中、足底等有反应）、深昏迷（对各种刺激均无反应）和中度昏迷（界于深、浅之间）三种状态。

2. 病 因

引起意识障碍的原因众多，常见的有脑外伤、大量失血、感染、中毒、代谢疾病、心脏疾病、中暑、电击，以及持续性癫痫等。

3. 急救原则

意识障碍是疾病或伤情严重的表现，特别是昏迷，多为生命垂危的征象。因此，在事故现场和其他场合一旦发现昏迷患者，应立即进行急救处理，原则如下：

（1）保持呼吸道通畅。去除假牙，清除口腔、鼻咽积血和分泌物，如舌后坠影响呼吸时将舌拉出，解开衣领和腰带，以利呼吸；使患者侧卧位，以预防口、咽、喉部分泌物吸入气管。

（2）及早处理伤害源。如外伤引起时应及时止血，中暑时降温，中毒时终止毒气的吸入等。

（3）密切注意心搏、呼吸情况。心搏、呼吸停止时应立即进行心肺复苏；痰、分泌物阻塞呼吸道时及时清理，必要时口对口吸痰。

（4）尽快送医院抢救。

二、休　克

休克是一种以血压下降为突出反应的急性循环功能不全，是生命主要器官血液灌注不足，细胞代谢功能障碍而致的危重病理过程。

（一）病因及类型

引起休克的原因很多，大体可分为以下几类：

（1）中毒性休克：由各种严重感染引起，常见的有肺炎、胆管炎、败血症、痢疾、脑膜炎等。

（2）心源性休克：由于心脏泵血功能下降所致，常见于急性心肌梗死和各种心肌炎、心肌病、严重心律失常等。

（3）过敏性休克：机体对某些物质发生变态反应所致，如常见的青霉素过敏性休克。

（4）低血容量性休克：大量失血，包括内出血和外出血；失水，如呕吐、腹泻等；失血浆，如大面积烧伤等；均可引起低血容量性休克。

（二）病程和分期

休克可根据病程进展分为三期：

（1）早期：患者意识清醒，但表现为烦躁不安、检查欠合作、面色苍白或有发绀、出冷汗、肢体湿冷、心搏加快、脉搏细弱等。此期为抢救休克的最佳时期，切不可忽视这些休克早期的征象，坐失良机。

（2）中期：由于病因未能清除或继续恶化所致。这时患者意识尚清楚，但表情淡漠、反应迟钝，全身无力，面色苍白，呼吸表浅急促，肢体发绀，脉搏微弱稍按即失，口渴、尿少，严重时可陷入昏迷状态，血压低或测不出。多数休克患者到中期才被认识，如果采取及时正确的措施，抢救还是能够成功的。

（3）晚期：由于血压继续下降，全身重要器官的毛细血管内出现弥散性血管内凝血(DIC)，组织血液供应不足，细胞功能损害。患者意识模糊或昏迷，脉搏不清，肢体厥冷，皮肤发绀呈纹状或有淤点、淤斑，进而出现心力衰竭、呼吸衰竭等。该期抢救极为困难。

（三）急救原则

休克是生命垂危的表现，一旦发生休克应紧急急救。一般急救的原则如下：

（1）增加静脉回心血量，保障大脑供血。立即让患者平卧位，提高下肢30°。如系心源性休克，有心力衰竭、呼吸困难不能平卧时，也应采取半卧位。

（2）保障呼吸正常进行。松解患者衣领、腰带，清除口腔、咽部积血、痰、分泌物，封闭开放性气胸等，有条件的立即给氧。

（3）积极去除休克病因。消除引起休克的病因，是治疗休克的关键，应根据情况尽力而为。如系创伤所致，应积极止血，减少血液丢失，固定骨折，减少疼痛等；如系青霉素过敏性休克，立即停用青霉素，并肌注0.1%肾上腺素1 ml（凡开展青霉素注射的单位，常规备有肾上腺素）；对消化道出血引起的休克，可让患者口服云南白药、止血粉等止血药；对烧伤、严重腹泻引起的低血容量性休克，可给患者口服糖盐水，以补充血容量等。

（4）尽量少搬动患者。对于休克患者应尽量少搬动，最好立即请医生来现场抢救。条件不允许时，搬动一定要轻，路上尽量避免颠动。

第四节　心肺复苏术

一、心搏、呼吸骤停与死亡

昼夜不停的心搏与呼吸维持着我们的生命，但在意外事故和某些疾病状态下，常发生呼吸和心搏骤停，有时是两者同时发生，有时是相继发生，这种情况一般认为是人死亡的表现。现代医学认为，呼吸、心搏停止是临床死亡，在很短的时间内（一般认为4分钟左右），大脑还没有发生最终不可逆的损害，如果抢救及时，还是可以复苏的；但如超过一定的时间，大脑因缺氧导致不可逆的损害，就是不可抢救的，称为“生物死亡”。因此，对心搏、呼吸停止的抢救，必须是分秒必争的。

二、心搏、呼吸骤停的诊断

1. 呼吸骤停的诊断

呼吸骤停比较容易识别，即看不到胸、腹部的起伏呼吸运动；听不到口、鼻部的呼吸音；感觉不到口、鼻部的呼吸气流。

2. 心搏骤停的诊断

（1）突然意识丧失，可伴有局部或全身性抽搐。

（2）大动脉（颈总动脉、股动脉）处扪不到搏动。

（3）呼吸暂停或呈叹息样呼吸，面色苍白或发绀。

（4）心音消失。

（5）瞳孔散大，反射消失。

根据以上征象并结合可能引起心搏停止的因素，诊断不难；而关键在于诊断及时，分秒必争地进行抢救。

心搏、呼吸骤停，是诸种疾病中最严重、最紧迫的问题，要求迅速诊断、就地抢救、即刻抢救。抢救的方法就是心肺复苏术。

心搏和呼吸二者相互依存，缺一不可，因此心脏复苏和呼吸复苏总是相伴为一个整体，不可分离，统称为心肺复苏术。它的主要方法就是人工呼吸和心脏按压。

3. 人工呼吸术

口对口人工呼吸包括开放呼吸道和人工吹气两个步骤，目的是使氧气进入肺部。

(1) 开放呼吸道：让患者仰卧于地上或硬板上，不用枕头。抢救者跪在患者身旁，一手放在患者颈后，一手压住患者额部，使其头部后仰，口唇自然张开（图 11－7之1）；也可用一手压住患者额部使头后仰，另一手的拇、示、中指扶着患者颊部，使其口唇张开（图 11－7之2）。这两种方法都能使患者堵塞于咽部的舌根自然向前，从而使口腔、咽喉、气管这条通道充分开放。

(2) 人工吹气：抢救者先深吸一口气，再用放在前额的拇指、示指捏住患者两鼻孔，迅速用嘴唇紧紧包贴住患者口部（婴幼儿也可将口、鼻部一并包括在内），向患者呼吸道内深吹一口气，然后拉开嘴唇（图 11－7之3与4），如此反复有节律地进行。最新修订 2005 年国际心肺复苏和心血管急救指南标准（以下简称《2005 急救指南》）要求急救人员在进行人工呼吸时应持续吹气 1 秒以上，且应见到患者胸部起伏，此外还要避免给予多次吹气或吹入的气量过大，在吹气前正常吸气即可，无需深吸一口气。对尚可触及脉搏而没有自主呼吸者行单纯人口呼吸的频率，成人为 10 次/分～12 次/分，或 5 秒～6 秒 1 次，婴儿和儿童为 12 次/分～20 次/分。在进行人工呼吸时，每 2 分钟检查 1 次脉搏，但是检查时间不要超过 10 秒钟。

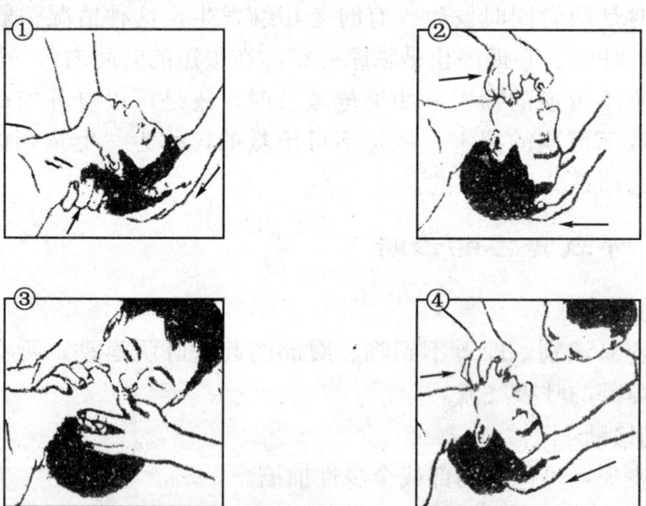

图 11－7　口对口人工呼吸

4. 体外心脏按压术

心脏按压的目的在于驱动已经停止的血液循环，使大脑等重要器官得到血液和氧气的供应。

操作方法是：抢救者将自己一只手的掌根放在患者胸骨正中下1/2（图11－8），另一手的掌根部垂直叠压在该手的手背上。双肘关节伸直，手臂、双肩垂直于胸壁，用上半身的力量将胸骨向脊柱方向垂直按压，使胸骨下降4 cm～5 cm，婴幼儿为2 cm～2.5 cm。然后用腰肌的力量使上半身上抬，以放松双手；待胸骨恢复原位后，又再次向下按压，按压或放松时间大致相等。无论按压或放松，手掌根均不能离开胸壁，以保证不偏移正确的心脏按压部位。《2005急救指南》要求急救人员在实施体外心脏按压时要“用力而快速地按压”，按压频率100次/分，同时尽量减少中断胸外按压时间。为了快速确定按压位置，对成人和儿童可采取两乳头连线中点按压胸骨的办法，对于婴儿用两手指紧贴乳头连线中点下方按压胸骨。

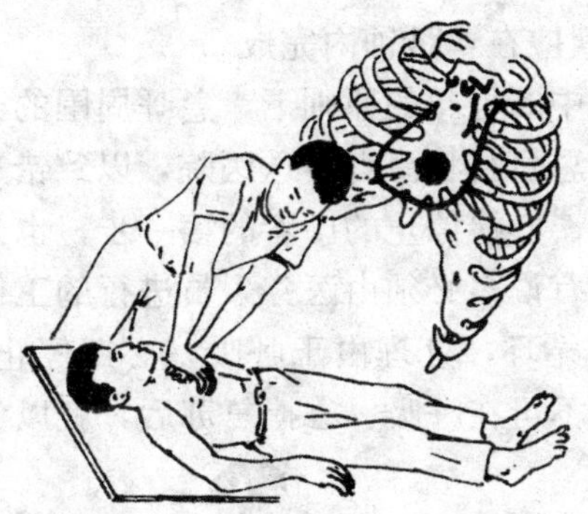

图11－8 体外心脏按压

5. 人工呼吸和心脏按压效果标志

（1）颈动脉处能扪到搏动。

（2）口唇及皮肤颜色转为红润。

（3）已散大的瞳孔开始缩小。

（4）出现自动呼吸迹象或恢复自主呼吸。

三、现场抢救

对于呼吸、心搏骤停患者的抢救可分一人抢救和双人抢救两种。

1. 一人抢救程序

（1）首先识别患者是否意识丧失，轻摇患者双肩，大声喊问：“你怎么啦?”如无反应，即予开放呼吸道。

（2）呼吸道开放后，立即用耳朵贴近患者口、鼻部，判明有无呼吸气流，同时观察患者胸、腹部有无起伏的呼吸运动。

（3）如无自动呼吸，立即口对口吹气2次。

（4）检查颈动脉有无搏动，如果扪不到搏动，立即开始体外心脏按压，并同时大声呼救，叫人协助。《2005急救指南》建议，对于非专业急救者，如果意识丧失的患者没有呼吸，就可假定其心脏停搏。对于专业急救者，检查脉搏时间不超过10秒，如果10秒内不能确定脉搏，就开始胸外心脏按压。

（5）体外心脏按压和口对口人工呼吸交替进行。《2005急救指南》建议从婴儿至成人的单人心肺复苏，按压与通气比为 30∶2，胸外心脏按压频率为 100 次/分，人工呼吸频率为 8 次/分～10 次/分。

(6) 检查脉搏、呼吸和瞳孔。在连续给予 5 组心脏按压和人工呼吸（约 2 分钟）后做首次检查，以后每 5 分钟检查 1 次，每次检查在 5 秒内完成，不使复苏中断。

2. 双人抢救程序

如果有 2 人在场，可以实施双人抢救，即 1 人做人工吹气，1 人做心脏按压。双人抢救配合得当（图 11－9），效果较单人为好，且体力更能持久。

《2005 急救指南》建议双人心肺复苏时的按压－通气比率，婴儿和儿童为 15∶2，成人为 30∶2。进行胸外心脏按压和人工呼吸的两名急救者最好在每 5 组心脏按压和人工呼吸后（约 2 分钟后）互换，每次更换应在 5 秒钟内完成。

在心肺复苏抢救中，在不中断抢救的原则下，急呼周围的人协助，打电话叫救护车，要求医院、急救站派人前来。切忌盲目将患者转送医院，以致错过挽救患者的时机。

心肺复苏术仅是抢救呼吸、心搏停止的患者的第一步，也是重要的第一步，可以获得时间等待医务人员到场。后面还有许多必须由医务人员进行的工作，如进一步巩固恢复自主的心搏、呼吸，恢复良好的血液循环，处理由于呼吸、心搏停止造成的酸中毒和重要器官损害，以及处理原发疾病等。切不可在呼吸、心搏复苏后，就以为万事大吉。

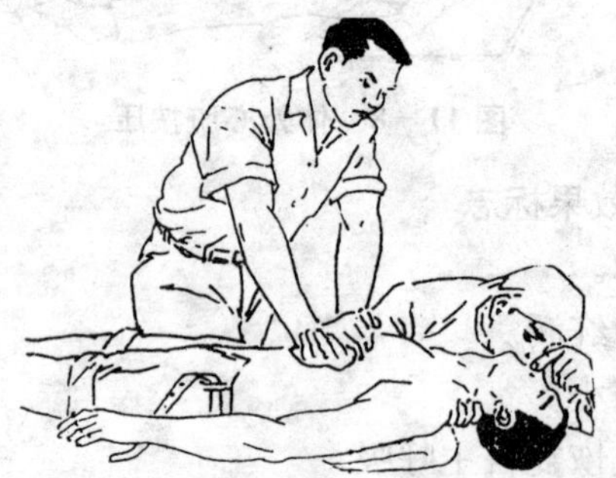

图 11－9　由两人同时进行体外心脏按压及口对口人工呼吸

第五节　电击伤的救治

当身体某部触及电源或雷电，超过一定极量的电流能量通过人体时，所引起的机体损伤或功能障碍称为电击伤。今日社会，电击伤是一种潜在的危险，且由于电击伤后常出现呼吸、心搏停止，如不及时抢救，可危及伤员生命。因此，掌握一些电击伤救治的基本方法是必要的。

一、电击伤损伤程度的决定因素

一般说来，电击（雷击）对身体损伤的程度，取决于电源的种类、电压的高低、电流的大小、身体的电阻、电流通过人体的途径、电与人体接触的时间以及身体当时的状态等因素。直流电只是电流开始时和关闭时发生肌肉痉挛，而交流电却在每一周期都产生肌肉痉挛，所以，交流电比直流电危险。电压越高对人体的损害越大。一般认为 36 V 的电压，对人体没有生命危险，24 V 以下是安全的，220 V～1 000 V 交流电能同时影响心脏和呼吸中枢，1 000 V 以上的交流电先引起呼吸中枢麻痹，使呼吸停止。电流量越大，对人体的损害就越严重，一般认为人体对 1 mA 的电流无感觉，2 mA 的电流能产生轻微麻木感，25 mA 电流长时间通过心脏可引起危险，100 mA 的电流即可引起心室纤维颤动。身体对电流的阻力，因组织不同电阻亦不同，电阻越大的组织损伤越小，比如厚皮肤电阻大，烧伤浅；薄皮肤（颜面、胸腹部）电阻小，烧伤较深，特别是皮肤表面潮湿时，电阻变小了，烧伤就更深些。电流通过人体的途径不同，造成危害的程度也不同，若电流通过脑和心脏，由于可引起呼吸、心搏停止，故最为危险。

二、电击对人体的损伤

电击对人体的损伤可表现为电接触部位的烧伤和全身损害两个方面。

1. 电烧伤

（1）电流通过人体所造成的直接烧伤：临床上一般所指的电烧伤，多有“入口”和“出口”，入口的损伤较出口严重。皮肤烧伤的面积不太大，大多为椭圆形，呈灰黄色、黄色或焦黄，中心稍下陷，严重者可完全炭化，破坏较深，可达肌肉、骨骼或内脏。高压电烧伤时则更严重，甚至无表面烧伤，而深部组织广泛损伤。电烧伤早期很难估计烧伤的程度，一周后才开始出现广泛的组织坏死。

（2）电弧（雷电）或电火花引起的烧伤：这种烧伤可单纯发生或与直接电烧伤同时发生，多为浅层烧伤，但亦可较深。有时肢体触电，使肌肉强烈收缩，在关节的屈面（如肘窝、腋窝、腘窝、腹股沟等处）形成短路，发生火花，引起多处损伤。

（3）因电火花点燃衣裤等发生的烧伤：同一般热力烧伤一样，烧伤面积较大，但一般损伤程度较浅。

2. 全身损害

电击后对全身的损害轻重不一。轻者，可因肌肉发生强烈收缩而把人体弹离电源，一般仅为面色苍白，表情呆滞，短暂的头晕、心悸，触电肢体麻木，皮肤灼痛，无昏迷，心脏正常或出现期前收缩（早搏），休息后恢复。重者，电击后可立即出现短时间昏迷，呼吸不规则，发绀，心搏加快，心律不齐，可出现心室纤维颤动，血压下降（电休克），经治疗一般可恢复或有头晕、眼花、耳鸣、听力或视力障碍等。垂危者可见于高压电击伤，或低电压长时间电击伤，表现为呼吸、心搏停止，如及时抢救，部分伤员可望得救。

三、迅速脱离电源

迅速脱离电源，是抢救电击伤患者的关键。如发现有人触电，应迅速用最快的方法使其脱离电源。在低电压触电时，可用关电闸、拔插头或用干燥竹竿、木棍等绝缘物体挑开电源。如触电者紧握电线，又不能迅速断电时，应用绝缘工具切断电线。高压电触电时，应按照一定操作程序拉闸停电，或用专门的绝缘安全用具，使触电人脱离电源。

四、迅速查明伤情并急救

切断电源后，立即检查心搏和呼吸是否停止，呼吸停止者立即进行口对口人工呼吸；心搏停止者，最好先在心前区捶击5次～6次（有时可使心脏立即复跳），无效时，立即进行体外心脏按压，方法见心肺复苏术。电击引起的心搏骤停，是心搏骤停中复苏率最高的一种，切不可坐等医务人员来抢救或送医院，以免延误挽救生命。

五、及时送医院治疗

心搏、呼吸停止的伤者，虽经现场急救复苏，但也有再停的危险，且复苏后的后继问题也很多，不是非专科医生所能处理的。仅有烧伤的患者，由于难以估计烧伤的程度，也应到医院诊治。因此，电击伤的患者都应及时送医院治疗。

第六节　溺水的救治

一、溺水对人体的损害

溺水，根据溺水后机体的反应不同，可分为干性溺水和湿性溺水；根据水质的不同，分为淡水溺水和海水溺水。

溺水后，一般是初感恐慌、强烈挣扎与闭气。有的人1分钟～2分钟后，即出现不自主的吞咽大量的水或呕吐，随之意识丧失，又吸入大量的水或呕吐物入肺，引起呼吸道梗阻、窒息、全身严重缺氧、昏迷乃至呼吸、心搏停止，这种溺水称湿性溺水，占溺水的85%～90%；有的人则因落水后惊恐、寒冷刺激等反射性地引起喉痉挛和声门关闭，虽然可防止水分进入肺部，但由于呼吸道梗阻，不久将因窒息而死亡，这种类型称为干性溺水，仅占溺水的10%～15%。水进入肺的后果，因溺入淡水或海水各异。溺入淡水者，医学上叫淡水溺水。淡水系低渗液，入肺后，大量液体立即经肺毛细血管进入血液，迅速引起血液稀释和血容量增加（2分钟后即可使血容量增加一倍），并使红细胞迅速溶解破碎，因此造成缺氧、电解质紊乱，循环负荷过重，导致心室颤动及心脏停搏。溺入海水者，称海水溺水。海水为高渗液体，入肺后迅速将血液中的大量水分、蛋白质等吸入肺泡内，使肺泡内充满液体或破裂，导致暴发性肺水肿，造成严重缺氧，同时海水中大量电解质迅速进入血液，使血液高度浓缩，血容量下降，血压降低和电解质紊乱，但很少发生心室颤动。暴发性肺水肿、缺氧、血液浓缩和低血压等所致的心力衰竭，是海水溺水的死亡原因。海水溺水的上述机体反应过程，较淡水溺水发生缓慢，故死亡较晚，抢救机会也较多。

二、溺水的临床表现

当溺水者被抢救出水面后，往往呈昏迷状态，面、唇、四肢发绀，结膜充血，眼球突出，面部青紫、水肿，口、鼻内充满泡沫、泥沙或杂物，肢体冰冷，脉搏扪不到或极微弱，呼吸停止，心搏微弱或完全停止，有时胃内充满水，故上腹膨隆。

三、溺水的救治

溺水者能否获救，取决于循环衰竭与呼吸停止持续的时间，肺吸入的水量，以及水、电解质紊乱的程度。如在未发生呼吸、心搏停止前获救，有可能恢复，仅呼吸停止者，人工呼吸常能使其复苏。致命性循环衰竭最早可发生在溺水后 2 分钟，一般溺水 6 分钟～10 分钟者均已发生致命性循环衰竭。

溺水的救治原则和顺序如下：

（1）将溺水者尽快从水中营救出来。

（2）溺水者上岸后应迅速检查其呼吸情况，对呼吸停止者立即进行口对口人工呼吸，同时清除口、鼻内的泥沙、泡沫、杂物及呕吐物，有假牙者应取出假牙，以防坠入气管，松开紧裹的内衣、胸罩、腰带，保持呼吸道通畅。但也不可在清除呼吸道分泌物、松解衣扣和倒水处理上浪费时间，在这生与死的瞬息之间，每一秒钟都是珍贵的。如有可能，抢救者可在水内一面拖牵溺水者，一面进行口对口人工呼吸。对循环尚未衰竭的溺水者，口对口人工呼吸的救治率可达 36％～45％。

（3）口对口人工呼吸效果不好时（判断方法见心肺复苏术），提示可能出现喉痉挛，可在环甲膜处插入一个大针头，或用刀切开环甲膜插入一管状物应急。

（4）脉搏扪不到或很微弱常表示出现心力衰竭，应立即同时进行胸外心脏按压。

（5）倒水处理。呼吸、心搏复苏的溺水者，或呼吸、心搏未停止的溺水者，被救出水后，可利用头低足高位排除呼吸道、消化道积水。常用的方法有：单腿倒水法，即救护者一腿跪地，一腿屈膝，将溺水者腹部横置在屈膝的大腿上，使其头部下垂，按压背部，将水排出；头低足高位倒水法，即利用河岸、斜地等自然地势，将患者置头低足高位，使积水自然排出；牛背倒水法，即将患者横置俯卧于牛背上，头下垂并让牛走动，利用体重的压力，排出积水；亦可在做人工呼吸和胸外心脏按压的同时，采用头低足高位倒水。

四、溺水者输送

溺水者经以上救治处理后，都应迅速送医院进一步治疗，以防溺水后肺水肿、脑水肿、肺炎、电解质紊乱、溶血、急性肾衰竭等并发症发生。对昏迷患者的输送，应注意保持呼吸道通畅。倒水处理也可与输送同时进行，但不提倡人工呼吸、胸外心脏按压与输送同时进行，因在行进中心肺复苏效果不好。

第七节 烧伤的救治

烧伤是由火焰、灼热的液体、固体、气体、电流、化学物质、放射线、热辐射等所引起的一种常见损伤（液体所致的烧伤，通常又称烫伤）。它不仅能使皮肤损伤，有时可深达肌肉、骨骼，严重时引起全身变化，如感染、休克，甚至死亡。及时正确的急救处理，可以减轻痛苦，预防或减轻感染，降低休克发生率，挽救生命。

一、烧伤程度的估计

烧伤严重程度的估计，通常是按烧伤的面积和深度来综合判定的。烧伤的深度，常用的是三度四分法，即Ⅰ度、Ⅱ度（又分浅Ⅱ度、深Ⅱ度）和Ⅲ度烧伤。Ⅰ度烧伤，仅损害表皮，皮肤轻度红、肿、热、痛，无水疱，2 天～3 天症状消失，3 天～5 天自愈。浅Ⅱ度烧伤，损害表皮和真皮的浅层，剧痛、红肿明显，起大水疱，7 天～14 天愈合，有时有色素沉着，不留瘢痕。深Ⅱ度烧伤，损害至真皮的深层，痛觉较迟钝，水肿明显，起小水疱，如无严重感染，3 周～4 周愈合，留瘢痕。Ⅲ度烧伤，损害皮肤全层，可深达肌肉、骨骼，痛觉消失，不起水疱，表面色苍白、棕黄或焦黑，3 周～4 周后焦痂脱落，常需植皮方能愈合。烧伤的面积，是指损害面积占人体总体表面积的百分比。最简单的测量方法为手掌法，即五指并拢一掌的面积为本人体表总面积的 1%，测量时，有几个手掌大，即为百分之几。烧伤的严重程度，通常分为四级。轻度烧伤：总面积在 9%以下的Ⅱ度烧伤；中度烧伤：总面积为 10%～29%或Ⅲ度在 10%以下；重度烧伤：总面积为 30%～49%，或Ⅲ度为 10%～19%，已有休克，有严重合并伤，以及中重度吸入性烧伤者；特重度烧伤：总面积在 50%以上，或Ⅲ度烧伤在 20%以上者。

二、烧伤对人体的损害

烧伤对人体的损害是多方面的，简单地说早期主要是烧伤局部体液渗出，体液丢失，血液浓缩，血容量急剧下降；烧伤越严重，面积越大，变化越剧烈，加之热力对毛细血管的损伤，疼痛等原因，导致休克。烧伤由于损害了皮肤、黏膜对细菌的防护作用，在残存皮肤附件（毛囊、皮脂腺、汗腺）中常有细菌群和烧伤面污染的细菌乘虚而入，不但造成局部感染，亦可入血，引起呼吸道、肺、尿道、肠道、血管壁等感染，形成败血症。休克、感染又进一步导致肺水肿、脑水肿，急性肾衰竭，而危及生命。因此，烧伤后体液渗出和感染，是最重要的损害。

三、烧伤的现场急救原则

烧伤的现场急救原则是：立即消除烧伤原因，处理危急情况，保护创面不再受污染或损伤，有条件时即开始防治休克和感染，妥善输送。

四、消除烧伤原因

（1）火焰烧伤：受害者应立即脱离现场，并迅速脱掉着火的衣服，用水浇或跳入附近水中；或用不易着火的覆盖物如大衣、毛毯、雨衣、棉被等隔绝空气灭火；或躺倒翻滚灭火。不要奔跑、呼叫以及用手扑打火焰，以免助火燃烧，引起头面部、呼吸道及手的烧伤。

（2）化学烧伤：应立即脱去被化学物质玷污的衣服，并用大量清水冲洗身体，至少半小时以上。对强酸、强碱烧伤，不主张用碱、酸中和，因中和产生热会加重烧伤程度。如系生石灰烧伤，应先去除粉尘，再用足量的清水冲洗，以免生石灰遇水产生热，加深组织损害。磷烧伤时，由于磷可自燃，故大量清水冲洗后，最好创面用湿布敷裹，以防残留磷粒自燃加重烧伤。

（3）电烧伤：处理见电击伤。

五、迅速处理危及患者生命的危急情况

对有大出血、窒息、开放性气胸、严重中毒等危及伤员生命的损害，应迅速进行抢救与

处理。

1. 保护创面

及时保护创面是减少创面污染的重要一环。小面积烧伤，可用清洁敷料、三角巾等包扎创面；大面积烧伤，用干净的衣服、被单覆盖保护创面，以减少疼痛，避免污染，便于搬运。Ⅰ度烧伤，可不包扎，浸在冷水中即可止痛。烧伤创面切不可涂龙胆紫一类有色外用药，以免影响医生对烧伤深度的估计，最好不要任意涂药和使用土方。

2. 止痛、补液、抗感染

有条件时，应尽早着手防止休克和感染的发生或加重，同时可给患者止痛药止痛，口服烧伤饮料（含盐饮料）或用加盐热茶补充液体。大面积烧伤者应给予口服或注射抗生素抗感染。

3. 妥善输送

轻度、中度烧伤患者经以上处理后，可随时输送到医院。重度和特重度伤员原则上应争取在休克出现前及时送达有烧伤科的医院，如休克已发生，或路途遥远应先在附近任何医疗机构进行抢救，待休克者平稳后再送大医院，以免发生意外。

第八节　毒蛇咬伤的救治

一、毒蛇咬伤

毒蛇咬伤是热带、亚热带地区较严重的病害，死亡率较高。毒蛇咬伤后是否危及生命除与毒蛇的种类、咬伤部位有关外，与咬伤后能否正确处理也有很大关系，因此必须掌握一些基本的急救知识。

毒蛇在我国发现的有 40 多种，根据所分泌的蛇毒性质，大致可分为三类：以神经毒为主的有金环蛇、银环蛇、海蛇等；以血液毒为主的有竹叶青蛇、五步蛇、蝰蛇等；含混合毒的，有蝮蛇、大眼镜蛇、眼镜蛇等。

二、毒蛇咬伤对机体的损害

根据蛇的种类不同，咬伤后对机体的损害亦有所不同。被神经毒类蛇咬伤后，局部症状较轻，如伤口出血少或不出血、有轻度疼痛和红肿、麻木感等，但全身症状较重，一般咬伤后 30 分钟至 3 小时就出现头昏、嗜睡、恶心呕吐、疲乏无力、视觉模糊、胸闷气短、呼吸困难，乃至全身瘫痪、惊厥、血压下降、呼吸麻痹和心力衰竭等，如不及时抢救，可迅速死亡。被血液毒类蛇咬伤后，伤处剧烈疼痛，出血不止，肿胀明显，可有皮下出血、淤斑、水疱，并迅速向近侧扩散，严重者伤部组织坏死，甚至肢体坏死；全身症状来势凶猛且重，发热、怕冷、头昏、心悸、胸闷、气促、呕吐、咯血、血尿、胸膜腔大出血或颅内出血，严重者可发生急性肾衰竭，导致死亡。混合毒兼有上述两种毒素，故被混合毒类蛇咬伤后兼有两种症状，发展也较快，造成死亡的原因主要是神经毒。

三、毒蛇咬伤的判定

在受伤者意识丧失或没有发现咬伤物时，可根据牙痕判断是否毒蛇咬伤。其他有毒物如蜈蚣、毒蜘蛛等咬伤，无牙痕；无毒蛇咬伤一般为一排或两排细牙痕；而有毒蛇咬伤仅有一对较大而深的牙痕（由于毒蛇的种类及咬人时的体位不同，有时可有 1 个或 3 个或 4 个以上的较大牙痕）。如蛇已被打死，则可检查其口内上颌前方有无一对特大毒牙，以判断是否毒蛇。

四、毒蛇咬伤的急救

毒蛇咬伤后应尽快阻止和延缓蛇毒的吸收，降低中毒程度是急救中极为重要的措施，也是能否挽救伤员生命的关键。一般可采取以下措施：

(1) 早期绑扎。毒蛇咬伤后，应立即用绳索、手帕、布条等扎在伤口的上方，阻止蛇毒进入血液。但注意每隔 10 分钟～20 分钟应放松一次，每次 1 分钟～2 分钟，以免绑扎过久造成组织坏死。经排毒及服蛇药后绑扎即可解除。

(2) 冲洗伤口。用大量清水冲洗伤口，有条件的可用过氧化氢或 1∶5000 倍高锰酸钾液冲洗，以氧化破坏毒素。

(3) 扩创排毒。伤口经冲洗后，呈“+”或“++”切开，深 2 mm～3 mm，使毒液排出，但切口不宜过深，以免损伤血管。如伤口流血不止，忌切开。随后用拔火罐或吸奶器等，每隔半小时吸吮伤口一次，必要时可尽早用口直接吸吮，边吸吮，边漱口，但有口腔黏膜破溃或龋病者忌用此法，以免救治者中毒。

(4) 局部降温。降温可以减低毒素吸收的速度，降低毒素中酶的活性，有条件时可以采用。方法是，将伤肢浸入冰水中或在伤口周围放置冰袋。

(5) 伤肢休息。咬伤后行走要缓慢，绝对禁止奔跑，以减少毒素的吸收，最好是将伤肢放低抬送。

(6) 尽快送医院。毒蛇咬伤后的治疗较为复杂，危险性大，因此，经以上急救后，应尽快送医院治疗。但绝不要只图尽快送医院而不采取以上急救措施，毒素吸收多了，不仅增加治疗难度，且严重者也不是当今医学都能救治的。

第九节　其他动物的咬伤、蜇伤

一、狗咬伤

狗咬伤，关键在于判断是否为狂犬咬伤，因为被狂犬咬伤后可传染上狂犬病，而狂犬病一旦发病，病死率极高。因此，被狂犬或怀疑狂犬咬伤后应及早处理，这是阻止狂犬病发病的重要措施。急救时，伤口可用大量清水冲洗，不得少于 20 分钟，一边冲洗，一边挤压出血，以利排毒。有条件时，挤压伤口后，再用 50 度～70 度白酒或 1∶1000 的苯扎溴铵（新洁尔灭）溶液冲洗。对狂犬抓伤、舐吮以及唾液污染的新旧伤口，亦应同样进行处理。伤口经冲洗排毒后，应尽快将伤者送到疾病预防控制中心注射狂犬病疫苗。

二、蝎蜇伤

蝎有一弯曲而锐利的尾针与毒腺相通，刺入皮肤后，可注入毒液引起人体中毒。蝎毒为神经毒。刺伤后局部疼痛、红肿，一般数日后消失，严重者可出现寒战、高热、恶心、呕吐、舌和肌肉强直、头痛、头昏，甚至胃、肠、肺出血及肺水肿。儿童被蜇，严重者可因呼吸循环衰竭而死亡，故应尽早救治。救治原则基本与毒蛇咬伤相同。

三、蜂蜇伤

蜜蜂或黄蜂蜇伤，一般只表现为局部红肿和疼痛，数小时后自行消退。如蜂刺留在伤口内，有时局部可引起化脓。如被群蜂多处蜇伤，特别是蜇伤胸、颈、头部时，可出现体温升高、头晕、恶心、呕吐，严重者可出现荨麻疹、呼吸困难、肾衰竭、休克、昏迷乃至死亡。蜜蜂蜇后，可用弱碱性溶液，如肥皂水、淡石灰水、2%～3%的碳酸氢钠或3%的氨水洗擦、外敷伤部，以中和酸性毒素。黄蜂蜇伤则用弱酸性溶液，如醋、0.1%的稀盐酸等处理。大面积多处蜇伤和反应剧烈者，应立即送医院治疗。

四、蜈蚣咬伤

蜈蚣有一对中空的螯，咬（刺）人后，毒液经此注入皮下，引起局部痛、痒、炎性反应，同时伴有头痛、发热、头晕、恶心、呕吐等全身症状。严重者可出现咬伤处局部坏死，伤员出现抽搐，甚至昏迷。儿童被大蜈蚣咬伤，可危及生命。咬伤后，患者应立即用弱碱性溶液洗涤伤口和冷敷，亦可用鲜蒲公英、鱼腥草捣烂外敷。严重者应立即送医院救治。

第十节　急性中毒的救治

与有毒物质接触或有毒物质进入人体后，在一定条件下，与体液、组织相互作用，损害组织，破坏神经及体液的调节功能，使正常生理功能发生严重障碍，引起一系列代谢紊乱，甚至危及生命，这一过程，称为“中毒”。中毒根据食入和接触有毒物质的时间、次数又分为急性中毒和慢性中毒两大类。排字工人的铅中毒，属于慢性中毒。本节只讨论急性中毒。

一、毒物的种类

毒物的种类很多，常引起中毒的有：药物，如氯丙嗪（冬眠灵）、氯氮䓬（利眠宁）、地西泮（安定）、眠尔通等；农药，如敌敌畏、乐果、敌百虫、六六六等；动物，如河豚、草鱼胆等；植物，如毒蕈、乌头、马钱子等；以及强酸、强碱、鼠药、砒霜、煤气（一氧化碳）等。

二、中毒的途径

临床上最常见的中毒途径是误食或服毒自杀者，经口服安眠药物（过量）、农药及有毒动、植物等毒物，被胃肠道吸收，引起胃肠道损伤和全身中毒。处在气体毒物，如一氧化碳、二氧化碳等环境中，或喷洒农药时，可经呼吸道吸入而致中毒。脂溶性毒物，如有机磷农药等沾染上皮肤、黏膜，亦可因皮肤、黏膜吸收而中毒。

三、急性中毒的现场急救

中毒后对人体的危害，主要取决于毒物的毒性和毒物的吸收量。前者已是不可改变的，而后者则可以采取一系列措施，中断、阻止、减少毒物的吸收。因此，争分夺秒的现场急救，是挽救中毒者生命的关键步骤。

现场急救的原则如下：

(1) 皮肤吸收中毒者，应立即脱去污染的衣服，清除皮肤表面的毒物，迅速清洗皮肤表面，以阻止毒物继续吸收。

(2) 食入毒物中毒者，应立即用手指、鸡毛、筷子等刺激咽部催吐，或一边饮大量温水（或盐水），一边催吐，尽快使食入的毒物吐出，有条件者应尽快洗胃和导泻。

(3) 患者有血压下降、休克、呼吸、心搏骤停时，应暂缓催吐、洗胃、清洗，先进行复苏处理和抗休克治疗。

(4) 经上述急救后，应尽快送医院救治。

第十二章　常见疾病的危险因素

高血压病、糖尿病、痛风、冠状动脉粥样硬化性心脏病（简称冠心病）、恶性肿瘤、骨质疏松症已经成为中老年人的常见疾病。高血压病是我国最常见的心血管疾病，它不仅患病率高，且常引起严重的心、脑、肾并发病，是脑卒中、冠心病的主要危险因素。糖尿病是常见的内分泌代谢性疾病，其病因和发病机制至今未完全明了，糖尿病的发病率正逐年上升。在我国，开展糖尿病教育非常重要，也很有必要。痛风这类长期代谢障碍引起的疾病，随着目前国内饮食结构的改变，人口老龄化的加速，发病率有逐年增高的趋势。冠心病和恶性肿瘤近年来发展的形势更加迅猛异常。

当然，以上疾病从发生、发展直到危及人体的生命，有一个漫长的过程。根据现有研究证明，从患病因素来看，有些从青少年时代就已经开始。如果我们对以上疾病早有一定的认识，并且在日常生活中注意加强自我保健，那么，发生以上疾病的可能性就会减少。

第一节　高血压病的危险因素及预防

高血压是一种特殊的疾病，它不同于心脏病、肾病或神经系统疾病，不是只累及某个器官；也不同于有明确的疾病过程的癌症或关节炎。不论其来源如何，整个身体都会受到牵累。反应有内分泌系统和神经系统的症状，而且迟早心、脑、肾都会受到侵犯。所以说，高血压几乎和每个器官都有关系。近百年，高血压这个领域使基础生物学、临床医学、流行病学和公共卫生计划的专家走到了一起，有关高血压和动脉粥样硬化的研究从分子生物学的角度取得一些重大突破，但我们对于造成血管可逆性与不可逆性结构变化与重塑的原因还很无知，高血压病仍然在威胁人类健康。

高血压在我国是一种常见病。动脉血压随年龄增加而升高，同时心血管死亡率和危险性也随着血压水平的升高而逐渐增加。据调查，我国高血压患病率为3%～9%，主要发生在40岁以后的中老年人。20岁～25岁青年人的发病率为1%～3%。近年来各种杂志均有报导，青年人患高血压病的患病率有明显增高的趋势。

高血压是属于身心疾病，是一种慢性进行性疾病。未经治疗的高血压的自然进程平均为20年，前15年为无明显并发症，后5年常因并发症而死亡。

一、什么是高血压病

一般说来，很难在正常血压和高血压之间划一明显界限。目前常采纳世界卫生组织建议的血压判别标准。

(1) 正常成人血压：收缩压为 90 mmHg～140 mmHg；舒张压为 60 mmHg～90 mmHg (1 mmHg=0.133 kPa)。

(2) 成人高血压为：收缩压≥160 mmHg 及/或舒张压≥95 mmHg。

(3) 介于正常血压与高血压之间的血压称为临界性高血压。

血压高的患者不能简单说为高血压病，因为高血压可分为两大类：

(1) 原发性高血压（即高血压病）。原发性高血压病因不明，是以血压高为主要表现。多数患者无症状，少数有头昏、头痛、眼花及肢端麻木等症状，这类患者约占高血压的 95%。

(2) 继发性高血压。它是由某些疾病如肾脏疾病、内分泌病、嗜铬细胞瘤、主动脉狭窄等引起的血压增高的现象。血压增高，是这些疾病的症状之一。

二、高血压病的危险因素及临床分型

继发性高血压有明确的病因，而原发性高血压的病因还不十分明确。研究证明，这是一种多因素疾病。它与遗传、职业、社会环境、生活变故、心理冲突、食盐摄入较多、肥胖、某些营养成分含量等有关。我国流行病的调查显示：本病发病率，城市高于农村，北方高于南方；女性在绝经期前低于男性，在绝经期后高于男性。在高血压的发生中，除上述受到广泛注意的因素外，还可能与饮酒、吸烟过多、低钾摄入、身体内镁减少，以及具有血管扩张作用激肽释放酶——激肽系统和前列腺素代谢异常等因素的参与有关。此外，如果父母均有高血压病，其子女发生高血压病的可能比父母均无高血压者高 4 倍～5 倍，说明与遗传基因的缺陷有关。

高血压病症状因进展缓急可分为缓进型高血压病及高血压急症。

1. 缓进型高血压病

缓进型高压病病程进展缓慢，早期多数患者无症状，仅在体格检查时发现。随着病程的延长和发展，有些患者有头痛、头晕、耳鸣、眼花、健忘、失眠、心悸等症状，病程可长达 20 年～30 年，甚至更长的时间。

2. 高血压急症

部分高血压患者，可在短期内（数小时至整天）发生血压急剧增高，并伴有心、脑、肾脏功能障碍。高血压急症根据临床表现可分为：

(1) 恶性高血压。3%～4%的中度、重度高血压患者可发展为恶性高血压。主要表现为血压明显升高，舒张压>130 mmHg，眼底淤血、渗出和乳头水肿（Ⅳ级），肾功能不全，可有心、脑功能障碍。如不及时治疗，预后不佳。

(2) 高血压危象。患者在短期内血压明显升高，并出现头痛、烦躁、心悸、多汗、恶心、呕吐、面色苍白或潮红、视觉模糊等征象。收缩压可高达 260 mmHg，舒张压 120 mmHg以上。

(3) 高血压脑病。患者出现严重头痛、呕吐、意识改变。较轻者有烦躁、意识模糊，严重者可发生抽搐、癫痫间隙性发作、昏迷等。

三、高血压病的预防

本病虽然是中老年人的常见病，但是在青少年时期就已潜伏着危机。有研究证明：青少年初始血压高者是成年高血压的高发人群，特别当伴有肥胖或高血压家族史者，预测意义更大。对高血压病的预防，必须从青少年时期抓起，随时注意他们的心理卫生、生活习惯，膳食结构等，对已经发现有高血压的患者预防可归纳注意以下几点：

（1）限制钠摄入，每日不多于 6 g。

（2）减轻体重，饮食宜清淡，少吃动物脂肪，控制热量摄入，以防增加体重。

（3）积极参加体育运动，如跑步、行走、游泳，打太极拳等。

（4）不吸烟，少饮酒，尤其不能饮烈性酒。

（5）保持心情愉快，情绪乐观，睡眠充足。

（6）气功及其他生物行为疗法。气功可调节中枢神经系统，使交感神经张力减低，而起降压效应。与气功相似的方法有松弛、冥想、生物反馈和印度瑜伽功等。

四、高血压的药物治疗

最近，一项名为高血压病最佳治疗（hypertension optimal treatment，HOT）的临床研究已经完成。

HOT 研究是以钙拮抗剂作为基础治疗药，联合用药。效果较好。

钙拮抗剂，如硝苯地平（硝苯吡啶）、络活喜（苯磺酸氨氯地平）等；血管紧张素转换酶抑制剂，如托普利，依那普利等；近来还有血管紧张素Ⅱ受体拮抗剂，如氯沙坦（科素亚）、缬沙坦等；β受体阻滞剂，如倍他洛克、比索洛尔等；α受体阻滞剂，如特拉唑嗪、酚妥明等；利尿剂，如氢氯噻嗪（双氢克尿噻）、呋塞米（速尿）；血管扩张剂，利血平、可乐定等。

上述药物中有短效和长效（缓释剂）剂型。

治疗方案要个体化，指药物选择、剂型、剂量。

血压下降并保持收缩压低于 140 mmHg 且舒张压低于 90 mmHg，最好能低于低于 130/85 mmHg 为理想。

服药时间：早晨起床，下午 6 时前为宜。终身治疗为一重要原则。

另外，生活中注意低盐饮食，节制饮酒。控制体重也很重要。

第二节　糖尿病的危险因素及预防

糖尿病作为一种当今世界的流行病，其患病率正逐年上升。有糖尿病遗传基因的家族成员，老龄化国家的人口，动得少、吃得多、紧张劳累者易患此病。近 20 多年来，糖尿病患者的数量正在以惊人的速度急剧增加。

一、什么叫糖尿病

1980年及1985年，世界卫生组织糖尿病专家委员会提出了糖尿病诊断标准。经过十多年的临床应用，为了能反映对糖尿病的新认识，并适当的统一命名，1997年9月，由WHO发布文件，空腹血糖浓度大于等于7.0 mmol/L作为糖尿病新的空腹血糖的诊断标准。一些研究显示：等于或超过这个新的空腹血糖浓度的患者有伴发小血管和大血管疾病的危险性，而餐后2小时血糖浓度大于等于11.1 mmol/L的人也有大血管病变增加的危险。

二、糖尿病的分型

1. 1型糖尿病

1型糖尿病主要是指胰岛B细胞被破坏或功能丧失使胰岛素生成减少所致的糖尿病。包括近年来描述的自身免疫过程导致的胰岛B细胞破坏（分为缓慢和急性发病），也包括原因和发病机制不明的（特发的）类型。1型糖尿病不包括那些已阐明特殊病因所致的胰岛B细胞破坏或衰竭（如囊性纤维化）的情况。

2. 2型糖尿病

2型糖尿病是指以胰岛素抵抗为主伴有胰岛素分泌不足，或者胰岛素分泌不足为主伴有胰岛素抵抗所致的糖尿病。

3. 特异型（妊娠期糖尿病）

在怀孕期间发现或发病由糖耐量异常引起的不同程度的高血糖。

三、糖尿病的危险因素

（1）生活方式的改变，由于经济快速发展，物质丰富，人们的饮食热量增加，糖类物质摄入增加和脂肪摄入量增加，同时体力活动减少。出现“上楼坐电梯，出门就打的，整天看电视，少动多休息”的不良生活习惯。

（2）胰岛B细胞功能基因异常，胰岛素受体基因异常。

（3）胰腺外分泌疾病。

（4）内分泌疾病（柯兴综合征、肢端肥大症）。

（5）药物或化学制剂所致，如烟草。

（6）感染，如先天性风疹及巨细胞病毒感染等。

（7）非常见型免疫调节糖尿病，如胰岛素自身免疫综合征。

（8）其他遗传性疾病有时伴有糖尿病，如Down综合征，Friedreich共济失调。

（9）遗传因素。

（10）年龄：糖尿病的患病率随年龄的增长而上升。

（11）肥胖：当体质指数大于等于25或腰围/臂围（W/H）比值男性大于等于0.9，女生大于等于0.85时，糖尿病患病的危险性明显增加。

（12）巨大儿或分娩巨大儿的母亲患糖尿病的危险也增高。

（13）胰岛素抵抗。

（14）脂肪代谢紊乱，尤其是高三酰甘油血症。

（15）糖耐量减低（IGT），IGT 有下述情况时易发展为糖尿病。原空腹血糖浓度大于等于5.0 mmol/L；肥胖者体质指数大于等于 25；胰岛储备功能差或伴有胰岛素抵抗者；生活方式的改变，主要是营养过剩和运动减少。

（16）糖尿病的防治教育工作深度和广度不够，人民群众自我防治糖尿病的意识和知识欠缺。

四、糖尿病的预防

糖尿病是多因素导致的疾病，其中包括遗传性和非遗传性因素，其特征是能量摄入与消耗之间不平衡。青少年时期就应注意心理卫生，并适当参加体育运动和注意合理营养，以保持正常体重，不吸烟，控制应激状态，以防此病的发生。简言之：大学生应多学点糖尿病的相关知识，少吃肥甘厚味，戒烟限酒，勤活动，放松心情，乐观开朗。

五、糖尿病的治疗

（1）糖尿病患者应掌握饮食治疗的具体措施，学会做尿糖测定，明确使用降血糖药的注意事项，学会胰岛素注射技术。

（2）讲究个人卫生，预防各种感染。

（3）饮食治疗：饮食总热量和营养成分必须适应生理需要，进餐定时定量，以利血糖水平的控制。

（4）口服降血糖药治疗：胰岛素，有短效、中效和长效三类制剂。口服降糖药，磺脲类、双胍类；新近临床应用的糖苷水解酶抑制剂，如阿卡波糖被称为第三代口服降糖药；国内开发的降糖中成药也用于糖尿病治疗。

第三节　痛风的危险因素及预防

痛风，过去西方国家发病率较高，欧洲为 0.13%～0.37%，新西兰的 Maori 族成年男性可达 10%，日本近年来相应增高。我国随着人们生活水平逐年提高，人均寿命的延长，饮食结构改变，近十年来发病率逐年上升。1983 年以前为 0.08%，1988 年上升至 0.18%，特别是老年人痛风是较常见的疾病之一。性别差异，男性明显高于女性。有文章报道：其原因主要是女性尿酸排泄高，以及与肾小管排泄后的重吸收明显减少有关，但女性绝经期后发病率有明显升高，特别是继发性痛风女性较多见。

痛风，是一种嘌呤代谢障碍产生尿酸过高并在体内蓄积沉淀所致的代谢性疾病。临床上可引起痛风石沉积、痛风性关节炎及痛风性肾病。

痛风广泛发生于世界各地。有杂志报道：痛风侵犯 13%的男性成人和 5%的女性成人，发病率最高的是男性 50 岁～59 岁年龄组，而女性则为 50 岁以上各年龄组均高。

一、痛风的危险因素

（1）痛风主要的危险是高尿酸血症。血清尿酸（UA）浓度的高低和痛风的发生之间有明显的正相关关系。UA 高于 536 μmol/L 时，临床发生痛风的概率很高。

（2）血清尿酸浓度与体重、体格大小、酒精摄入、血清胆固醇浓度以及某些药物有关。特别是用于治疗高血压的噻嗪类利尿剂常引起继发性高尿酸血症。

（3）痛风常见于糖尿病患者，糖尿病患者的高尿酸血症高达 50%。

（4）高尿酸血症也见于真性红细胞增高症、白血病、高发性骨髓病、血红蛋白病、恶性贫血等。

（5）肥胖、高血压、大量饮酒、铅接触等也可引起痛风。简言之，肥胖和体重增加是以后发生痛风的潜在危险因素。

（6）人群老龄化进程与高尿酸血症也有显著相关。

二、痛风的预防

痛风的预防，应在青年时代要养成良好的生活方式，合理营养，经常运动，控制体重；中年时代要注意无症状的高尿酸血症的发生。

（1）预防和控制高三酰甘油血症。肥胖、高血压及糖尿病患者要调节饮食，防止肥胖，蛋白质摄入量应限制在约 1 g/（kg·d）；糖类总热量不超过 50%～60%，果糖宜少摄取，以免增加腺嘌呤核苷酸分解，加速尿酸形成；少进食高嘌呤食物（心、肝、肾、脑、沙丁鱼、酵母等），严格戒酒，避免诱发因素。

（2）鼓励多饮水，使每日尿量在 2 000 ml 以上。

（3）控制高尿酸血症，抑制尿酸生成或加速体内尿酸排泄。宜服碱性药物，使尿 pH 值被控制为 6.0～6.5。预防或逆转尿酸钠盐和尿酸结晶在关节、肾或其他部位的沉着。

（4）注意某些药物对尿酸代谢的影响，如水杨酸制剂、噻嗪类利尿剂、环孢素等可能增高 UA 浓度。对同时患有其他疾病者使用的药物，要考虑是否对尿酸代谢有不良作用，以防止继发性高尿酸血症，故不宜使用抑制尿酸排泄的药物。

三、痛风的治疗

（1）急性痛风的治疗。控制痛风性关节炎的急性发作，早期用药疗效好。常用药物有：①秋水仙碱，是治疗痛风急性发作的特效药，能迅速终止急性发作；②吲哚美辛，安全有效，属非类固醇类抗炎药物，是急性痛风有效的预防剂；③糖皮质激素，能迅速缓解急性发作，但停药后往往出现“反跳”现象（复发）。因此，该治疗只有在秋水仙碱、吲哚美辛或其他非类固醇类抗炎药无效或有禁忌证时采用。

（2）发作间歇期和慢性期的处理。①排尿酸药，能抗高尿酸血症，消除体内尿酸池，如丙磺舒、磺吡酮（苯磺唑酮）等。②抑制尿酸合成药，能抑制黄嘌呤氧化酶使尿酸生成减少，适用于尿酸生成过高，对排尿酸药过敏或无效者以及不适宜用排尿酸药物的患者，可用别嘌醇。

（3）关节活动障碍可进行理疗。痛风石较大或经皮溃破可用手术将痛风石剔除。

第四节　冠心病的危险因素及预防

冠状动脉粥样硬化使心肌的血液供应发生障碍所引起的心脏病，称为冠状动脉粥样硬化性心脏病，简称冠心病。

冠心病是威胁人类健康的最严重的疾病之一。有资料记载，全世界冠心病的发病率和死亡率最高的国家是美国和芬兰。美国每年死于冠心病的约有70万人，其中约有35万人为冠心病猝死。在美国总人口死亡中，1/3是因冠心病而死。芬兰的冠心病发病率和死亡率居全世界首位，约1/3的死亡人口属冠心病猝死。在日本，冠心病患者人数成倍地增长，20世纪50年代为10/万，60年代上升到20/万，70年代达到40/万。80年代高达70/万。我国70年代冠心病死亡率约为30/万，80年代已达60/万。调查表明，冠心病患者中男性高于女性，城镇居民高于农村人口，脑力劳动者明显高于体力劳动者。近年来随着人们生活水平的提高，冠心病的发病率呈直线上升趋势。冠心病在国内平均患病率约为6.5%。冠心病越来越成为全世界的一大公害。

冠心病是由于供应心脏血液的血管——冠状动脉发生了粥样硬化改变而导致的。动脉粥样硬化的原因至今尚未完全清楚，但是这种粥样硬化的斑块，堆积在冠状动脉内膜上，并越积越多，使冠状动脉管腔严重狭窄甚至闭塞，导致心肌的血流量减少，供氧不足，使心脏的正常工作受到不同程度的影响而产生一系列缺血性表现，如胸闷、憋气、心绞痛等。粥样斑块可发生软化、坏死，以及在内膜表面形成溃疡，易致血栓形成，严重者可致血管完全闭塞，导致心肌梗死甚至猝死。

冠状动脉虽然发生粥样硬化，但粥样斑块引起的管腔轻、中度狭窄（<50%）还不足以使心肌缺血缺氧，患者也无症状，各种心脏负荷试验检查也未显示心肌有缺血缺氧表现，只能认为患者冠状动脉硬化而并非冠心病。当冠状动脉血管管腔重度狭窄（50%～75%）时，对心肌供血的能力明显降低，造成心肌缺血缺氧，才能称为冠心病。

一、冠心病的分型

根据WHO的分型标准，冠心病可分为以下三型。

1. 心绞痛

心绞痛是心肌急剧的、暂时的缺血与缺氧所引起的临床综合征。有发作性胸骨后疼痛，多为压榨性、窒息性或闷胀感，每次发作1分钟～5分钟，偶尔可持续15分钟之久，迫使患者立即停止活动。

2. 心肌梗死

心肌梗死是由于冠状动脉急性闭塞，使部分心肌因严重持久的缺血而发生局部坏死。大多数由冠状动脉粥样硬化引起，在动脉粥样硬化性狭窄的基础上，病变部位产生溃疡形成血栓，或动脉内膜下出血造成管腔阻塞。发生心肌梗死的患者，早期有剧烈的胸痛，性质与心绞痛相同但更严重，患者常有烦躁不安、恐惧和濒死感。发病后可迅速出现休克、急性心功能不全、发热与恶心、呕吐、意识障碍、严重心律失常等症状。

3. 猝　死

猝死是指突然发生心脏骤停而死亡。长期心肌缺血，营养障碍，以致心肌萎缩，或大片或多次小灶心肌梗死后瘢痕形成，心肌细胞逐渐减少，纤维结缔组织增多，形成心肌纤维化是导致猝死的主要原因。但近半数患者生前无症状。猝死多为缺血心肌局部发生电生理紊乱，严重心律失常所致。

二、冠心病的危险因素

（1）高血压。冠心病的主要危险因素是高血压。流行病学资料说明：高血压合并冠心病者较血压正常的冠心病患者高 2 倍～4 倍，我国冠心病患者 70%以上合并高血压。高血压易于诱发冠心病主要有两方面的原因：一是血压与冠状动脉粥样硬化和血清胆固醇相关。高血压病时，血流对动脉壁的侧压加大，血中脂质易侵入动脉壁；血管张力增加，引起动脉内膜过度牵拉及弹力纤维断裂，造成内膜损伤，血栓形成；动脉壁内毛细血管破裂，造成内膜下出血，血栓形成引起内膜纤维组织增生，最终导致动脉粥样硬化。二是高血压病时，高级神经中枢活动障碍，神经内分泌紊乱，心血管系统对肾上腺素、儿茶酚胺等敏感性增加，这既是高血压的发病因素，也是动脉粥样硬化的重要因素。

（2）高脂血症。正常人空腹时血脂及蛋白含量为：总胆固醇 3.9 mmol/L～5.7 mmol/L，其中胆固醇脂占 70%左右；三酰甘油 0.6 mmol/L～1.7 mmol/L。当空腹血浆中胆固醇或三酰甘油浓度超过正常上限，即可诊断为高脂血症。此外，由于血脂是与血浆蛋白结合，以脂蛋白的形式运输的，所以，高脂蛋白血症也意味着高脂血症。高脂血症可最终可形成粥样硬化斑块，并发展成冠心病。

（3）吸烟。吸烟与冠心病有明显联系。一支卷烟中含焦油 40 mg、尼古丁 3 mg、一氧化碳（CO）30 mg。尼古丁可反复过度刺激血管、心脏；血液中的氧会部分被一氧化碳取代而妨碍对心脏氧的供应。卷烟中这三种物质危害性都极大，最终使冠状动脉内壁损害，使之易为胆固醇及其碎片堆积，使血管通道变窄，导致冠心病。

（4）糖尿病。糖尿病患者由于血脂高、血糖高、血液黏度高，容易并发动脉粥样硬化。糖尿病患者发生冠心病的概率是非糖尿病患者发生冠心病概率的 3 倍左右。

（5）饮食习惯的改变。饮食与冠心病发生呈正相关。调查表明，总热量、总脂肪，特别是饱和脂肪酸、胆固醇、糖和盐的摄入量过多容易发生冠心病。美国、芬兰等国的饮食中有大量的脂肪，主要是动物脂肪供给总热量的 45%～50%，导致血液中的脂质增高。

（6）水质硬度改变。水质硬度下降的城镇，冠心病死亡率显著上升。研究表明：微量元素铬、锰、锌、钒等有利于脂质和糖的代谢；而铝、镉、钴等可促使动脉粥样硬化形成。

（7）精神因素。精神因素通过神经内分泌系统作用于心血管。当人们精神紧张或激动、发怒时，会使肾上腺系统紧张度上升，血液中儿茶酚胺和皮质醇激素水平升高。儿茶酚胺作用于心脏，使心搏加快、收缩力加强、心肌耗氧量增加，当冠状动脉已有狭窄时，可造成心肌缺血、缺氧加剧，引发心绞痛甚至心肌梗死。

反复长期精神紧张，可使小动脉持续收缩造成动脉管壁变性增厚，管腔狭窄，血压持续升高；同时，反复、长期精神紧张可以造成高脂血症。

（8）性别、性格、种族，特别是遗传与冠心病也有密切关系。父母均患冠心病的后代比父母均无冠心病的后代发病率要高4倍以上。

三、冠心病的预防

冠心病患者多见于中老年人，但并不意味着少年不发病。事实上，动脉粥样硬化起病隐袭，幼年即可发病。有的冠心病患者临床上无自觉症状，而在心电图中有心肌供血不足表现，特别是增加心脏负荷后做心电图表现明显。对于没有冠心病的人群进行预防，主要内容为：

(1) 控制血压，采用高血压的预防措施。

(2) 合理饮食结构及热量摄入，避免超重；防治高脂血症，降低人体血脂水平。当然，合理饮食结构并不意味着减少进食的数量和降低进食的质量，应联系到热量的消耗情况，如果日常中热量消耗大，冠心病也不易形成。

(3) 戒烟和尽量少饮酒，特别是烈性酒。

(4) 积极治疗糖尿病。

(5) 注意饮水卫生，适量饮用硬水。

(6) 避免长期精神紧张，情绪激动。

(7) 避免突然受寒冷刺激和饱餐、过分劳累，从事繁重的体力劳动等，尽量减少其诱因。

(8) 积极参加体育锻炼。生命在于运动，特别是长期坚持有氧运动。

四、冠心病的治疗

治疗原则是控制其发展和防止并发症，使患者身体更好地康复。

1. 心绞痛的治疗

(1) 发作时立即休息，一般患者在停止活动后症状可消除；舌下含硝酸甘油0.3 mg～0.6 mg，1分钟～2分钟疼痛可消失；或吸入亚硝酸异戊酯0.2 mg，其作用短而快；这两种药可能产生头胀、头痛、头部搏动感等不良反应；针刺对减轻心绞痛也有一定疗效。

(2) 预防复发，避免各种诱发因素，服用作用时间较长的血管扩张剂或选用抑制甲状腺功能药物来减轻心脏负担。

(3) 中医辨证施治。

2. 心肌梗死的治疗

(1) 一般治疗：立即送重症监护室（ICU）。最初两周绝对卧床休息，第3周～4周后开始在床上作四肢活动或室内活动。病情严重者卧床时间宜延长。镇痛，解除疼痛能减少氧消耗及休克发生。轻者可给可待因0.03 g～0.06 g口服；或冠心苏合丸口含；重者需用哌替啶（度冷丁）50 mg～100 mg肌内注射或吗啡5 mg～10 mg皮下注射，必要时4小时～6小时可重复使用。吸氧，最初2天～3天内间断或持续吸氧，以后按情况决定。饮食宜少渣、易消化、低盐，适当限制液体摄入，大便要畅通，便秘可用缓泻剂。

(2) 补液与极化疗法：可以补充容量及通过静脉途径给药。复方丹参注射液8 g～16 g加入低分子质量右旋糖酐250 ml～500 ml静脉滴注，可改善冠状动脉循环，缓解疼痛；此外可给极化疗法，促使心肌细胞膜极化状态恢复，以利心脏正常收缩。

3. 对并发症应结合对症治疗

(1) 抗凝疗法：应用抗凝剂的目的在于防止冠状动脉内血栓进一步发展，并预防心室壁、下肢静脉及脑动脉血栓形成。近年来，不少学者主张长期小剂量服用阿司匹林，能有效地防止血小板凝聚状态，从而预防冠心病和急性心肌梗死的发生。

(2) 恢复期的处理：若无并发症，可逐渐增加活动量，逐步有规律地工作和生活。

4. 猝死的治疗

猝死型冠心病以隆冬为好发季节，患者年龄多不太大，在家、工作单位或公共场所突然发病，心脏骤停而迅速死亡。由于猝死可以随时随地发生，因此普及心脏复苏抢救知识十分必要，一旦发现，立即抢救。要及时发现有可能演变为心脏骤停的心律失常，及时选用抗心律失常药或用β受体阻滞剂等处理，对预防猝死的发生很有帮助。

近20年来，冠心病的诊断和治疗取得了明显的进步，如冠脉造影的使用、冠脉搭桥、对狭窄部分安放支架、对于窦房病态综合征安置启搏器等，降低了病死率，使许多冠心病患者存活时间大大延长，但是目前的问题是这些方法的费用较高，尚不能普及。

第五节　恶性肿瘤的危险因素及预防

人体在各种致瘤因素的作用下，某部位易感细胞群发生异常增生而形成的新生物（新生细胞群），称为肿瘤。

正常细胞转变成肿瘤细胞后，表现出不同程度地丧失了分化成熟细胞的能力而相对无限制地生长分化不成熟细胞的结果致使肿瘤细胞呈现异常的形态、功能和代谢。肿瘤细胞呈相对无限制地生长与整个机体不协调，常压迫、破坏其邻近组织、器官，甚至发生转移，导致患者死亡。而且即使致瘤因素消失，肿瘤细胞的这种增生特性仍能继续存在。

肿瘤分恶性肿瘤（通称癌瘤）和良性瘤（非癌瘤），其鉴别的唯一方法是对肿瘤细胞做显微镜下的病理检查。细胞的各种特性，如细胞核内染色体的数量及分裂情况等因素，决定其是否为恶性肿瘤。恶性肿瘤细胞显得与正常细胞不同的是：肿瘤细胞的细胞核比较大，形态和大小不一，常处于分裂状态，而且可以见到其侵入正常组织。

恶性肿瘤对人类健康的威胁日益严重，已成为严重危害人类生命与健康的常见病。据WHO推算，每年死于癌症的人大约有430万，几乎每10个死者中就有1人死于癌症。据目前的发病趋势，癌症死亡人数将上升至每年800万。据统计资料表明，在我国人口主要死亡原因调查中，恶性肿瘤在人群十大主要死亡原因中占第三位，男性中恶性肿瘤列第二，在女性中恶性肿瘤列第三；而在35岁～45岁青年中则占第一位。由此可见恶性肿瘤的严重危害。

一、恶性肿瘤对人体的影响

恶性肿瘤分化程度低，生长快，浸润破坏周围器官、组织，并发生转移，故对人体危害极大。其具体影响表现在以下7个方面：

(1) 引起局部压迫和阻塞，如食管癌引起吞咽困难，肺癌引起呼吸困难等。

（2）破坏正常器官的结构和功能，如骨肉瘤可引起病理性骨折；晚期肝癌可大量破坏肝组织引起肝功能损害等。

（3）出血，恶性肿瘤生长迅速往往因血液供应不足或血管受损等原因，肿瘤组织易发生坏死、破溃形成溃疡，血管坏死破裂引起出血。如子宫颈癌往往有阴道不规则流血；肺癌常有咯血；膀胱癌常有血尿等。

（4）恶性肿瘤组织发生坏死，破溃后往往合并感染，常因腐败而产生腐臭。如子宫颈癌表面坏死继发感染，就有腐臭。

（5）肿瘤一般不引起疼痛，但某些肿瘤由于局部压迫或侵犯神经可引起相应部位的疼痛。如肝癌累及肝包膜引起肝区疼痛，晚期肝癌在局部有顽固性剧痛，给患者造成极大痛苦。

（6）肿瘤代谢产物和坏死分解产物如被吸收可引起发热，或合并严重感染而引起发热。

（7）晚期恶性肿瘤患者表现出极度消瘦、严重贫血和全身衰竭状态的综合征，称为恶病质。恶病质常发生于恶性肿瘤患者，其他慢性消耗性疾病也可发生，故恶病质并非恶性瘤所特有。其发病机制尚未完全明了，可能与出血感染或肿瘤坏死分解产物引起机体代谢紊乱有关，也可能与肿瘤的生长特点如消耗人体大量营养物质，引起进食和消化吸收功能障碍，使营养物质摄入减少等因素有关。此时，由于机体抵抗力极度低下，易并发感染而促进患者死亡。

二、恶性肿瘤的主要危险因素

恶性肿瘤（癌）的病因包括外因和内因两个方面。外因一般指来自外环境的致癌因素，包括化学因素、物理因素和生物因素等方面；内因指机体抗恶性肿瘤的能力降低或各种有利于外界致癌因素发挥作用的机体内在因素，如遗传因素、免疫反应和神经、体液因素等。

1. 外环境致癌因素

目前，一般认为化学致癌物在人类恶性肿瘤发病原因中占首位，即90%左右的恶性肿瘤，是由化学致癌物引起的。

化学致癌物质种类很多，如多环碳氢化合物、氨基偶氮染料、芳香胺类化合物、亚硝胺类化合物、霉菌毒素以及无机致癌物质等，均具有较强的致癌作用。有专家进行测算若大气中苯并芘污染增加，则肺癌死亡率也将增加。

2. 物理性致癌因素

α、β、γ射线的致癌作用：放射性矿或含有放射性物质矿山的工人肺癌发病率高。日本长崎、广岛受原子弹爆炸影响的居民，其白血病和甲状腺癌的发病率明显增高。长期深度照射X射线可诱发白血病或其他恶性肿瘤。长期、过量的紫外线照射可致皮肤癌。

慢性刺激与肿瘤的关系：慢性机械性刺激及炎症刺激与肿瘤发生有密切的相依关系。

3. 生物性致癌因素

淋巴瘤、鼻咽癌、子宫颈癌与疱疹类病毒有关；白血病、脂肪肉瘤等与C病毒有关。华支睾吸虫在肝小胆管内寄生时可合并胆管型肝癌；日本血吸虫病可合并大肠癌，有人认为是血吸虫感染引起局部黏膜上皮增生而恶变的。

4. 引起肿瘤发病的机体内在因素与行为因素

吸烟与癌症问题已研究了40多年，目前已经确认了这种关系，并已视为全球性的防病策略。据统计调查，从肺癌的死亡率来看，不吸烟的人每10万中有12.8人因肺癌死亡；每天吸烟10支以上的因肺癌死亡的人数是95.2人；每天吸烟20支以上的因肺癌死亡的人数高达235.4人。吸烟除引起肺癌外，还可引起舌癌、唇癌、口腔癌、喉癌、食管癌、肝癌、胰癌与膀胱癌等。

很多文献报告提出饮酒与口腔癌、咽癌、喉癌、直肠癌有关系。饮酒还可导致肝硬化，继而与肝癌有关系。

膳食不平衡或食物受有害化学物质的污染有日趋严重的态势，由于环保问题较多，一时尚难解决。例如，食物受霉菌毒素污染等问题。长期食此类受污染的食物均可致癌。

遗传因素、种族因素、内分泌因素均可与恶性肿瘤有关。

总之，恶性肿瘤的病因是错综复杂的，只要我们加强认识是可以尽量控制其发病率的。

三、恶性肿瘤的预防措施

1. 一级预防

（1）加强劳动保护、环境保护及食品卫生的监督管理，减少或消除环境中的致癌因素。

（2）消除职业致癌因素，尤其对已经明确可以引起肿瘤物质的检测、控制与消除，是预防职业肿瘤的重要措施。

（3）合理使用医药、切忌滥用药物及放射线，尤其是妊娠期的诊断性照射，以防止白血病、骨肉瘤、皮肤癌等癌症的发生。

（4）注意饮食卫生。

（5）改变不良的生活方式，如戒烟，节制饮酒等。

（6）加强肿瘤防治教育，增强个人的肿瘤防治意识和自我保健能力。

2. 二级预防

早期发现、早期诊断、早期治疗，这是肿瘤第二级预防的策略核心。

根据我国具体情况，肿瘤防治机构提出十大症状，以提高人们对常见肿瘤的警惕性。这些症状有：

（1）身体任何部位，如乳腺、颈部或腹部的肿块，尤其是逐渐增大的。

（2）身体任何部位，如舌、颊、皮肤等处没有外伤而发生的溃疡，特别是久治不愈的。

（3）不正常的出血或分泌物异常，如中年以上妇女出现不规则阴道出血或分泌物过多。

（4）进食时胸骨后闷胀、灼痛，异物感或进行性加重的吞咽困难。

（5）久治不愈的干咳、声音嘶哑或痰中带血。

（6）长期消化不良，进行性食欲减退、消瘦，又未找出原因的。

（7）大便习惯改变或便血。

（8）鼻塞、鼻出血、单侧头痛或伴有复视。

（9）赘生物或黑痣的突然增大或有破溃出血，或原来有的毛发脱落。

（10）无痛性血尿。

有以上征象的不一定都是肿瘤，但应尽早找医生认真检查，查明引起症状的原因，这样有利于肿瘤的早期发现。

第六节 骨质疏松症的危险因素及预防

骨质疏松症是严重危害老年人身心健康的三大疾病之一，尤其是老年妇女的常见病。由于骨质减少，很容易发生骨折，故骨质疏松已成为严重危害老年人健康和致残的重要原因。据北京的流行病学调查资料显示，绝经后妇女椎体骨折的患病率达15%。引起骨折的危险因素之一是低骨量，许多资料表明，骨峰值的提高对降低骨折危险性至关重要。这就需要从儿童、青少年时期就注意摄入足量的钙。由于骨质疏松症已经成了老年期的常见病，故骨质疏松防治成了国内外密切关注的课题。我国已将原发性骨质疏松防治药物的研究列入“九五”攻关项目，而且目前已积累了许多知识和经验。早期诊断、治疗、预防，可以取得较好疗效。

一、什么叫骨质疏松症

因生理或病理的矿物质丧失，骨小梁粗疏，甚至骨皮质薄脆，导致机械性骨功能不全或骨折危险性增加，呈现腰背疼痛等临床症状的一种全身性骨骼性疾病综合征。

二、骨质疏松症的分型

根据年龄、性别、病因以及骨形成或骨吸收代谢率，可进一步分类。

1. 原发性骨质疏松症

原发性骨质疏松症又可分为：Ⅰ型，又称绝经后型；Ⅱ型，又称老年型；Ⅲ型，青年型；Ⅳ型，妊娠后型。

其中以Ⅰ型和Ⅱ型最为常见、多发，合称退行性骨质疏松症。

2. 继发性骨质疏松症

继发性骨质疏松症根据病因可分为以下几种：

（1）内分泌性：甲状旁腺功能亢进症（甲旁亢）、甲状腺功能亢进症（甲亢）、性功能不全、腺垂体功能低下、肾上腺皮质增生或肿瘤、糖尿病。

（2）营养性：坏血病（维生素C缺乏）、蛋白质缺乏、维生素A或维生素D过剩。

（3）血液性：骨髓瘤、淋巴瘤、白血病、巨细胞病、海洋性贫血（地中海贫血）。

（4）药物性：肾上腺皮质激素、甲氨蝶呤、肝素、抗癫痫药物。

（5）制动性：瘫痪、宇宙飞行、骨折后固定。

（6）先天性：骨形成不全症Ⅰ型至Ⅳ型、高胱氨酸尿症、赖氨酸尿症等、结缔组织障碍。

（7）其他：如酒精中毒、严重肝脏疾病、肾功能不全、消化道障碍（吸收不全，排泄异常）、慢性类风湿性关节炎等。

三、骨质疏松症的危险因素

(1) 年龄、性别。女性在绝经后，男性在55岁后，常易发生本症。女性的发病率是男性的数倍。其原因主要是性激素水平低下，骨骼合成性代谢刺激减少所致。

(2) 失用。各种原因的失用可发生骨质疏松症。如：石膏固定、严重关节炎或瘫痪时由于不活动，不负重，对骨骼的机械应力减低，而甲状旁腺分泌较多的激素促进骨质吸收，形成骨质疏松。老年骨折患者，接受石膏固定后，骨质疏松的发生率可达70%左右。

(3) 营养不良。蛋白质缺乏可致有机质生成不良；维生素C缺乏可影响基质形成，并使组织的成熟发生障碍；饮食中长期缺钙（1日摄入钙量不足400 mg）亦可致病。

(4) 内分泌因素。除性腺功能减退外，骨质疏松症可见于皮质醇增多症、持久使用肾上腺皮质类激素、甲状旁腺功能亢进症、肢端肥大症以及甲状腺功能亢进症。其中以前三者较为常见。

四、骨质疏松症的预防和治疗

目前，骨质疏松症的病因尚未完全阐明。1970年以来，多数专家认为骨质疏松的根本原因是性激素不足，故开始使用激素替代疗法，即40岁以后，测定骨量低于正常者，即开始长期补充激素，取得比较好的效果，它对消除老态和提高生活质量，延长寿龄是很有利的。

治疗应采取综合措施，原则是阻止骨量减少的进程和增加骨量，改善骨质，除去或减轻疼痛，增加活动性，预防骨折的产生或促进骨折愈合。其方法可分为：

1. 一般对症疗法

(1) 给予劳逸结合、营养、身心保健等生活指导。

(2) 给予消炎镇痛剂、肌弛缓剂。

(3) 给予牵引、固定等器械疗法。

2. 物理疗法

物理疗法包括康复治疗及运动治疗。

3. 增加骨量，改善骨质的药物疗法

(1) 钙制剂。

(2) 雌激素（EH）制剂。

(3) 降钙素。

(4) 活性维生素D制剂。

(5) 磷酸盐制剂。

(6) 蛋白同化激素。

(7) 其他药物，如增骨黄酮。

(8) 中西医结合治疗。

第十三章　中医保健知识

祖国医学源远流长，千百年来为我国各族人民的健康、繁衍后代发挥了巨大的作用。中医独特的脏腑经络、气血阴阳和辨证施治的理论与神奇的疗效，不仅在我国得到普遍的承认和信赖，而且越来越受到许多国家的重视，在科学技术发达的国家（如德国和美国）也掀起了中医热。日本早就对中医药进行了潜心研究，他们称中国医学为汉方医，在针灸、方剂、汤药和中医基础理论的研究方面都投入了大量的人力和物力。这不仅说明中医学是中华民族文化宝库中的瑰宝，也说明发源于中国的古老中医学具有强大的生命力，中医药仍在不断的发展、普及中。

第一节　中医学的基本特点

中医学的理论系统是在长期医疗实践的过程中形成和发展的。在其形成和发展的过程中又受古代唯物论和辩证法思想的影响，形成了其理论系统中的两个基本特点：整体观和辨证施治。

一、整体观

中医学认为，人体由脏腑、经络、皮毛、肌肉、筋骨、气血、津液等共同组成。它们在结构上不可分割，在功能上相互协调，在病理上互相影响，因而形成一个有机统一的整体。同时，由于人们生活在自然环境中，时时刻刻都受到自然环境变化的影响，所以人体不仅是一个统一的整体，人与自然也是一个统一的整体。这种人体自身的整体性和内外环境的统一性，中医学称之为整体观。这种整体观不仅影响着中医学对疾病的发生、发展和对疾病的诊断、治疗的认识，也影响着中医学对疾病预后的认识，因此，整体观的运用在中医学的各个领域随处可见。

（一）人体自身的统一性

1. 人体生理功能的统一

中医学认为，人体是以心、肝、脾、肺、肾五脏为中心，配以胃、大肠、胆、膀胱、小肠、三焦六腑，通过经络系统的“内属脏腑、外络于肢节”而实现机体的整体性和统一性。五脏代表着人体的五个生理系统，人体所有器官的生理活动都是在它们的协调下完成的。

2. 人体病理影响的统一

中医强调病理影响的统一性。当人体某一局部区域发生了病理变化，在分析病理机制的时候，采取综合分析的方法，而不仅仅着眼于某一局部的器官病理变化，应以整体观为指导，以临床见证为基础，辨证时与有关的器官联系起来。

（二）人与自然的统一性

人类生活在自然界中，自然界各种变化无不对人体产生影响，对于这些影响一般人体是可以适应的，一旦这种影响超越人体的适应限度，就会出现病理性反应而产生疾病。而疾病一旦发生，它的不同阶段变化又受着自然界变化的深刻影响。

1. 季节气候对疾病的影响

在四季气候变化中，每一季节中医学认为有其特点，即春温、夏热、长夏湿、秋燥、冬寒。因此除一般疾病外，常发生一些与季节有着密切关系的多发病或时令流行病，如春季多瘟病，夏季多腹泻、痢疾、疟疾，冬季多伤寒等。某些慢性传播疾病往往在气候剧变时加剧，如痹证、哮喘等都是气候变化对疾病的影响。

2. 昼夜的变化对疾病的影响

中医学认为昼夜的变化时，正是人体阴阳之气变化之时，直接影响人体邪正斗争，影响着疾病的预后。因此认为一般疾病的转归与昼夜时辰有关，《内经》一书中就有“夫百病者多以旦慧昼安、夕加夜甚、朝就人气始生，病气衰故旦慧；日中人气长、长则气胜，故安；夕则人气始衰，故加；夜半人气入脏，邪气独居于身，故甚也”的说法。这与现代有关生物钟研究相符合。据统计，肺源性心脏病、晚期肿瘤患者，其死亡时间多在零点以后，不正与“邪气独居于身，故甚也”相印证吗?

3. 地域对疾病发生的影响

地域不同，人们的生活习惯随之而异，这对疾病的发生也有所影响。我国西北地处高寒，温度和湿度都较低；东南地势较低，温度和湿度都偏高。由于地区有高低，气候有温凉之别，各地就有许多地方性疾病产生，或同一疾病的表现形式因地域不同而不完全一致。这都是受地域影响的结果。

二、辨证施治

辨证施治是中医认识和治疗疾病的基本方法。在长期对疾病研究分析的过程中，中医学发现：人体对各种致病因素的反映，虽然有共同的规律可循，但由于人们所处的自然环境不同，生活条件不同，以及年龄、性别、体质、精神状态的差异，就产生了对外界致病因素作用于机体时的不同反映，而这种反映又集中表现在症状的差异上。所以，同样的疾病在不同患者身上就有不同的症状出现，或在同一患者身上同一疾病的不同阶段也会有不同的症状出现。鉴于这些，首先必须对疾病的种种不同症状进行分析、比较和判断，最后归纳概括为一种认识。这样一个过程，中医学称之为辨证。在辨证的指导下确定相应的治疗方法，中医学则称为施治。以感冒为例，虽常见发热、恶寒、头身疼等症状，但仔细观察就有种种不同的反映，有的人表现为发热轻、恶寒重、无汗、咳嗽多白泡沫痰、纳差和头身痛、舌质淡、苔薄白、脉浮紧；另外一些人则表现为发热重、微恶寒、出汗、咳嗽、多黄稠痰、口渴多饮、头痛目干、舌质红、苔薄黄、脉浮数。经中医辨证第一种为外感风寒证，第二种为外感风热证。由于辨证有如此的不同，故施治就有用辛温解表之剂荆防败毒散和用辛凉解表剂银翘散之异。从这里可以看出，辨证施治，从病和症来看，体现了共性和个性的关系。上例还说明，感冒是上述两个不同证的病，有共性。因此，其治疗的总原则，即解除外邪——解表的方法相同。然而辨证的结果，前者为风寒，后者为风热，故在解表的前提下又有辛温和辛凉的差别。可以看出以辨证施治作指导的中医临床工作，主要不是着眼于病，而是着眼于症，相同的疾病，只要辨证不同，其治疗方法也会不同，这叫同病异治；反之，不同的疾病，只要辨证相同，就可以采取同样的方法治疗，这叫异病同治。概言之，具体病情具体分析的方法，就是辨证施治的实质所在。辨证施治的可贵性就在于承认共性的同时也承认个性。因此，任何一个中医师在诊治疾病的时候，都必须通过望、闻、问、切四诊，将四诊获得的病史资料进行辨证施治。那些单凭病名，如“某某患肝炎”、“某某患肺炎”而动辄处方的人显然是对工作极不严肃的人；而不管自己具体病情如何，执意要服某些中药或按某些单方或验方治病的人，则是缺乏中医基本知识而作出的对自己不负责任的行为。这些做法都违背了中医治病必须遵循“辨证施治”的精神。

作为患者，了解中医治病必须强调“辨证施治”是非常必要的。特别是在患病之时选择中成药时，其优越性就显示出来了。现在中成药大量涌入医药市场，中医、西医在临床工作中也大量使用，但如何遵循辨证施治的精神，正确地、合理地使用中成药，自然就成为一件极为重要的事，而现在大多数药厂所生产的中成药其介绍都很笼统，不按其药物成分，更不依辨证施治的原则来正确地说明该成药的适应证，往往使使用者不易掌握，服用者无所收益，甚至受害不浅。这已在中医界引起很大的反应。可喜的是，近年来上述状况已有改善，已有体现中医辨证施治精神的中成药问世。例如用于治疗慢性胃炎的温胃舒和养胃舒，就是在这方面具有代表性的中成药。

温胃舒和养胃舒二药，体现了中医辨证施治的精神。温胃舒是用党参、白术、黄芪等甘温药物制成，以治疗胃炎辨证属中阳不足者，起到了助阳暖中、行气止痛的作用；而养胃舒是用党参、黄精、玄参、乌梅等甘润药物制成，以治疗胃炎辨证属于胃阴不足者，起到了滋养胃阴、行气消导的作用。这二药治疗胃炎是其共性，其介绍也强调了辨证施治的精神，比一般治疗胃病的中成药的泛泛宣传高明多了，医者好用，病者也易见成效。

第二节　病因和发病

中医学认为，人体各脏腑组织之间以及人体和外界环境之间，既对立又统一。它们在不断地产生矛盾和解决矛盾的过程中维持着相对的动态平衡，从而保持着人体正常的生理活动；一旦这种平衡遭到破坏，又得不到调节时，人体就会发生疾病。

破坏人体相对平衡状态而引起疾病的原因，就称之为病因。

病因是多种多样的。中医认为，主要在六淫、疫疠、七情内伤、饮食失宜、疲倦等。

（1）六淫。中医学把自然界在正常情况下一年四季的气候变化归纳为风、寒、暑、湿、躁、火六种表现，称之为六气。一旦气候异常变化或人体抵抗力下降的时候，六气就成为致病因素，侵犯人体而致病，此时，六气就被称为“六淫”了。

（2）疫疠。中医学把一种具有强烈传染性和流行性的外感病邪称为疫疠，即一般所说的瘟疫。

(3) 七情内伤。所谓七情，就是中医学根据人体的情态变化，将其表现归纳为“喜、怒、忧、思、悲、恐、惊”。这本是人体对外界事物刺激的不同反映，人体的生理机能是可以适应的。然而，在突然强烈或长期持续的情态刺激的情况下，有可能超过人体自身的生理适应限度，使人体气机紊乱、脏腑气血失调从而导致疾病发生。因此而致病的结果，会直接影响于脏腑，与六淫致病有别，所以称之为“七情内伤”。

中医学认为，人的精神情态与意识思维活动是大脑的功能。但是，从整体观念而言，据临床治疗观察到，脑的生理活动，是靠以心为中心的五脏的生理活动来协调的。所以，当七情内伤时，将脑的病理变化归属于以心为中心的五脏和受五脏调节的人体气机。就五脏而言是“怒伤肝，喜伤心，思伤脾，忧伤肺，恐伤肾”；就人体气机而论“怒则气上，喜则气缓，悲则气消，恐则气下，惊则气乱，思则气结”这都说明不同的情态刺激对五脏和对人体气机的不同影响。

(4) 饮食失宜、劳倦不当。一旦饮食失宜或劳倦不当，就会间接地或直接地影响人体健康，导致疾病。

(5) 外伤。外伤泛指由外界种种原因直接对人体的损伤，如枪伤、金刃伤、跌打损伤、烧烫伤、冻伤、虫兽伤害等。

(6) 痰饮和淤血。痰饮和淤血是指人体受某种致病因素作用后，在疾病的过程中形成的存在于人体内的病理产物。这是中医学的特殊认识，许多疾病的施治都可以从痰饮和淤血上着手，特别是很多顽疾，都可认为是痰饮和瘀血直接或间接作用于人体发生的。

中医学认为，疾病的发生和变化尽管错综复杂，但从根本上来讲，是关系着人体正气和邪气两者之间的斗争。

正气：是指人体正常的功能活动（包括脏腑、经络、气血等功能的抗病、康复的能力）谓之正；

邪气：是泛指各种作用于人体内、外的致病因素，谓之邪。

1. 正气不足是疾病发生的内在原因

中医学很重视人体正气，认为五脏的生理功能正常，正气旺盛，气血充盈，病邪就难以侵入人体，因而不会发生疾病，故有“正气内存，邪不可干”的论断。只有在正气相对虚弱，抗邪无力的情况下邪气方能乘虚而人，使人体生理功能紊乱而发生疾病，故又有“邪之所凑，其气必虚”的提法。显而易见，正气在中医学认识疾病的发生过程中是极为重要的。影响正气强弱的原因又是什么呢？一般说来，体质强弱和精神状态是否健康决定了正气的强弱，因此增强体质和调节情绪就很重要了。

2. 邪气是发病的重要条件

中医学强调正气，重视正气在发病中的抗病主导作用，但并不排斥邪气对疾病发生的重要作用。邪气是发病的重要条件，有时甚至起着主要作用。如外伤致病因素（如枪弹伤、烧烫伤、跌打损伤等）即使正气旺盛，对于上述飞来横祸也难于幸免。对于疫疠之害，在广为传播之时也是难于幸免的。

3. 扶正祛邪是治病的总原则

既然疾病的产生是由于在正、邪斗争之中正气不足，邪胜正负的结果。因此，一旦疾病发生之后，就必须扶助正气，使之旺盛起来，为祛除邪气创造条件。同样，邪气不祛正气也难于恢复，甚至更会削弱正气。因此，扶正祛邪实为治病的总原则。扶正就是扶助正气，增强体质，提高机体的抗邪能力。扶正多用补虚方法。祛邪，是祛除病邪使邪去正安。祛邪多用泻的方法。

4. 扶正在预防疾病中的作用

中医学对未发生疾病的预防也相当重视。早在《内经》中就有“治未病”的预防思想：“……夫病已成而后药之，乱已成而后治之。譬犹渴而穿井，斗而铸锥，不亦晚乎！”为了不造成疾病发生后再进行治疗的被动局面，积极地做好未病先防的工作尤为重要。疾病的产生，源于正负邪胜。为了预防疾病，也应当扶正为先。扶正祛邪治病也好，扶正预防疾病也好，其重点都在扶助正气。下面从补脾肾、气功、针灸、按摩几个方面，对如何补虚扶正，扶正祛邪做一些粗略介绍。

第三节　补脾肾治法在防治疾病中的作用

气血不足、脏腑精血亏损，是虚证的本质所在（虚证，泛指机体正气不足，抗病力低下，生理功能减弱而出现的一系列症状的总称）。针对虚证，采取补其不足的治法，就是扶正的具体体现。五脏的虚证之中脾肾虚证最为常见，这是由脾肾的生理和病理特点决定的。针对脾肾虚损的治疗，对已病和未病防治都有积极意义。

一、脾肾在中医学中的概念

脾肾均是中医学的五脏之一。中医学对脾肾的认识是：脾的生理功能是主运化、和脾统血，主四肢、肌肉，开窍于口，其核心是脾主运化。这是指脾具有对饮食加以消化吸收，以营养机体、生化气血、维持人体生命活动的功能，因此，中医学称脾为“后天之本”。凡有关饮食营养和消化吸收方面的疾病，中医都从脾入手。

肾的生理功能是藏精，主人体生长、发育、生殖、水液代谢。肾主骨生髓、外荣于发，开窍于二阴和耳。其核心是肾藏精。肾是人体生长发育，逐步具备生殖能力的基础。肾精的盛衰关系着人体的生、长、壮、老一生，所以中医学称肾为先天之本。凡属生长、发育、生殖方面的疾病中医都从肾入手。防止衰老，在“肾”字上做文章，原因也在于此。

二、补脾肾的意义

脾肾的生理功能决定了它在人体疾病的防治中有着举足轻重的作用。因此，当临床出现脾肾功能减退的虚证时，都可从扶脾肾之气，补脾肾入手。大量的临床实践不难发现：常见的小儿发育不良、大多数慢性疾病久治不愈，或因免疫功能降低而发生的诸多老年性疾病，从辨证分析看来，都有不同程度的脾肾虚损，中医治疗往往是从补脾补肾出发而产效的。由此可见中医补脾补肾的治疗所具有的临床意义，故提及人体保健，切莫忘了补脾补肾。从临床观察，还可得到以下的证实，即对上述疾病采取补脾补肾的治疗以后，可以促进患者饮食、加强消化、保障营养物质的吸收，以生化气血、促进人的生长发育、维持机体的正常代谢，使正气充盈、抗病力增强、精气旺盛，还可以延缓衰老的进程。这种治疗显然起到了对已病之体的恢复和未病之身的强身御邪作用，真可谓功不可灭。

第四节　针灸疗法在防治疾病中的作用

一、针灸与经络

中医学认为，人体存在着内属于脏腑，外络于肢节，沟通内外，贯串上下运行气血，将人体各部的组织器官联系成一个有机统一的整体的通道，这就是经络。中医据此通过针刺和艾条的熏灼来刺激经络、调节人体气血、防病和治病。可见，经络与针灸疗法有着不可分割的关系。现代的科学研究尚未揭示经络的实质，但经络是客观存在的，并与血管和神经关系密切，这已从多种途径得到证实。关于针灸治病的机制原理，国内外已有不少的研究成果。有几千年历史的针灸疗法的神秘功效和理论，有待人们继续去探索。限于篇幅，有关人体的经络循环通路和穴位的分布，本节从略。下面从实际运用出发介绍一些有关知识。

二、针灸操作应具备的基本知识

针刺必须坚持“无菌操作”，作好施针部位的消毒工作。针刺的深度以得气（患者在施针部位有酸、麻、胀的感觉）和不损伤重要器官为原则。针刺必须得气，方可取得临床效果。若无此感觉应调整穴位部位至得气为止。饥饿、疲劳、精神紧张时，不宜针刺；有出血、感染、溃疡者也不宜针刺；有血管处也不宜针刺。针刺的手法有补法、泻法、平补平泻法。平补平泻法只需进针后，均匀提插捻转，得气后出针即可。这也是针刺临床最常用的手法。灸法，是以艾绒为原料制成艾炷或艾条点燃后，在体表一定的穴位熏灼使人体受温热的刺激，以防治疾病的一种方法。艾绒有温通经络、行气散寒、回阳救逆的作用，灸法因此对于慢性虚弱性疾病及风寒湿邪为患的病症最为适宜。

三、常用针灸治疗的选用

针灸治病，仍需辨证施治。因此，如何治疗，或针或灸，穴位的选择等，都是按其道理行事，这是专业针灸人员必须遵循的。但针灸也并不是一般人不可掌握的。如针法，就可以采用平补平泻法，穴位的选用，即可选用有效的习用穴位，有针对性的使用，如：中暑辨百会、刺十宣放血；治昏厥刺人中；治头痛刺百会、合谷；治胃疼针中脘、内关、足三里；治腰疼刺委中、环跳；治坐骨神经痛辨股门、阳陵泉、绝骨等。还可以选择“阿是穴”（阿是穴，古人称以痛为俞，即无固定部位，哪里作痛即可针刺而名之）。这样，针灸就更为灵活和实用了。为增强体质，提高机体免疫能力，可较长期的灸人体强壮要穴——足三里。其效果经过临床多次验证，故该穴又有“长寿穴”之称。

四、保健按摩介绍

保健按摩是专为中老年人而设的传统健身法，年青人若体弱也可采用。其原理本于经络学说，重点是调理脾胃，故有健身作用。

现介绍以下四种：

(1) 揉腹。平坐位，右手掌平贴腹部，左手掌按右手背，围绕肚脐轻轻揉摩，按顺时针方向，缓缓揉转 30 次～50 次，有健胃助消化作用。适用于消化不良，脘腹作胀者或胃疼者。每日早晚各按摩 1 次。

(2) 按肾俞穴。平坐位，宜坐在大矮凳子上进行，以免疲劳。两手擦热以后，按摩两侧腰部（腰推两旁肾俞穴附近)，上下 30 次～50 次或达到该部发热为止。此法有补肾壮腰健骨作用。适用于不明原因的腰疼，或腰肌劳损及肾虚患者。早晚各按摩 1 次。

(3) 揉搓足三里穴。足三里系胃经要穴，经常温灸或按摩这个穴位，对保健强身有一定的作用。按摩时用拇指局部揉按同侧足三里穴 3 分钟～5 分钟，使之产生酸、麻、胀、热的感觉为度。此法有健胃、助消化、安神的作用。适用于胃肠病、高血压病、失眠症。无病当强身健体也可使用。每日早晚各按摩 1 次，配合艾灸更好。

(4) 擦涌泉穴。平坐位，坐位高低以便于抬脚舒适为宜。两手心搓热以后，先抬左脚于右大腿上，用右手中间三指擦左脚心（即左涌泉穴）至脚心发热为止，然后依法用左手擦右脚心。此法有健胃、安心神、止腰痛的作用。适用于胃肠病、高血压、失眠症、慢性腰腿痛症。每日早晚各 1 次。

保健按摩也与气功一样，必须循序渐进，持之以恒，才能有效。

中医科学化是毛泽东同志在 20 世纪 50 年代提出的。实践证明，对于中医的理论基础和实践的科学化是一个漫长的过程，在这个过程中应去其糟粕，取其精华，在实践—理论—再实践的循环中逐步达到。

附 录

表1 人体检验正常值

（一）血液检验

项　目	英文缩写	旧参考值	法定计量单位参考值
红细胞	RBC	男：$400\times10^4/mm^3$～$550\times10^4/mm^3$ 女：$350\times10^4/mm^3$～$500\times10^4/mm^3$	男：$4\times10^{12}/L$～$5.5\times10^{12}/L$ 女：$3.5\times10^{12}/L$～$5.0\times10^{12}/L$
血红蛋白	Hb	男：12 g/100ml～15 g/100ml 女：11 g/100ml～13.5 g/100ml	男：120 g/L～60 g/L 女：110 g/L～50 g/L
白细胞	WBC	$4000/mm^3$～$10000/mm^3$	$4\times10^9/L$～$10\times10^9/L$
白细胞分类	DC		
中性粒细胞	N	50%～70%	0.5～0.7
嗜酸性粒细胞	E	0.5%～5%	0.005～0.05
嗜碱性粒细胞	B	0～1%	0～0.01
淋巴细胞	L	20%～40%	0.2～0.4
单核细胞	M	3%～8%	0.03～0.08
血小板	PC（PLT）	$10\times10^4/mm^3$～$30\times10^4/mm^3$	$100\times10^9/L$～$300\times10^9/L$
嗜酸性粒细胞计数		$50/mm^3$～$300/mm^3$	$0.05\times10^9/L$～$0.30\times10^9/L$
红细胞沉降率（长管法）	ESR		男：0 mm/h～15 mm/h 女：0 mm/h～20 mm/h
抗链球菌溶血素“O”	ASO	＜1∶4（血清凝集法） ≤250 U（溶血中和法）	＜1∶400（血清凝集法） ≤250 U（溶血中和法）
粘蛋白		2 mg/dl～4 mg/dl	20 mg/L～40 mg/L
血糖	BG	65 mg/dl～110 mg/dl	3.6 mmol/L～6.1 mmol/L
碱性磷酸酶	ALP		3 U～13 U（金氏）
酸性磷酸酶	ACP	7 IU/L～28IU/L （King-Armstrong 法）	$117\ nmol\cdot s^{-1}\cdot L^{-1}$～ $467\ nmol\cdot s^{-1}\cdot L^{-1}$ （King-Armstrong 法）
丙氨酸转氨酶	ALT	5 U/L～40 U/L	5 U/L～40 U/L
天冬氨酸转氨酶	AST	＜40 U/L	＜40 U/L

续表1

项　　目	英文缩写	旧参考值	法定计量单位参考值
麝香草酚浊度试验	TTT		0 U～6 U
总胆红素浓度	TB		2 μmol/L～20 μmol/L
直接胆红质	DB		0 μmol/L～6.84 μmol/L
总蛋白	TP	6 g/dl～8 g/dl	60 g/L～82 g/L
白蛋白	A	3.5 g/dl～5.5 g/dl	35 g/L～50 g/L
球蛋白	G	2 g/dl～3 g/dl	20 g/L～30 g/L
白蛋白/球蛋白	A/G	(1.0～2.0)：1	(1.0～2.0)：1
胆固醇总量	TC	<200 mg/dl	<5.2 mmol/L
三酰甘油	TG		<1.7 mmol/L
高密度脂蛋白胆固醇	HDL－C		>1.04 mmol/L
低密度脂蛋白胆固醇	LDL－C		<3.12 mmol/L
淀粉酶	AMS		血液：<90 U（PNP法37 ℃）
尿素氮	BUN	7 mg/dl～18 mg/dl	2.5 mmol/L～6.4 mmol/L
肌酐	Grs	0.8 mg/dl～1.5 mg/dl (jaffe手工法)	71 μmol/L～133 μmol/L (jaffe手工法)
尿酸	UA	男：2.5 mg/dl～7.0 mg/dl 女：1.5 mg/dl～6.0 mg/dl	男：150 μmol/L～20 μmol/L 女：90 μmol/L～357 μmol/L
免疫球蛋白	IgG	600 mg/dl～1 600 mg/dl	6.0 g/L～16 g/L
	IgA	76 mg/dl～390 mg/dl	760 mg/l～3 900 mg/L
	IgM	40 mg/dl～345 mg/dl	400 mg/L～3 450mg/L
血钾	K^+		4.1 mmol/L～5.6 mmol/L
血钠	Na^+		136 mmol/L～146 mmol/L
血氯	Cl^-		100 mmol/L～106 mmol/L
血钙	Ca^{2+}		2.10 mmol/L～2.55 mmol/L
血镁	Mg^{2+}		0.8 mmol/L～1.2 mmol/L
血磷	P		0.87 mmol/L～1.45 mmol/L

（二）尿常规检验

续表 1

亚硝酸盐	NIT		阴性（－）
酸碱度	pH	6.0	6.0
蛋白	PRD	阴性（－）	阴性（－）
血	BLD		阴性（－）
酮体	KET		阴性（－）
胆红素	BIL	阴性（－）	阴性（－）
尿胆原	URD	弱阳性（±）	弱阳性（±）

表 2　乙肝两对半出现模式及临床意义

HBsAg	抗－HBs	HBeAg	抗－HBe	抗－HBc	临床意义
＋	－	＋	－	＋	即“大三阳”，急、慢性乙肝；提示 HBV 复制
＋	－	－	－	＋	急性乙肝感染；慢性携带者，传染性弱
＋	－	－	＋	＋	急性感染趋向恢复，慢性携带者，传染性弱
－	－	－	－	－	从未感染过
－	＋	－	－	＋	感染后已有免疫力，非典型恢复型急性感染者
－	－	－	＋	＋	曾感染过，急性感染恢复期，少数有传染性
－	－	－	－	＋	曾感染过，急性感染窗口期
－	＋	－	－	－	被动或主动免疫后，或感染已康复
－	＋	－	＋	＋	急性感染后康复，既往曾感染
＋	－	－	－	－	急性感染早期，慢性携带者
＋	－	－	＋	－	慢性携带者，易转阴恢复；急性感染趋于恢复
＋	－	＋	－	－	早期感染或慢性携带者，传染性强
＋	－	＋	＋	＋	急性感染趋向恢复，慢性携带者
＋	＋	－	－	－	亚临床型感染早期，不同亚型二次感染
＋	＋	－	－	＋	亚临床型感染早期，不同亚型二次感染
＋	＋	－	＋	＋	亚临床型或非典型感染
＋	＋	－	＋	－	亚临床型或非典型感染
＋	＋	＋	－	＋	亚临床型或非典型感染（早期）
－	－	＋	－	－	非典型感染急性，提示丙肝或庚肝

续表2

HBsAg	抗－HBs	HBeAg	抗－HBe	抗－HBc	临床意义
－	－	＋	＋	＋	急性感染中期
－	－	＋	－	＋	非典型急性感染
－	＋	－	＋	－	感染后已恢复
－	＋	＋	－	＋	非典型性或亚临床感染
－	＋	＋	－	－	非典型性或亚临床感染
－	－	－	＋	－	急慢性感染，趋向恢复

表3　双亲和子女血型遗传的关系

双亲的血型	子女中可能的血型	子女中不可能的血型
A×A	A，O	B，AB
A×O	A，O	B，AB
A×B	A，B，AB，O	—
A×AB	A，B，AB	O
B×B	B，O	A，AB
B×AB	A，B，AB	O
B×O	B，O	A，AB
AB×O	A，B	AB，O
AB×AB	A，B，AB	O
O×O	O	A，B，AB